KB071750

평화와 통일

Journal of Peace and Unification Studies

2016
제1집 1호

서울신학대학교 평화통일 연구원

차 례

01

평화(平和)

포로 이후 이스라엘의 평화적 통합을
위한 역대기 사가의 노력들

소형근
서울신학대학교, 구약학
독일 본(Bonn) 대학교 신학과 (Dr. theol.)

포로 이후 이스라엘의 평화적 통합을 위한 역대기 사가의 노력들

소형근 (설교대학원, 구약학)

국문요약

본 논문은 구약성서의 포로 이후 역사서인 역대기와 에스라-느헤미야를 중심으로 이스라엘의 평화적 통합을 위한 역대기 사가의 노력들을 찾는데 있다. 고대 이스라엘의 역사는 '샬롬'과는 먼 역사였다. 족장시대에도, 광야시대에도, 사사시대에도, 왕조시대에도 사회적 통합과 통일을 위한 노력들이 부족했고, 지도자들인 제사장들, 예언자들이 서로 반목하는 분위기였다. 그러나 바빌론 포로에서 귀환한 공동체에서 흩어진 이스라엘 백성들을 통합하려는 시도가 있었다. 그것을 역대기와 에스라-느헤미야서에서 찾아 볼 수 있다. 이 역사서를 역대기 역사서라 부르는데, 역대기 역사서를 기록한 역대기 역사가는 북쪽 사마리아 사람들에 대한 포용적인 자세와 남북 이스라엘 사람들을 하나로 아우르려는 '온 이스라엘적 관점'을 보여주고 있고, 또한 이방인에 대해서도 포용적인 자세를 취하고 있음을 알 수 있다. 즉, 역대기 역사가는 포로 이후 유다 공동체의 분열을 하나로 통합하려는 노력을 시도했음을 알 수 있다. 오늘날 한반도에도 남북의 하나됨을 위해 동일하게 이런 노력들이 필요하다. 우선 우리 대한민국의 지도자들이 개방적인 태도를 견지해야 하고, 또한 일관된 협력관계를 유지하여야 한다. 부유하고, 자유민주주의의 대한민국이 먼저 손을 내밀지 않는 한 남북관계는 진전될 가능성은 희박할 것이다.

주제어 역대기, 에스라-느헤미야, 역대기 사가, 통합, 온 이스라엘, 이방인

I. 서 론

구약성서에서 '평화'에 해당하는 히브리어 단어는 '샬롬'(shālôm)이다. 히브리어 '샬롬'은 다양한 의미를 지니고 있다. 예를 들면, 평화, 평강, 정의, 조화, 건강, 질서, 온전함 등이다.[1] 그러나 아이러니한 것은 구약성서에 나오는 고대 이스라엘은 한시도 이 '샬롬'을 마음 편하게 누렸던 적이 없었다. 족장시대에는 가나안 땅에서 유랑하던 삶을 살았고, 광야시대에는 불완전한 환경 속에서 반목과 갈등이 반복되었다. 사사시대에는 불신앙과 하나님의 심판이 반복되었고, 왕조시대에는 혼합종교가 득세하면서 예언자들과 지도자들이 서로 반목했었다. 포로기와 포로 이후에는 바빌론, 페르시아, 헬라의 이방 문화가 유입되면서 내적으로는 야웨종교의 전통을 지키기 위해 싸웠고, 외적으로는 강대국의 틈바구니에서 생존 외교를 펼쳐나가야만 했다. 이처럼 역사 속에서 '샬롬'을 잠시도 누리지 못했던 민족이 구약성서에 나오는 이스라엘이었다. 그러나 고무적인 사실은 이 '샬롬'을 이스라엘 공동체 안에서 실현시키고, 또 유지하기 위한 자구책들이 있었다는 점이다. 고대 이스라엘은 어느 순간부터 분열된 남북왕국의 백성들을 통합시키려는 시도들을 쉬지 않았고, 실제로 그 통합을 위해 노력했었다. 또한 예루살렘 성과 성전 파괴로 인한 혼돈과 반목과 갈등을 겪으면서 민족의 평화적 통합과 대타협을 위해 시도했었다. 본 연구에서는 이러한 노력의 흔적들을 구약성서의 본문들에서 찾고자 한다. 즉, 역대기와 에스라-느헤미야서를 중심으로 북쪽 사마리아 사람들에 대한 포용적인 자세와 남북 왕국 사람들을 아우르려는 '온 이스라엘'적 관점, 그리고 이방인에 대한 포용적인 태도에 대해 살펴보고, 역대기 사가의 사상이 이스라엘

---

[1] W. Eisenbeis, Die Wurzel šlm im Alten Testament (BZAW 113), (Berlin: Walter de Gruyter, 1969), 8-51; H. H. Schmid, Frieden II (TRE 11), (Berlin: Walter de Gruyter, 1983), 605-610; G. Gerleman, "shalom" (THAT II), (München: Chr. Kaiser Verlag, 1984), 919-935.

민족 통합에 어떤 영향을 미쳤는지 찾고자 한다.

Ⅱ. 평화에 대한 다양한 해석들

히브리어 '샬롬'의 의미는 다양하다. '샬롬'(shālôm)은 '안녕', '안전', '온전', '완전', '건강', '건전', '평안', '평화'라는 의미 외에도, '사람과 사람 사이의 화평(친밀)한 관계', 타인에게 대하는 '친절함', '평화를 사랑하는 태도'라는 의미가 있으며, 그밖에 형용사로 '완전한', '온전한'이라는 의미로도 사용된다.2) 그런 의미에서 그 동안 학자들은 '샬롬'을 '상태'의 개념과 '관계'의 개념으로 해석해 왔다.3) 강사문은 '샬롬'을 세 가지로 정의한 바 있다.4) 첫째, "샬롬이란 하나님의 선물로 주어지는바 전쟁이 없는 상태를 말한다(삿 21:13; 삼상 16:4-5)." 둘째, "샬롬은 하나님께 복종할 때 주어지는 하나님의 은총이다." 셋째, "평화는 하나님과 맺은 계약의 말씀을 준행함으로써 주어지고 공의, 복, 구원으로 완성된다." 즉, 강사문은 히브리어 '샬롬'을 '전쟁 없는 상태'와 '주어지는 은총'의 상태 개념으로 이해했고, 하나님과 맺은 계약을 이행함으로 얻게 된 태도 개념으로 이해했다. 김이곤 또한 '샬롬'을 전쟁의 단순한 반대개념이 아닌, 샬롬이 깨진 카오스(chaos)와 소외의 현실이라고 말한다.5) 즉, 그는 상태적 개념으로써 '샬롬'을 이해했다. 그러나 '카오스'와 '소외'는 결국 하나님과 인간, 인간과 인간, 인간과 자연 사이의 온전하고, 완전한 관계가 깨지면서 생기는 것이다.6) 따라서 김이곤도 '샬롬'을 설명하면서

---

2) 게제니우스, 『히브리어-아람어 사전』(이정의 옮김), (서울: 생명의 말씀사, 2007), 831-833.
3) 이에 대해서는 홍성혁의 논문을 참고하라. 홍성혁, "메시야 예언 본문들에 나타난 '샬롬'(평화)", 「구약논단」 55집 (2015년 3월), 121-152.
4) 강사문, "전쟁과 평화에 대한 성서적 이해", 「교육교회」 314호 (2003년 6월호), 4-10.
5) 김이곤, "구약에서 본 평화", 「교회와 세계」 38호 (1985년 2월호), 9.
6) 윗글.

'상태'와 '관계'에 대한 개념으로 '샬롬'을 이해했다고 볼 수 있다. 그밖에도 '샬롬'을 '상태'와 '관계' 개념으로 이해했던 학자들이 있는데, 베스터만(C. Westermann)[7]과 브루거만(W. Brueggemann)[8]은 상태적 개념으로써 '샬롬'을 이해했고, 폰 라트(G. von Rad)[9]와 아이젠바이스(W. Eisenbeis)[10]는 '샬롬'을 '관계' 개념으로 이해했다. 베스터만이나, 브루거만은 현재를 강조하면서 현재 삶 속에서 '온전한 상태'를 이루고, '조화'가운데 살아가는 것을 '샬롬'이라고 했다. 그러나 폰 라트와 아이젠바이스는 하나님과 관계, 공동체 구성원과 관계에서 이루어지는 '균형 있는 관계'에서 '샬롬'을 이해했다. 그러나 이러한 '샬롬'의 개념이 오늘날 평화주의자들에게는 단순한 '상태'와 '태도' 정도로만 제한하지 않고, 삶을 위한 능력과 수단이 균등하게 분배되어 사회정의가 실현된 상태를 말한다.[11] 즉, 오늘날은 사회 정의와 분배 정의라는 정치, 경제 개념에서도 이 '샬롬'을 적용하고 있음을 보게 된다. '샬롬'에 대한 종합적인 이해를 정리한다면, '샬롬'은 상대와의 관계 개념이면서 온전한 상태 개념으로 이해할 수 있고, 더 넓게는 사회 정의와 분배 정의가 실현된 정치, 경제 개념으로도 이해할 수 있다.

---

7) C. Westermann, "Der Frieden (shalom) im Alten Testament", G. Picht und H. E. Tödt (Hg.), *Studien zur Friedenforschung* 1 (Stuttgart: Klett, 1969), 144-177.
8) W. Brueggemann, *Peace* (St. Louis: Chalice Press, 2001), 13-20.
9) G. von Rad, *Old Testament Theology* (vol. 1), trans. D. M. G. Stalker (New York: Harper & Row, 1962), 130.
10) W. Eisenbeis, 윗글, 50-51.
11) 유석성, "함석헌의 평화사상 – 예수·간디·함석헌의 비폭력 저항", in: 『통일시대로 가는 평화의 길』(서울: 열린서원, 2015), 20. 갈퉁(J. Galtung)은 종에 대한 차별이나, 성차별, 종교갈등과 같은 사회구조적 폭력이 없는 상태인 '구조적 폭력'이 사라진 상태를 '평화'라고 정의했다. 참고. J. Galtung, "Violence, Peace, and Peace Research", in: *Peace Studies: Critical Concepts in Political Science*, vol. 1, ed. Matthew Evanglista, (London: Routledge, 2005), 27.

Ⅲ. 바빌론 포로와 포로 이후 상황들

기원전 586년 야웨 하나님께서 임재하시는 예루살렘 성전이 파괴됨으로 하나님과의 관계 개념으로써 '샬롬'이 깨지고, 이스라엘 백성은 강제이주 당하거나, 디아스포라가 됨으로 상태 개념으로써 '샬롬' 또한 무너지게 되었다. 더불어 땅이 유린당하고, 황폐해짐으로 이스라엘의 사회 정의와 분배 정의는 담보되지 않은 '샬롬'에 이르게 되었다. 성전 파괴 직전 상황과 바빌론 포로기와 포로 이후 상황들에 대해 구약성서는 어떻게 진술하고 있을까? '샬롬'이 파괴된 기원전 6세기의 역사적 상황들에 대해 살피고자 한다.

1. 예루살렘 멸망에 대한 진술들

기원전 6세기 이스라엘 백성이 강대국 바빌론 제국에게 멸망당한 후 강제이주 당했던 구체적인 사건이 구약성서의 열왕기와 역대기 그리고 예레미야 본문에 언급되고 있다. 본 단락에서는 구약성서 본문들을 통해 유다와 예루살렘 멸망에 대한 특이점들을 찾고자 한다.

1) 열왕기하 24-25장

열왕기 보도에 따르면 바빌론 왕 느부갓네살 2세(기원전 604-562년)가 유다 땅을 침략하여 유다인들을 바빌론으로 끌고간 것은 유다 왕 여호야긴(기원전 597년) 시대부터였다. 여호야긴은 십팔 세가 되는 해에 여호야김을 대신하여 예루살렘을 석 달간 다스렸다(왕하 24:8). 당시 신흥 강대국 바빌론 왕은 느부갓네살 2세였다. 바빌론 왕 느부갓네살은 남왕국 유다를 침략하여 야웨 성전의 모든 보물과 왕궁 보물을 끄집어내고, 이스라엘 왕 솔로몬이 만들었던 성전 그릇들을 파괴했다(왕하 24:13). 이때가 느부갓네살 통치 8년[12](왕하 24:12)으로 기원전 597년이었으며, 이 침략전쟁으로 느부갓네살은 유다와 예루살렘의 다양한 계층의 사람들을 포로로 잡아갔다. 예루살렘의 모든 백성과 모든 지도자와 모든 용사 10,000명과 모든 장인과 대장장이를 사로잡아갔고(왕하 24:14), 유다 왕 여호야긴과 왕의 어머니 느후스다와 왕의 아내들과 내시들과 권세 있는 자들을 바빌론으로 잡아 갔다(왕하 24:15). 열왕기의 진술은 여기서 멈추지 않고, 느부갓네살이 추가로 유다의 용사 7,000명과 장인과 대장장이 1,000명을 바빌론으로 끌어갔음을 알려준다(왕하 24:16). 열왕기는 기원전 597년 느부갓네살의 침략으로 유다 땅에 '비천한 자'(*dallat ʿam haʾareṣ*)13) 외에는 남은 자가 없다고 보도하고 있다(왕하 24:14).

여호야긴이 바빌론 포로로 끌려가고 느부갓네살은 유다 땅에 여호야긴의 숙부 맛다니야라 불리던 시드기야를 왕으로 세웠다(왕하 24:17). 그러나 바빌론의 봉신 왕이던 시드기야가 느부갓네살을 배반하자 시드기야 통치 9년에 느부갓네살이 군대를 이끌고 예루살렘을 다시 치러 올라온다(왕하 25:1). 유다의 방어는 2년간 지속되었다. 그러나 예루살렘 성중에 기근이 심하고, 양식이 떨어지자 결국 예루살렘 성벽이 무너지게 되고(왕하 25:4), 시드기야는 아라바 길로 도망하다가 붙잡혀 바빌론 왕 앞에 끌려갔다. 시드기야의 아들들은 시드기야 면전에서 죽게 되고, 시드기야는 두 눈이 뽑힌 채 놋사슬에 결박되어 바빌론으로 끌려갔다(왕하 25:4-7). 그러나 흥미로운 것은 느부갓네살의 두 번째 침략 시기에 포로로 끌려간 유다인들은 시드기야 왕을 제외하고는 언급되지 않는다. 이유는 두 가지로 보인다. 첫째는 이미 1차 포로에서 많이 끌려갔기 때문이며, 둘째는 전쟁을 치루는 동안 많은 유다인들이 주변국으로 도주했기 때문이다(렘 40:11-12).14)

---

12) 열왕기의 보도(느부갓네살 통치 8년)는 바빌론식 연대계산법이며, 평행본문인 예레미야 52:28절(느부갓네살 통치 7년)은 유다식 연대계산법으로 보인다. 각국이 정한 신년(new year)이 언제냐에 따라 1년의 차이가 있을 수 있다. 바빌론 연대기에는 느부갓네살 통치 7년 아달월 둘째 날로 기록되어 있다. 아달월은 오늘날 양력으로 2-3월에 해당한다.
13) 홉스는 이 '비천한 자'를 "사회의 하층 사람"이라고 말한다. T. R. 홉스, 『열왕기하』(WBC 13) (김병하 옮김), (서울: 솔로몬, 2008), 660.
14) 조셉 블렌킨소프, 『유대교의 기원: 에스라와 느헤미야를 중심으로』(소형근 옮김), (서울: 대한기독교서회, 2014), 79-80.

바빌론 왕 느부갓네살은 통치 19년에 자신의 신복 느부사라단을 시켜 예루살렘을 다시 침략하게 했다(왕하 25:8-9). 그 이유에 대해 열왕기는 언급하지 않지만, 느부사라단의 침략으로 인해 예루살렘에 있는 야웨 성전과 왕궁, 그리고 모든 집이 불탔으며(왕하 25:9), 예루살렘 주위 성벽이 무너지게 되었다(왕하 25:10). 또한 느부사라단은 '성 중에 남아 있는 백성'과 '바빌론 왕에게 항복한 자'와 '무리 중에 남은 자'를 바빌론으로 사로잡아 갔으나, '그 땅의 비천한 자'는 남겨두어 포도원을 다스리고, 농부가 되게 했다(왕하 25:11-12). 열왕기는 느부사라단의 추가 행적을 언급한다. 느부사라단은 대제사장 스라야와 부제사장 스바냐와 성전 문지기 세 사람을 사로잡아 갔고(왕하 25:18), 군사를 거느린 내시 한 사람과 왕의 시종 다섯 명과 백성을 징집하는 장관의 서기관 한 사람과 성 중에 있던 백성 60명을 추가로 끌고 갔다(왕하 25:18-19).

유다의 마지막 왕 시드기야가 바빌론에 끌려간 후 바빌론 왕 느부갓네살은 유다 땅에 그달리야를 새로운 지도자로 세웠다(왕하 25:23). 그달리야는 친바빌론적 인물이었고, 유다 땅에 남아 있던 세력들을 결집시키는데 구심적 역할을 했던 자였다.[15] 물론 구약성서에는 그달리야의 정확한 직책에 대해 언급하고 있지 않지만, 그달리야는 바빌론 왕이 임명한 지역 총독으로 보인다.[16] 그리고 그달리야는 이스라엘의 오랜 수도였던 예루살렘을 떠나 미스바에서 통치했다(왕하 25:23).

2) 역대하 36장

열왕기의 보도와는 달리 역대기는 바빌론 왕 느부갓네살이 유다와 예루살렘을 공격하여 유다 왕 여호야김을 쇠사슬로 결박하여 바빌론에 포로로 끌고 갔으며, 성전의 기구들 또한 바빌론에 가져갔음을 알려준다(대하 36:6-7). 여호야김의 뒤를 이은 여호야긴은 팔 세[17]의 나이로 왕위에 올라 유다를 석 달

---

15) T. R. 홉스, 윗글, 682.
16) 유다 지방의 '총독직'과 관련해서는 다음 글을 참고하라. 소형근, "히브리어 '페하'에 대한 구약성서와 성서 외적 자료들 연구", 「구약논단 50집」(2013년 12월), 266-289.

열흘 동안 통치했고, 이때 바빌론 왕은 유다와 예루살렘을 침략하여 여호야긴
을 바빌론 포로로 끌고 갔다(대하 36:9-10).

 여호야긴의 뒤를 이어 시드기야가 왕위에 올랐다. 바빌론 왕은 시드기야 통
치 11년에 유다와 예루살렘을 함락하는데, 이에 대해 역대기는 몇 가지 이유
를 진술하고 있다. 첫째는 시드기야가 느부갓네살 왕을 배반했기 때문이고,
둘째는 시드기야의 마음이 완악하여 이스라엘 하나님 야웨께 돌아오지 않았
기 때문이다. 셋째는 제사장들의 우두머리들과 백성이 범죄하여 예루살렘 성
전을 더럽혔으며, 넷째는 이들이 하나님께서 보내신 사신들을 비웃고, 멸시하
며, 하나님의 선지자들을 욕했기 때문이다(대하 36:13-16). 역대기가 예루살
렘 멸망의 구체적인 원인들을 제공한 이유는 역대기만의 독특한 글쓰기 방식
때문이다.[18] 역대기의 보도에서 흥미로운 점은 느부갓네살이 성전에 있는 젊
은이들과 노인과 병약한 자들을 긍휼히 여기지 않고 칼로 죽였으며(대하
36:17), 칼에서 살아남은 자는 바빌론으로 사로잡아 갔다(대하 36:20)고 진
술한다. 이러한 진술 이면에는 그 결과 지금 유다 땅에는 유다인들이 아무도
없음을 강조하기 위함이다. 그래야지 바빌론에서 돌아온 '골라'(golah)[19] 그
룹이 유다 땅의 실질적인 소유주가 될 수 있기 때문이다. 그래서 역대기는 70
년의 포로생활과 땅의 70년[20] 안식을 연결시키고 있는 것이다(대하 36:21).

---

17) 열왕기에 따르면 여호야긴이 왕에 오른 나이가 "십팔 세"(왕하 24:8)인데 비해, 역대기는
"팔세"(대하 36:9)로 나온다. 역대하 36:9절의 70인역은 여호야긴의 통치 시작 나이가
"십팔 세"로 번역되어 있다. 그러나 불가타에서는 "팔 세"(octo annorum)로 나온다. 70
인역은 열왕기 본문을, 불가타는 역대기 본문을 따랐던 것으로 보인다.
18) 소형근, 『구약성서 역대기』(서울: 은성출판사, 2006), 113-115. 역대기에는 인과응보의
사상이 있어서 전쟁에서 패해 포로로 끌려가거나, 질병이 있거나, 하나님의 진노가 임하
면, 그 원인론적인 이유에 대해 구체적으로 진술해 주는 특징이 있다.
19) '골라'는 히브리어로 포로민을 의미한다.
20) 그 동안 70년에 대한 다양한 해석이 있어 왔다. 첫째, 포로 기간은 다니엘의 포로 시기(기
원전 605년)로부터 고레스 칙령(기원전 538년)까지의 대략 70년을 말한다. 둘째, 기원전
586년 예루살렘 멸망으로부터 기원전 516년 제2성전 봉헌까지의 시기를 말한다. 셋째,
70이라는 숫자가 문자적인 의미보다는 상징적인 의미로 긴 기간을 의도한다. 참고. 레이
몬드 B. 딜라드, 『역대하』(WBC 15) (정일오 옮김), (서울: 솔로몬, 2005), 472-473.

역대기는 기원전 400년을 전후하여 기록되었다.21) 이 시기는 포로 이후 시기이며, 귀환자 그룹(에스라와 느헤미야)이 유다 공동체 안에서 민족 정체성을 찾고, 되살리기 위해 개혁을 진행하던 시기이다. 이 시기에 주도권은 바빌론 포로로 끌려가지 않았던 사람들에게 있었던 것이 아니라, 포로에서 돌아온 귀환자들에게 있었기에 역대기는 땅 소유권에 대한 소모적인 논쟁을 줄이고 싶었을 것이다. 그 결과 역대기는 유다의 살아남은 모든 자들이 바빌론에 끌려갔고, 그 땅은 70년 동안 안식을 누렸다고 진술하게 되었던 것이다. 역대기는 유다 땅은 비어 있는 땅이자, 안식을 누리는 땅이며, 유다인들은 모두 바빌론으로 끌려간 것으로 묘사한다. 그러나 역대기의 이런 진술 이면에는 포로 이후 귀환자와 땅의 백성('am ha'areṣ) 사이에 있었던 갈등이 암시되고 있으며, 또한 전제되고 있다. 포로 이후 두 세력간 관계와 상태의 '샬롬'이 파괴되었음을 알 수 있다.

3) 예레미야 52장

유다와 예루살렘의 운명이 바람 앞에 등불과 같던 기원전 6세기 초반에 이스라엘을 위해 예언 활동을 했던 대표적인 예언자는 예레미야이다. 주목할 것은 앞서 언급했던 열왕기나 역대기와는 달리, 예레미야서는 유다와 바빌론 사이의 군사적 대립구도보다 유다 왕조 말에 있었던 시대상황을 예언자의 선포를 통해 예언 성취라는 관점에서 진술해 주고 있다. 비록 일부이지만 예루살렘이 바빌론에 함락되는 보도를 예레미야서는 들려주고 있다(렘 39:1-10; 렘 52:4-16). 즉, 예레미야서는 여호야김과 여호야긴이 포로로 끌려간 사건을 자세히 기술하지 않고, 아주 간단히 묘사하거나(렘 24:1; 27:20), 혹은 삭제했다. 그러나 유다의 마지막 왕이었던 시드기야 시대에 예루살렘 함락에 대해서는 아주 구체적으로 진술하고 있다.

---

21) 역대기의 기록시기와 관련된 다양한 논쟁은 다음 글을 참고하라. 로디 브라운, 『역대상』 (WBC 14) (김의원 옮김), (서울: 솔로몬, 2006), 36-37.

바빌론의 봉신 왕이었던 시드기야가 바빌론 왕 느부갓네살을 배반했다(렘 52:3). 그러자 시드기야 통치 9년에 느부갓네살이 군대를 이끌고 예루살렘을 치러 올라와 2년간 포위한다(렘 52:5). 시드기야 통치 11년 넷째 달 9일에 예루살렘 성에 기근이 심해지고, 예루살렘 성벽이 무너졌으며, 그 밤에 시드 기야가 아라바 길로 도망가다가 갈대아 군대에 붙잡혀 하맛 땅 리블라에 있는 바빌론 왕에게 끌려갔다(렘 52:6-9). 바빌론 왕은 시드기야의 아들들을 시드 기야가 보는 앞에서 죽이고, 시드기야의 두 눈을 빼고 놋사슬로 결박하여 바 빌론으로 끌고 가 죽는 날까지 옥에 가두었다(렘 52:10-11).

바빌론 왕 느부갓네살 통치 19년 다섯째 달 10일에 느부갓네살의 어전 사 령관 느부사라단이 예루살렘을 재차 침공하여, 야웨 성전과 왕궁을 불사르고, 예루살렘의 모든 집과 고관들의 집까지 불살랐으며, 예루살렘 사면 성벽을 헐 었다(렘 52:12-14). 또한 이들은 백성 중 가난한 자와 성중에 남아 있는 백성 과 바빌론 왕에게 항복한 자와 무리의 남은 자를 사로잡아 갔고, 가난한 백성 은 남겨두어 포도원을 관리하는 자와 농부가 되게 했다(렘 52:15-16). 예레 미야서의 이러한 진술은 열왕기와 거의 평행본문을 이룬다. 결국 예레미야서 는 다수의 유다인들이 바빌론으로 끌려갔고, 유다 땅에는 가난한 백성(포도원 관리자와 농부)만이 남아 있었다고 알려준다.[22]

구약성서의 앞선 진술들을 통해 왕조 말의 상황을 다음과 같이 정리할 수 있다. 이 시기는 신앙의 상징적 중심지였던 예루살렘이 이방인에 의해 늑탈 당했고, 하나님의 백성 성민(聖民)은 포로로 끌려갔으며, 남아 있던 백성들마 저 주변국으로 흩어지게 되었고, 땅은 황폐해져 소산을 낼 수 없는 폐허로 변

---

22) 예레미야 52장에 따르면 느부갓네살 2세는 유다 땅을 세 차례 침략하여 유다민들을 포로 로 끌고 갔다. 첫 번째 시기는 느부갓네살 7년에 3,023명, 두 번째 시기는 느부갓네살 18 년에 832명, 세 번째 시기는 느부갓네살 23년에 745명으로 전체 4,600명이 바빌론에 강 제 이주되었다. 유다 포로민의 숫자는 열왕기나 역대기와는 다르지만, 예레미야 52:28-30 절 목록은 숫자보다는 유다 거민들이 당한 다양한 포로경험에 초점을 맞추고 있다. 참고. 제랄드 L. 코운, 파멜라 J. 스칼라이스, 토마스 G. 스모델스, 『예레미야 26-52』(WBC 27) (정일오 옮김), (서울: 솔로몬, 2006), 629-630.

했다. 왕조 말의 이런 상황을 한 단어로 표현한다면 '샬롬의 상실', '샬롬의 파괴'라 말할 수 있다.

2. 포로기 상황에 대한 진술들

구약성서에서 바빌론 포로 상황을 알려주는 자료는 그리 많지 않다. 그러나 희미한 자료이지만, 이 자료는 디아스포라 유다인들의 삶을 유추할 수 있는 근거를 제시해 준다. 예레미야 29:5-7절은 예레미야의 편지로 포로지에 있던 유다인들에게 당부하는 내용이다. 예레미야는 포로지 유다인들에게 자신들의 집을 짓고, 텃밭을 만들며, 자유롭게 결혼하여 자녀를 낳고 살라고 말한다(렘 29:5-6). 이 표현은 포로지에서 돌아올 헛된 꿈을 접고, 바빌론 땅에서 뿌리 내리고 살라는 의미다.[23] 실제로 기원전 5세기 후반의 문헌인 무라슈(Murašû) 문서를 보면 바빌론에 끌려온 여러 지역의 이주자들은 제국의 감시 하에 자신들만의 고유한 연합체인 '하트루'(ḫatru)를 만들었으며, 회원들 소유의 땅이 있었고, 이들은 바빌론 관리에게 부과금과 세금을 납부하면서 살았던 비교적 자유로운 신분의 사람들이었다.[24] 큉(H. Küng)은 바빌론에 강제 이주된 사람들이 자신들의 집을 소유한 채 농업과 상업에 종사했으며, 비교적 자유로운 신분으로 상당한 수입을 거두었다고 말한다.[25] 그렇다고 한다면 예언자 예레미야가 바빌론 디아스포라 유다인들에게 보낸 편지인 예레미야 29:5-7절은 '골라' 그룹의 바빌론 생활을 투영했을 개연성을 가지고 있다.

또한 구약성서 에스겔서의 일부 본문은 바빌론 포로지의 상황을 알려주고 있다. 제사장 에스겔의 집에서 포로민 유다 장로들의 모임이 수시로 진행됐던

---

23) 차준희, 『예레미야서 다시보기』(서울: 프리칭 아카데미, 2008), 303.
24) 조셉 블렌킨소프, 윗글, 170-171.
25) 한스 큉, 『유대교: 현 시대의 종교적 상황』(이신건 외 옮김), (서울: 신앙과 지성사, 2015), 158.

것으로 보인다(겔 8:1; 14:1; 20:1). 블렌킨소프는 이 모임을 "회당의 아주 기
초단계와 같은 조직"으로 이해하고 있다.26) 그러나 에스겔의 집에서 모였던
제사장과 장로들의 모임이 우리가 알고 있는 회당27)의 기초단계인지에 대해
서는 정확히 알 수 없다. 다만 이 모임은 제사장 에스겔이 이스라엘의 지도자
였던 장로들에게 하나님의 계시의 말씀을 전하고, 장로들은 하나님의 뜻을 구
하는 창구역할을 했다.28) 그런 면에서 바빌론에 있던 에스겔의 집은 종교적인
기구였고, 유다인 공동체 결집에 중요한 기여를 했던 장소였다. 비록 예루살렘
성전과 같은 건물이 바빌론에는 없었지만, 그러나 제사장 겸 예언자 에스겔을
통한 기본적인 종교의식은 바빌론에서도 진행되었던 것으로 짐작된다.

유다인들이 바빌론의 새로운 환경에 잘 적응했다는 측면에서는 바빌론 포
로가 긍정적인 요인으로 작용하지만, 이스라엘이 자국보다 앞선 제국의 문물
을 경험하게 되었다는 것은 새로운 문제점을 야기할 수 있는 부정적인 요인이
되는 셈이다. 비록 포로기에는 에스겔과 같은 지도자를 통한 종교의식이 있었
겠지만, 유다인들의 바빌론 생활은 하나님과의 관계적 '샬롬'이 파괴될 가능
성을 피할 수 없었던 것이 사실이다.

3. 포로 이후 유다 공동체 상황들

고레스 2세가 바빌론에 무혈입성하면서29) 바빌로니아 제국 시대를 마감하
고 새로운 시대를 열었다. 고레스 2세는 기원전 538년 칙령을 통해 바빌론에
강제 이주된 소수 민족들의 귀환과 신전건축을 허용한다(스 1장; 6장). 그 결

---

26) 윗글, 174.
27) 참고. D. Börner-Klein, "Synagoge" RGG^4 (vol. 7) (Tübingen: Mohr Siebeck, 2004),
1944-1947.
28) 레슬리 C. 알렌, 『에스겔 20-48』 (WBC 29) (정일오 옮김), (서울: 솔로몬, 2008), 53-54.
29) 이에 대해서는 고레스 칙령(Cyrus Cylinder)이 자세히 알려주고 있다. 이에 대해서는 다
음 글을 참고하라. 이종근, "고레스 신탁과 고레스 실린더", 「구약논단」 48집 (2013년 6
월), 128-166.

과 바빌론 남동쪽 니푸르(Nippur)를 중심으로 거주하던 유다인 골라 그룹도
유다와 예루살렘으로 귀환 대열에 참여하게 된다. 먼저는 총독 세스바살(스
1:8; 5:14)이 옛 성전 그릇들을 바빌론에서 예루살렘으로 옮기는 미션을 수행
하게 되었고, 이후 후임 총독 스룹바벨(학 1:1, 14; 2:2, 21)과 대제사장 여호
수아를 중심으로 약 42,000여 명 정도가 예루살렘에 귀환했다. 이후 페르시
아 왕 아닥사스다 7년(기원전 458년)에 학자 겸 제사장 에스라가 대략 5,000
여명30)과 함께 유다와 예루살렘으로 왔다(스 8:1-20). 에스라가 예루살렘에
온 지 13년 후인 아닥사스다 20년(기원전 445년)에 총독31) 느헤미야가 훼파
된 예루살렘 성 재건이라는 미션을 부여받고 예루살렘에 왔다. 구약성서 정경
에 기록된 골라 그룹의 예루살렘 귀환은 이것이 전부다.

그렇다면 포로 이후 귀환자들은 어떤 삶을 살았을까? 이들은 예상치 못한
많은 갈등을 겪었다. 귀환자와 땅의 백성(*am haʾareṣ*) 사이의 갈등(스 4:4)이
첫 번째이고, 귀환자들 사이의 계층간 빈부격차(느 5:1-5)가 두 번째이고, 골
라 공동체 구성원들의 신앙적 노선갈등이 세 번째이다(스 9-10장; 느 13장).
포로 이후 유다 공동체 구성원들의 성향을 구약성서나 성서 밖의 자료들을 토
대로 짐작해 보면, 상당수 유대인들이 비교적 자유로운 신앙관을 가지고 있어
서 그로 인해 이방인과 잡혼하는 일이 성행했으며,32) 초기 귀환대열에 참여
했던 자들의 기대가 더 나아질 기미가 보이지 않자 원망의 목소리는 더 커져
만 갔던 것이 사실이다(말 1:2).

그러나 포로 이후는 공동체 구성원들의 갈등과 원망만 있었던 것이 아니다.
유다 공동체를 재조직하고, 신앙으로 재무장시키려는 움직임 또한 있었으며,

---

30) 윌리암슨은 에스라 8장 목록에 나오는 귀환자 숫자가 대략적으로 성인 남성만 1,500명 정
   도이지만, 여자들과 아이들을 포함하면 약 5,000여 명이 될 것이라고 주장한다. 참고. H.
   G. M. 윌리암슨, 『에스라-느헤미야』(WBC 16) (조호진 옮김), (서울: 솔로몬, 2008), 251.
31) 포로 이후 유다 지방에 임명된 총독에 대해서는 다음 글을 참고하라. 소형근, "히브리어
   '페하'에 대한 구약성서와 성서 외적 자료들 연구", 266-289.
32) E. Ephal, "The Western Minorities in Babylonia in the 6th-5th Centuries B.C.:
   Maintenance and Cohesion", *Or* 47 (1978), 74-90.

분열과 갈등 가운데 있는 민족 공동체를 하나로 묶으려는 시도도 있었다. 더불어 이방인들에 대한 배타성도 있었지만, 그들을 수용하고, 그들을 공동체 안으로 편입시키려는 탄력적인 시도들 또한 있었다. 포로 이후 초기에는 다윗 왕정 회복에 대한 기대감이 있었지만, 이후 유다 공동체는 신정론적 사상으로 전환하게 되었다.33) 포로 이후 파괴된 '샬롬'을 회복시키고, 관계와 상태의 '샬롬'으로 복귀하려는 움직임이 역대기 역사서 안에서 찾아 볼 수 있다.

Ⅳ. 이스라엘의 평화적 통합을 위한 노력들

역대기와 에스라-느헤미야서가 본래 한 저자의 작품이었고, 연속된 저작물인 역대기 역사서로 읽어야 한다는 춘츠(L. Zunz)와 무버스(F. C. Movers)의 주장 이래 오늘날까지 역대기 역사서에 대한 입장들이 고수되고 있다. 물론 20세기 중반에 들어서면서 브라운(R. L. Braun), 야펫(S. Japhet), 윌리암슨 (H. G. M. Williamson)과 같은 학자들은 역대기와 에스라-느헤미야서의 서로 다른 저작설을 주장하지만, 그러나 역대기와 에스라-느헤미야서는 구약성서의 다른 문헌들과는 달리, 유사한 용어들과 문체, 그리고 사상의 통일성을 이루는 내용들이 상당히 많음은 인정할 수밖에 없다.34) 다음은 역대기 역사서에 나타난 이스라엘의 평화적 통합을 위한 노력들을 살펴보도록 한다.

1. 북 왕국에 대한 태도

솔로몬 왕 사후 이스라엘은 왕국이 분열되어 두 트랙으로 국가가 운영되었

---

33) 이에 대해서는 다음 글을 참고하라. 소형근, "포로 이후 초기에 나타난 왕권과 제사장권", 「구약논단」 36집 (2010년 6월), 138-153.
34) 소형근, 『구약성서 역대기』 (서울: 은성출판사, 2006), 49.

다. 느밧의 아들 여로보암은 이스라엘(Israel)이라는 이름으로 통치를 시작했고, 솔로몬 왕의 정통성을 이은 르호보암은 '유다'(Judah)라는 이름으로 통치를 이어갔다. 이후 이스라엘 민족은 통일을 이루지 못하고, 북왕국이 멸망(기원전 722년)할 때까지 분열된 상태를 유지해 갔다. 분열왕국 시기에 유다와 이스라엘은 크고, 작은 전쟁을 이어갔다. 유다 왕 아비얌은 이스라엘 왕 여로보암과 스마라임 산에서 싸워 승리했으며(대하 13:2-20), 유다 왕 아사는 이스라엘 왕 바아사와 라마에서 전쟁을 치뤘다(왕상 15:16-17). 유다 왕 아마샤는 이스라엘 왕 요아스와 벧세메스 전투에서 패했으며(왕하 13:12; 14:11-13), 유다 왕 아하스는 이스라엘-시리아 연합군과 싸워 승리를 거뒀다(왕하 15:37; 16:5-6; 대하 28:5-6). 남북왕국은 정략결혼을 통한 화해와 동맹을 시도했었지만, 일반적으로 분쟁과 대립으로 각자의 역사를 이어갔다.

열왕기의 북왕국에 대한 태도는 분명하다. 북왕국 20명의 왕들은 여로보암의 죄를 따라갔거나(왕하 3:3; 13:2 등), 여로보암의 모든 죄에서 떠나지 아니했다(왕하 10:31; 13:6; 14:24 등)고 평가한다. 그러나 역대기 사가의 평가는 사뭇 다르다. 첫째, 역대기 사가는 북 이스라엘 주민을 이스라엘 민족이며, 이스라엘의 근본적인 구성원으로 이해했다. 그래서 북 이스라엘 사람들을 '형제'라고 불렀다. 이는 통일왕국 기간 뿐 아니라, 분열왕국 때에도 '형제'라는 칭호를 사용했고, 양국간 분쟁이 첨예했을 때에도 그랬다(대상 12:40; 13:2; 대하 28:8, 11; 11:4).35) 이런 점에서 역대기는 북왕국 이스라엘이 비난받아야 할 대상이지만, 동시에 구원받아야 할 동족이기에 유월절에 참여하도록 보발꾼을 보냈던 것이고(대하 30:5, 10), 비록 소수이긴 하지만 이스라엘 '형제들'이 유월절 기념 예배에 참여했다고 역대기 사가는 보도해 주고 있다(대하 30:11). 둘째, 역대기 사가는 고대 이스라엘 족장시대의 '장자권'을 유다가 아닌, 요셉에게 돌리고 있다. 역대상 5:1-2절에는 아브라함과 이삭과 야곱에게로 이어지는 장자권이 르우벤이나, 유다가 아닌 요셉의 자손에게로 돌아갔다

---

35) 윗글, 135.

고 기록하고 있다. 요셉의 자손이라 하면 에브라임과 므낫세 지파를 말하는데, 에브라임과 므낫세 지파는 분열왕국 때 북왕국 이스라엘을 형성했던 중요한 지파들이었다. 역대기를 연구하는 일부 학자들은 역대기가 남왕국 유다 중심으로 기록되었다고 말하지만,36) 그러나 역대기 사가는 북왕국 이스라엘에 대해 부정적으로 평가하지 않고, 호의적이며, 긍정적인 평가를 해주고 있다.37) 요셉의 자손에게 장자권이 돌아갈 것이라는 언급 또한 구약성서의 어느 본문에서도 볼 수 없는 내용이다. 그런 측면에서 역대기 사가는 북왕국 이스라엘에 대해 우호적인 태도를 가지고 있다고 본다. 셋째, '진정한 이스라엘'(wahre Israel)은 누구인가?라는 논쟁에서 역대기는 북왕국 이스라엘도, 남왕국 유다도 진정한 이스라엘이라고 말하지 않는다. 역대기가 유다만을 '진정한 이스라엘'이라고 주장했던 학자는 폰 라트(G. von Rad)이며,38) 폰 라트의 주장을 노트(M. Noth)가 지지한다. 즉, 역대기의 궁극적인 목적은 사마리아인에 대한 반대라는 것이다.39) 그러나 폰 라트는 자신의 저서 서론부에서는 "유다에 살고 있는 자들만이 진정한 이스라엘"이라고 주장하지만, 저서의 끝부분에 가서는 "북왕국 사람들은 유다와 동족이며, 사실상 형제라고 말하면서 역대기 사가는 이상적인 이스라엘의 개념을 넓히려고 노력했다"고 말한다.40) 폰 라트의 일관되지 않은 이런 주장은 이후 많은 학자들로부터 비판을 받아왔다.41) 분명한 것은 구약성서 역대기에는 폰 라트가 주장한 것처럼 '진정한 이

---

36) 역대기가 열왕기와는 달리 주로 남왕국 유다를 중심으로 기록되어졌고, 북왕국은 남왕국과 동맹을 맺거나, 전쟁을 행할 때에만 언급하고 있기 때문이다. M. Noth, *Überlieferungsgeschichtliche Studien*(Tübingen: Max Miemeyer Verlag, 21957), 174.

37) 로디 브라운, 윗글, 33.

38) G. von Rad, *Das Geschichtsbild des chronistischen Werkes* (BWANT 54), (Stuttgart: Kohlhammer, 1930), 29-33.

39) M. Noth, 윗글, 174-175. 루돌프 또한 역대기의 주요 주제는 진정한 이스라엘이 유다와 예루살렘에만 존재함을 지지한다. 참고. W. Rudolph, *Chronikbücher* (HAT 21), (Tübingen: Mohr, 1955), ix.

40) G. von Rad, 윗글, 33-36.

41) 대표적인 학자는 댄엘이다. 참고. G. A. Danell, *Studies in the Name Israel in the Old Testament*(Upsala: Appelbergs Boktryckeriaktiebolag, 1946), 275.

스라엘'에 대한 언급이 없으며, '참 이스라엘', '거짓 이스라엘'에 대한 논쟁
또한 나오지 않는다. 폰 라트가 주장하는 유다 또한 역대기에서 '진정한 이스
라엘'로 불리는 곳이 없다. 그렇다고 역대기는 북왕국 이스라엘을 미화하지도
않는다. 여로보암은 북왕국을 죄 가운데 세웠고, 우상 숭배자였으며(대하
11:15), 불신앙의 원흉이었다. 그러나 역대기는 북왕국이 이스라엘의 일부였
으며, 북쪽 지파들 없이 이스라엘을 완벽하다고 보지 않았다.42) 역대기는 북
왕국 사마리아 사람을 '형제'요, '장자권'을 소유한 자요, 전체 이스라엘의 일
부로 생각하면서 남북왕국의 파괴된 '샬롬'을 회복시켜 나가려 노력했다.

2. '온 이스라엘' 이해

'온 이스라엘'(all Israel)에 대한 히브리어 표현은 '콜 이스라엘'(kol
yišrael)이다. 구약성서에서 '온 이스라엘'이라는 표현은 크게 다섯 가지 예로
쓰인다. 첫째는 전체 백성을 말할 때이며(신 1:1; 5:1; 11:6), 둘째는 한 지파
혹은 한 그룹이 떨어져 나간 상태에서 나머지 전체 백성을 지칭할 때 사용한
다(삿 20:1, 11, 34). 셋째는 북왕국을 말할 때이며(왕상 14:13, 18; 15:33),
넷째는 백성들 중에 일부 통합된 전체를 가리킬 때이다(왕상 15:27; 16:16).
다섯째는 특별한 장소에서 모임을 갖고 있는 전체 백성을 말할 때이다(대상
11:1).43) 역대기에서 '콜 이스라엘'의 쓰임은 신명기 역사서 인용본문(대상
19:17; 대하 5:3; 6:3, 12; 18:14 등)에서 주로 사용되고, 역대기의 변형된
아홉 번의 본문 안에서 사용되고 있다.44) 그런데 이런 변형된 '온 이스라엘'
의 사용은 언약궤 이동이나, 성전건축과 같은 제의행사에, 그리고 다윗과 솔
로몬 주변에서 일어나는 다양한 사건들에 전체 이스라엘 백성이 만장일치로
참여하고 있음을 설명하려는 역대기 사가의 노력으로 보인다.45) 야펫은 역대

---

42) 소형근, 『구약성서 역대기』(서울: 은성출판사, 2006), 141.
43) 윗글, 117.
44) 윗글, 118.

기의 이러한 의도에 대해 다음과 같이 설명한다. 역대기는 북이스라엘과 남유다의 남은 백성들의 일치와 화해를 모색하는 책임석 자세를 가지고 기록한 것이다.[46] 야펫의 이러한 입장을 지지하면서 브라운은 히스기야 시대의 유월절 이야기(대하 30장)가 유다, 베냐민, 에브라임, 므낫세, 즉 북쪽과 남쪽을 모두 포함하는 '온 이스라엘'(대하 31:1)이 우상 숭배적인 제사장의 오염에서 정결케 되었음을 알리기 위함이라고 주장한다.[47] 히스기야 시대 뿐 아니라, 요시야 시대에도 북쪽과 남쪽 사람 모두가 하나님의 전을 위해 헌금한 돈으로(대하 34:9) 훗날 유월절 행사를 진행하게 된다(대하 35장). 그런 면에서 역대기에 나오는 히스기야의 유월절 행사나 요시야의 유월절 행사는 북쪽 사람들의 참여를 완전히 배제하지 않았고, 오히려 북쪽 사람들이 정기적으로 참여하였음을 알리려고 했던 것으로 볼 수 있다.[48] 결론적으로 역대기는 북과 남을 서로 대립적인 관계로 설정하지 않고, 오히려 북쪽 사람들과 남쪽 사람들이 모두 하나 되어야 한다고 보고 있는데, 그 구심점은 예루살렘 성전이며, 성전 제의를 통해서라는 점을 명확히 하고 있다.[49]

역대기는 '온 이스라엘'이라는 신학적 주제를 통해 북쪽 사람과 남쪽 사람을 분리하지 않고, 하나로 묶으려는 통합적인 관점을 지향하고 있음을 알 수 있다. 이는 포로 이후 관계적 '샬롬'을 회복하려는 역대기의 의도적 시도라 할 수 있다.

3. '이방인'에 대한 태도

포로 이후 유다 공동체는 복잡성과 다양성을 띠게 되었다. 강제 이주당한 디아스포라 이주민들은 바빌론과 페르시아 문화를 경험하게 되면서 이주된

---

45) 로디 브라운, 윗글, 46-47.
46) 김회권, "역대기서의 민족화해 신학", 「신학사상」 152집 (2011년 봄호), 13에서 재인용.
47) 로디 브라운, 윗글, 47-48.
48) 윗글, 48.
49) 윗글.

지역에서 그곳 원주민들과 결혼도 자유롭게 했으며, 유대인이지만, 바빌론식 이름을 갖고 살던 자들도 상당수 있었다.50) 에스더, 모르드개, 느헤미야처럼 바빌론과 페르시아 왕실에서 활동하거나, 관리가 되어 명예를 얻게 된 자들도 있었다. 이들은 본래 유대인이었지만 바빌론과 페르시아에서 이방 문화와 상황에 비교적 잘 적응하게 된 자들이라 할 수 있다. 그런 면에서 바빌론과 페르시아는 이방인에 대해 비교적 수용적인 입장이었음을 알 수 있다. 그렇다면 포로 이후 귀환 공동체는 이방인에 대해 어떤 태도를 취했을까?

먼저 '이방인'에 대한 히브리어 단어들을 살펴보도록 한다. '이방인'에 대한 히브리어 단어는 크게 네 종류이다. '게르'(*ger*), '토샤브'(*toshab*), '자르'(*zar*), '노크리'(*nokri*) 혹은 '네카르'(*nekar*)이다. '게르'는 구약성서에서 시대별로 다양한 신분과 다양한 자격이 주어졌는데, 주로 '도움이 필요한 거주 이방인'으로 이스라엘화된 이방인이며, 할례를 행하고, 율법을 지키는 이방인을 말한다.51) '토샤브'는 일반적으로 '땅을 소유하지 않은 이방인'을 말하며, 주로 유사 용어인 '게르'와 함께 쓰이거나, 혹은 '자르'와 함께 쓰이는 경우가 많다.52) '게르'가 공동체 안에서 다양한 특권을 누렸던 반면. '토샤브'는 성물과 유월절 음식을 먹을 수 없었다(출 12:45; 레 22:10). '토샤브'의 자녀들은 종으로 사고 팔 수 있었지만(레 25:45), '토샤브'가 도피성으로 피하면 죽음은 면할 수 있었다(민 35:15). '자르'는 고정된 의미가 아니라, 유동적인 의미를 지니고 있다. '자르'는 '낯선 자'(욥 19:15), '외인'(stranger, 욥 15:19), '위협적인 존재'(잠 23:33) 등으로 쓰인다. '노크리' 혹은 '네카르'는 이스라엘 내에서 법적 보장과 권리를 누리지 못한 자를 말한다.53) 그렇다면 역대기 역사서에는 어떤 종류의 히브리어 '이방인'이 쓰이고 있을까? 역대기에는 '게르'가 4회, '토샤브'가 1회, '노크리'는 2회 사용되고 있으며, '자르'는 용례가 없

---

50) 조셉 블렌킨소프, 윗글, 169-176.
51) 크리스티아나 반 하우튼, 『너희도 이방인이었으니』 (이영미 옮김), (오산: 한신대출판부, 2008), 192, 204-205.
52) 소형근, "역대기 역사서에 나타난 이방인 이해", 「구약논단」 44집 (2012년 6월), 161.
53) 윗글, 162-163.

다. 에스라-느헤미야서에는 오직 '노크리' 혹은 '네카르'만 나온다(스 10:2, 10, 11, 14, 17, 18, 44; 느 9:2; 13:26-27, 30).

역대기는 이스라엘 땅에 살고 있는 이방인에 대해 일관된 태도를 취하고 있다. 역대기는 이방인들이 이스라엘 땅에서 분리된 존재가 아님을 말하고 있다. 역대기의 이방인들은 두 가지 방식으로 이스라엘 백성과 연합했다. 첫째는 외국인 남자나 혹은 여자가 이스라엘 사람과 결혼함으로 이스라엘의 특정지파의 완전한 일원이 되어 이스라엘 내에 족보 전승에 포함되는 경우다.[54] 둘째는 절기에 참여하거나(대하 30:25), 성전예배에 참여하는 경우다(대하 6:32-33). 이 두 가지 방법이 결국은 '온 이스라엘'의 이상을 전하며, 동시에 한 백성으로서 통합되었던 것이 역대기의 이방인에 대한 이해다.

에스라-느헤미야서는 이방인에 대해 부정적이라는 생각이 대부분 학자들의 입장이었다.[55] 예를 들면, 에스라 9-10장과 느헤미야 13:23-30절에서 유대인과 이방인의 잡혼금지에 대한 개혁을 다루는 본문들을 볼 수 있다. 예루살렘에 온 에스라의 개혁 일성은 '이방인' 여성들과 결혼한 유대인 가정을 해체시키는 일이었다. 그 결과 에스라 10:18절 이하에 언급된 112명의 유대인 가장 남성들은 가정 해체를 결심하게 되었다(스 10:11-12). 총독 느헤미야 또한 아스돗과 암몬과 모압 이방인 여인을 아내를 맞이한 사람들에게 책망하고, 이혼할 것을 명령했다(느 13:25). 느헤미야는 율법(신 7:1-4)을 지키는 것이야말로 포로 이후 유다 공동체를 지탱하는 힘의 원천이라고 보았던 것이다.[56] 그러나 에스라와 느헤미야가 잡혼을 행한 유대인 가정의 해체를 주장했던 것은 '노크리' 혹은 '네카르' 때문이었다. 즉, 비이스라엘화된 이방인 '노

---

54) 소형근, "포로후기 유다 공동체에서 역대기 족보가 지니는 의미", 「구약논단」 38집 (2010년 12월), 54-70.

55) W. Rudolph, *Esra und Nehemia* (HAT 20), (Tübingen: Mohr, 1949); K. Galling, *Die Bücher der Chronik, Esra, Nehemia* (ATD 12), (Göttingen: Vandenhoeck & Ruprecht, 1954) 등.

56) 참고. 김래용, "에스라 9-10장과 느헤미야 13장의 특징과 역할", 「구약논단」 38집 (2010년 12월), 49-50.

크리'와 '네카르'는 율법을 거부하고, 안식일과 절기를 지키지 않던 자들이었다. 이들은 유다 공동체를 위해(危害)할 가능성 있는 그룹이었다. 그러나 에스라-느헤미야서가 히브리어 '게르'에 해당하는 자들에게는 관대한 입장을 취하고 있다. 물론 에스라-느헤미야서에는 '게르'라는 히브리어 표현이 나오지 않지만, '게르'에 해당하는 자들에 대한 암시적인 본문들이 나온다. 예를 들면, '골라 공동체'가 유월절 행사를 거행하는데 이 행사에 참여할 수 있는 자들을 에스라 본문에서 열거해 주고 있다. 두 그룹이 소개되고 있다. 첫째는 "사로잡혔다가 돌아온 이스라엘 자손"이고, 둘째는 "자기 땅에 사는 이방 사람의 더러운 것으로부터 스스로를 구별한 모든 이스라엘 사람들에게 속하여 이스라엘의 하나님 여호와를 찾는 자들"이다. 첫 번째 그룹은 '골라 공동체'이고, 두 번째 그룹은 히브리어 '게르'라는 표현은 사용하지 않았지만, '게르'에 해당하는 그룹임을 알 수 있다.[57]

종합하면, 역대기 역사서는 히브리어 '노크리' 혹은 '네카르'에 대해서는 철저하게 배척했지만, '게르'에 대해서는 포로 이후 유다 공동체 구성원들 중 하나로 인정하고, 이들을 이스라엘 백성으로 편입시키려는 시도들이 있었음을 알 수 있다. 이것 또한 '샬롬'을 이루려는 역대기 사가의 시도로 볼 수 있다.

V. 결론 및 제언

유다 왕조 말에 예루살렘 성과 성전이 이방인에 의해 늑탈 당하고, 하나님의 성민이 포로로 끌려갔으며, 땅은 황폐되어 소산을 낼 수 없는 폐허로 변했다. 왕조 말은 그야말로 '샬롬의 파괴'와 '샬롬의 상실'의 시기였다. 바빌론 포

---

57) 소형근, "역대기 역사서에 나타난 이방인 이해", 「구약논단」 44집 (2012년 6월), 170-171.

로기는 이스라엘에게 긍정적인 요인도 있었지만, 성전(temple)이 부재하던 시대였고, 이방문화의 무분별한 흡수로 인해 하나님과 이스라엘의 관계적 '샬롬'이 파괴되었던 시기였다. 포로 이후 초기에는 다윗 왕정 회복에 대한 기대감이 귀환자 골라 공동체 안에 있었지만, 시간이 지나도 성취되지 않자 공동체는 성전 중심, 제의 중심의 신정론적 사상으로 전환되었다. 그러던 차에 역대기 사가가 등장하여 공동체의 무너진 '샬롬'을 일으켜 세우고, 관계와 상태의 '샬롬'을 회복시키려는 움직임이 일어났다. 그 운동의 일환으로 역대기 사가는 분열과 갈등으로 점철되던 북쪽 사람들과의 관계를 회복하려 했으며, 그 연장선상에서 '온 이스라엘'이라는 주제를 통해 북쪽과 남쪽을 한 민족으로 아우르려는 시도를 도모했다. 또한 '이방인에 대한 '배타성'과 '수용성'이라는 두 트랙을 활용하여 이방인에 대한 포용적인 관계설정을 꾀했다. 역대기 사가의 이러한 노력들은 포로 이후 유다 공동체 안에 상실된 '샬롬'의 바람을 불어넣기에 충분했다. 구약성서에 나타난 이러한 결론적인 전이해를 바탕으로 21세기 우리 한반도 평화통일을 위한 두 가지 제언을 하면 다음과 같다.

1. 지도자의 개방적인 태도

역대기에 나타난 히스기야의 유월절 행사와 관련된 내용을 앞서 소개한 바 있다. 히스기야는 동족이지만, 불신앙의 표상이라 할 수 있는 북쪽 지파 사람들을 유월절 행사에 참여하도록 권고한다(대하 30:5, 10). 비록 많은 숫자는 아니지만, 북쪽 지역 사람들이 유월절 예배에 참여하는데 성공을 거둔다(대하 30:11). 이 사건은 사마리아가 멸망한 이후의 일이지만, 히스기야는 유다를 대표하는 지도자로서 아시리아에게 나라를 잃은 동족 이스라엘 사람들에 대한 긍휼의 마음이 있었고, 이를 계기로 남북의 사람들이 함께 종교의식을 치루는 새로운 역사를 경험하게 되었다. 이처럼 민족의 통일을 지향하는데 있어서 지도자의 판단과 행보는 매우 중요하다. 우리 한반도의 통일 모델을 보통 독일 통일에서 찾는 경향이 있다. 분단된 독일이 통일이 되기까지는 독일의 지도자들의 태도와 정책이 결정적이었다. 사민당 정권의 빌리 브란트(Willy Brandt)는 1969년 신동방 정책(neue Ostpolitik)을 통해 소련과 동독 등 동유럽 국가들과 적극적으로 교류하며, 협력하는 방안을 수립했다.58) 이로 인해 서독은 가시적인 외교적 성과를 얻어냈다. 두 차례에 걸친 동서독 정상회담(1970년 3월과 5월)과 소련, 폴란드, 체코와 관계 정상화를 위한 조약이 체결되었다(1970년 8월 이후). 이후 동서독간 교류협력 협정이 체결되었고 (1972년 12월), 동서독이 동시에 유엔(UN)에 가입하게 되었다(1973년). 이후 집권한 헬무트 슈미트(Helmut H. W. Schmidt) 또한 빌리 브란트의 신동방정책을 지지하며, 이어갔고, 이후 헬무트 콜(Helmut J. M. Kohl) 시대에는 "서방과의 협력에 바탕을 둔 동방과의 협력"을 동시에 추진했다.59) 그 결과 1990년 10월 3일 독일은 분단의 장벽을 무너뜨리고, 민족과 나라가 하나되는 통일을 이루었다.

분단된 나라가 통일을 이루기까지는 중요한 원칙이 있다. 국력이 앞선 나라가 그렇지 못한 나라에게 먼저 손을 내미는 것이다. 그리고 그들의 손을 잡아주는 것이다. 이러한 원칙을 세우고, 정책을 입안하여 추진하려면 먼저는 국가원수와 지도자들의 태도가 중요하다. 이들의 태도여하에 따라 분단의 분위기는 일순간에 확 바뀔 수 있다. 한반도가 '전쟁'의 기운이냐? 아니면 '샬롬'의 기운이냐? 지도자들의 태도여하에 따라 남과 북이 머리를 맞대고 통일을 위한 협상 테이블에 앉을 수도 있고, 그렇지 않을 수도 있다. 우리 한반도는 분단 이후 냉전으로 치닫던 시절에 2000년 6월과 2007년 10월 두 번에 걸친 남북정상회담이 있었다. 1945년 분단 이후 남북관계개선에 가장 좋은 기회였다. 그러나 이후 남북관계는 점점 꼬여만 갔다. 참여정부 이후 대북관계는 '실리외교'와 '일관성 없는 외교정책'으로 북한을 고립무원(孤立無援)으로 만들었고, 그로인해 북한은 군사력을 더 키웠으며, 핵무기 무장에 박차를 가하게 되었다.

---

58) 강병오, "독일통일과 미래의 한반도 통일", in: 『통일시대로 가는 평화의 길』, (서울: 열린 서원, 2015), 219.
59) 윗글, 219-220.

대한민국의 지도자들이 진정으로 남북통일을 원한다면 어떤 태도를 견지해야 할지 역대기의 히스기야와 독일의 빌리 브란트에게서 배워야 할 것이다. 통일은 득(得)과 실(失)의 셈법의 문제가 아니다. 800만 남북이산가족의 아픔을 달래주어야 할 책임이 정치 지도자들에게 있음을 기억해야 한다.

2. 일관된 협력관계 유지

구약성서의 역대기 사가는 남북으로 분열된 이스라엘을 하나로 묶기 위해 '온 이스라엘'을 표방했으며, 북왕국 사마리아 사람들에 대한 태도에 있어서 매우 관대했다. 그리고 그들을 한 '형제'라고 불렀다. 또한 이방인들에 대해서도 배타성과 수용성이라는 기준을 정하고, '게르'(ger)에 대해서는 동족 이스라엘과 동등한 수준의 권리를 주어 유월절 기념예배에 함께 참여할 수 있도록 했다(스 6:21). 이처럼 역대기 사가는 사마리아인들이나, 이방인들에 대해 분열이나, 해체보다 통합과 통일을 꾀하려는 과감한 시도들을 보여주었다. 즉, 역대기 사가는 북쪽 사람들과 이방인들에 대해 지속적으로 우호적인 태도를 견지해 왔다는 것이다.

오늘날 남과 북이 새로운 냉전시대를 맞고 있는데, 이 냉전의 고리를 끊을 수 있는 방법은 역대기 사가의 태도를 벤치마킹함으로 배울 수 있지 않을까 생각한다. 북에 대한 일회적인 도움이 아니라, 강자만이 약자에게 할 수 있는 지속적인 협력체제가 오늘날 우리 남북관계 개선을 위해 절대적으로 필요하다고 생각한다. 박삼경은 '화해의 윤리'를 주장하면서 예수 그리스도의 십자가 사건이 남북한의 새로운 화해의 가능성을 제시할 것이라고 말한다.60) 그렇다. 북한은 연일 동해상에 미사일을 발사하고 있고, 우리는 서해 앞바다에서 미국과 키리졸브 연합훈련을 하면서 최신예 전투기들과 항공모

---

60) 박삼경, "남북한 평화통일의 모습들 – 이데올로기를 넘어서 화해의 윤리 공동체를 향해서", in: 『통일시대로 가는 평화의 길』, (서울: 열린서원, 2015), 207.

함을 동원하여 전투력 과시를 하고 있다. 실타래처럼 꼬여 있는 현재의 남북 관계의 문제를 해결할 수 있는 유일한 길은 예수 그리스도의 정신을 오늘 우리가 그대로 실천하는 것이다. 예수의 '화해' 정신과 예수의 죽기까지 자신을 내어주시는 '헌신'의 정신을 오늘 우리가 먼저 실천하는 것이다. 그러나 그것이 일회적인 것으로 그쳐서는 안 되고, 헨리 클라우드(H. Cloud)가 주장한 것처럼 '일관된 진실성'(integrity)으로 상대를 대할 필요가 있다.61) '일관된 진실성'으로 상대를 대할 때 거기에는 감동이 따라온다. 그 '감동'이 결국은 남북통일로 이어가는 해결의 실마리가 될 수 있다. 그런 면에서 남북한 경제협력, 남북이산가족 상봉, 스포츠 문화교류, 문화유산 정보교환 등과 같은 남북한의 지속적인 교류를 위해 대한민국의 지속적인 통일비용 투자와 헌신적 섬김이 필요하다. 이것이 남과 북을 살리고, 한반도 통일을 앞당기는 길이라고 생각한다.

---

61) 헨리 클라우드, 『인테그리티』(정성묵 옮김), (서울: 생명의 말씀사, 2009), 43-57.

■ **참고문헌**

강병오, "독일통일과 미래의 한반도 통일", in:『통일시대로 가는 평화의 길』,
    (서울: 열린서원, 2015), 211-243.

강사문, "전쟁과 평화에 대한 성서적 이해",「교육교회」314호 (2003년 6월
    호), 4-10.

게제니우스,『히브리어-아람어 사전』(이정의 옮김), (서울: 생명의 말씀사,
    2007).

김래용, "에스라 9-10장과 느헤미야 13장의 특징과 역할",「구약논단」38집
    (2010년 12월), 33-53.

김이곤, "구약에서 본 평화",「교회와 세계」38호 (1985년 2월호), 8-10.

김회권, "역대기서의 민족화해 신학",「신학사상」152집 (2011년 봄호), 9-47.

레이몬드 B. 딜라드,『역대하』(WBC 15) (정일오 옮김), (서울: 솔로몬, 2005).

레슬리 C. 알렌,『에스겔 20-48』(WBC 29) (정일오 옮김), (서울: 솔로몬, 2008).

로디 브라운,『역대상』(WBC 14) (김의원 옮김), (서울: 솔로몬, 2006).

박삼경, "남북한 평화통일의 모습들 - 이데올로기를 넘어서 화해의 윤리 공동체
    를 향해서", in:『통일시대로 가는 평화의 길』, (서울: 열린서원, 2015),
    187-207.

소형근,『구약성서 역대기』(서울: 은성출판사, 2006).

_____, "포로 이후 초기에 나타난 왕권과 제사장권",「구약논단」36집 (2010
    년 6월), 138-153.

_____, "포로후기 유다 공동체에서 역대기 족보가 지니는 의미",「구약논단」
    38집 (2010년 12월), 54-70.

_____, "역대기 역사서에 나타난 이방인 이해",「구약논단」44집 (2012년 6
    월), 158-177.

_____, "히브리어 '페하'에 대한 구약성서와 성서 외적 자료들 연구",「구약
    논단 50집」(2013년 12월), 266-289.

유석성, "함석헌의 평화사상 – 예수·간디·함석헌의 비폭력 저항", in:『통일 시대로 가는 평화의 길』(서울: 열린서원, 2015), 19-43.

윌리암슨, H. G. M.,『에스라-느헤미야』(WBC 16) (조호진 옮김), (서울: 솔로몬, 2008).

이종근, "고레스 신탁과 고레스 실린더",「구약논단」 48집 (2013년 6월), 128-166.

조셉 블렌킨소프,『유대교의 기원: 에스라와 느헤미야를 중심으로』(소형근 옮김), (서울: 대한기독교서회, 2014).

제랄드 L. 코운, 파멜라 J. 스칼라이스, 토마스 G. 스모덜스,『예레미야 26-52』 (WBC 27) (정일오 옮김), (서울: 솔로몬, 2006).

차준희,『예레미야서 다시보기』(서울: 프리칭 아카데미, 2008).

크리스티아나 반 하우튼,『너희도 이방인이었으니』(이영미 옮김), (오산: 한신대출판부, 2008).

한스 큉,『유대교: 현 시대의 종교적 상황』(이신건 옮김), (서울: 신앙과 지성사, 2015).

헨리 클라우드,『인테그리티』(정성묵 옮김), (서울: 생명의 말씀사, 2009).

T. R. 홉스,『열왕기하』(WBC 13) (김병하 옮김), (서울: 솔로몬, 2008).

홍성혁, "메시야 예언 본문들에 나타난 '샬롬'(평화)",「구약논단」 55집 (2015년 3월), 121-152.

Börner-Klein, D., "Synagoge" RGG[4] (vol. 7) (Tübingen: Mohr Siebeck, 2004), 1944-1947.

Brueggemann, W., *Peace* (St. Louis: Chalice Press, 2001).

Danell, G. A., *Studies in the Name Israel in the Old Testament* (Upsala: Appelbergs Boktryckeriaktiebolag, 1946).

Eisenbeis, W., *Die Wurzel šlm im Alten Testament* (BZAW 113), (Berlin: Walter de Gruyter, 1969).

Ephal, E., "The Western Minorities in Babylonia in the 6th-5th

Centuries B.C.: Maintenance and Cohesion", *Or* 47 (1978), 74-90.

Galling, K., *Die Bücher der Chronik, Esra, Nehemia* (ATD 12), (Göttingen: Vandenhoeck & Ruprecht, 1954).

Galtung, J., "Violence, Peace, and Peace Research", in: *Peace Studies: Critical Concepts in Political Science*, vol. 1, ed. Matthew Evanglista, (London: Routledge, 2005), 21-52.

Gerleman, G., "shalom" (THAT II), (München: Chr. Kaiser Verlag, 1984), 919-935.

Noth, M., *Überlieferungsgeschichtliche Studien* (Tübingen: Max Miemeyer Verlag, 21957).

von Rad, G., *Das Geschichtsbild des chronistischen Werkes* (BWANT 54), (Stuttgart: Kohlhammer, 1930).

von Rad, G., *Old Testament Theology* (vol. 1), trans. D. M. G. Stalker (New York: Harper & Row, 1962).

Rudolph, W., *Chronikbücher* (HAT 21), (Tübingen: Mohr, 1955).

Rudolph, W., *Esra und Nehemia* (HAT 20), (Tübingen: Mohr, 1949).

Schmid, H. H., "Frieden II" (TRE 11), (Berlin: Walter de Gruyter, 1983), 605-610.

Westermann, C., "Der Frieden (shalom) im Alten Testament", G. Picht und H. E. Tödt (Hg.), *Studien zur Friedenforschung* 1 (Stuttgart: Klett, 1969), 144-177.

Efforts of the Chronicler for the Peaceful Integration of Israel in Postexilic Period

Hyeong-Geun So

(Assistant Professor, Old Testament Theology)

ABSTRACT

This Article is to seek the efforts of the Chronicler for the peaceful integration of Israel in postexilic period, especially in the books of I & II Chronicles and Ezra-Nehemiah. The History of ancient Israel was distant from 'shalom'. In patriarchal age, age of wilderness, age of judges and Israelite dynastic ages was Israel lacking the efforts for social integrations, and priests and prophets have hated one another. But there was an attempt for the integration among diaspora Jews in the *golah* group in postexilic period. For example, one can see these intentions in I & II Chronicles and Ezra-Nehemiah. The Chronicler who wrote the Chronicler's Historical books had a inclusive attitude for the Samaritans, and they proposed the theological thought 'all Israel' which put together southern and northern nations, and they assumed a positive attitude for the foreigners. In other words, one can know in the Chronicler's historical books that the Chronicler tried to integrate the divisions of Judah community in postexilic period. Today, we need also these efforts for integration in the Korean Peninsula. To begin with, the korean leaders have to adhere to the free-hearted attitude and to maintain the consistent conciliation with North Korea. It has a bare chance for advance of the southern and northern relationship, unless South Korea of the rich and liberal democracy extends the hand of friendship to North Korea.

KEY WORDS Chronicles, Ezra-Nehemiah, Chronicler, Integration, All Israel, Foreigner

οἱ εἰρηνοποιοί:
마태공동체의 윤리와 에토스

김영인
서울신학대학교, 신약학
독일 KiHo Wuppertal/Bethel (Dr. theol.)

οἱ εἰρηνοποιοί:
마태공동체의 윤리와 에토스

김영인 교수 (설교대학원, 신약학)

국문요약

산상설교의 8복 안에 있는 "평화를 만드는 사람들이 하나님의 자녀가 될 것이다"(마 5:9)는 인류와 세대를 넘는 예수 그리스도의 귀한 가르침이다. 8복의 7번째 축복선언에 해당된 이 구절은 로기온 Q나 누가의 축복선언(눅 6:20-23)과도 아주 다르다. 누가의 평지설교가 소극적, 개인적 정황을 보이는 반면에 마태의 산상설교는 적극적, 공동체적 의미가 들어 있다. 이것은 마태공동체가 처한 상황과 무관하지 않다. 그들은 pax romana의 거짓 평화와 폭력을 목격했고, 동족으로 부터의 분리를 경험했으며, 이제 이방인과 함께 살아야 하는 현실 속에 놓여있다. 따라서 평화의 문제는 그들에게 가장 시급하고 절체절명의 문제였던 것이다. 따라서 그들에 대한 축복선언은 누가, 그리고 Q와도 다르게 한시적이며, 지엽적인 것을 넘어 영속적이며, 본질적인 문제로 해석될 수밖에 없었다. 결국 마태공동체는 변증법적 혼합공동체인 corpus permixtum 으로 나아갈 수밖에 없었다.

마태공동체의 이런 상황은 한반도의 상황과 유사하다고 할 수 있다. 한민족의 염원인 통일을 앞에도 미국, 중국을 위시한 강대국들의 이해관계가 놓여있다. 또한 우리 앞에는 소위 남-남 갈등이라는 남한 내부 사회의 정치적, 이념적 갈등, 그리고 남과 북의 극단적 대치상황이 늘 존재한다. 만일 우리 민족이 이 난제를 해결하지 못한다면, 한반도의 통일은 요원할 수밖에 없고 다음 세대를 위한 미래를 담보할 수도 없다. 따라서 자기를 포기하고 변증법적 혼합공동체라는 대안으로 향했던 마태공동체의 평화윤리와 그 에토스에 우리는 더 주목하게 된다.

주제어 평화통일 신학, 마태공동체, 마태 공동체의 윤리와 에토스, 산상수훈, 8복

I. 들어가는 말

박근혜 정부의 통일 대박론은 '대박'을 외치는 사람의 결국이 그러하듯이 '쪽박'으로 전락할 위험 속에 있다. 북한의 4차 핵실험 소위 수소폭탄 실험 (2016년 1월 6일)과 장거리 로켓 광명성 4호의 발사(2016년 2월 7일)는 급기 야 박근혜정부가 돌연 개성공단 전격폐쇄라는 후폭풍을 일으키며 남북관계를 극도로 경색시켰다. 또한 고고도 미사일 방어체계인 사드(THAAD) 배치라는 무리수는 동북아를 다시 신 냉전체제로 회귀하는 일을 가속화하고 있다. 이런 사태의 추이는 한반도의 평화 없이 동북아시아의 평화가 담보될 수 없다는 사 실을 재확인 시켜준다. 그리고 한반도의 영구적이고 지속 가능한 평화는 오직 통일로 완성될 수밖에 없다는 확신을 갖게 한다. 지금까지 우리나라의 공식 통 일방안은 한민족공동체 건설을 위한 3단계 통일방안이다. 이 방안에 따르면, 그 첫 번째 단계는 '화해-협력' 단계이다.[1] 그런데 작금의 상황은 화해와 협력 하기보다는 극한대치의 상황을 연출하며, 통일 대박으로 가기 위한 첫 단추 조 차 제대로 끼우지 못하고 있다. 민족의 공생·공영의 유일한 통일의 길은 요원 하고 동북아의 평화마저 위협받는 이 때 우리는 무엇을 해야 하는가?

기독교는 우리나라의 역사 속에서 개화기의 문명운동, 일제강점기의 항일· 독립운동, 그리고 해방 후의 근대화·민주화 운동에 동참하며 이 민족을 위해 헌신하며 봉사해 왔다. 이제 기독교가 우리 민족을 위해 해야 할 마지막 일이 하나 더 남았다면, 그것은 더 이상 미룰 수 없는 민족의 염원이자, 당면과제 인 민족통일을 위한 이바지하는 것일 것이다.[2] 그동안 남북한의 통일을 위한

---

1) 2단계는 '남북연합단계', 3단계는 '통일국가 완성단계' 보다 자세한 것은 다음을 참고하라. 이헌경, "한민족공동체 건설을 위한 3단계 통일방안과 추진현황,"『한국평화연구학회 학술 회의』(2010년 12월), 440-450, 특히 442-443.
2) 다음을 참조하라. 유석성, "평화와 통일," 서울신학대학교 평화통일연구원편, 『통일시대로 가는 평화의 길』(서울:열린서원, 2015), p.7-10.

기독교계의 본격적인 논의는 1980년부터 시작되었다고 본다.3) 기독교계의 지난 30년간 평화통일 신학정립을 위한 노력, 특히 성서신학분야에서의 연구는 평화통일을 위한 근거를 성서와 성서해석에서 제시하고자 하는 노력이었고, 그 화두는 주로 '사랑', '정의', '평화', '화해'와 '희년'등으로 집약된다.4) 그러므로 통일신학 정립을 위한 성서읽기에서 이런 주제들이 눈에 들어왔다는 것은 민족분단이라는 비극적 현실을 타계하고, 그 본디 상태로의 회복과 복구를 열망하는 당연한 시선이다. 그리고 사실 이런 주제어들은 기독교의 기본진리를 잘 표현하는 밑절미들이다.

이 논문도 이런 연구의 흐름을 크게 벗어나지 않는다. 이 논문은 그동안 인류의 역사 속에서 평화를 주창하는 많은 사람들에게 영감을 주었던 예수의 한 말에 집중한다: "아! 평화를 만드는 사람들은 참 복이 있구나, 그들은 하나님의 자녀들이라 일컬어질 것이다"(마 5:9, 사역). 이 말은 소위 8/9복 선언의 7번째 축복이며, 보다 큰 마태의 컨텍스트에서는 마태내러티브의 기본 뼈대를 구성하는 5개의 설교 중 첫 번째 설교인 산상설교(마태복음 5-7장) 안에 있다.5) 산상설교에 대한 지금까지의 해석은 슈트레커가 정리한 것처럼, 율법과 복음으로서, 성취 가능한 요구로서, 마음의 윤리로서, 평화운동의 실천강령으로서의 범위를 크게 벗어나지 못하고 있다.6) 그리고 그 관심은 주로 산상설교의 표층적 연구와 실용적 적용에 관한 것들이다. 이것은 평화를 만드는 사람들은 복이 있다는 축복선언의 경우에도 마찬가지이다. 따라서 이 소고에서는 지금까지의 표층적, 실용적 연구 관점 보다는 보다 더 심층적 접근을 통

3) 백충현, "남북한 평화통일을 위한 삼위일체적 평화통일 신학적 모색,"『남북한 평화신학연구소 연구총서 03』(서울: 나눔사, 2012), p. 27-29.
4) 백충현, "남북한 평화통일을 위한 삼위일체적 평화통일 신학적 모색," 37-49.
5) 게오르크 슈트레커, 전경연, 강한표 역,『산상설교』,(서울:대한기독교서회, 1992), 27-57; Peter Pokorný Ulrich Heckel, *Einleitung in das Neue Testament. Seine Literatur und Theologie im Überblick*, (Tübingen: Mohr Siebeck, 2007), 430-439; 또한 Stanley P. Saunders, *Preaching the Gospel of Matthew*, (Kentucky: Westerminster John Knox Press, 2010), 30-58.
6) 게오르크 슈트레커,『산상설교』, 27-57.

하여 인류사의 평화운동가에게 영향을 준 이 "아! 평화를 만드는 사람들은 참 복이 있구나, 그들은 하나님의 자녀들이라 일컬어질 것이다"라는 구절이 어떠한 배경과 삶의 정황 속에서 배태된 것인지에 먼저 천착할 것이다. 이어서 그것을 씨실과 날실처럼 직조하고 있는 본문을 분석하여 평화를 추구하는 마태공동체의 윤리와 에토스가 어떠한가를 톺아볼 것이다.

Ⅱ. 마태공동체의 삶의 정황(Lebenssituation)

평화는 절대 개인의 문제는 아니다. 그것은 개인과 개인, 집단과 집단의 문제이며 더 나아가 국가와 민족 간의 일이다. 마주한 이웃과의 문제이며, 삶의 문제이다. 따라서 이것은 윤리적 문제이다. 윤리적 문제는 그 어떤 경우에도 자신의 삶의 자리(Sitz im Leben)를 떠나서는 성립될 수 없다. 그것은 한 개인에게서도 한 공동체에게서도 마찬가지이다. 마태공동체가 자신의 정체성을 가지고 있는가 그렇지 않은가에 대한 물음들이 있다. 마틴 헹엘(Martin Hengel)은 1세기에 만연한 소위 방랑선교사(Wanderprediger)와[7] 네트워크의 영향으로 마태공동체가 자신만의 독특성을 가진 소수의 단일 공동체를 유지할 수 있는가 물었다.[8] 이것은 마태공동체를 마가공동체 혹은 요한 공동체라고 부르듯이 그렇게 지칭할 수 있느냐는 것이다. 그러나 우리에게 전승된 복음서들은 각각의 독특한 신학과 특성들을 내재하고 있고, 그것은 또한 복음서의 청중들이 처한 서로 다른 상황을 반영하고 있다. 신약연구 분야에 비교적 최근에 도입된 독자반응비평은 바로 그런 공동체의 상황 속에서 복음서를

7) 방랑하는 카리스마와 지역공동체 지도자와에 대한 관계는 다음을 참고하라, 게르트 타이센, 류호성, 김학철역, 『복음서의 교회정치학』(서울:대한기독교서회, 2002), 55-66.
8) Martin Hengel, *Four Gospels and the One Gospel of Jesus Christ*(London: SCM, 2000), p. 107.

해석하려는 시도들을 보이고 있다.9)

마태복음을 마태공동체의 역사적 정황과 공동체의 상황 속에서 읽으려는 시도도 그런 의미에서 소득이 있을 것이다. 마태공동체는 외부로 부터의 도전 과 응전 속에서 자신들의 정체성을 확립했을 것이고, 자신들의 가치체계를 유 지하려고 노력했을 것이다. 그리고 그것은 마태공동체의 윤리를 형성하는데 많은 영향을 끼쳤을 것이다. 윤리(Ethik)란 그래서 그 삶의 자리(Ethos)에서 형성된다고 하지 않는가. 그러므로 1세기에 발현한 마태공동체가 대내외적으 로 처한 삶의 정황을 파악하는 것은 마태공동체를 이해하는 첫걸음이며 그들 이 우리에게 남긴 텍스트를 올바로 읽어내는 작업이 시작이 될 것이다.

1. 로마제국과의 관계: Pax Romana

마태공동체가 살았던 1세기의 가장 바깥 삶의 테두리에는 로마제국이 자리 하고 있다. 로마제국은 대 내·외적으로 '팍스 로마나'(Pax Romana)를 표방 했다. 팍스 로마나는 로마의 평화, 로마에 의한 평화라는 뜻으로 로마제국 영 토내의 평화와 국경의 안보가 안정된 삶의 질서와 토대라는 의미로, 황제 아 우구스투스(Augustus)에 의해서 주창된 정치적 이데올로기 '팍스 아우구스 타'(Pax Augusta)에서 유래한다.10) 이 모토가 Pax(평화)를 구가한다는 것과 이율배반적으로 팍스 아우구스타는 사실 정복전쟁으로 확장된 영토 내에서의 영속적인 통치, 질서유지, 그리고 번영을 꾀하는 정책이었다.11) 따라서 유대 팔레스틴을 포함한 로마의 점령지는 팍스 로마나의 영향아래서 저들의 삶을 영위하는 처지에 놓여 있었고 마태공동체의 경우도 예외는 아니었다.

예수 그리스도의 하나님 나라 복음이 발현한 유대 팔레스틴 지역은 주전 63년 로마 장군 폼페이우스(Gnaeus Pompeius)에 의해 점령되어 로마의 시

---

9) Cedrice E. W. Vine, *The Audience of Matthew*, (London etc: t&t Clark, 2014).
10) Günther Gottlich, *Art.*,Pax Romana, RGG4, 1074;
11) Günther Gottlich, 위의 글.

리아 지방(Province)에 편재되면서 직접적으로 로마의 정치적 영향을 받게 되었다.12) 이로써 이 약속의 땅은 주전 586/7년 남유다왕국이 바빌로니아 제국에게 멸망당한13) 이래로 페르시아제국과 알렉산더 대왕의 유업을 이은 이집트와 시리아 그리고 다시 신흥제국인 로마의 지배를 받는 영욕의 세월을 이어나가야만 했다. 로마는 주전 40년 하스몬 가문의 관료였던 이두매 출신 헤롯을 봉신"왕"(Gegenkönig)으로 삼아 유다를 지배했다.14) 로마의 이런 결정은 유대인들에게는 참으로 굴욕적인 것이었다. 왜냐하면 이두매는 에돔의 라틴어식 표현으로 유대인들에게서 저주를 받고 갈려나간 방계혈통이기 때문이다.

팍스 로마나는 한편으로 점령지의 국민들에게 독자적인 재판권과 자치적인 법률, 경제, 종교 활동을 보장해주기도 했지만,15) 주후 6-3년에 발생한 유대인의 소요사태 때 반군지도자의 본거지인 세포리스(Sepphoris)를 초토화 시키고 곳곳에서 봉기에 가담한 약 2000명을 십자가형에 처한 사례에서 보듯이16) 폭력으로 로마의 체제를 유지하는 거짓 평화라는 것을 알 수 있다. 마태복음 22:15-22에 보면 예수를 곤경에 빠뜨리기 위한 에피소드가 등장한다. 물론 바리새파 사람 중의 하나가 1차적으로 제기한 문제는 로마황제에게 세금을 바쳐야하는가를 묻는 것은 아니다. 그럼에도 불구하고 그들이 들어 보인 티베리우스 디나(Tiberiusdenar)는 당시에 만연하고 있던 통화이며 황제에게 바치는 세금으로 사용되었음을 짐작할 수 있다.17) 사실 누가복음의 탄생

---

12) 보 라이케, 편집실역 『신약성서시대사』(서울:한국신학연구소, 1988), 95-97.

13) 한스 큉, 이신건외 역, 『유대교』(서울:시와 진실, 2015), 149-155.

14) 보 라이케, 『신약성서시대사』 106; 리처드 A. 호슬리, 박경미 역, 『갈릴리』(서울:이화여자대학교 출판부, 2007), 62.

15) 보 라이케, 『신약성서시대사』 102.

16) 시리아 로마총독 바루스(Varus) 로마 3군단을 이끌고 소요를 진압하러 옴 사건의 발단과 전개과정은 다음을 참조하라. 보 라이케, 『신약성서시대사』, 125-126.

17) Ulrich Luz, *Das Evangelium nach Matthäus*(Mt 18-25), EKK 1/3,(Zuerich u.a:Benziger/Neukirchner Verl., 1997) 257-258. 특히 258. 전면에 티베리우스 황제의 초상이 주조되어 있고, 후면에 황제의 모친 리비아(Livia)가 평화의 여왕이라는 글귀가 새겨진 이 동전은 당시 팔레스틴에 유통되었고 잘 알려져 있었다.

기사에서(눅 2:1-2) 언급하고 있는 주후 6년 아우구스투스 황제 재임기간 중 시리아 총독 퀴리니우스(Quirinius)가 실시한 유다와 사마리아에 대한 인구 센서스도 제국 내 조세구역에서 더 많이 세금을 걷기 위함이었을 것이다. 로마제국은 총독구로부터 조세, 관세, 인두세, 토지세 등 다양한 항목의 세금들을 징수했고 특히, 통행세, 시장세, 물품세 등은 제국의 식민지 지배하에 있는 주민들의 원성과 분노를 사는 것이었다.[18] 세금은 총독의 위임을 받은 세무 공무원(publikanen)과 개인 사업자인 세금 대납자(conductores)를 통해서 징수되었는데 이들은 종종 민중의 고혈을 짜내는 사람들로 인식되어 죄인 취급을 받았다.[19] 이렇듯 팍스 로마나는 평화라는 고상한 이름으로 오히려 식민 지배를 받는 민족들의 고혈을 짜내는 방법들을 사용하여 제국의 배를 불리고 있었다.

마태공동체에게 가장 충격적인 사건이었을 예수를 죽음도 사실은 로마의 책임이다. 왜냐하면 로마제국 시대에 최종재판권(ius gladii)은 로마인들이 가지고 있었기 때문이다. 형식적으로 예수는 유대의 최고 회의인 산헤드린(synedrion)의 고소로 체포되고 심문을 받았지만, 결국 예수는 주후 26-36년 유대 총독으로 재임한 빌라도(Pontius Pilatus)에게서 십자가형을 언도 받았다.[20] 십자가형은 특히 노예와 반란자들에게 로마제국의 무시무시한 폭력을 행사하며 보이지 않게 굴종을 강요하는 가혹하고 처참한 수단이었다. 예수가 유대의 재판을 받았다면 돌에 맞아 죽거나,[21] 목이 잘려서 죽었을 것이다.[22] 이렇게 식민지 점령지에서 보여 준 폭정과 탄압은 Pax Romana 가

---

18) 보 라이케, 『신약성서시대사』, 152.
19) 마태는 가버나움(Capernaum)에 세관이 설치되었던 것을 증거하고 제자들 중의 하나가 죄인 취급을 받는 세관(telw,nion/tax office)에서 일하는 사람이었던 것을 증거한다 (9:9-13).
20) 마태복음 27:2, 11-66; 게르트 타이센, 아네테 메르츠, 손성현 역, 『역사적 예수』(서울: 다산글방, 2010), 650-656.
21) 행 7:59에 묘사된 초기 기독교의 집사 스테판의 죽음을 참조하라.
22) 세례요한의 죽음을 참고하라. 막 6:21-29.

로마의 안녕과 번영을 위한 방편이었지 결코 제국 내 모든 국가와 국민들을
위한 정책이 아님을 보여준다. 유대 팔레스틴지역은 주후 66년 로마총독 게
시우스 플로루스(Gessius Florus)의 예수살렘 성전금고 약탈로 발생한 폭동
이 유대전쟁으로 확대되어 전란의 소용돌이 속에 빠져들고, 결국 주후 70년
에 로마의 티투스(Titus Flavius) 장군에 의해서 예루살렘이 함락되면서 종국
으로 치달았다.23) 이 전란의 혼란 속에서 유대 팔레스틴의 많은 민중들은 펠
라(Pella), 요르단 동쪽지역, 안디옥, 시리아 지역 등지로 이주했고 마태공동
체도 이 들 중의 한 무리로 삶의 터전을 잃어버리고 시리아지역으로 이주했을
것이다.24) 마태공동체는 평화를 위한다는 제국의 정치에 오히려 고향을 잃고
난민과 이방인의 신세로 전락하였을 것이다. 그들은 말 뿐인 세상의 거짓 평
화와 예수 그리스도가 전한 참된 평화에 대한 기대와 실현을 깊이 사고했을
것이다.

2. 유대교와의 관계: Intra muros vs. Extra muros?

마태공동체가 로마제국이라는 거대 컨텍스트 속에서 정치적 삶을 영위하고
있었다면, 그들의 종교적 삶의 실제적 현장은 유대교의 테두리 속에 있다고
할 수 있다. 마태공동체와 유대교와의 관계를 정리하기 위해서는 먼저 마태공
동체의 종교적, 사회적 정체성이 어떠한가라는 물음으로 시작해야 할 것이다.
일반적으로 마태공동체의 정체성(Identität)을 묻는 질문은 다음의 세 가지로
정리될 수 있다. 1) 마태 공동체가 유대인 중심의 공동체인가? 2)아니면 이방
인 중심의 공동체인가? 3) 아니면 이 둘의 혼합공동체인가?25)

---

23) Eduard Lohse, *Umwelt des Neuen Testaments*, NTD, (Göttingen: Vandenhoeck
& Ruprecht, 1994), 31-36; 또한 보 라이케, 『신약성서시대사』, 269-275; 참고 마
24:1-2.
24) Eduard Lohse, *Umwelt des Neuen Testaments*, 33.; Ulrich Luz, *Das Evangelium
nach Matthäus(Mt 18-25)*, 73-75; 게르트 타이센, 류호성, 김학철역, 『복음서의 교회정
치학』 67f.

1) 마태공동체의 정체성에 대한 물음

최근 마태복음의 청중을 연구한 바인(Cedric E. W. Vine)은 마태공동체의 성격을 다음의 세 가지 연구가의 주장을 바탕으로 요약 설명한다. 먼저 오버맨(Andrew Overman)은 마태공동체의 정체성을 팔레스틴 유대인 공동체로 규정한다. 그의 주장은 주후 70년 전후 예루살렘의 파괴 후 형성기의 유대교(Formative Judaism)는 랍비적 유대교를 지향했는데 마태 공동체가 그 영향을 받은 유대인들로 구성되었다는 것이다.26) 그는 마태공동체의 율법해석과 율법수호 정신을 그 증거로 든다.27) 따라서 아직 마태공동체는 유대교의 한 가지로 존재한다는 것이다(intra muros). 살다리니(Anthony Saldarini)와 심(David Sim)은 마태공동체가 기독교 유대공동체라는 데에는 이견이 없지만 그 삶의 자리를 시리아와 안디옥으로 각각 다르게 추정한다.28) 살라디니는 유대공동체와 신생 기독교 유대 공동체가 명확하게 분리되어 있는지 정확히 알 수 없지만(intra muros? 또는 extra muros?) 주후 80-90년 사이에는 고도의 긴장관계에 놓여 있었다고 본다.29) 심은 바울이 갈라디아서 2:11-14에서 보도하는 이방인과의 식탁교제에서 착안하여 당시 안디옥에는 베드로의 영향을 받는 율법수호 보수주의자들과 비교적 율법에서 자유로운 바울주의자들, 그리고 이방인이 포함된 혼합 공동체가 있었다고 본다. 그 후에 안디옥 공동체에는 예루살렘 교회의 전통을 이어받아 율법 준수를 강조하는 가운데, 바울의 선교의 영향으로 또 다시 율법에서 자유로워야 한다는 운동이 전개되는 상황 속에 놓여 있었다고 한다.30) 즉, 마태공동체는 가변적 상

---

25) 이 질문에 대한 주장과 그 근거에 대해서는 다음을 참조하라. 울리히 루츠, 박정수 역, 『마태공동체의 예수이야기』(서울: 대한기독교서회, 2002), 25-37; 또한 Cedrice E. W. Vine, *The Audience of Matthew*, 34-45.

26) Cedrice E. W. Vine, *The Audience of Matthew*, 34-37.

27) Cedrice E. W. Vine, *The Audience of Matthew*, 34-37.

28) Cedrice E. W. Vine, *The Audience of Matthew*, 37-45.

29) Cedrice E. W. Vine, *The Audience of Matthew*, 39f.

30) Cedrice E. W. Vine, *The Audience of Matthew*, 40-41.

황에 있는 안디옥 공동체 안에 편입되어야 하는 율법을 준수하려는 소수의 고립된 기독교 공동체라는 것이다.[31] 그러므로 유대교의 울타리 밖에 있는 공동체라는 것이다(extra muros).

이상으로 우리는 마태공동체가 예수의 전승을 이어받아 평화에 관한 그들 고유의 텍스트를 간직하고 있을 때의 상황을 재구성해 보았다. 그러나 마태공동체의 정체성과 성격을 규명하는 것도 그 공동체와 그 공동체와 유대교와의 관계성를 밝히는 것도 쉽지 않은 것을 볼 수 있었다. 하지만 그 물음은 마태공동체가 유대교의 울타리 안에 있었는가 아니면 밖에 있었는가로 요약 정리될 수 있음을 알 수 있었다. 그렇다면 신생 기독교 공동체인 마태공동체와 유대교의 관계를 비교적 정확히 진단할 수 있는 시금석은 없는 것일까?

2) 에클레시아(evkklhsi,a)와 시나고게(sunagwgh,)의 갈등

마태는 그의 예수이야기를 통해서 이미 유대교와 갈등을 빚고 있는 예수를 그리고 있다. 따지고 보면 예수는 당시의 종교지도자들의 모함과 모의에 의해서 죽음에 이르렀다(26:3-5; 27:1-2; 27:62). 이 예수와 유대교와의 갈등은 어떤 면에서 예수로 인해서 새로 생긴 신생 에클레시아(교회)와[32] 유대교 삶의 중심에 있는 시나고게(회당)와의 갈등을 대변하고 있고 그것의 현재형으로 볼 수도 있다. 왜냐하면 성전파괴 이후 형성기의 유대교(Formative Judaism)는 회당을 중심으로 유대교의 개혁과 회복을 꾀했고, 마태 공동체는 나사렛 예수의 행적 안에서 그들을 참 계시의 담지자요 대변자라고 생각하고 있었기 때문이다. 즉, 개혁의 의지는 같지만 그 방법이 다름으로 인한 갈등이었다. 사실 에클레시아와 시나고게는 그 표기만 다를 뿐 같은 의미를 가진 다른 명칭이었다. 그리고 신생교회도 그것을 의도하고 그들의 표지를 에클레시아라고 했을 수 있다.[33] 따라서 성전파괴 이후 종교적 공백상태에서 각자 유대교 내에서

---

31) Cedrice E. W. Vine, *The Audience of Matthew*, 40-41.
32) 복음서 중에서 마태복음에만 에클레시아(evkklhsi,a)라는 말이 등장한다. "kai. evpi. tau,thl th/l pe,tral oivkodomh,sw mou th.n evkklhsi,an"(마 16:18b).

영향력을 행사하고자한 시나고게와[34] 에클레시아의 대결은 피할 수 없었을 것
이고, 우리에게 전해진 마태의 예수 이야기는 그것을 통하여 그들의 사정을 반
영하고 있다.[35]

  유대인의 회당을 마라보는 마태의 확연히 다른 관점은 마태복음의 원자료
인 마가와의 비교 속에서 알 수 있다. 마가복음 5:22-24와 35-43는 회당장
야이로의 딸을 소생시킨 예수의 기적이야기로, 유대 회당의 책임자인 야이로
가 직접 예수께 간청하지만, 마태의 경우(마 9:18-19; 23-26) 이 에피소드
를 대폭 축소시킬 뿐 아니라, 그 배경이 회당이라는 것조차 알리려고 하지
않는다.[36] 마태에 나타나는 이러한 사례는 마태복음의 또 다른 원자료로 가
정한 Q(마 8:5-13/눅 7:1-10)와의 비교에서 보다 명확히 찾아 볼 수 있다.
이 에피소드는 누가의 경우 어떤 백부장의 종이 병들었을 때 유대의 장로들
이 먼저 나서서 예수께 찾아와 병고쳐주기를 간청한다. 이어서 장로들은 그
백부장을 도와야 하는 이유로 그가 유대인들을 사랑하고 또 유대인들을 위해
서 회당을 지어주었다고 말한다.[37] 그러나 마태는 유대인 장로들의 추천과
간청이 없이 바로 백부장을 예수 앞에 등장시킨다. 그리고 그가 유대인을 사
랑하고 유대인들을 위해서 회당(시나고그)을 지어주었다는 장로들의 추천사
도 생략한다. 사실 마태는 마태복음 전체를 통해서 회당이라는 명칭이 등장

33) Kim, Young-in, *Die Erscheinung Jesu*, (Frankfurt: Peter Lang, 2011), 174.
34) Carsten Claußen, *Versammlung, Gemeinde, Synagoge*, (Göttingen: Vandenhoeck & Ruprecht, 2002), 42-47.
35) 마태의 기록시기는 아무리 빨리 잡아도 주후 70년 성전파괴 이전으로 소급될 수 없다는 것
이 일반적인 학계의 견해이다. 마태의 기록시기에 관하여는 다음을 보라. Petr Pokorný
u. Ulrich Heckel, *Einleitung in das Neue Testament*, 478f.; H. Conzelmann u.
A. Lindemann, *Arbeitsbuch zum Neuen Testament*, 11.Auf., UTB 52, (Tübingen:
J.C.B.Mohr, 1995), 329f.; Ulrich Luz, *Das Evangelium nach Matthäus*(Mt 18-25),
75f.
36) 마태 이 에피소드에서 '회당'이라는 말 자체를 언급하지 않을 뿐 아니라, 야이로의 직책을
마가가 '회당장'(avrcisuna,gwgoj)이라고 한 것을 생략하고 단순히 '관리'(a;rcwn)라고
소개한다.
37) 다음의 구절을 참조하라. "avgapa/| ga.r to. e;qnoj h`mw/n kai. th.n sunagwgh.n
auvto.j wv|kodo,mhsen h`mi/n"(눅 7:5).

할 때마다 중성적 성격인 경우를 제외하곤 "그들의 회당"38) 혹은 "너희 회당"39)이라고 부르며 회당에 대한 불편한 심기를 표출하며 거리를 두고 있다. 더욱이 예수의 죽음에 대해서 "그 피를 우리와 우리 자손에게 돌리지어다" (마 27:25)라며 예수를 고소하고 죽음에 이르게 한 유대인들을 고발하는 장면에서는 더욱 더 그러하다.

지면상 이곳에서 비록 에클레시아와 시나고게의 갈등을 더 상세히 다룰 수는 없지만, 위의 사례를 통해서 마태공동체와 회당을 중심의 형성기의 유대교는 이미 분리되어 결별한 상태인 것을 알 수 있다(extra muros).

3. 이방인과의 관계: Universalism

마태공동체가 삶의 터전을 잃고 시리아 안디옥지역에 자리를 튼 디아스포라 공동체라면 그들의 사회적 삶은 이방인과의 관계 속에 형성된다고 할 수 있다. 우리는 이미 위에서 마태공동체가 이방인과의 혼합공동체일 것이라는 전거를 보았고, 그럼에도 마태공동체는 안디옥지역에 있었던 초대 교회의 두 흐름, 즉 유대적 보수주의의 경향과 헬라적 자유주의의 경향 속에서 바장이는 것을 짐작할 수 있다. 그러나 그럼에도 불구하고 율법을 완성하며, 율법의 일점일획도 결코 없어지지 아니하고 다 이루리라는40) 마태공동체의 모토는 일상을 율법 없이 살아온 이방인들에게 개방적이고 보편적인 공동체가 될 수 있을까? 이들을 과연 어떻게 포용할 수 있을까를 묻지 않을 수 없다.

전술한 것처럼, 율법중심의 율법수호의 경향이 강한 마태공동체의 초기 선교전략은 마태내러티브를 구성하는 5개의 기본 뼈대 중에서 두 번째에 해당하는 파송 설교에 잘 나타나 있다. 예수께서는 열두제자를 보내시며 "이방인의 길로도 가지 말고 사마리아인의 도시에도 들어가지 말고 오히려 이스라엘

---

38) 마 4:23; 9:35; 10:17.
39) 마 23:34.
40) 마 5:17-18 를 참조하라.

집의 잃어버린 양에게로 가라"(마 10:5-6)고 명령하셨다. 그러나 이 명령은 마태복음의 마지막에 있는 부활하신 예수의 선교명령과는 정면으로 배치되는 것이다: "그러므로 너희는 가서 모든 민족(이방인)을 제자삼아 아버지와 아들과 성령의 이름으로 세례를 베풀고"(마 28:19).[41] 그러나 이런 상충은 예수께서 두로와 시돈에서 행한 기적 에피소드에서도 다시 발견된다.[42] 가나안의 한 여인이(이방인) 귀신들린 딸을 치유하고자 예수께 간구할 때 예수는 제자 파송설교의 주요부를 다시 반복한다: "나는 이스라엘 집의 잃어버린 양 외에는 다른 데로 보내심을 받지 아니하였노라"(마 15:24). 그렇다면 이런 현상을 어떻게 해석할 수 있을까? 과연 이런 분위기 속에서 이방인들이 마태공동체에 포용·흡수될 수 있는 보편적 개방성이 있는 것일까?

우선 마태의 예수 이야기에 고루 나타나는 양 극단은 마태공동체의 정체성을 정립하고 어떤 선교전략으로 나갈 것인가를 보여주는 전승의 흔적이라고 할 수 있다. 이것은 유대교의 한 분파로 시작된 에클레시아가 이제 이방인과 세례로 나타나는 과정을 보여주는 것이라 해석할 수 있다.[43] 이방인을 에클레시아로 포용하려는 마태공동체의 선교전략은 이미 마태내러티브의 시작부터 계획되어 있었다. 마태는 그의 복음서의 맨 처음에 예수의 기원/족보를 소개하면서 예수의 기원에 다말, 라합, 우리아의 아내, 그리고 마리아를 포함시키면서 흠결 있는 사람들이(이방인) 하나님의 구원사에 포함되어 있는 것을

---

41) "poreuqe,ntej ou=n maqhteu,sate pa,nta ta. e;qnh(bapti,zontej auvtou.j eivj to. o;noma tou/ patro.j kai. tou/ ui`ou/ kai. tou/ a`gi,ou pneu,matoj(" 여기에서 pa,nta ta. e;qnh를 어떻게 해석할 것인가가 언제나 문제가 된다. "모든 민족"이라고 번역할 때, 이스라엘 모든 민족을 의미할 수도 있고, 이스라엘을 포함한 다른 모든 민족을 말할 가능성이 있다, 또한 ta. e;qnh를 이방인이라고 번역하면 모든 이방인들로 해석할 수도 있기 때문이다. ta. e;qnh의 번역과 해석에 관한 논쟁은 다음을 참조하라. Kim, Young-in, *Die Erscheinung Jesu*, 179f.

42) 마 15:21-28.

43) Kim, Young-in, *Die Erscheinung Jesu*, 178-181; 또한 Kun-Chun Wong, Interkulturelle Theologie und multikulturelle Gemeinde im Matthäusevangelium, 91-94를 참조하라.

제시하고 있다.44) 그들이 이미 이스라엘의 거룩한 족보에 등장하며 하나님의 구원사에 동역자로 등장하고 있었다는 것을 상기시키고 있는 것이다. 또한 마태복음에서 메시아의 탄생을 가장 먼저 인지하고 그 소식을 예루살렘에 알리고 경배한 사람들은 다름 아닌 동방의 점성가(ma,goi avpo. avnatolw/n)들, 즉 이방인들이었다.45) 마태복음 23장 전체에 걸쳐 이어지는 바리새인들에 대한 강력한 화 선언은 바리새의 주도로 재건되는 유대교와는 이미 돌아올 수 없는 다리를 건넌 것처럼 보인다. 특히 34절 "...너희가 그 중에서 더러는 죽이거나 십자가에 못 박고 그 중에 더러는 너희 회당(시나고게)에서 채찍질하고 이 동네에서 저 동네로 따라다니며 박해하리라"는 예언도 이미 마태공동체의 현실을 반영하고 있는 것이다. 이것은 마태공동체가 유대인을 위한 내부 선교에 큰 좌절과 반성을 하고 있음을 시사한다. 결국 마태공동체는 부활하신 그리스도의 새로운 명령에 따라 이방 세계와 모든 민족으로 향한다. 하나님의 계시와 예수 그리스도의 복음이 유대민족만을 위한 것이라는 국소주의(Particularism)에서 나와 개방적 보편주의(Universalism)를 지향하며, 선택받은 백성의 표지인 할례는 세례로 대치하고, 하나님의 백성이라면 일상생활에서 반드시 따라야 할 율법준수를 대폭 축소하여 하나님의 구원사역이 유대민족을 넘어 이방 민족에게 확장되게 한다.46)

---

44) 마 1:1-16을 참조하라.
45) 마 2:1-12를 참조하라.
46) 세례명령에 관하여는 다음을 참조하라. "bapti,zontej auvtou.j eivj to. o;noma tou/ patro.j kai. tou/ ui`ou/ kai. tou/ a`gi,ou pneu,matoj"(마 28:19b). 이방인의 율법준수 의무에 대한 축소는 초기 기독교의 첫 번째 사도회의(행 15:1-29)를 참조하라. ".... 이 방인 중에서 하나님께로 돌아오는 자들을 괴롭게 하지 말고 다만 우상의 더러운 것과 음행과 목메어 죽인 것과 피를 멀리하라..."(행 15:19-20).

Ⅲ. 평화를 만드는 사람들

이제는 본문의 연구를 통해서 οἱ εἰρηνοποιοί: (호이 에이레노포이오이) 즉, 평화를 만드는 사람들이 마태공동체의 에토스 안에서 어떻게 윤리로 자리 잡게 되었나를 살펴볼 것이다. 평화를 만드는 사람들에 대한 축복과 함께 결합되어 있는 "maka,rioi oi` eivrhnopoioi,( o[ti auvtoi. ui`oi. qeou/ klhqh,sontai"("아! 평화를 만드는 사람들은 참 복이 있구나, 그들은 하나님의 자녀들이라 일컬어질 것이다")는 그 전체적인 구조와 따로 떨어뜨려서는 생각할 수 없다. 평화를 만드는 사람들에 대한 이 이 축복의 말은 먼저 작은 구조 속에서는 8/9복의 틀 안에, 그리고 다시 그것을 감싸는 큰 구조 안에서는 마태복음 전체를 구성하는 예수의 다섯 개의 설교 중에 첫 번째인 산상설교의 안에 자리 잡고 있다.[47]

1. 산상설교의 구조

산상설교의 시작과 끝은 마태복음의 다섯 가지 설교를 쉽게 구분하는 특징적 표현에 의해서 가능하다. 마태는 예수의 각 설교마다 "이 말씀을 마치시매"라는 결구를 사용한다.[48] 따라서 예수께서 하신 산상설교의 끝을 마태복음 7장 28절로 볼 수 있다. 모세가 산에 올라 율법을 수여한 것처럼,[49] 예수

---

47) 마태복음을 구성하는 예수의 다섯 가지 설교에는 먼저 산상설교(5-7장), 제자 파송의 설교(10장), 비유의 설교(13:1-52), 공동체를 위한 설교(18장), 종말에 있을 일에 대한 설교(24-25장) 등이다.
48) 마태의 예수이야기에서 다섯 가지 설교를 구분하는 특징적 결구는 산상설교의 끝에 "이 말씀을 마치시매"(7:28), 제자 파송 설교의 끝에 "열두 제자에게 명하기를 마치시고…"(11:1), 비유 설교의 끝에 "이 모든 비유를 마치신 후에…", 공동체를 위한 설교의 끝에 "이 말씀을 마치시고…"(19:1), 그리고 종말 설교의 끝에는 "이 말씀을 다 마치시고…"(26:1).
49) 즉, 모세 5경을 말한다.

도 마태 공동체에게 이 새로운 윤리를 산에서 수여한다. "예수께서 무리를 보시고 산에 올라"(마 5:1a). 그러므로 산상설교의 끝은 이 "산을 오르다"와 테둘룸(inklusio)을 이루며 짝을 이루는 "예수께서 산에서 내려오시니"를 포함한 마태복음 8:1a가 될 것이다.

산상설교는 기본적으로 Q의 평지설교(Q 6:20-49)에서 그 구조와 내용을 가지고 왔지만,[50] 마태에 의해서 하나의 독창적이며 통일적 형태를 갖추고 있다. 마태는 평지설교에 그 유명한 반제(Antithese)와 마태공동체의 삶의 자리에서 전승된 특수자료 그리고 예수어록(Logia) 등을 추가하여 지금의 완성된 형태의 산상설교를 구성한 것으로 보인다. 산상설교는 위에서 살핀 것처럼 독립된 단위를 연상하게 하는 형식적 도입부(5:1-2)와 종결부(7:28-8:1)를 분리하면, 다시 8복과 땅의 소금과 세상의 빛을 주제로 다룬 5:3-16, 이어서 더 나은 의에 관한 주제와 6개의 반제 등을 다룬 5:17-6:18 이, 그리고 기도(주의 기도)와 황금율을 중심으로 다루는 6:19-7:12, 마지막으로 부가적 경구인 7:13-27으로 구성된다. 이 산상설교의 구조를 다시 도식화 하면 아래와 같다.[51]

산상설교

5:1-2	도입부
5:3-16	8복(평화를 만드는 사람들), 땅의 소금과 세상의 빛
5:17-6:18	더 나은 의에 대한 가르침
6:19-7:12	기도(주의 기도)와 황금율에 관하여
7:13-27	부가적인 경고와 비유
7:28-8:1	종결부

---

50) 루츠, 박정수, 69f.
51) 이 구조에 관하여는 루쯔, 박정수 70, Petr Pokorný u. Ulrich Heckel, einleitung in das Neue Testament, 436 참조하라

위의 구조를 바탕으로 이제부터 "평화를 만드는 사람들"에 대한 약속이 산상설교 안에서 어떻게 이해될 수 있고 그 의미가 무엇인지 8복의 축복선언을 중심으로 살펴보기로 하자.

2. 8복 안에서

8복 소위 축복선언에 대한 연구는 Q(누가의 평지설교, 6:20-49)와의 비교를 선행해야 한다. 왜냐하면 원자료(Quelle)의 강조점이나 내용이 변경되었다면, 그런 변경을 시도한 저자의 의도를 찾을 수 있기 때문이다. 또 새로운 추가와 삽입에 의해서 확장된 것이 있다면, 그것으로 마태의 목적이 더 분명하게 드러나기 때문이다. 아래의 도표에서 상호간의 강조점의 차이와 변경, 확장된 것을 일목요연하게 볼 수 있다.

순서	산상설교의 축복선언(마 5:3-12)	평지설교의 축복선언(눅 6:20-23)
1	마음이 가난한 사람	(지금) 가난한 사람
2	애통하는 사람	지금 슬피 우는 사람
3	온유한 사람	
4	의에 주리고 목마른 사람	지금 굶주린 사람
5	자비한 사람	
6	마음이 깨끗한 사람	
7	**평화를 만드는 사람**	
8	의를 위하여 박해 받는 사람	미움받고, 욕먹고, 배척받고, 누명쓰는 사람
	모욕당하고 박해받고 비난 받는 사람	

우리는 위의 도표를 통해서 평지설교가 산상설교로 변환되면서 마태에 의한 변경과 확장이 있음을 확연히 알 수 있다. 그리고 그 결과가 어느 정도 마

태의 의도를 드러낸다고 생각할 수 있다. 즉, Q는 본래 예수의 축복선언을 세 가지 형태로 전승하고 있다는 것이다. 1) 가난한 사람,52) 2) 애통하는/우는 사람,53) 그리고 3) 굶주린 사람에 대한 축복이54) 그것이다. 따라서 마태는 이 Q 전승의 틀 안에서 자신들이 독자적으로 담지하고 있던 또 다른 세 가지 축복선언인 1) 자비로운 사람, 2) 마음이 깨끗한 사람, 그리고 3) 평화를 만드는 사람을 하나의 틀(5:7-9)로 삽입하여 확장하고 있다. 이어서 그는 신성한 완전수 7을 만들기 위해 온유한 사람에 대한 축복을 첨가한 후 최종적으로 현재의 축본선언문을 완성했다고 추론할 수 있다.55) 다시 말하면 마태공동체 는 누가공동체와 공통되는 모욕 받고, 배척되며, 박해받는 사람들에 관한 축 복 이외에, 마태공동체의 독특성을 반영하는 7가지의 축복선언을 전승하고 있다는 것이다. 결론적으로 산상설교의 서두에 등장하는 7가지 축복선언의 두 번째 부분인 자비로운 사람, 마음이 깨끗한 사람, 그리고 평화를 만드는 사람들에 대한 축복은 하나의 독자적 단위로 마태공동체의 고유전승이라고 볼 수 있다는 것이다.

3. 평화를 만드는 사람들에 대한 해석

"아! 평화를 만드는 사람들은 참 복이 있구나, 그들은 하나님의 자녀들이라 일컬어질 것이다"(5:9, 사역) 8복의 7번째, 동시에 마태공동체의 특성을 반영 한 7복의 7번째에 해당한다. 마태공동체의 이 7복은 위에서 살핀 것처럼 평 지설교와의 비교에서 더 정확히 파악할 수 있다. Q 전승에 나타나는 가난한 사람, 우는 사람, 그리고 배가 고픈 사람은 그 부가적인 '지금', '당장'이라는 시간의 부사인 nu/n에 의해서 이런 곤란과 고통이 지금, 당장 눈앞에서 벌어

---

52) "maka,rioi oi` ptwcoi,( o[ti u`mete,ra evsti.n h` basilei,a tou/ qeou/Å"(눅 6:20).
53) "maka,rioi oi` klai,ontej <u>nu/n</u>(o[ti gela,seteÅ"(눅 6:21b).
54) "maka,rioi oi` peinw/ntej <u>nu/n</u>(o[ti cortasqh,sesqeÅ"(눅 6:21a).
55) 다음을 참고하라. 슈트레커, 『산상설교』, 36.

지는 현실의 문제라는 것을 강조하고 있다.56) 그런데 마태는 이 Q 전승의 세 가지 축복 단위를 산상설교로 가져오면서 시간의 한정사인 nu/n 을 제거 했을 뿐만이 아니라, Q의 첫 번째 축복선언인 가난한 자의 축복선언 앞에 우리 말의 "마음이" 혹은 "심령이"로 번역될 수 있는 tw/| pneu,mati(퓨노이마티)를 추가한다(5:3). 그리고 Q의 세 번째 축복선언인 굶주린, 배고픈 사람에 대한 축복선언에는 th.n dikaiosu,nhn(디카이오쉬넨)을 첨가하여 음식물에 대한 굶주림이 아니라, 의를 향한 굶주림으로 변경한다. 즉 Q의 축복선언을 이상화하고 있다는 것이다.

마태공동체에서 나타나는 이런 현상을 어떻게 설명할 수 있을까? 이것은 한편으로 공동체 구성원 각자 각자의 삶의 방식이 개인적 혹은 소극적 태도를 흐르는 것을 차단하고 보다 더 탈개인화 하고 적극적 태도로 전환하려는 의도가 숨어 있는 것을 이해할 수 있다. 다시 말해서 공동체의 실상을 변호하고 위로하는 차원에서 윤리적 차원으로 승화시키려는 노력으로 볼 수 있다는 것이다. 이런 현상은 마태공동체가 고유하게 전승하여 보관한 예수어록에서도 다시 한 번 확인 할 수 있다. 여기에는 자비로운/긍휼히 여기는 사람,57) 마음이 깨끗한 사람,58) 그리고 평화를 만드는 사람들에 대한 축복의 약속이 해당된다. 즉, Q의 축복선언이 인간의 적극적 의지에 의해서 실현하고 실천해야 하는 윤리적 규범으로 확장되어 있는 것이다. 그것은 일시적이며 지엽적인 것이 아니라, 영속적이며 본질적인 것이라는 강조이다.

그렇다면 이런 현상은 왜 발생했을까? 그것은 우리가 위에서 착안했던 마태공동체의 삶의 정황과 무관하지 않다고 여겨진다. 왜냐하면 마태공동체의 초기 정체성은 위에서 살펴본 것처럼 유대인 그리스도인이 중심이 되어서 자

56) 누가 신학의 주된 흐름 중의 하나는 가난한 자, 약자, 여자에 대한 관심이다. 가난한 자에 대한 관심은 역으로 부자에 대한 비판과 저주가 뒤 따르기도 한다. Francois Bovon, *Das Evangelium nach Lukas(Lk 1,1-9, 50)*, EKK III/1,(Zuerich u.a:Benziger/ Neukirchner Verl., 1989) 25; 또한 슈트레커, 『산상설교』, 35-37.
57) "maka,rioi oi` evleh,monej(o[ti auvtoi. evlehqh,sontaiÅ"(마 5:7).
58) "maka,rioi oi` kaqaroi. th/| kardi,a|(o[ti auvtoi. to.n qeo.n o;yontaiÅ"(마 5:8).

신들을 예수로부터 새로운 율법/계명을 수여 받은 종말론적 공동체로 인식하며 유대교의 한 분파로 머물고 싶어 했다. 그러나 예루살렘 성전의 멸망과 유대인 선교의 실패 등 복합적인 정황들은 그들을 더 이상 유대교내의 한 분파로 머물지 못하게 했다. 그들은 동족에게 거절당했을 뿐만 아니라, 그들이 내외를 하던 이방과 세계를 향한 보편주의로의 요구를 받아드려야만 했다. 새 술은 새 부대로 담아야 했던 것이다. 따라서 그들은 유대인 그리스도인과 이방인 그리스도인이 섞인 변증법적 혼합공동체(coprpus permixtum)를 지향할 수밖에 없었다.59)

혼합공동체에서 가장 중요한 덕목은 평화일 것이다. 서로 성향과 출신이 다른 개인과 개인 그리고 집단과 집단, 더 나아가 민족과 국가의 연대와 협력을 위해서 가장 중요한 것은 평화일 것이다. 이런 의미에서 마태공동체에게 평화를 만들라는 윤리적 실천 보다 더 중요하다 것은 없었을 것이다. 더구나 다른 문화와 사상이 혼합된 유대인과 이방인이 동거에는 여러 가지 갈등상황들을 내포되어 있을 수밖에 없다. 그들에게 가장 절실하고 절박한 것은 평화였을 것이다. 또한 평화의 히브리어 단어인 '샬롬'의 예에서 볼 수 있듯이 그것은 단순한 전쟁과 분쟁이 없는 '평화'만이 아니라 모든 사람의 안녕을 바라는 구원으로까지 연결된다.60) 당연한 귀결로 평화를 만드는 사람들에게는 "하나님의 <u>아들들</u>"이라는 호칭이 주어진다(o[ti auvtoi. <u>ui`oi. qeou</u>/ klhqh,sontai). 여기서 ui`oi (후이오이)는 루터가 올바르게 번역한 것처럼 오늘 날의 의미에서는 "자녀들"로 보는 것이 타당하다.61) 그리고 동시에 <u>하나님의 아들들/딸들</u> 이라는 축복은 동시에 한 개인의 현재적 결단을 촉구하는 종말론적 축복을 의미한다. 하나님의 자녀들은 평화를 위해 부름 받았고 그 평화를 창조하는 일은 이제 종말론적 축복으로 '이미'(schon)와 '아직 아님'(noch nicht)의 긴장관계에 놓여 있다.

---

59) 코르푸스 페르믹스툼에 관하여는 다음을 참조하라. 게르트 타이센,.『복음서의 교회정치학』, 100-105.

60) 슈트레커, 『산상설교』, 47f.을 참조하라.

61) 슈트레커, 『산상설교』, 48f.을 참조하라.

Ⅳ. 적용과 제언

이상으로 우리는 1세기 예루살렘에 있던 터전을 잃고 시리아로 이주하여 새로 둥지를 틀기 시작한 신생 기독교 에클레시아가 직면한 삶의 정황 속에서 어떻게 그들의 정체성을 유지하고 또 삶의 자리에서 배태된 윤리를 갖고 살아가는지 살펴보았다. 마태공동체 삶의 최 외곽 테두리에는 로마 제국이라는 거대 정치세력이, 그리고 삶과 직결된 사회·문화적 현장에는 형성기의 유대교와 이방인이 그들을 에워싸고 있었다. 마태공동체는 결코 깰 수 없을 것 같은 이 두꺼운 껍질을 오직 "평화를 만들라!"는 예수 그리스도의 가르침으로 극복하며 오늘 우리에게까지 그 평화의 복음을 전달했다고 할 수 있다. 그것은 평화가 어느 특정 개인과 집단의 유익을 추구하는 가치가 아니라 모두의 구원과 안녕을 추구하는 길이며, 예수를 주와 그리스도로 믿고 따르는 사람들에게 주어진 명령과 계명이기도 하기 때문이다.

그렇다면 삼중으로 둘러 싼 로마제국, 유대교, 그리고 이방인과의 불가해한 방정식을 푼 마태 공동체의 평화추구 노력은 오늘 우리에게 어떤 가르침을 줄 수 있을까?

첫째로, 한반도의 평화통일 앞에도 마태공동체가 로마제국이라는 거대 정치체제에 감싸여 있는 것처럼 강대국의 정치(power politics) 담론 속에 감싸여 있다는 것이다. 한반도의 통일에 직·간접적 이해관계에 얽혀 있는 국가들은 당사자인 한국과 북한 외에, 한국과 북한에 정치·경제적 영향력을 행사하는 미국, 일본 그리고 중국과 러시아 등이다. 이 6개 국가는 소위 6자회담의 테이블에 앉아 한반도의 비핵화와 동북아의 평화를 위한 논의들을 해왔다. 6자 회담에서 비록 한반도의 영구평화를 포럼형태로 지속할 것을 제안하지만, 한반도의 통일에 대한 논의들은 사실상 배제되어 있다. 그것은 Pax Romana가 그 자구적인 의미와는 달리 실상은 식민 지배국가와 피지배계층의 안전과 평화 수호를 표방한다고 하지만, 제국 유지를 위한 수탈과 폭력을 합리화하며 제국의 영속적 지배를 강화하는 위선적 정책이라는 것과도 상통하는 부분이 있다.

이런 맥락에서 국제관계가 상호간의 실리를 추구하는 이해관계라는 근본적인 도식을 고려할 때, 6자 회담은 직접 당사자인 한국과 북한 그리고 회담에 참여하는 국가를 최소화 할수록 상호간의 합의가 용이하다는 단순한 접근이 오히려 최선의 방안이 될 수 있다는 사실을 인식하여야 할 것이다.62) 또한 평화를 가면으로 쓰고 오는 세력이나 집단의 내면과 정체를 꿰뚫을 수 있는 직관과 지혜가 필요하다. 그리고 마태공동체가 철저히 추종했던 예수의 평화는 비폭력적이었다는 것을 간과해서는 안 될 것이다. 예수는 불의한 로마법과 질서에 저항했지만 폭력적인 봉기나 개혁을 시도하지는 않았다. 팍스 로마나와 예수가 가르친 평화의 가장 큰 차이점은 한 쪽은 평화의 이름으로 폭력을 자행했다는 것이고 예수는 끝까지 비폭력적이었다는 것이다. 한반도의 평화를 둘러싼 팍스 아메리카나든지, 6자 혹은 4자 회담이든지 참된 평화의 가치를 시금하는 기준은 마태공동체가 예수에게 배우고 전했던 평화윤리에 있다고 할 수 있다.

둘째로, 한민족의 평화통일 앞에는 마태공동체가 동족과 회당의 문제로 갈등을 빚었던 것 같은 소위 남·남 문제라는 한국 사회 자체의 문제도 있다. 한국사회는 근대화와 민주화로 가는 과정에서 성숙하지 못한 정치적 역량과 그 균열로 인해 지역 간의 반목과 대립이라는 부작용이 나타나게 되었다. 그리고 이제 그 지역 간의 갈등은 이념갈등, 세대갈등, 계층갈등으로 분열해 풀 수 없는 실타래처럼 얽혀 있다. 더구나 북한 사회를 개방과 개혁으로 유도하려던 김대중 정부의 햇볕정책(sunshine police)은 이런 남한 사회 내의 자체적인 남남갈등을 촉발시키는 계기가 되었다.63) 요약하면 이것은 대북지원의 효율

---

62) 다음을 참고하라. 채규철, "6자회담의 현재와 과거 그리고 미래," 「INSS 이슈논평」(2013년 1월).

63) 김종갑, "햇볕정책의 정치적 이미와 남남갈등의 극복방안," 『통일정책연구』(2003년 12월), 41-58, 특히 47-50.

성과 정당성에 대한 문제이며, 이것은 다시 다양한 갈등의 축으로 분화되어 북한을 포용할 것인가 압박할 것인가 혹은 평화가 우선인가 통일이 우선인가 아니면 적대적 관계를 유지할 것인가 혹은 동반자 관계를 유지할 것인가 등의 쟁점으로 심화되었다.64)

그러나 통일의 문제는 한반도의 긴장완화와 평화통일 실현이라는 긴 호흡으로 멀리 보는 관점이 절실하다고 할 수 있다. 예수에게서 평화의 윤리를 전승받은 마태공동체는 한편으로는 동족에게로, 또 다른 한편으로는 이방인에게로 향하는 선교전략을 펼쳤다. 마태공동체에게 이것은 한편으로 율법을 수호해야 하는 수천 년에 이른 당위성과 현실성의 거대한 충돌이었다. 그러나 산상수훈의 안티테제(Antithese)는 그 모순을 극복하는 역설이 담겨있다. 자신의 것만을 고집할 때, 평화는 요원한 것이기 때문이다. 한반도의 평화라는 대 전제 앞에 더 이상 지역과 이념에 고정되거나 종속된 대북정책이나 통일정책은 그 실효를 거둘 수가 없으며 갈등과 반목만을 부채질 할 것이다. 한민족의 평화통일이라는 가장 절실하고 중요한 민족적 가치 앞에 모든 정치적 이해관계나 지역대립의 구도를 해체하고 통일이후의 관점에서 거꾸로 볼 수 있는 지혜가 있어야 할 것이다. 평화는 먼저 너와 나의 관계 속에서 실현되어 나와 그의 관계로 우리와 저들의 관계로 확산되어야 하는 것이다.

셋째로, 한반도의 통일 문제를 마태공동체의 정황과 연결해서 고려할 때, 이방인의 문제와 같은 남·북 문제를 거론하지 않을 수 없다는 것이다. 남과 북은 통일신라 이후 단일 민족 단일 국가를 이루어온 역사가 1300년이 넘지만, 근세기에 70년간의 남북분단을 지속하면서 그 이질성이 심화되고 동질성 상실의 문제는 점점 더 심각해지고 있다. 남·북간의 이런 문제는 먼저 남과 북이 선택한 정치와 경제제도에서 출발하여 분단역사의 진행과 고착 속에서 다시 남한의 극단적 개인주의와 물질주의적 경향 그리고 북한의 혁명문화와 개인, 족벌

---

64) 다음을 참고하라. 이우영, "남남 갈등은 어떻게 만들어졌나," 「한반도 포커스」(2012년 7월).

우상화을 위한 역사 왜곡 등으로 가속되었다고 할 수 있다.[65] 그러므로 남북한의 사회 구성원들은 가치관, 익식구조, 삶의 방식에 나타난 이런 이질화와 동질감 상실의 회복과 복구가 통일의 선결과제라고 할 수 있다. 이 문제를 해결하기 위해서 남과 북은 분단과 전쟁의 책임을 서로에게 떠넘기는 상호비방과 비난을 멈추어야 할 것이다. 그리고 서로간의 차이를 인정하며 인도적 차원의 민간교유와 협력을 확대하며 갈등 해소를 위한 통합(Integration)의 길로 나아가야 할 것이다.[66]

마태공동체가 이방인을 끌어안고 혼합된 공동체인 코르푸스 페르믹스툼(corpus permixtum)을 형성한 것은 참된 평화 실현의 한 예로 볼 수 있다. 유대인에게 이방인은 함께 식사도 할 수 없는 존재였다. 그리고 저주받은 백성들로 취급하였다. 그런 그들에게 가장 귀한 복음(Evanglium)을 전한다는 것은 원수에게 복수를 하는 것이 아니라 원수를 생명의 위협에서 건저 낼 뿐 아니라 구원의 길로 인도한다는 의미이다. 어떻게 그런 일이 가능한 것일까? 그것은 평화는 생명을 살리는 일이며 서로를 인정하고 함께 살아가는 윤리이기 때문이다. 서두에서 밝힌 것처럼 남·북간의 군사적 대결은 한반도를 다시 전쟁의 위협 속에 몰아 넣고 우리 민족을 공멸하게 할 위험성을 내포하고 있다. 예수의 산상수훈에서 가르치는 평화는 궁극적인 종말론적 축복을 담고 있다. 그리고 그 종말론적 축복이란 가장 먼저 지금, 여기서 결단하고 실행하는 것을 말한다. 점점 낯설어지며 이방인을 넘어 원수로 대하려는 북한 동포를 평화의 사랑으로 끌어안아야 할 것이다. 예수의 제자요, 종말론적 축복을 받은 그리스인이 먼저 이방인을 끌어안은 마태공동체의 평화정신을 본받아 이 땅에 상생적 평화 공동체를 이루어야 할 것이다.

---

65) 다음을 참고하라. (사) 사회통합연구원, "새로운 통일교육 내용체계," 「통일부제출 용역보고서」(2013년 11월).
66) 이서행, 『한반도의 통일과 통일윤리』(성남: 한국학 중앙연구원, 2012), 325-327.

V. 나가는 말

이제 남과 북의 대립과 한반도의 분단상황은 세대가 지나갈수록 심해지고 늘 새롭게 등장하는 다양한 변수들 속에서 평화와 통일의 길은 우리의 발걸음을 멀찍이 앞서 걷는다. 독립과 해방을 스스로 쟁취하지 못한 원죄는 이제 한반도의 통일과 평화마저도 발목을 잡고 외세의 이해관계와 힘의 논리에 따라 춤추는 것 같아 너무나 안타깝다. 그런데 통일의 주체가 되어야 하는 우리들은 또 어떤가? 남한은 남한대로 기득권과 기층민의 갈등, 계층과 세대 간의 갈등, 아직도 해결하지 못한 이념의 갈등 속에 얽혀 있다. 또 남과 북의 관계는 총구를 서로 겨누고 살육했던 과거가 큰 상처로 여기저기 흉측하게 남아 있다. 이렇게 세월은 하염없이 지나가고 민족의 동질성을 옅어지고 있다.

그럼에도 여전히 기독교계는 내 색깔만 주장할 것인가. "평화를 만들라"는 예수의 가르침은 2000년 마태공동체를 유대 중심의 공동체에서 이방인과 세계로 나아가 오늘 우리에게 까지 이르게 했다. 복음 안에서 세계인을 통일 했고 평화의 가치를 가르쳐 주었다. 로마제국이라는 결코 이겨낼 수 없는 거대한 정치적 프레임을 걷어 내었고, 같은 계시와 약속을 수여 받았지만 오히려 멸시하며 박해하던 동포와의 결별도 경험했고, 그들이 무시하면 함께 식사하는 것도 금지했던 이방인도 끌어안았다. "평화를 만들라!"는 예수의 명령은 최 외곽 표층인 로마제국 하에서도, 그 들의 삶의 현장에서 날마다 마주하는 유대인과 이방인과의 심층 속에서도 변증적 혼합공동체인 코르푸스 페르믹스툼으로 나아갈 수 있었다.

이제 분단 70년, 그렇게 대망하던 희년 50년도 물거품처럼 구호만 요란하게 지나가 버렸다. 세월이 갈수록 북녘의 동포도 낯선 이방인으로만 변해간다. 이제 생각도 의식도 심지어 함께 살아가는 사람간의 규범인 윤리도 다르게 느껴지며, 때론 한 없이 미워지기도 한다. 본회퍼는 나를 따르라(Nachfolge)에서 예수의 제자들은 평화를 만드는 사람들이라고 설명한다. "그리스도의 나라는 평화의 나라이며, 그리스도의 공동체는 서로 평화의 인사를 나눈다. 예수의 제자들은 다른 사람들에게 고통을 주기보다는 스스로 고난을 받음으로써 평화를 유지하고, 다른 사람들이 깨뜨리는 공동체를 보호하고, 자기주장을 포기하며, 증오와 불의에는 냉담한 태도를 보인다."[67] 본회퍼가 몸으로 실천한 이 가르침을 한국 교회와 예수 그리스도의 제다들이 지금 실천한다면, 우리는 통일과 평화의 길로 한 걸음 다가 갈 것이며, 그 때 산 위에서 설교하신 예수 그리스도의 말씀이 오늘 우리에게 임할 것이다.

"아! 평화를 만드는 사람들은 참 복이 있구나, 그들은 하나님의 자녀들이라 일컬어질 것이다."

---

67) 본회퍼, 손규태, 이신건역, 『나를 따르라』(서울:대한기독교서회, 2010), 126.

■ 참고문헌

김종갑. "햇볕정책의 정치적 이미와 남남갈등의 극복방안," 『통일정책연구』
    2003년 12월.
(사) 사회통합연구원. "새로운 통일교육 내용체계," 「통일부제출 용역보고서」
    2013년 11월.
유석성. "평화와 통일," 서울신학대학교 평화통일연구원편, 『통일시대로 가는
    평화의 길』 서울:열린서원, 2015.
이우영. "남남 갈등은 어떻게 만들어졌나," 「한반도 포커스」2012년 7월.
이서행. 『한반도의 통일과 통일윤리』 성남: 한국학 중앙연구원, 2012.
이헌경. "한민족공동체 건설을 위한 3단계 통일방안과 추진현황," 『한국평화
    연구학회 학술회의』 2010년 12월.
채규철. "6자회담의 현재와 과거 그리고 미래," 「INSS 이슈논평」 2013년 1월.

라이케, 보. 편집실역. 『신약성서시대사』 서울:한국신학연구소, 1988.
루츠, 울리히. 박정수 역. 『마태공동체의 예수이야기』 서울: 대한기독교서회,
    2002.
본회퍼, 디트리히. 손규태, 이신건역. 『나를 따르라』 서울:대한기독교서회, 2010.
슈트레커, 게오르크. 전경연, 강한표 역. 『산상설교』 서울:대한기독교서회, 1992.
큉, 한스. 이신건외 역. 『유대교』 서울:시와 진실, 2015.
타이센, 게르트. 타이센, 류호성, 김학철역. 『복음서의 교회정치학』 서울:대한
    기독교서회, 2002.
_____. 아네테 메르츠, 손성현 역. 『역사적 예수』 서울: 다산글방,
    2010.
호슬리, A. 리처드. 박경미 역. 『갈릴리』 서울:이화여자대학교 출판부, 2007.
Bovon, Francois. *Das Evangelium nach Lukas(Lk 1,1-9, 50)*, EKK
    III/1, Zuerich u.a:Benziger/Neukirchner Verl., 1989.

Claußen, Carsten. *Versammlung, Gemeinde, Synagoge*, Göttingen: Vandenhoeck & Ruprecht, 2002.

Gottlich, Günther. *Art.*, Pax Romana, RGG4, 1074.

Hengel, Martin. *Four Gospels and the One Gospel of Jesus Christ*, London: SCM, 2000.

Kim, Young-in. *Die Erscheinung Jesu*, Frankfurt: Peter Lang, 2011.

Luz, Ulrich. *Das Evangelium nach Matthäus(Mt 18-25)*, EKK 1/3, Zuerich u.a:Benziger/Neukirchner Verl., 1997.

_____. *Das Evangelium nach Matthäus(Mt 1-7)*, EKK 1/1, Zuerich u.a:Benziger/Neukirchner Verl., 1990.

Lohse, Eduard. *Umwelt des Neuen Testaments*, NTD, Göttingen: Vandenhoeck & Ruprecht, 1994.

Pokorný, Peter. u. Heckel, Ulrich. *Einleitung in das Neue Testament. Seine Literatur und Theologie im Überblick*, Tübingen: Mohr Siebeck, 2007.

Saunders, P. Stanley, *Preaching the Gospel of Matthew*, Kentucky: Westerminster John Knox Press, 2010.

Vine, E. W. Cedrice, *The Audience of Matthew*, London etc: t&t Clark, 2014.

οἱ εἰρηνοποιοί:
Ethics and Ethos in Matthew's community

Young-In Kim

(Assistant Professor, New Testament Theology)

ABSTRACT

One of the eight beatitudes, "Blessed are the peacemakers, for they shall be called sons of God"(Mt 5:9) in the Sermon on the Mount is an invaluable teaching of Jesus Christ given to mankind that ought to be observed generations after generations. Compared with the Sermon on the Plain in the Gospel of Luke (Lk 6:20-23), the Sermon of the Mount indicates similarity to an extent, but its expression and emphases are vastly different from Luke's Gospel's. Whereas Luke's Sermon on the Plain tends to gear towards personal and passive rendition of blessings, Matthew's Sermon of the Mount illuminates more communal and active aspects. Their divergence arose from the disparate contexts, in which the communities were located. Matthew's community witnessed the violence of the Roman Empire in the disguised name of Pax Romana, experienced the separation from its own nation, and lives as an asylum with gentiles in the strange land. For them the peace is necessary because of their life under the multifaceted political, religious, and cultural complexity. Therefore they interpreted the beatitudes differently from the community of Luke and Ligion Q. Eventually Matthean community was forced to move to a dialectically mixed community, *corpus permixtum*.

This situation of Matthew's community can be viewed very similar to the situation of the Korean peninsula. Actually the aspirations of the Korean people for the unification exogenously relate the interests of the great powers such as the United States, China, and Japan, yet endogenously confront the reality of political and ideological conflicts within Korean society as well as the ultimate confrontation existing between the North and South Korea. If our Korean nation does not resolve these challenges, there unification of the Korean peninsula can hardly be materialized; it can neither guarantee the bright future for the next generation. The peace ethics provided by Matthew's dialectically mixed community offers an alternative perspective for the task of the reunification of Korea.

KEY WORDS theology of peaceful reunification, Matthew's community, ethics and ethos in Matthew's community, sermon on the mount, eight beatitudes

존 롤즈의 평화사상과 기독교

강병오
서울신학대학교, 기독교윤리학
독일 Muenster 대학교 신학과 (Dr. theol.)

존 롤즈의 평화사상과 기독교

강병오 교수 (교양학부, 기독교윤리학)

국문요약

기독교는 종교 이상주의적 측면에서 평화주의를 견지해왔다. 즉 순수 신학적인 평화 논의를 개진해 왔는데, 그동안 현실적인 평화 담론 마당에서조차 이념적인 부분에 기여할 뿐이지, 현실적이고 구체적인 부분에는 그렇게 많은 기여를 하지 못했다. 이런 의미에서 한반도의 통일 이전에 반드시 짚고 넘어갈 현실적 평화구상과 그 노력이 무엇이어야 할지를 롤즈의 평화사상에 비추어 구체적으로(정치철학적으로 혹은 기독교적으로) 실현해 나갈 수 있을지 고찰한다.

이 논문은 존 롤즈의 책 『만민법』을 중심으로 만민의 사회가 '현실주의적 유토피아(realistic utopia)'를 정당화해 주는 일정한 조건들 속에서 평화 사상이 어떻게 구축될 수 있는지를 살펴보고, 다원주의의 현실 속에서 하나의 포괄적 교리로 등장하는 기독교가 평화를 위해 할 수 있는 역할이 무엇인지 모색하는 것이다. 이를 위해 롤즈가 만민사회에서 '현실주의적 유토피아'로 구성한 만민법이 무엇인지, 어떤 전제가 있고, 어떻게 국제적 현실에서 가능한지 그리고 만민에게 걸 맞는 정의의 원칙들은 과연 무엇인지 살핀다. 그 다음 만민법에 담긴 '민주적 평화론'이 무엇인지도 해명한다. 끝으로 롤즈의 만민법에서 거론되고 있는 종교 근본주의의 '포괄적 교의'가 갖는 문제점을 비판적으로 검토하면서 이를 타개하는 차원에서 평화를 위한 기독교의 역할, 예컨대 '공적 이성'으로서 합당한 정치적 관계를 살핀다.

롤즈가 만민법을 통해 주창한 '민주적 평화'는 자유적 입헌민주 정체 하에서 형성되는 평화를 말한다. 민주적 평화는 입헌민주주의 사회에서 여러 다른 만민의 필요가 서로 충족되고, 이들의 근본 이익들이 서로 조화를 이루고, 올바른 명분에 입각하여 현상유지가 가능한 평화이다. 평화는 일차적으로 입헌민주주의 체제라는 이상적 이론의 기초 위에서 마련된다. 그러나 롤즈는 비이상적 이론 하에서도 실현가능한 평화론을 논구한다. 그의 평화론은 절대적이고 이상적인 차원에서만 머무르지 않는다. 기존의 정의전쟁원칙인 전쟁권(jus ad bellum)과 전쟁 수행법(jus in bello)의 정당전쟁 원칙을 긍정한다.

롤즈는 여러 포괄적 교의들이 혼재하는 다원주의적 사회에서 종교적 교의를 배제하지 않고 적극적으로 긍정한다. 그러나 유럽은 역사적으로 종교적 교의에 의해서 무서운 살육과 전쟁들을 벌인 과오를 범했다. 이런 반평화적인 일들은 종교가 국가의 강제적 권력을 빌려 행사한 제도화된 종교적 탄압이었다. 그래서 롤즈는 만민사회에서 평화의 가치를 지키기 위해서 순수 교의적인 측면을 마땅히 민주사회의 가치질서 속 "중첩적 합의"를 통한 필터를 통하여 이해할 것을 제안했다. 롤즈는 기독교의 교리가 평화에 기여하기 위해서는 정치적 의미에서의 공적 이성(public reason)과 부합하는, 관용이 있는 평화로 전환되어야 한다고 생각한다.

주제어 민주적 평화론, 만민법, 현실주의적 유토피아, 정당전쟁, 기독교, 공적이성

I. 들어가는 말

현대 평화 연구에 있어서 독일의 철학자 임마누엘 칸트(1724-1804)가 차지하는 사상사적 위치는 실로 지대하다. 그러나 칸트가 그의 말년에 영구평화론[1]을 제기할 때의 시대적 상황과 오늘날의 시대적 상황은 너무나 다르다는 사실은 명백하다. 이렇게 변화된 상황에서 칸트가 펼친 평화에 대한 통찰력을 오늘에 그대로 적용하기는 매우 어려운 것도 사실이다. 물론 그의 통찰력은 시대에 아주 동떨어진 것은 아니다. 다만 그의 탁월한 아이디어가 시대적 한계를 안고 있기 때문에 오늘날 적용하기엔 시의적절치 못 하다는 것이 통설이 되고 있다.

다행스럽게 칸트와 사상적 맥을 같이 하는 사상가가 20세기 후반에 등장했다. 바로 그가 미국의 저명한 자유주의적 정치철학자인 존 롤즈(John Rawls, 1921-2002)이다. 롤즈는 1958년 논문 "공정으로서의 정의"를 발표한 뒤 줄곧 20여 년간 하나의 주제, '자유주의적 정의' 문제에만 깊이 파고들었다. 그가 각고의 노력을 들인 끝에 학문적 결실로 발표한 노작이 바로 『정의론』(*A Theory of Justice*, 1971, 1999²)이다. 이 책은 그의 대표적 저서로 자리매김하는 걸작이다. 이 책이 출판된 이후 롤즈는 책과 함께 영미 철학계에서 세계적 명성을 획득하는 영예를 누렸다. 롤즈는 그 이후 계속해서 『정치적 자유주의』(*Political Liberalism*, 1993)를 저술하였고, 그의 말년에는 『만민법』(*The Law of Peoples*, 1999)을 저술하는 대학자의 면모를 유감없이 보여주었다. 롤즈는 그의 마지막 책 『만민법』에서 자유주의적 정의관을 만민사회의 지평으로 확대하는 가운데 그 책에서 칸트를 계승하는 현대적 평화사상을 펼쳤다.[2]

---

1) 임마누엘 칸트, 『영원한 평화』, 백종현 역, (서울: 아카넷, 2013). 참조.
2) 존 롤즈, 『만민법』, 장동진 외 역, (서울: 이끌리오, 2000), 17, 203. 롤즈는 이 책 결론 부분에서 자기의 저서 세 권에 대해 간략하게 개관한다. 『정의론』과 『정치적 자유주의』는 자유적 세계에서 자유적 민주정체에 적용되는 합당한 정의관에 관해서 논구한 것이고, 반면에

롤즈는 일생 동안 자유주의적 정의론에 천착했지만, 그것을 기반으로 한 평화 사상을 개진하기도 했다. 그의 평화사상은 그의 저서『만민법』에서 구체적으로 나타나고 있다. 예컨대 그의 평화사상은 '민주적 평화론'으로 일컬어진다. 롤즈의 만민법은 칸트의『영원한 평화』(*Zum ewigen Frieden*, 1795)에서 제기된 선도적 발상인 세계 시민법과 평화적 연합(foedus pacifism) 개념을 차용하여 시대에 맞도록 새롭게 구성된 것이다.3) 말하자면, 롤즈는 칸트의 전통을 이어받아 계몽시대의 평화론을 오늘의 시대에 적합하도록 각색했기 때문에 현대 평화 사상 발전의 다른 일면을 보여주고 있는 것이다. 롤즈의 평화사상은 이러한 사상사적 가치 때문만이 아니라 기독교적인 관점에서 평화를 논의하는데 적지 않은 대화의 장을 마련했기 때문에 연구의 가치를 배가해주고 있다. 이런 이유로 논문 연구의 중요성은 더욱 제기되고 요청되는 것이다.

기독교는 그동안 종교 이상주의적 측면에서 절대적 평화주의를 견지해 온 것이 사실이다. 즉 순수 신학적인 평화 논의를 펼쳐 왔는데, 그동안 현실적인 평화 담론 마당에서조차 이념적인 부분에 기여할 뿐이지, 현실적이고 구체적인 부분에는 그렇게 크게 기여를 하지 못한 것이 사실이다. 이런 의미에서 이 논문은 한반도의 통일 이전에 반드시 짚고 넘어갈 현실적 평화구상과 그 노력이 무엇이어야 할지 그리고 롤즈의 평화사상에 비추어 어떻게 구체적으로(정치철학적으로 혹은 기독교적으로) 실현해 나갈 수 있을지 고찰하고자 하는 것이다.

이 논문은 존 롤즈의 책『만민법』을 중심으로 만민의 사회가 '현실주의적 유토피아(realistic utopia)'를 정당화해 주는 일정한 조건들 속에서 평화 사상이 어떻게 구축될 수 있는지를 살펴보고, 다원주의의 현실 속에서 하나의 포괄적 교리로 등장하는 기독교가 평화를 위해 할 수 있는 역할이 무엇인지를 모색하고자 한다. 이를 위해 필자는 롤즈가 만민사회에서 '현실주의적 유토피

『만민법』은 정의로운 만민사회에서 가능한 외교정책 지침들(특히 평화에 관련된 정책)에 관한 것을 논구했다.
3) Ibid., 24.

아'로 구성한 만민법이 무엇인지, 어떤 전제가 있고, 어떻게 국제적 현실에서 가능한지 그리고 만민에게 걸 맞는 정의의 원칙들은 과연 무엇이고, 무엇을 의미하는지 살핀다. 그 다음, 만민법에 담긴 '민주적 평화론'이 무엇인지도 해명하고자 한다. 끝으로 롤즈의 만민법에서 거론되고 있는 종교 근본주의의 '포괄적 교의'가 갖는 문제점을 비판적으로 검토하면서 이를 타개하는 차원에서 평화를 위한 기독교의 역할, 예컨대 '공적 이성'으로서 합당한 정치적 관계 수립 여부를 살피고자 한다.

Ⅱ. '현실주의적 유토피아'로서 만민법

롤즈는 만민법을 그의 정의론을 발전시키는 과정 속에서 왜 도입하게 되었는지 그 이유를 설명한다. 그는 이유를 두 가지로 들고 있다. 첫째는 역사적으로 반평화적인 죄악들, 예컨대 부당한 전쟁들, 정치적 압제, 종교적 박해, 기아와 가난, 인종말살과 대량학살 등은 전적으로 정치적 부정의에서 유래했기 때문이라는 것이다. 둘째는 정당한 사회정책이나 사회제도가 수립되면 정치적 부정의가 제거되면서 위에서 거론된 악들은 자연스럽게 소멸될 것이라 인식했기 때문이다.[4]

롤즈는 반평화의 현상을 근원적으로 사회적 부정의에서 발원한 것으로 보았다. 사회의 내부 구조 여하에 따라 타국과의 전쟁 여부가 결정되고 있다는 사실을 간파한 것이다. 롤즈는 군주제를 "어쩔 수 없이 다른 국가에 대해 공격적이고 적대적일 수밖에"[5] 없는 그런 체제로 간주했다. 일예로 근대초기의 민족국가들, 예컨대 영국, 프랑스, 스페인, 오스트리아, 스웨덴 같은 국가들은

---

4) Ibid., 18-19, 200.
5) Ibid., 21.

국가 지위를 유지하기 위해 왕조전쟁을 벌일 수밖에 없었다. 반면에 입헌적 자유 민주사회들은 자유적 정의관을 따르기 때문에 다른 나라와 전쟁할 명분을 가지지 않았다. 롤즈는 한 국가가 정의로운 자유사회가 된다면, 대외적으로 굳이 전쟁할 하등의 이유가 없다고 본 것이다.

롤즈는 만민법을 그의 저서 『정의론』에서 이미 규정되었던 "공정으로서의 정의 Justice as fairness"[6) 개념과 비슷한 것으로 간주했지만, 국제적 차원에서 "더 일반적인 자유적 정의" 개념으로 확장하고자 하는 의도를 가지고 만민법이란 개념을 도입하였던 것이다.[7) 그렇다고 롤즈에게 있어서 만민법(a Law of Peoples) 개념은 국제법과 같은 법적인 체계 개념이 아니라 "국제법 및 국제 관행의 원칙과 규범에 적용되는 옳음과 정의에 기초한 특수한 정치관"[8)의 개념으로 쓰이고 있는 것이다. 예컨대 만민법에는 "만민들간의 상호 정치적 관계를 규제하는 특수한 정치적 원칙들"[9)이 들어 있다.

만민법은 그렇다고 해서 하나의 자유적 사회에만 통용되는 것이 아니라 만민사회 전체에 해당되는 것이다. 이 만민사회(Society of Peoples)는 다름 아닌 "합당하게 정의로운"[10) 사회다. 그렇다면 롤즈는 만민사회를 도대체 어떤 개념으로 사용하고 있는가? 그에 따르면 이 개념은 현실주의적이면서도 유토피아적인 성격을 가지는 것이다.[11) 롤즈에게 있어 만민사회는 도덕적, 심리적

---

6) 존 롤즈, 『정의론』, 황경식 역, (서울: 이학사, 2015), 97-145. 롤즈는 정의론의 요지를 두 가지 원칙으로 구분한다. 제1원칙은 자유주의적 평등에 관한 것이고, 제2원칙은 민주주의적 평등에 관한 것이다. 황경식은 롤즈의 정의에 관한 두 원칙을 간략하게 제시했다. "제1원칙 각자는 모든 사람에 대한 유사한 자유의 체계와 양립가능한 평등한 기본적 자유의 가장 광범한 총체체계에 대한 평등한 권리를 가져야 한다. 제2원칙 사회적, 경제적 불평등은 다음과 같은 두 조건을 만족시키도록 편성되어야 한다. (a) 최소 수혜자에게 최대의 이익이 되고 (b) 기회균등의 원칙하에 모든 이에게 개방된 직책과 지위에 결부되어야 한다."(황경식, 『사회정의의 철학적 기초』, (서울: 철학과현실사, 2013), 429.)
7) 존 롤즈, 『만민법』, 14.
8) Ibid., 13.
9) Ibid., 13. 각주 1).
10) Ibid., 34.
11) Ibid., 34-38. 참조. 여기서 롤즈는 만민사회에 상응하는 여러 합당한 조건들을 제시한다. 1) 자유적 사회 또는 적정수준의 사회를 일컫는다. 2) 정치적 이상, 원칙, 관념이 적용된

본성이 작동하는 자연적 상태라는 일반적 사회계약 개념을 정치적으로 보다 유의미하게 확장한 사회 개념이라 할 수 있다.12) 만민사회는 모든 사회에 무차별적으로 적용되지 않고 명백하게 한계 지어진 사회다. 만민사회는 미국, 독일, 프랑스 같은 "'합당한 자유적 만민reasonable liberal peoples'의 사회"13)와 중국과 같은 "'적정수준의 만민decent peoples'의 사회"14)로 제한된다. 이 두 사회는 통틀어 일종의 "질서정연한 만민well-ordered peoples"15) 사회로 정의될 수 있는데, 사회구성원 모두가 만민법에 동의하고 준수하는 사회로 이해될 수가 있다.

그런데 롤즈는 만민법을 도입하면서 왜 국가(states)의 총체로서 '국제' 개념을 쓰지 않고, 굳이 만민(peoples) 개념을 쓰게 되었는가? 두 가지로 이유를 들 수 있다. 롤즈는 우선 행위의 주체를 국가가 아닌 만민으로 생각했기 때문이다.16) 롤즈는 정치적 자유주의 관점에서 국내의 행위자를 시민으로 본 것처럼, 국제사회의 경우에 만민을 그 대표적 행위자로 상정하고 있는 것이다. 롤즈는 그의 책 『정치적 자유주의』에서 규정한 "무지의 장막"17)을 포함한 "원초적 입장"18)이란 개념으로 자유민주사회의 시민을 "대표의 모델"19)로 보았듯이, 『만민법』에서도 똑같은 방식으로 만민을 "만민의 사회에서 자유롭

다. 3) 정치적 범주에 속한 것이다. 4) 효율적인 제도가 사회 구성원에게 정의감을 계발하도록 해야 한다. 4) 사회적 회합은 종교적 회합이 아니다. 5) 관용의 주장이 광범위하게 적용된다.

12) Ibid., 19. 참조.

13) Ibid., 14.

14) Ibid.

15) Ibid., 15. 롤즈는 반면에 질서정연하지 않은 사회를 세 가지로 꼽고 있다. "무법적 국가들", "불리한 여건으로 고통받는 사회들" 그리고 "자애적 절대주의 사회"이다.(존 롤즈, 『만민법』, 15. 참조) 여기서 자애적 절대주의 사회란 인권이 존중되지만, 사회구성원들에게 정치적 의사결정에 의미 있는 역할을 하는데 기회를 부여하지 않는 사회이다(존 롤즈, 『만민법』, 149. 참조)

16) Ibid., 44. 참조.

17) Ibid., 55.

18) Ibid.

19) Ibid., 54.

고 평등한 국민으로 간주하는 존재"20)로 상정하였다. 만민 역시 자유세계의
시민이 가졌던 원초적 입장, 다섯 가지의 특징을 그대로 가지고 있다.21) 이
때문에 자유롭고 평등한 민주적 만민은 정의의 원칙들을 당연히 준수하게 되
는 것이다.

롤즈는 그의 저서 『정의론』에서 했던 절차와 유사하게 전통적인 정의원칙
들을 그대로 여기서도 그런 합당한 원칙들로 제시한다. 만민법에 들어있는 8
가지 정의 원칙들을 열거하면 다음과 같다.22) 1) 만민은 자유롭고 독립적인
존재다. 2) 만민은 조약과 약속을 준수해야 한다. 3) 만민은 평등하며 자신들
을 구속하는 약정에 당사자가 된다. 4) 만민은 불간섭의 의무를 준수해야 한
다. 5) 만민은 자기 방어의 권리를 갖는다. 6) 만민은 인권을 존중해야 한다.
7) 만민은 전쟁 수행에 있어 특별히 규정된 제약사항들을 준수해야 한다.
8) 만민은 정의롭거나 적정 수준의 정치 및 사회체제의 유지를 저해하는 불
리한 조건 하에 살고 있는 다른 국민을 도와줄 의무가 있다.

다음으로 롤즈가 만민 개념을 사용하게 된 또 다른 이유를 살펴 볼 필요가
있다. 그것은 롤즈가 정치적 국가에 대한 불신을 갖고 있기 때문이다. 그는
국가 주권 중에서 전쟁수행 권한을 가장 크게 문제 삼고 있다. 그는 이 자율
적 권한 자체를 부당하게 본 것이다.23) 국가가 아닌 만민이 준수해야 할 만민
법은 오히려 "한 국가의 내부 주권이나 (정치적) 자율성을 제한"24)하는 근본
특징을 갖고 있다. 만민 개념은 이렇게 "도덕적 성격과 만민의 정치 체제의
합당한 정의성 또는 적정성"을 보유한 그런 개념이다. 그러므로 만민의 주권
과 그와 관련된 권리와 의무는 국제법이 아닌 만민법으로부터 도출하게 되는

---

20) Ibid., 60.
21) Ibid., 59. 참조. 롤즈는 다섯 가지 특징을 다음과 같이 말한다. 1. 합당하고 공정한 위치
　　를 차지한다. 2. 합리적 존재다. 3. 만민법 의 내용을 숙지한다. 4. 만민이 하는 숙고는 바
　　른 근거로 진전된다. 5. 만민의 근본 이익에 근거한다.
22) Ibid., 65. 참조.
23) Ibid., 47-48. 참조.
24) Ibid., 49.

것이다.

롤즈는 "만민법을 존중하는 사유적 및 적정수준의 만민들 모두에 의해 정당한(최소한 수준 있는) 근본적 제도들이 확립된 세계"[25]를 "현실주의적 유토피아"[26]란 개념으로 규정짓고 있다. 그는 왜 이런 개념을 주저하지 않고 과감하게 사용하고 있는가? 롤즈는 확고한 자유주의 정치철학적의 믿음을 가지고 있다. 그는 "우리 사회의 미래에 대한 희망은 합당하게 정의로운 입헌 민주주의a reasonably just constitutional democracy가 합당하게 정의로운 만민의 사회a reasonably just Society of Peoples의 성원으로 존속할 수 있도록 사회적 세계가 허용하여 줄 수 있다는 믿음에 좌우된다."[27]고 확신하며 주장했다. 그가 가진 믿음은 하나의 "공상(fantasy)"[28]이 아니다. 그는 칸트의 뒤를 이어 그가 제시한 정치적 자유주의의 합당성을 매우 "합당한 희망reasonable hope"[29]으로 간주한다.

롤즈는 만민법과 같이 "합당한 자유적인 정치적 정의관의 군에 속하는 정의관을 충족시켜주는 제도들"[30]이 분명히 있다면, 그것은 틀림없이 우리 모두가 이해하고 승인하고 지지할 수 있는 제도라는 점에서 매우 '현실주의적'인 것으로 보고 지체 없이 사용한다. 그런 제도들은 또한 '유토피아적'으로 명명될 수 있는 것이다. 이것은 정치적 이상, 원칙 및 개념들을 사용해서 만민사회에 적용함과 동시에 합당하게 정의로운 정치적 제도를 구체화할 수 있기 때문에 그렇다는 것이다. 그러므로 롤즈는 만민법을 자연스럽게 현실주의적인 유토피아로 규정한 것이다.

롤즈는 만민법이 진정 현실주의적인 유토피아가 되기 위한 이유를 설명하는 것으로 만족하지 않고, 그에 합당하고 반드시 필요한 구체적인 조건들을

---

25) Ibid., 100.
26) Ibid., 25, 200.
27) Ibid. 25.
28) Ibid. 39.
29) Ibid., 43.
30) Ibid., 20.

6 가지로 제시하고 있다.31)

   1) 자유적 정의관은 실제적인 자연의 법칙에 의존해야 하고, 시민들에 의해 이루어지는 올바른 명분을 위한 안정성(stability)을 달성해야 한다. 그리고 위에서 언급한 정의의 제1원칙(자유롭고 독립적인 존재로서의 만민)은 현존하는 사회적 제도에 부응하여 작동되어야만 한다.

   2) 자유적 정치관은 3가지 원칙이 들어 있다. 기본적 권리와 자유가 열거되는 것, 이런 기본적 권리와 자유에게 특별한 우선권이 주어지는 것 그리고 모든 시민들에게 그들의 권리와 자유가 효과적으로 사용될 수 있게 하는 것이다. 이런 3 가지 원칙은 또한 상호성의 기준을 충족해야만 한다. 이것은 누군가 제시한 조건이 다른 사람들에게도 수용되는 것이 될 때, 참으로 합당한 것이 된다.

   3) 정치적 정의관은 정치적 자유주의 입장에서 정치적(도덕적) 개념에서 형성되어야 한다. 그 어떤 사회적, 종교적 교의가 돼서는 안 된다.

   4) 입헌민주주의는 시민들이 사회에서 적절한 정의감을 갖도록 유도하는 정치 및 사회제도들을 갖추어야 한다. 이에 필요한 정치적 덕목은 공정성과 관용정신 및 타자들과의 타협자세이다.

   5) 사회적 화합은 포괄적 교리들간의 중첩적 합의(overlapping consensus)에 의해 지지되는 옳음과 정의라는 합당한 정치적 관점에 기초해야 한다.

   6) 자유적 정치관은 관용(toleration)이란 합당한 개념을 가져야 한다. 이것은 공적 이성(public reason)에 의한 관용이라 할 수 있다.

롤즈에게 있어 만민법은 이렇게 6 가지의 구성적 조건과 함께 그에 합당한 정의의 8가지 원칙들로32) 이루어져 있다. 특히 이런 원칙들은 『정의론』에서

---

31) Ibid., 27-34.

나타난 '공정으로서의 정의'의 분배원칙과 유사하게 평등 개념을 그 출발선으로 삼고 있는 것이 특징이다.33) 그러나 만민법에서의 평등은 『정의론』에서와 같이 시민에게 적용되는 사회 경제적 기본 재화에 관한 그런 평등 개념이 아니다. 오히려 만민에게 적용되고 있는 평등 내지 평등한 권리이다. 하나의 정부가 아니라 수많은 정부에게 소속되어 있는 만민은 자신이 속한 사회와 만민 상호간에 모두 평등하기를 희망한다. 그렇지만, 만민 간에 불평등이 발생할 때에는 오히려 그 불평등을 인정하고 만민간의 기구들34)과 완만한 연합을 이룸으로써 협력관계를 유지하여 만민이 공유하는 목적 달성을 위해 불평등이 사용되도록 노력해야 한다. 물론 만민법에서 열거된 8가지 원칙들은 만민사회에 적용하기 위해 해석하는 데에는 많은 난점들을 동반하고 있는 것이 사실이다. 특히 자유적 만민이 전쟁에 개입하거나 인권 문제에 관여할 국가의 권한을 어느 정도로 인정할 것인지에 대한 해석들이 바로 그것이다. 이런 문제들은 다음 장에서 주로 다뤄지게 될 것이다.

Ⅲ. 민주적 평화론

질서정연한 사회에 적용되는 만민법은 만민을 위한 평화의 관점을 적지 않게 포함하고 있다. 만민법이 이전 장에서 자유적 정의관 측면에서 만민에게 평등하게 하는 정치적 전제, 그 가능성과 원칙들에 관해 주로 고찰되었다면, 여기에서는 자유적 만민이 자신들의 근본 이익을 전제할 때 생겨나는 문제와

---

32) 각주 22)를 참조.
33) 『정의론』에서는 사회가 평등에서 이탈하면, 이 이탈이 모든 시민의 이익, 특히 최소 수혜자 계층의 이익에도 도움이 되어야 한다는 조건 문제가 심도 깊게 다뤄졌다.
34) 존 롤즈, 『만민법』, 73. 여기에는 세 가지 유형의 기구들이 있다. 첫째, 만민 간 공정무역 기구, 둘째, 만민에 협력적 은행, 셋째, 국제연합과 같은 기구 등이다.

함께 그 적용상 생겨나는 논점들이 평화론 측면에서 고찰하게 된다. 롤즈는 만민사회에 참으로 합당한 평화론이 무엇인지를 제시한다. 그는 두 단계로 평화론을 개진하고 있다. 하나는 만민 간의 정의로운 사회가 만민법이 되는 첫째 조건을 만족시키느냐 여부를 묻고서 그가 주장하는 평화론을 이끌어가는 것이고, 다른 하나는 정치적 현실주의에서 주장되는 평화론과 비교하여 논의를 이끌어 가는 것이다.

　롤즈는 우선 만민 간에 적용되는 만민법의 첫째 조건인 '올바른 명분을 위한 안정성'을 만족시키고 있는지 여부를 따진다. 만민은 정의로운 만민법에 구현된 법적 규범을 기꺼이 수용하고 이 규범에 따라 행동하는 과정을 거친다. 만민법이 만민에 의해 준수되고 존중되므로 만민 상호간에 상호신뢰와 확신감이 발전하게 되면, 만민법의 규범들은 만민 모두에게 유익한 것이 된다. 하지만 자유적 만민은 자신의 정의관에 의해 허용되는 현실적 근본이익들을 가지고 있다. 이 이익들은 "공정한 평등원칙은 물론 모든 만민에 대한 적절한 존중의 원칙에 의해 지도되고 이와 부합할 수 있는 합당한 이익"[35]인 것이다. 만민은 아무런 현실 이익도 추구하지 않는 그런 무기력하고 수동적인 존재가 아니다. 예컨대 만민이 가진 이익이란 다름 아닌 "자신의 영토를 수호하고, 자신의 시민들의 안보와 안전을 확보하고, 자신들의 자유로운 정치체제와 시민사회의 기본적 자유 및 자유로운 문화를 보전하는 것을 추구하는 것"[36]을 뜻하고 있다. 이런 이익들을 추구함으로 해서 국가 간에는 올바른 명분에 의한 안정성이 그 자체로 확보되게 마련이다. 자유적 만민사회가 이런 식으로 합당하고 올바른 명분에 의하여 안정적이 되어가기 때문에, 정의 관점에서도 안정적이 되는 것이다. 이런 조화상태에서 유지되고 있는 평화가 바로 민주적 평화라 할 수 있다. 평화가 이런 합당한 이익에 기초하지 않는다면, 국가 간 평화는 오로지 "잠정적 타협modus vivendi"[37]에 불과한 "힘에 의한 평화

---

35) Ibid., 77.
36) Ibid., 54.
37) Ibid., 77. 이 개념은 힘의 균형에 의해 유지되는 일시적인 안정성을 뜻한다.

peace by power"38)일 뿐이라고 롤즈는 생각한다.

그 다음 롤즈는 현실주의적인 평화론, 예컨대 패권적 평화론과 직접 비교하여 자신의 평화론이 무엇인지를 개진한다. 단적으로 패권이론은 "세계적 무정부 상황에서 힘, 명성 및 부를 추구하는 국가 간의 투쟁"39)과 다르지 않다. 이런 이론은 우월한 군사적 및 경제적 힘을 위해 경쟁함으로써 결국엔 전쟁의 악순환에 빠지게 되고, 전쟁 준비를 영속화하게 되는, 평화를 파괴하고 마는 국제현실을 지지한다. 이에 반해 롤즈는 자유적 만민사회에서 추구되는 근본 이익들이 다른 민주적 만민의 이익들과 조화될 때, 진정한 평화가 유지되는 것을 직시한다. 그런 의미에서 그는 민주적 평화론을 지지한다.

롤즈는 민주적 평화론이 무엇인지 이에 대하여 구체적으로 개진한다. 그는 민주적 평화론의 골격을 완성하는데, 결합되어 있는 두 개념을 언급하고 있다. 하나는 "역병 및 전염병과 같은 치유할 수 없는 인생의 불행"40)과 함께 "운명 또는 신의 의지와 같이 변경시킬 수 없는 아주 심원한 원인"41), 이 양자 사이에서 세워지는, 국민에 의해 변경할 수 있는 정치적, 사회적 제도인 "자유 입헌 민주 정체"42)라는 개념을 도입한다. 이 개념은 18세기 이후 민주주의 운동으로부터 시작해 오늘날에 정착된 것이다. 이러한 정치제도는 고정적이지 않고 만민을 더 만족하도록 수정되고 개혁된 것이다. 만민은 이런 제도를 채택함으로써 다른 만민을 강압으로 지배하거나 압제하려 하지 않게 된다.

이 개념과 다른 개념은 바로 "몽테스키외의 '신사적 태도moeurs douces'"43) (79)라는 개념이다. 즉 이 개념은 "상업적 사회가 시민들 내에 따뜻한 배려, 근면성, 정확함, 정직함과 같은 덕목을 형성"할 뿐더러 "상업은 평화로 연결되는 경향"44)성을 내포하고 있다. 이 두 개념을 합쳐서 만든 개념이 바로 "자

---

38) Ibid,. 80. 각주 58).
39) Ibid., 25.
40) Ibid., 79.
41) Ibid.,
42) Ibid., 80.
43) Ibid., 79.

유민주적 평화"45) 혹은 "민주적 평화"46)라 할 수 있다. 민주적 평화는 자유적 입헌민주 정체 하에 사는 여러 다른 만민의 필요가 서로 충족되고, 이들의 근본 이익들이 서로 조화를 이루어 올바른 명분에 입각한 현상유지가 가능해진 그런 평화이다.

롤즈는 아롱(Raymond Aron)의 용어를 빌려 그의 민주적 평화론이 가진 의미를 보다 명백히 하고자 한다. 아롱이 민주적 평화로 인해 즐겁고 행복하게 사는 그런 만민을 가리켜 "만족한 만민satisfied peoples"47), 그런 평화 상태를 가리켜 "만족에 의한 평화peace by satisfaction"48)라 칭했듯이, 롤즈는 아롱의 용어를 그대로 수용하여 평화를 누리는 만민은 만족스런 만민이 되고, 민주적 평화야말로 만족스런 평화가 될 뿐 아니라 이런 평화가 진정으로 오랫동안 평화의 효력을 지니게 된다고 확신한다. 그러나 롤즈는 그가 주창하는 민주적 평화론이 전혀 전쟁을 하지 않는 절대적 평화주의가 아니라는 것도 천명한다. 그는 "만약 자유적 만민이 전쟁을 한다면 그것은 ..... 불만족한 사회unsatisfied societies나 무법적 국가들outlaw states과 전쟁을 할 것"49)이라고 말한다.

롤즈는 더 나아가 민주적 평화론이 지금까지 논의했던 유토피아적 자유 민주주의 체제와만 양립하는 것이 아니라 "실제적 민주주의"50)와도 양립 불가능하지 않다는 것을 강변한다. 이를 위해 롤즈는 민주적 평화론를 위해 앞서 행했던 개념적 정의에서 그치지 않고, 실제적으로도 양립 가능함을 입증하기 위해 그 이론이 가진 지침 가설을 두 가지로 제시한다.51)

---

44) Ibid., 80.
45) Ibid.
46) Ibid., 75-77.
47) Ibid., 80.
48) Ibid.
49) Ibid., 82-83.
50) Ibid., 83. 실제적 민주주의란 상당한 부정의, 과두제적 경향 및 독점적 이익들로 이루어지고, 종종 비밀리에 약소국을 간섭하며 어느 정도 안정적인 민주정체에조차도 개입하는 그런 민주주의다.

1) 합당하게 정의로운 입헌민주사회들은 그 정체에 맞는 5가지 특징들을 완전하게 충족하는 한, 이들 간의 평화는 더욱 안정적이 된다. 이 5가지 특징은 바로 올바른 명분에 입각한 안정성을 성취하는 요건들이다.[52] 그것은 a) 특정의 공정한 기회균등(교육과 훈련 과정)에서 공정한 기회평등, b) 소득과 부의 적절한 분배, c) 중앙정부나 지방정부에게 최후적으로 호소할 수 있는 고용자로서의 사회, d) 모든 시민에게 보장된 기본적 건강보호제도, e) 선거에 대한 공적 자금 지원 및 정책 관련사항에 대한 공적 정보에 대한 다양한 접근 보장을 말하는 것이다.

2) 자유적 사회들이 위 1)에서 언급한 조건들을 완전히 충족시키는 한, 정당한 자기방어 또는 인권보호를 위해 개입하는 경우 외에는 비자유적 무법적 국가들과 전쟁을 하려 하지 않을 것이다.

롤즈는 현실주의적인 유토피아가 되기 위해 보다 구체적인 조건들을 앞서서 6 가지로 제시했는데, 그 중 2번째 조건에서 자유적 정치관에 3가지 원칙이 있다고 말한 바 있다.[53] 그것은 예컨대 a) 기본 권리인 평등과 자유가 열거되고, b) 평등과 자유들에 대해 특별한 우선권이 주어지고, c) 모든 시민들에게 그들의 권리와 자유가 효과적으로 사용될 수 있게끔 전목적적 수단을 충분히 보장하는 것이었다. 롤즈에 따르면, 이 세 번째 원칙이 없으면 자유와 평등을 결합시키지 않는 "자유지상주의(libertarianism)"[54]로 끝나게 된다. 자유지상주의는 상호성을 결여하기 때문에 극심한 사회적, 경제적 불평등을 허용하고 만다. 결국 자유지상주의는 국내적 평화를 깨고 만다. 그러나 롤즈는 이 세 번째 원칙을 적극적으로 고려해서 채택한 것이 바로 그가 주장한 자유주의적 정의의 원칙임을 강변한다. 그는, 입헌민주주의 만민이 위의 2가지

---

51) Ibid., 85. 참조.
52) Ibid., 85-86. 참조
53) 각주 31번 참조.
54) 존 롤즈, 『만민법』, 84-85.

지침 가설들을 보다 제도적으로 강화하고 충족시킨다면, 특히 입헌민주 정체에 걸 맞는 5가지 특징을 고루 갖추게 된다면, 그가 구상한 민주적 평화 개념은 더욱 지지받을 것으로 확신한다.

　롤즈는 민주적 평화가 단지 이론적으로만 존재하지 않고, 실제 역사 속에서, 예컨대 올바른 명분에 입각한 안정성이 합당하고도 정의로운 입헌민주정체의 사회에서도 분명히 실현될 수 있다고 확신하고, 이에 대한 역사적 증거를 내세운다.[55] 그는 1800년 이래 확고해진 현대 민주적 사회들 간에는 전쟁이 없었다는 것을 강변한다. 심지어 고대사회를 거슬러 올라가서도 민주정체에 의한 전쟁은 없었다는 것을 주장한다. 예컨대 펠로폰네소스 전쟁은 자유적 민주정체에 의한 것이 아니었기 때문에 가능한 전쟁이었다고 보았다. 16~17세기 기독교 신·구교 간 종교전쟁도 그와 마찬가지였고, 19세기에 벌어졌던 큰 전쟁도 그렇고, 20세기 두 차례의 세계대전도 민주적 국가들이 동일한 한 편에서 전쟁을 한 것일 뿐, 서로 원수가 되어 적대적으로 싸우지 않았다고 말한다. 그러나 롤즈는 민주적 평화의 개념이 역사 속에서 완전히 실현된다기보다는 여지없이 깨질 수도 있다는 점을 인정한다.[56] 단지 그렇게 될 수 있는 것은 입헌민주정체의 제도 설정과 그 실천에서 미비한 측면이 생겨났기 때문이라는 것을 명백히 한다.

　결론적으로 롤즈는 칸트의 가설인 "평화적 연합foedus pacificum"[57]을 지지하며, 자신의 가설이 충족되기 위해선 입헌민주정체들이 갖추어야 할 조건들이 얼마나 적절하게 지탱해주느냐에 달려 있다고 말한다. 그러므로 롤즈는 만민법에서 제시된 평화적 가설은 지극히 합당하고 실현가능한 것이라고 생각하고 있다.

55) Ibid., 87. 롤즈만이 아니라 현대 민주적 평화론자들은 이구동성으로 '민주국가 상호간에는 전쟁은 없다'는 명제를 세우고 이에 대한 증거를 제시하고 있다. 뱁스터, 러멜, 러셋, 위드 등이 그렇다(최상용, 『평화의 정치사상』. (파주: 나남출판, 2006), 269-270. 참조)
56) Ibid., 90.
57) Ibid., 92.

Ⅳ. 공적이성과 기독교

롤즈는 현대 자유민주주의 사회가 가지는 기본 특징 중 하나로 "다원주의의 현실"[58]에 대해 언급한다. 예컨대 입헌 민주사회란 다수의 종교적 혹은 비종교적인 "포괄적인 교리들"[59](comprehensive doctrines)이 표출하고 그것들이 배척됨이 없이 모두 허용되는 사회라 할 수 있다. 롤즈가 말하는 다원주의는 이런 측면에서 여러 다양한 교리들이 혼재해 있는 현실적 다원성을 의미하는 것이다. 이런 포괄적 교리들은 서로 각각 상이하면서 상호간 화해 불가능한 것들이다. 그러나 롤즈는 자유 민주사회에서 이러한 교리들 간에 놓인 다원적 상황을 결코 부정적으로 보지 않고, 오히려 긍정적으로 보고 있다. 그는 자유 민주주의 사회에서 일체의 일원론적 사고를 거부한다. 한 사회가 하나의 포괄적 교리에 의해 지배하게 되면, 그 사회는 진정한 의미의 사회통합을 결코 이룰 수 없다는 것을 그는 확신한다. 분파 간에 다원성이 존재할 때에 그 사회는 통합될 가능성이 보다 증대된다. 또한 포괄적 교리들은 그 자체로 시민의 합의나 상호이해를 이끌어 내지 못하는 한계를 근본적으로 안고 있다. 왜냐하면 그것들은 정치적 합리성과 합당성의 원리라고 할 수 있는 "공적 이성"[60](public reason)을 통해서만 사회를 갈등하지 않거나 분쟁하지 않게 하고, 통합시킬 수 있기 때문이다. 그러므로 공적 이성을 통하여 사회적 합의를 이루는 방법은 다름 아닌 포괄적 교리들 간 "중첩적 합의"[61](overlapping consensus)에 의해서 옳고 정의로운 것이 도출되고, 곧 그것이 사회에 합리적이고 합당한 것으

---

58) Ibid., 197.
59) Ibid., 33, 197.
60) Ibid., 198, 210. 공적 이성은 세 가지 방식에서 공적인 의미를 가진다. 공중의 이성, 공공선, 상호성 기준에 합당함이다.
61) Ibid., 33. 이 개념은 각주 8)에서 잠정적 타협이 아닌 그것의 의미가 무엇인지를 설명한다. 롤즈의 책『정치적 자유주의』(파주: 동명사, 1998, 165-213)는 이 점을 보다 더 상세하게 다루고 있다.

로 수용하게 되는 것이다.62)

롤즈에게 있어 공적 이성은 순수 철학적 개념이 아닌 하나의 정치적 관계 개념으로 사용된다. 공적 이성은 일찍이 정치적 자유주의의 한 개념으로써 "시민에 대한 입헌정부의 관계와 시민들 상호간의 관계를 결정하는 기본적인 도덕적, 정치적 가치를 구체적으로 규정"63)한 개념으로 사용된다. 그러나 공적 이성은 만민 사회에 의해서도 여전히 요청되며, 만민에게도 공히 제시되는 그런 원칙들이다. 그렇다고 이 개념은 흑백논리로써 정치적 관계를 '친구 혹은 적'의 관계로 규정짓거나 냉혹한 정치투쟁의 수단으로는 사용되지 않는 그런 개념이다. 이 개념에선 "정치적 자유주의"64) 입장에서 고려된 정치적 관계가 작동되고 있다.

정치적 개념과 원칙, 이상과 기준을 가진 만민법은 공적 이성의 내용을 동일하게 담지하고 있다. 결국 공적 이성의 이상을 담은 만민법에는 만민 간 평화를 이해하기 위한 정치 사회적 기초가 명백히 들어 있는 것이다.65) 만민법엔 민주적 평화의 관점이 견지되고 있다. 롤즈는 그런 의미에서 그 어떤 종교적 혹은 비종교적 교의를 통해서가 아니라 정치적 의미에서 구성된 현실적 유토피아인 만민법을 현재와 미래의 사회에 그대로 구축하고자 한 것이다.66) 그는 "만민 상호간의 관계에 적용될 수 있는 정치적 옳음과 정의에 관한 합당하고 작동 가능한 관점을 개발함으로써"67) 만민의 사회에서 기대할 평화에 대한 희망을 모색하고자 한 것이다.

롤즈는 공적 이성의 대상이 되는 여러 포괄적 교리들 가운데 종교적인 포괄적 교리들을 공적 이성과 양립하는 방식 하에서 존중하여 수용하고자 한다.

---

62) Ibid., 33. 참조.
63) Ibid., 209.
64) Ibid., 93. 정치적 자유주의는 여러 포괄적 교리들이 공적 이성을 통하여 시민 혹은 만민에게 제시된 정치적으로 합당한 것의 개념으로 대치될 것을 제안한 사유체계라 할 수 있다.
65) Ibid., 95. 참조.
66) Ibid., 43. 참조.
67) Ibid., 43.

이런 측면에서 롤즈는 기독교의 교리를 신학적으로 이해하려거나 수용하려하기보다는 순수하게 정치적으로 이해하고 존중하고자 한다. 그는 기독교의 교리가 공적 이성의 본질과 양립한다면, 기독교 자체를 군이 비판하거나 공격하지 않는다. 기독교가 그렇게 하지 않고 자체의 포괄적 교리 입장에서 사회적 조화를 도모하지 않는, 오히려 반평화적인 양상을 띠게 된다면68), 그는 기독교에 대해서 신랄한 비판을 가차 없이 가하고 있다.

롤즈는 나치스의 유대인 대학살 만행을 기본적으로 히틀러의 악마적 세계관 (반유태주의)에 근거한다고 보았지만, 남용된 종교적 세계관 때문인 것으로 간주하기도 했다.69) 그는 좀 더 거슬러 올라가 기독교 역사에서 부끄러운 민낯으로 나타난 가톨릭교도의 이단 박해로 인한 무차별 살인행위, 16, 17세기에 가톨릭교도와 개신교인들 간 벌어졌던 종교전쟁은 반드시 근절되어야 할 사악한 행위로 규정지었다. 그런 살육과 전쟁들은 종교가 국가의 강제적 권력을 빌려 행사한 제도화된 종교적 탄압이었다. 그러므로 롤즈는 종교적 박해의 열정이 가톨릭교회나 개신교 교회(루터 교회나 칼빈교회) 그 어느 쪽이나 모두 다 있었고, 그것 자체가 역사상 기독교의 큰 불행으로 얼룩지게 했다고 인식했다.70) 그래서 그는 종교적 교리 이유만으로 과거와 현재에 벌인 그런 종교적 악행들을 허용해서는 안 되고, 미래사회에는 정치적 자유주의의 합당성이란 전제 아래 평화에 대한 희망을 보다 강화해 나가야 할 것이라 역설한다. 그러므로 롤즈의 입장에선 기독교의 평화 가치란 순수 교의적인 측면에서가 아니라 마땅히 민주사회의 가치질서 속 "중첩적 합의"를 통한 필터를 통해서 이해되어야만 하는 것이다. 롤즈는 기독교의 평화 역시 모름지기 정치적 의미에서의 공적 이성(public reason)과 부합하는 평화가 되어야 한다고 생각한다.

공적 이성을 함유하고 있는 만민법은 차제에 전쟁에 대해 언급한 기독교의 자연법(自然法, natural law)과 구별할 필요가 있다. 만민법은 기독교적 자연

---

68) Ibid., 200.
69) Ibid., 40. 참조.
70) Ibid., 41. 참조.

법과 유사하면서도 다른 성격을 가지고 있다. 먼저 유사한 점은 양자가 공히 "민족국가간의 보편적 평화"71)와 "자기 방어를 위한 전쟁의 권리"72)을 지지하고 있다. 그러나 양자는 서로 다른 측면이 없지 않다. 신법(神法)의 일부로도 간주될 수 있는 기독교의 자연법은 자연적 이성 능력으로 알게 되는 그런 법이다. 자연법은 그러나 "세계를 창조하고 유지하는 신의 활동성의 지침"73)이 되는 "영원법"(eternal law)74)과는 다르고, 자연 이성의 능력으로는 알지 못하는 "계시된 법"(the revealed law)75), 교회의 종교적 법률적 문제에 적용되는 "교회법"(ecclesiastical law)76)과도 다른 것이다. 그렇지만 자연법은 만민법과도 성격이 또 다른 것이라 할 수 있다. 만민법은 자연법에서처럼 종교적인 영역에 속하지 않는, 순전히 정치적인 것의 영역에 속한 것이다. 만민법의 원칙은 자유주의적 정치관과 정치적 가치에 의해서만 표현된다. 그러므로 만민법에서 거론되는 전쟁 행위에 대한 원칙들은 자연법의 내용과 동일하지 않다.

이런 차이는 가톨릭 자연법에서 통용되는 원칙인 "이중효과"77)(double-effect)와 비교할 때 보다 잘 설명될 수 있다. 시민이 직접 공격받아서는 안된다는 전쟁 행위에 대해 가톨릭교회가 정한 원칙은 만민법의 원칙과도 일치하고 있다. 그러나 가톨릭교회가 주장하는 이중효과 교리는 "누구도 적국을 공격할 목적으로 무고한 시민들의 생명을 빼앗는 수단을 결코 사용해서는 안된다"78)는 것을 엄격하게 가르치는 교리다. 이는 "최고 비상상황의 면제"79)

---

71) Ibid., 166.
72) Ibid., 167.
73) Ibid., 166-167.
74) Ibid., 166.
75) Ibid., 167.
76) Ibid.
77) Ibid. 여기서 이중효과란 어떠한 행위가 선하면서도 긍정적인 효과와 부정적인 효과를 동시에 가진다는 것을 의미한다.
78) Ibid., 168.
79) Ibid. 시민들이 직접 공격받는 것을 방지하는 시민의 지위를 무시하는 처사를 말한다(Ibid., 158. 참조).

를 결코 허용하지 않는 교리다. 그러나 정치적 자유주의 입장인 만민법은 그
러한 면제를 허용하고 있다. 이렇게 비상상황을 면제할 정당화의 예는 대표적
으로 1941년 말~1942년까지 영국이 독일에 퍼부었던 폭격에 해당된다. 롤
즈는 당시 독일 폭격을 면제하는 이유를 두 가지로 거론하고 있다.[80] 첫째,
나치즘이 모든 지역의 시민생활에 대해 도덕적 정치적 악행으로 인정되었고,
둘째, 유럽 입헌민주주의 자체가 매우 위태하게 되었기 때문이다. 롤즈는 입
헌민주주의 사회나 질서정연한 사회의 존재 자체가 흔들리는 그런 긴급한 상
황에서는 비상상황의 면제 자체를 정당화해야 할 것이라고 주장한다.

　롤즈는 전쟁에 관해서 일컫는 종교적 교리, 두 가지를 절대적으로 거부하고
있다. 예컨대 그 하나는 규범적 구별을 전적으로 무력화시키는 "전쟁은 지옥
이다"는 주장과 다른 하나는 모든 이가 유죄라는 식으로 해석하는 "우리 모두
가 죄인"이라는 그런 주장이다. 그는 이런 교리들이야말로 모든 합당한 차이
점을 일체 거부하고, 전쟁에 관한 원칙 자체를 도덕적으로 공허하게 만드는
것이라고 단정한다. 그는 만민법에서 이렇게 전쟁에 대한 "비이상적 이론"[81]
(nonideal theory) 까지도 염두에 두고 이에 대한 대처방안인 원칙들을 세밀
하게 고려하고 있다. 이것은 정의전쟁원칙인 "전쟁권"[82](jus ad bellum)과
"전쟁 수행법"[83](jus in bello)에 관한 것들이다.

---

80) Ibid., 159. 참조.
81) Ibid., 144. 이것은 중대한 부정의와 광범위한 사회악이 벌어지는 세상에서 극도의 비이상
　　적 조건에서 고려해야 하는 이론을 말한다. 즉 자유적 만민이 비질서정연한 만민에 대해서
　　어떠한 행위를 하여야 하는지를 질문한다.
82) Ibid., 144-150. 참조. 여기서는 전쟁자체의 정당성 확보 문제를 중점적으로 다룬다. 전
　　쟁이 일어나기 전의 내용을 다룬다. 만민법은 모든 질서정연한 만민사회에서 자기 방어를
　　위한 전쟁의 권리를 부여하고 있다.
83) Ibid., 151-155. 참조. 여기서는 실제 전투행위를 함에 있어서의 정당성 문제를 다룬다.

V. 나가는 말

지금까지 롤즈가 제창한 만민법(a Law of Peoples)에 나타난 민주적 평화론에 대해 살펴보았다. 롤즈의 평화론은 그의 평생의 연구 주제인 정의론과 깊은 연관성 속에서 숙고된 것이라 할 수 있다. 롤즈는 만민법을 도입한 것 자체를 사회적 부정의에서 반평화가 유래했다는 통찰에서 출발하였다. 그가 관찰한 역사적인 반평화적 죄악들(부당한 전쟁들, 정치적 압제, 종교적 박해, 기아와 가난, 인종말살과 대량학살 등)은 모두 정치적 부정의에서 시작되었고, 정당한 사회정책이나 사회제도가 수립되지 않은 부정의한 구조 때문에 일어난 것이었다.

롤즈는 만민법을 그의 저서 『정의론』에서 이미 규정했던 "공정으로서의 정의 Justice as fairness" 개념과 유사한 것이라 주장했고, 한 국가가 아닌 국제적 차원에서 보다 일반적인 자유적 정의 개념으로 확장하고자 하는 의도로 만민법 개념을 도입하였다. 롤즈에게 있어 만민법은 국제법과 같은 법적 체계 개념으로 쓰인 것이 아니다. 오히려 '국제법 및 국제 관행의 원칙과 규범에 적용되는 옳음과 정의에 기초한 특수한 정치관' 개념으로 쓰였다. 만민법은 만민 간 정치적 관계를 규제하는 특수한 정치적 원칙들로 표현되고 있다.

롤즈가 만민법을 통해 주창한 '민주적 평화'는 한 마디로 자유적 입헌민주 정체 하에서 형성되는 평화를 말하고 있다. 민주적 평화는 입헌민주주의 사회에서 여러 다른 만민의 필요가 서로 충족되고, 이들의 근본 이익들이 서로 조화를 이루고, 올바른 명분에 입각하여 현상유지가 가능한 그런 평화이다. 이런 평화는 일차적으로 입헌민주주의 체제라는 이상적 이론의 기초 위에서 마련되었다. 그러나 롤즈는 비이상적 이론 하에서도 실현가능한 평화론을 논구하고 있다. 그런 의미에서 그의 평화론은 절대적이고 이상적인 차원에서만 머무르지 않고 있다. 그는 기존의 정의전쟁원칙인 전쟁권(jus ad bellum)과 전쟁 수행법(jus in bello)과는 약간 다르지만, 정의전쟁원칙을 긍정한다.

롤즈는 여러 포괄적 교의들이 혼재하는 다원주의적 사회에서 종교적 교의를 배제하지 않고 적극직으로 긍정한다. 그러나 유럽은 역사적으로 종교적 교의에 의하여 살육과 전쟁들을 벌인 과오를 범했다. 이런 반평화적인 일들은 종교가 국가의 강제적 권력을 빌려 행사한 제도화된 종교적 탄압이었다. 그래서 롤즈는 만민사회에서 평화의 가치를 지키기 위해서 순수 교의적인 측면을 마땅히 민주사회의 가치질서 속 "중첩적 합의"를 통한 필터를 통하여 이해할 것을 제안했다. 롤즈는 기독교의 교리가 평화에 기여하기 위해서는 정치적 의미에서의 공적 이성(public reason)과 부합하는, 관용이 있는 평화로 전환되어야 한다고 생각한다. 공적 이성을 함유하고 있는 만민법은 기독교적 자연법과 상당히 유사하면서도 다른 성격을 가지고 있다. 만민법에는 자유주의적 정치관과 정치적 가치에 의해 고찰된 평화사상이 표현되어 있다. 그러므로 입헌 민주주의 체제하에서 기독교가 해야 할 역할은 종교적 교의에 집착하여 반평화적인 태도나 무의미하고 허무적인 구호에 그치지 말고, 민주적 평화론을 견지하여 만민사회에 평화로운 사회가 오게 하는 것이다. 이것이 오늘날 롤즈의 평화사상이 기독교에게 주는 교훈이라 할 수 있다.

■ 참고문헌

롤즈, 존. 『만민법』. 장동진 외 역. 서울: 이글리오, 2000.

_____. 『정의론』. 황경식 역. 서울: 이학사, 2003.

_____. 『정치적 자유주의』. 장동진 역. 파주: 동명사, 1998.

칸트, 임마누엘. 『영원한 평화』. 백종현 역. 서울: 아카넷, 2013.

최상용. 『평화의 정치사상』. 파주: 나남출판, 2006.

황경식. 『롤즈의 정의론과 그 이후』. 서울: 철학과현실사, 2009.

_____. 『정의론과 사회윤리』. 서울: 철학과현실사, 2012.

_____. 『사회정의의 철학적 기초』. 서울: 철학과현실사, 2013.

황경식 외 10인. 『공정과 정의사회』. 서울: 조선뉴스프레스, 2011.

John Rawls' Democratic Peace and the Christianity

Byung-Oh Kang
(Assistant Professor, Christian Ethics)

ABSTRACT

Since the beginning of the Christianity, it has sticked to the thought of ideal pacifism in principle. It did set forth only pure theological views about peace. Therefore, it is true that the Christianity did't contribute to the advancement of reality and concrete parts of peace, but to the ideal parts. In this sense, this article will explore the realistic peace-conception before the reunification of the Korean Peninsula in view of John Rawls' democratic peace.

This main purpose of the article is to inquire systematically in accordance with John Rawls' writing *The Law of Peoples*, how political and social peace is built in the conditions required for a reasonably constitutional democracy, which John Rawls has called a realistic utopia, and what is then the role of the Christianity in the fact that a plurality of conflicting reasonable comprehensive doctrines, both religious and non-religious.

John Rawls' democratic peace is called the peace, which, first of all, is built in ideally well-ordered constitutional democratic societies. This peace depends on the ideal theory. The democratic peace is, in fact, guides by reasonable interests and congruent with a fair equality and a due respect for all peoples. It is these reasonable interests so that make democratic peace possible. But John Rawls don't remain only in the ideal theory. His democratic peace admits even of the war. The constitutional democratic societies can go to war, but do not go to war against one another. They engage in war only in self-defense. This is the thought of realistic peace in the nonideal theories. Two Theories are the 'just war' doctrines, namely 'right to war'(jus ad bellum) and 'conduct of war'(jus in bello).

John Rawls affirms the religious doctrines, which are conflicting reasonable comprehensive doctrines in the pluralistic societies. He thinks that the religious doctrines have committed many historical war-crimes, which were anti-peace accidents. He thinks that religion and public reason in democracy must be in harmony, and that the principles of toleration and the liberty of conscience must have an essential place in any constitutional democratic conception. According to John Rawls' view, the Christianity must change politically from a religious doctrine to a peaceful religion of public reason and tolerance in oder to contribute to a satisfied peace in good faith.

KEY WORDS Democratic Peace Theory, Law of Peoples, Realistic Utopia, Just War, Christianity, Public Reason

예수 그리스도 안에서의 하나님의 평화
– 디트리히 본회퍼의 그리스도론적 평화이해

김성호
서울신학대학교, 기독교윤리학
독일 Osnabrueck 대학교 (Dr. theol.)

예수 그리스도 안에서의 하나님의 평화
– 디트리히 본회퍼의 그리스도론적 평화이해

김성호 박사 (기독교윤리학)

국문요약

본 연구는 디트리히 본회퍼(Dietrich Bonhoeffer)의 평화이해에 관한 담론이다. 그의 평화는 '그리스도론적 평화(christological peace)'로 규정할 수 있다. 본회퍼의 그리스도 이해는 그의 박사학위 논문인 『성도의 교제(1927년):*Sanctorum Communio*』의 교회이해와 『행위와 존재(1930년):*Act and Being*』의 계시이해와 더불어 시작되었는데, 1930년에서 1934년 사이의 본회퍼의 여러 강연들을 통해서 평화담론으로 확장된다.

본회퍼의 그리스도 이해에 근거한 평화 개념은 1934년 8월 28일 덴마크 파뇌(Fano)에서 개최된 교회회의에서 구체화 된다. 본회퍼에게 평화는 어떠한 원칙적인 이념이나 원리가 아니었다. 그에게 평화는 '하나님의 계명(God's commandment)'이었다. 본회퍼의 평화개념은 인간의 행위나 노력에서 행해지는 안보(Security)에 가능한 것이 아니라, 오직 예수 그리스도의 현존을 통해 가능하다고 보았다. 본회퍼의 『나를 따르라(*Discipleship*)』는 평화교육을 위한 교재로 볼 수 있으며, 이 책의 평화에 관한 실천적 담론은 "고난', '용서', '포기'를 통한 순종'에 관한 것이었다. 본회퍼의 『윤리학(*Ethics*)』에서는 '형성으로서의 윤리', '선', '책임' 개념이 평화에 관한 실천적 담론으로 다뤄지고 있다고 볼 수 있다.

본회퍼는 평화를 예수 그리스도 안에서, 예수 그리스도를 통해서 이 땅위에 실현되는 하나님의 평화로 이해했다. 21세기 현 시점의 한반도는 평화를 위한 성급한 안보장치의 대안 마련을 이유로, 평화 그 자체이신 예수 그리스도를 잠시라도 망각해서는 안 된다. 오직 예수 그리스도가 우리의 평화이시다(에베소서 2장14절). 통일의 시대를 갈망하는 남한과 북한 그리고 오늘, 여기에서 이 땅의 그리스도인과 교회는, 평화로 실존하시는 예수 그리스도 안에서 '하나의 공동체'를 이루기 위해 끊임없이 힘써야 한다. 그것은 오직 예수 그리스도의 진정한 제자됨과, 우리의 삶 속에 예수 그리스도의 성육신, 십자가, 부활의 형성의 각인되기, 그리고 삶 전체를 하나님의 섭리에 온전히 내어드린 채 책임의 자유 안에서 행동하며, 타자의 고통과 고난으로의 예수 그리스도의 초대에 끊임없이 참여하고 나아가 그 고통과 고난을 함께 나눔을 통해 가능하다고 본회퍼는 오늘, 우리에게 말하고 있다.

본회퍼의 그리스도론적 평화이해는 상대방을 원수라고 규정하고 있는 요소들의 제거를 통한 '사랑공동체'의 설립, 그 어떤 무엇이 평화가 아니라 바로 예수 그리스도가 평화라는 의미의 '평화공동체'의 설립, 예수 그리스도 안에서 타자를 위한 교회되는 '교회공동체'의 설립이라는 한반도의 평화 통일을 향한 구체적인 과제들을 제시한다.

주제어 디트리히 본회퍼, 그리스도론적 평화, 순종, 형성으로서의 윤리, 선, 책임, 평화통일

Ⅰ. 들어가는 말

본 소고는 디트리히 본회퍼(Dietrich Bonhoeffer)의 평화이해에 관한 담론이다. 본회퍼의 그리스도 이해는 그의 박사학위 논문인『성도의 교제(1927년)』의 교회이해[1]와『행위와 존재(1930년)』의 계시이해[2]와 더불어 시작되었는데 1930년에서 1934년 사이의 본회퍼의 여러 강연들을 통해서 평화담론으로 확장되며, 1934년 덴마크 파뇌에서 개최된 교회회의에서 본회퍼의 그리스도 이해에 근거한 평화 개념이 구체화 된다. 파뇌회의 이후의 본회퍼는 스스로를 그리스도교 평화주의자라고 규정하고, 소위 '그리스도론적 평화' 개념

---

1) 디트리히 본회퍼의 교회이해에 관해서는 다음 논문을 참조할 것: 김성호, "디트리히 본회퍼의 교회론적 윤리", in:『신학과 선교43』(서울신학대학교 기독교신학연구소, 2013), 331-361.

2) 본회퍼는 하나님의 현실을 오늘 여기에서의 현실로 이해하고자 했고, 지극히 평범한 일상에서 하나님의 현실을 이해하고자 했다. 이를 위해 본회퍼는 루터의 예수 그리스도 이해가 절실히 필요했으며 그것은 '예수 그리스도를 통한 하나님의 차안성' 개념이다. 이러한 본회퍼의 하나님의 차안성에 관한 생각은 그의 소위 옥중신학에서 구체적으로 다뤄진다(참조: DBW8, 401-408(1944년 4월 30일 본회퍼가 베트게에게 보낸 편지: "하나님은 우리의 삶 한가운데 안에서 초월해 있다(Gott ist mitten in unserm Leben jenseitig(DBW8,408)). 이 부분에 대한 비판적 해석은 Michael Welker, Gottes Offenbarung-Christologie, 오성현 옮김,『하나님의 계시-그리스도론』(대한기독교서회, 2012), 21-43을 참조할 것.) 하나님의 차안성은 본회퍼에게 그리스도론적으로 나타나는데,『성도의 교제』에서는 '예수 그리스도 안에서, 예수 그리스도를 통한 교회의 현실',『행위와 존재』에서는 '예수 그리스도를 통한 하나님의 계시 현실'로 담론화 되었다.『행위와 존재』를 집필하면서 본회퍼는 구 개신교에서의 직접적 의식(actus directus)과 반성적 의식(actus reflexus)의 구분을 통한 믿음의 이해를 적극적으로 수용했으며, 이러한 이해는『행위와 존재』뿐만 아니라 이후의 본회퍼의 저작들 속에서도 그 흔적들을 계속해서 찾아볼 수 있다. 본회퍼는 이 두 구분을 신학적으로 각각 '직접적 신앙'과 '반성적 신앙'이라는 신학언어로 옮기면서『행위와 존재』내에서 자신만의 신학적 인식론을 전개했다. 본회퍼가 말하는 직접적 신앙과 반성적 신앙의 구분은 인간의 하나님의 계시에 대한 인식에 관한 내용이다. 즉, 계시는 하나님께서 예수 그리스도를 통해 인간들에게 드러내시는 사건이며(직접적 신앙), 인간의 어떠한 의식이나 관념론적 인식으로 사유 가능한(반성적 신앙)이 아니라는 의미이다. 이러한 본회퍼의 직접적 신앙과 반성적 신앙의 구분은 파뇌회의에서 평화를 인간의 어떠한 장치로 평화를 유지하려는 안보와 반대되는 개념으로 이해하는 진술 속에 용해되어 있다(참조, DBW13, 295-297.).

을 제자도와 기독교윤리학적 지평에서 다루었다고 볼 수 있다. 이와 같은 전제로 필자는 우선 본회퍼의 평화이해의 사상적 토대가 되는 쿠펠레에서의 강연(1932년), 그리스도교 평화 연설(1932년 12월), 그리스도론 강의(1933년 여름학기), 파뇌회의 중의 설교에서 어떻게 평화개념으로 형성, 발전되는지 분석하면서 그의 평화이해의 이론적 담론을 전개할 것이다. 다음으로 필자는 본회퍼의 『나를 따르라(1937년)』와 『윤리학(1949년)』에서의 평화이해에 관한 실천적 담론을 다룰 것이다. 결론에서는 본회퍼의 평화이해를 종합하고, 그의 평화이해가 한반도의 평화통일 담론과 관련하여 어떤 대안들을 제시할 수 있는지 논의해 보고자 한다.

II. 본 론

1. 1930년에서 1934년까지의 본회퍼의 그리스도 이해와 평화 개념들

1) 쿠펠레 강연(1932년 7월 6일)에서의 평화의 신학적 근거: 하나의 교회 되기
  본회퍼는 1930년 9월에서 1931년 6월까지 뉴욕의 유니온 신학교에서 교환학생 시절을 보낸다. 당시 본회퍼는 쟝 라세르(Jean Lasserre)를 만나 기독교 평화주의에 대한 영향을 받는다.[3] 이 시절에 본회퍼는 한 강연에서 1차 세계 대전(1914년-1918년)후 독일 사회 내에서 평화는 일상속의 대화의 주제가 되었다고 말했다.[4] 본회퍼는 이러한 자연스러운 평화 담론 형성의 분위

---

3) Geffrey B. Kelly, "Interview mit Jean Lasserre 1971", in: *Dietrich Bonhoeffer Jahrbuch 5*(2011/2012)(Gütersloh, 2012), 32-51; Jean Lasserre, "Erinnerungen an Dietrich Bonhoeffer", in: 같은 책, 52-56.
4) DBW10, 646-652. (본회퍼는 유니온 대학교 교환학생시절에 '전쟁에 대한 강연(Vortrag zum Thema 'Krieg')'을 했다.) 이 강연에서 본회퍼는 1차 세계대전을 통해 자신이 경험했던 전쟁의 참혹함에 대해 고발하고, '평화'라는 주제가 독일 사회내에서는 일상 대화의 주

기가, 신학의 부재로 인해 독일을 포함한 유럽의 청년들이 평화 운동이 영향력이 미비한 결과를 낳았다고 생각했다.[5] 이와 같은 배경에서 본회퍼는 1932년 7월 6일 체코슬로바키아의 체르노호르스케 쿠펠레 강연에서 세계 연맹사업을 위한 '하나의 교회 되기'라는 중심 주제로 평화 설립을 위한 새로운 신학적 근거와 목표를 제시한다. "하나의 예수 그리스도의 교회는 세계 연합의 과제로서 모든 세계에 예수 그리스도의 요구를 분명히 들을 수 있게 만들어야 한다. [...] 교회는 땅 위의 그리스도의 현존이며, 교회는 현존하는 그리스도이다."[6] 본회퍼가 『성도의 교제』에서 논했던 '공동체로 존재하는 그리스도'는 쿠펠레 강연에서 '하나의 교회되기'라는 평화운동을 위한 신학적 근거로 발전된다. 이어 본회퍼는 "교회는 항상 진리인 것으로서 원칙을 선포해서는 안 되고 오늘의 참인 계명을 선포해야 한다. [...] 하나님의 계명의 인식은 하나님의 계시의 행위이다."[7]라고 말했는데, 이는 행위와 존재의 직접적 의식과 반성적 의식의 개념에서 발전된 생각이며, 2년 후 파뇌설교의 평화이해[8]에서 재인용되며 발전된다.

2) '그리스도와 평화' 연설(1932년 12월)에서의 평화개념: '평화의 증거'되기
본회퍼는 에큐메니칼 청년활동의 독일 본부 활동 시절에 1932년 12월 베를린에서 "그리스도와 평화"라는 제목으로 연설(마 22:37-39)을 했다.[9] 그는 하나님을 사랑하는, 예수 그리스도를 뒤따르는 제자들은 복선언(마 5:1-10), 소위 8복의 약속과 더불어 부르심을 받았고, 이는 예수 그리스도의 제자들이

제가 되었으며, 이러한 분위기는 청년평화운동을 비롯한 사회 전반의 평화운동들을 형성하게 했다고 말했다. 독일내에서의 "평화운동은 하나의 거대한 힘(enorme Kraft)" (651)이 되었으며, 이러한 분위기 속에 교회의 과제는 모든 국가와 세계에 평화적 사역을 강화시켜 나가는 것이라고 강조했다.(651)
5) DBW11, 327-344.
6) DBW11, 331.
7) DBW11, 332-335.
8) DBW13, 295-297(1934년 8월 28일 오전 파뇌설교).
9) DBW17, 116-120.

"평화의 증거(Zeugen des Friedens)"10)라는 것을 의미한다고 말했다. "그리
스도를 뒤따름은 단순한 믿음에서, 믿음은 그리스도를 뒤따름에서 진리가 된
다."11) 본회퍼는 이 연설에서 평화를 어떠한 인간적인 가능성이 아니라, 복음
의 지평에서 논의했다. "안전한 평화란 없다. 그리스도인은 평화를 단지 믿음
으로부터 감행할 수 있다."12) 본회퍼는 그리스도인들은 예수 그리스도처럼
우리 스스로 그 누군가와 평화를 이루어야 하는데, 바로 예수 그리스도가 그
의 공동체에 평화를 설교했기 때문이며, 이는 사랑의 계명이라고 말했다. '그
리스도와 평화'라는 제목의 이 연설문은 본회퍼의 그리스도 이해가 교회이해
에서 평화이해로 확장되는 근거가 되는 문서로 볼 수 있다. 본회퍼는 평화가
복음과 분리되지 않은 채 연결 되어 있고, 그리스도의 제자가 된 자만이 진정
한 평화를 누릴 수 있다고 말했다. 그가 이해한 예수 그리스도 안에서의 평화
의 도구는 믿음과 사랑이며, 그분을 뒤따름으로서 구체적으로 실현된다. 본회
퍼는 '평화의 증거'된 제자들은 하나님을 사랑하는 그 사랑으로 순수하게 이
웃을 사랑함으로 평화의 형상을 이룰 수 있으며, 이 땅위에서의 '평화'의 이름
으로 존재하고 있는 왜곡된 평화, 인간에 의한 어떠한 가능성으로서의 평화,
즉 본회퍼의 『행위와 존재』의 표현을 빌리자면, 어떠한 "반성적 의식"13)으로
서의 평화를 부정하고, 진정한 평화는 오직 '믿음'으로부터 감행될 수 있으며,
하나님 사랑을 통한 이웃 사랑을 통해 실현될 수 있다고 강조했다.

---

10) DBW17, 117.
11) DBW17, 117: 이러한 본회퍼의 이해는 그의 책『나를 따르라』에서 제자도를 다룰 때 '단
순한 순종(einfältige Gehorsam)' 개념으로 발전되는데(참조, DBW4, 52), 이는 『나를
따르라』의 내용으로 진행된 핑켄발데 신학교의 신학수업(1935년-1937년)을 '평화교육'으
로 볼 수 있다는 근거로 삼을 수 있다.
12) DBW17, 117.
13) 본회퍼는 직접적 의식(actus directus)과 반성적 의식(actus reflexus)을 구분한다. 파
일(Ernst Feil)은 이 구분을 본회퍼 신학의 정선률로 삼고 있다(참조: Ernst Feil, Die
Theologie Dietrich Bonhoeffers, Kaiser, ⁴1991 83-85.).

3) 그리스도론 (1933년 여름학기)에서의 평화개념: '낮아짐' – 평화의 형상?

본회퍼는 1927년에서 1930년까지의 사신의 연구를 베를린에서의 강의들(1931년-1933년)을 통해서 발전시킨다.14) 위에서 언급한 '예수 그리스도를 통한 하나님의 차안성'에 관한 이해는 특히 그가 1933년 여름학기 베를린에서 강의한 "그리스도론 강의"15)에서 '현재하는 그리스도'를 다루면서 논의된다. "십자가에 달렸고 부활한 예수는 동시에 현재하는 그리스도다. 이것이 첫번째 진술이다. 현재하는 역사적 그리스도로서의 그리스도. 그의 현재는 시간적이며 장소적으로 이해되어야 한다. 지금 그리고 여기에서(nun et hic), 양자는 교회 개념 안에서 만난다."16) 소위 '초기 본회퍼(1927-1930년)'의 '공동체로 존재하는 그리스도' 이해는 '그리스도론 강의'에서 말씀, 성례전, 교회 공동체로서 실존하는 그리스도의 이해로 발전된다. 초기 본회퍼의 그리스도의 교회론적 이해는 '그리스도론 강의'에서 그리스도의 실존적 현실의 구체적 담론으로 발전된다. 이는 본회퍼의 그리스도이해가 그리스도는 누구신가라는 질문에서 그리스도의 사역은 오늘 우리에게 어떤 현실로 현재하는가로의 확장된 담론을 전개하고 있다고 볼 수 있다. 즉, 본회퍼는 말씀, 성례전, 교회에 대한 교리적 이해를 넘어서서, 그리스도께서 말씀과 성례전 교회로 실존하고 계시는 그리스도의 구체적 현실의 형상에 대한 설명을 시도한다. 즉, 말씀은 그리스도께서 설교 속에서 우리에게 계명(Gebot)과 용서(Vergebung)로17) 성례전에서는 우리를 새로운 피조물로 창조하심으로18), 교회는 공허한 형상이 아니라 우리와 더불어 몸으로 실존한다는 것을 의미한다.19) 이러한 본회

---

14) 본회퍼는 베를린에서 1931/32년 겨울학기에 "20세기 조직신학의 역사", 1932년 여름학기에 "교회의 본질(강의)", "기독교윤리는 존재하는가(세미나)?"를 강의했다. 그는 1932/33년 겨울학기에 "최근 조직신학의 논의와 토론"을 강의했고, 1933년 여름학기에 "그리스도론"을 강의 했다. 본 소고에서는 1933년 여름학기에 행해진 "그리스도론" 강의에서 본회퍼의 그리스도 이해를 집중적으로 다루고자 한다.
15) DBW12, 279-348.
16) DBW12, 291-292.
17) DBW12, 299.
18) DBW12, 305.

퍼의 이해는 파뇌설교와 『나를 따르라』, 『윤리학』 원고에서의 평화담론을 위한 신학의 근거가 된다.

본회퍼의 '그리스도론 강의'에서의 예수 그리스도 이해는 그리스도의 현실 즉 그의 현재와 실존에 관한 이해이며, 성육신, 십자가, 부활의 그리스도는 그에게 '낮아지심'이라는 일관된 지평에서 이해되었다.[20] 본회퍼의 그리스도의 현실 이해는 초기의 '교회 공동체(1927년-1930년)'에서 '낮아짐(1933년)'이라는 실존적 형상으로 발전된다. 이러한 본회퍼의 이해는 1935년부터 다루는 본회퍼의 평화에 대한 실천적 담론의 그리스도론적 배경이 된다. 즉, 그리스도론 강의의 그리스도의 성육신, 십자가, 부활에 대한 '낮아짐'이라는 지평의 해석은, 『나를 따르라』에서는 단순한 순종의 개념으로 소급되며, 이는 '~에 대한포기', '수동적 필연으로서의 십자가', '고난'에 대한 이해로 나뉘어 설명된다. 또한 '낮아짐'의 지평은, 『윤리학』에서는 성육신, 십자가, 부활개념이 실제로 어떻게 그리스도인에게 실존적으로 나타나야 하는지에 대한 기독교 윤리적으로 해석되고, '평화의 형성'이라는 시대적합한 과제로 본회퍼의 '형성으로서의 윤리'를 재해석 할 수 있는 근거가 된다.

4) '파뇌 설교(1934년 8월 28일)'의 평화 개념: 하나님의 계명으로서의 평화
본회퍼는 1934년 8월 28일 파뇌회의 기간에 '교회와 민족 세계(시85:8)'라는 제목으로 설교 한다.[21] 이 설교는 '쿠펠레 연설'과 베를린에서의 '그리스도와 평화연설', 그리고 '그리스도론 강의'의 내용들이 발전되어 작성되었으며, 더 이상 미룰 수 없는 이 땅의 평화에 대한 본회퍼의 절실한 호소를 담고 있다. 본회퍼는 베를린 연설에서도 말했듯이 평화를 안전(Sicherung)개념과 철저히 구별한다.[22] 본회퍼는 전 세계의 지체들이 하나의 교회, 그리스도와

---

19) DBW12, 306.
20) DBW12, 348.
21) DBW13, 295-297.
22) DBW13, 308-309: "안보의 길에는 평화에 이르는 길이 존재하지 않습니다. [...] 평화는

한 몸이 되는 한 그리스도 안에서 한 형제로서 그의 평화의 말씀과 평화의 계명에 순종하게 된다고 설교했다. 본회퍼는 이미 쿠펠레 강연에서 "세계 평화의 질서는 오늘날 우리에게 하나님의 계명이다"[23]라고 말했다. 본회퍼는 하나님의 계명을 직접 들을 수 있는 가능성은 존재하지 않으며, 오직 예수 그리스도를 통해 하나님의 구체적 계명을 인식할 수 있다고 말했다.[24]

본회퍼의 평화개념은 오직 예수 그리스도 안에서의 하나님의 평화를 의미하며, 안보와 같은 어떠한 인간의 시도에서 가능한 것이 아니라 오직 예수 그리스도 안에서의 믿음과 복종, 교회됨, 제자됨을 통해서 가능하다고 주장하고 있다. 본회퍼는 '그리스도론 강의'의 마지막 부분에서도 오늘날 교회도 성육신, 십자가, 부활하신 예수 그리스도의 현재로서 날마다 새롭게 그리스도로부터 하나님의 뜻을 받아들여야 한다는 과제를 제시했다. 그것은 독일에서 히틀러 정권이 집권한 암울한 시대를 살아가는 이들에게 본회퍼가 예수 그리스도 안에서 진정한 '교회됨'과 '낮아짐'이라는 그리스도의 형상을 덧입는 것이 평화를 위한 진정한 길이라는 것을 제시한 것으로 볼 수 있을 것이다.

2. 『나를 따르라(1937년)』와 『윤리학』 원고(1940년-1943년)에서의 그리스도와 평화이해

본회퍼의 평화 이해는, 그리스도를 뒤따름 그 자체에서 평화가 생성되고, 왜곡된 평화를 다시 진정한 평화로 실현할 수 있는 길은 오직 복음으로 설립되며 그 무기는 바로 이 땅의 고통과 고난을 제거할 수 있는 믿음과, 하나님 사랑을 통한 이웃 사랑이라고 보는 것이었다. 또한 본회퍼에게 평화는 어떠한

그 자체로 엄청난 모험이기 때문에 절대로 안전할 수 없습니다. 평화는 안보의 반대입니다. [...] 평화는 하나님의 계명에 우리 자신을 송두리째 내어드리는 것을 의미하고, 안전을 바라지 않으면서 '믿음'과 '복종'으로 민족의 운명을 전능하신 하나님께 맡기는 것을 의미합니다. [...] 길이 십자가로 이어질 때만 전쟁에서 승리할 수 있습니다."

23) DBW11, 338.
24) DBW11, 336.

원칙적인 이념이나 원리가 아니었다. 그에게 평화는 '하나님의 계명'이었다. 본회퍼의 예수 그리스도에 관한 이론적 담론은 우리가 그리스도의 실존에 참여하는 것으로서의 평화의 실천적 담론을 마련한다. 이러한 평화에 대한 접근은 1935년부터 시작된 핑켄발데 신학교에서 본격적으로 시작된다. 본회퍼는 평화개념은 인간의 행위나 노력에서 행해지는 안보(Sicherheit)에 가능한 것이 아니라, 오직 예수 그리스도의 현존을 통해 가능하다고 보았다. 이러한 배경에 근거해서 평화에 대한 문제는 어떻게 인간이 예수 그리스도의 현존이 실존하는 시간과 장소에 참여할 수 있는가에 대한 질문으로 담론이 옮겨진다. 본회퍼의 평화에 대한 이해는 1935년부터 설립된 핑켄발데 신학교에서는 '예수 그리스도의 말씀의 적극적인 순종'을 통한 평화설립의 형태로, 1939년의 『윤리학』 원고를 저술할 때부터는 '예수 그리스도의 성육신, 십자가, 부활의 각인을 통한 인간의 형성'을 통한 평화설립을 위한 형태로 발전된다.

1) 순종을 통한 평화 설립: 평화교육을 위한 교재로서의 『나를 따르라』

오늘날 그리스도인들이 평화를 담론화 할 수 있는 장소는 바로 예수 그리스도의 실존에 참여하는 것이며, 이는 본회퍼에게 구체적으로 제자직의 담론으로 옮겨간다. 본회퍼는 1933년 무렵, 독일의 국가사회주의가 히틀러를 우상화하기 위해 소위 루터정신(Luthergeist)을 국가사회정신의 배경으로 삼고자 했던 시대에, 루터의 칭의의 개념의 올바른 이해를 시작으로 제자직에 관해 논했다. 당시에는 무엇보다도 독일 사회 내에서 형성되어 온 예수 그리스도의 평화의 형상이 루터신학의 왜곡과 오용으로 파괴되고 있던 시기였다.[25] 고백교회는 레지스탕스 조직을 만들거나 비밀조직을 만들 목적으로 『나를 따르라』의 배경이 되는 핑켄발데 신학교를 설립한 것이 아니었다. 필자가 보기에, 핑켄발데 신학교는 루터신학의 근본개념들의 올바른 이해와 산상수훈의 말씀을

---

25) Christian Gremmels(Hg.), *Theologie und Lebenswelt*. Beiträge zur Theologie der Gegenwart (Gütersloh, 2012), 38-40.

토대로 그리스도의 제자라면 그리스도의 평화의 현실에 참여하는 것이 우선적 과제임을 교육하는 평화교육의 장이었다. 이와 같은 이해를 근거로 『나를 따르라』의 평화는 '순종안에서의 평화설립'을 말하고 있다고 볼 수 있다.

　본회퍼에 의하면, 예수 그리스도의 부르심(막2:14)은 의미심장한 것을 실현해 줄 수 있는 어떠한 프로그램도, 인간이 추구해야 할 목표와 이상도 아니다. 그것은 지금까지의 생활에서 떠나라는 말이며 밖으로 뛰쳐나오라(existieren)는 말이다.26) 평화가 예수 그리스도의 현존에 참여하는 것이라면, 우리는 본회퍼가 구체적으로 제시한 데로, 안정된 생활, 인간 스스로 예측가능한 곳, 유한한 가능성의 영역에서 떠나, 오직 예수 그리스도에게 매이는 것이다. 본회퍼에 의하면 예수 그리스도에게 매이는 것이란 그의 인격에 매이는 것이다.27) 여기서 우리는 『성도의 교제』의 '그리스도교적 인격'과 '집단인격'을 떠올리게 된다. 왜냐하면 두 인격 개념은 예수 그리스도를 통해 하나님과 인간사이의 공동체적 관계의 회복이었으며, 이것이 본회퍼의 교회 개념의 초석이었기 때문이다. 제자직으로의 예수 그리스도의 부름은 "새로운 상황"28)을 만들어 내며, "실존의 새로운 창조"29)이다. 제자직으로의 부름에 순종하며 뒤따르는 것은 한 사람의 선한 선생님에 대한 열광적 숭배가 아니라 우리에게 평화를 선물로 허락하시는 하나님의 아들에 대한 순종이다.30) 본회퍼에게 '평화'란 예수 그리스도의 부르심에 뒤따름으로 순종하는 것에서 시작되며, 이 순종은 그분의 인격에 매여 교회의 현실에 참여하는 것이고, 오직 그분의 이끄시는 데로, 자신을 그분께 맡기는 것이라고 이해할 수 있다. 이와 같은 배경에서 『나를 따르라』에서 본회퍼가 논했던 예수 그리스도의 부르심과 제자로서의 뒤따름은 즉 '순종'은 그리스도인의 평화적 존재가 되기 위한 시작 단계로 볼 수 있다.

26) DBW4, 46.
27) DBW4, 47.
28) DBW4, 50.
29) DBW4, 50.
30) DBW4, 65.

(1) 고난을 통한 순종과 용서를 통한 순종

본회퍼는 '그리스도론 강의(1933년)'에서 예수 그리스도의 성육신, 십자가, 부활을 모두 자기비허의 관점에서 보았다. 특히 부활을 영광의 사건이 아니라 빈 무덤을 통해 그리스도께서 자신을 낮추신 역사적 사건이며, 동시에 부활의 증거라고 보았다. 본회퍼의 예수 그리스도의 부르심과 제자의 따라나섬의 순종에 대한 장면에 대한 이해는, 오늘날 그리스도인들에게 예수 그리스도의 현존의 동참하며 평화의 실존적 자격이 부여되는 현재적 사건이라고 이해할 수 있다. 이 부분에서 간과되지 말아야 하는 것은 부르심의 주체가 예수 그리스도라는 사실이며, 평화의 실존 자격의 부여 역시 예수 그리스도의 부르심을 통해 창조된다는 사실이다. 본회퍼의 '그리스도론 강의'에서의 그리스도의 '낮아지심'의 이해는 『나를 따르라』에서의 십자가의 고난에 대한 이해[31]로 이어진다. 부르심에 대한 순종이 평화적 존재로서 부여받는 자격의 근거였다면, 십자가에 고난에 동참하는 순종은, 평화적 존재로서 겪는 영광의 과정이며 삶의 과제라고 이해할 수 있을 것이다. "십자가는 불운과 가혹한 운명이 아니라, 오직 예수 그리스도와의 결속 때문에 생기는 고난이다. 십자가는 우발적인 고난이 아니라, 필연적인 고난이다. 십자가는 자연스러운 생활 때문에 겪는 고난이 아니라, 그리스도인에게 반드시 다가오는 고난이다."[32] 본회퍼는 그리스도인에게 현실 속에서의 십자가의 고난은 홀로 감당하는 것이 아니라, 그리스도와 함께 받는 고난이라고 설명한다.[33] 모든 그리스도인들이 십자가를 지며 고난을 감당해야 하는데, 이는 예수 그리스도의 화해를 위한 고난에 동참하는 것을 의미한다.[34] 물론, 그리스도인은 타인의 죄를 사하며 화

---

31) DBW4, 77-85; DBW15, 470-476: 본회퍼는 예수 그리스도의 십자가를 사랑하는 자, 그 안에서 진정한 평화를 발견한자는, 그 자신의 삶 속에서 환란조차도 사랑해야 하고 다음과 같이 말씀을 선포할 수 있어야 한다고 설교했다: "우리가 환난 중에도 즐거워하나니(롬 5:3)"
32) DBW4, 79, 97.
33) DBW4, 95.
34) 1938년 3월 9일 그로스 쉴렌비츠에서 한 본회퍼의 설교(DBW15, 470-476):(제목: '하나님과 함께하는 평화(본문 롬 5:1-5)')

해사건을 홀로 감당할 수는 없다. 본회퍼는 이러한 화해사건의 참여는 타인의 잘못을 용서함으로써 가능하다.35) 즉, 본회퍼의 십자가의 이해는 삶 속에서 예수 그리스도의 십자가의 고난을 타인의 잘못을 용서함으로 예수 그리스도의 화해 사건에 동참하는 것을 의미한다. 본회퍼는 나아가 타인의 죄까지도 대신 짊어 져야 한다고 말하는데, 이는 오직 "내가(그리스도인이) 참여한 그리스도의 십자가의 능력으로 그의 죄를 용서하는"36) 방법으로 가능하다고 설명한다. 본회퍼는 1935년 11월 7일 핑켄발데에서의 설교(마 18장 21-35절)에서 용서와 평화의 관계를 설명한다. "우리가 소중이 여기는 우정이나 명예, 형제애가 확고하고 영속하는 토대 위에 견고하게 서기 위해 꼭 필요한 평화는 용서함으로써 가능한 것입니다."37) 본회퍼는 이러한 예수 그리스도의 십자가의 고난에 동참하는 것은 순수한 은혜와 기쁨이자38), 영혼을 소생케 하고 쉽게 하는 것이며, 최상의 기쁨이라고 말한다.39) 본회퍼는 십자가의 고난에 대한 설명을 통해 용서를 통한 화해에 대해서, 예수 그리스도의 십자가의 능력으로 타인의 죄를 짊어짐의 고난도 그리스도인들이 짊어져야 함에 대해서 당시 핑켄발데 신학교 학생들에게 가르쳤다. 그리스도가 세상의 고난을 대신 지셨고, 그리스도인은 세상의 고난을 대신 지시는 그리스도의 인격에 매임으로써, 그의 고난을 지시는 사역에 동참해야만 한다고 강조했다. 본회퍼는 그리스도의 제자는 저항하기 보다는 고난을 통해 악을 끝장내야 하며, 그렇게 함으로써 악을 극복해야 한다고 말했다.40) 그러나 이것이 고통을 감수함으로써, 마치 악의 권리를 이해하려는 것처럼 보여서는 안 되며, 언제나 악한 모욕적 공격, 폭행, 착취에 대하여 제자들은 예수처럼, 악보다 강한 자발적 고난의 길

---

35) 본회퍼는 쿠펠레 강연(1932년7월 26일)에서도 이미 모든 평화 공동체의 궁극적이고 반드시 수행해야할 일은 '죄의 용서(Vergebung der Sünde)'라고 말했다(참조, DBW11, 339.).
36) DBW4, 82.
37) DBW14, 905-911.
38) DBW4, 82-83.
39) DBW4, 84.
40) DBW4, 136.

을 걸어가야 한다고 주장했다.41) 그러나 이러한 '자발적'이라는 표현이 제자 스스로 악에 대항할 수 있는 어떤 새로운 힘을 능동적으로 소유할 수 있다는 의미로 이해해서는 안 된다. 본회퍼는 제자 스스로 악에 맞서는 것이 아니라 제자와 함께하는 "예수가 악과 담판해야 한다"42)고 말했다. 즉, 제자들과 공동체적 관계를 맺어주시는 예수께서 제자의 고난의 삶과 악에 대한 저항의 주체가 되신다는 의미이다.43) 이 땅위에서의 예수 그리스도의 부르심에 대해 뒤따름을 통해 그분의 인격에 매여서, 타인의 고난을 짊어짐과 타인의 잘못을 용서하는 구체적인 순종은, 예수 그리스도의 평화의 현실이다.

(2) 포기를 통한 순종

예수 그리스도의 십자가의 실존적 삶을 살아가는 사람들은 본회퍼의 표현으로는 '비범한' 사람들이다. 본회퍼가 마태복음 5장의 제자도를 해석하면서, 제자들은 비범성을 지녀야 한다고 설명하는데, 이는 바리새인들의 삶과 의를 능가하는44) 삶을 의미한다. 본회퍼는 소위 8복(마5:3-10)을 해석하면서 각 절을 그리스도의 제자들의 '~에 대한 포기'의 관점에서 해석한다. 예수 그리스

---

41) DBW4, 136.
42) DBW4, 136.
43) 본회퍼는 1938년 1월 23일에 선포한 설교(DBW15, 463-470)에서 인간은 그들의 마음을 우정, 정의, 고귀한 자리들 사이에 두기 위해서 살아가지만, 예수 그리스도는 그의 원수들 사이에 계셨음에 주목한다. 그리고 그리스도의 제자들이라면 예수 그리스도의 자리에 있어야만 하는 것을 강조한다. 본회퍼에 의하면, 그 자리는 예수 그리스도의 십자가의 고난의 자리이며, 용서의 자리였다. 그는 원수들 사이에서 예수 그리스도가 하나님의 사랑으로 죽으셨고 기도했던 것을 회상한다. 본회퍼는 로마서 12장 18절의 말씀을 인용하면서, "할 수 있거든(soviel an euch ist)"이라는 말씀을 '침묵하면서 아무것도 하지 않을 수 있다'라는 의미가 아니라 찢겨지고 둘로 나뉜 세상을 향해 '적극적으로 하나님과 더불어 평화를 도모해야 한다'는 의미로 해석한다. 우리가 원수 되었을 때에 예수는 우리를 평화롭게, 화목하게 만드셨다. 본회퍼는 바로 이러한 평화를 예수 그리스도에게서 발견했다(DBW15, 467) 예수 그리스도의 현존은 우리를 평화의 장소로 초대하신다. 그곳은 우리의 원수들이 있는 곳이다. 그리고 거기에서 침묵하며 무조건 적인 용서를 바라며 평화를 기다리는 것이 아니라, '하나님과 더불어!' '예수 그리스도와 함께!' 평화를 선포하고 평화를 창조해야 하는 것이다.
44) DBW4, 119-120.

도에게 매인 제자들, 그분과 함께 공동체를 이루는 제자들은 십자가의 고난을
넘어서서 바리새인보다 더 나은 의를 추구해야 하며, '~의 포기를 통한 순종'
을 해야 한다. 그들은 예수 때문에 "모든 것을 포기하고 궁핍하게(마5:3)"[45]
살아야 하며, 세상이 행복과 평화라고 부르는 것을 포기해야 하며(마5:4)[46],
예수 그리스도 때문에 이 땅의 모든 권리를 포기하며(마5:5)[47], 자신들의 의
를 포기(마5:6)하며,[48] 자신들의 존엄성마저 포기(마5:7)해야 한다[49]. 이어
예수를 따르는 자들은 자신의 선과 악, 마음을 포기(마5:8)해야 하며, 폭력과
폭동(마5:10)을 포기한다고 본회퍼는 핑켄발데 신학교 학생들에게 설명했다.
본회퍼는 고난에 이어 '무엇에 대한 포기(Verzicht auf)'[50]가 예수 그리스도
께서 제자들에게 요구하신 비범성이라고 말했다. 본회퍼의 이러한 생각은 예
수 그리스도의 제자가 된다면(wenn-dann), 포기가 전제되어야 한다는 식의
해석이 아니라, 예수 그리스도의 제자이기 때문에(weil-darum), 제자의 삶의
본질이 반드시 세상이 추구하는 것들의 포기의 삶이 되어야만 한다는 것을 의
미한다고 그렘멜스(Christian Gremmels)는 분석했다.[51] 본회퍼는『나를 따
르라』에서의 제자직을 논하면서 평화 개념의 실천적 담론을 전개한다. 그것은
예수 그리스도의 부르심에 뒤따름으로 순종하면서 시작되며, 본회퍼의 용어로
는 '새로운 실존'의 성립이었다. 예수 그리스도와 함께 인간이 새로운 실존이

---

45) DBW4, 102.
46) DBW4, 102.
47) DBW4, 104.
48) DBW4, 105.
49) DBW4, 106.
50) 『윤리학 원고』에서는『나를 따르라』에서 말했던 산상수훈의 '~의 포기'는 '자기부정'으로
표현된다. "산상수훈은 인간이 되신 하나님의 사랑의 선포로서 인간으로 하여금 다른 인간
을 사랑하게 만들며, 바로 그렇게 함으로써 이런 임무를 방해하는 모든 것을 부정하게 만
든다. 한마디로 말하며, 그것은 바로 자기 부정이다. 자신의 행복과 권리, 자신의 의로움,
자신의 존엄성, 폭력과 성공을 포기할 때, 자신의 생명까지 포기할 때, 인간은 이웃을 사
랑하게 된다(DBW6, 241)."
51) Christian Gremmels(Hg.), *Theologie und Lebenswelt*. Beiträge zur Theologie der
Gegenwart (Gütersloh, 2012), 44-45.

되었다는 것은 『성도의 교제』에서의 본회퍼의 교회 이해 즉, 하나님의 새로운 뜻이 예수 그리스도를 통해 하나님의 창조 때 인간과 맺었던 공동체적 관계의 회복이라는 이해와 그 맥락을 같이한다. 즉, 초기 본회퍼의 교회이해는 『나를 따르라』에서는 그분의 인격과 결합되는 개념으로 발전되며, 파뇌회의의 설교에서 주장했던 평화의 형상인 예수 그리스도 안에서의 하나의 교회됨에 대한 구체적인 실천적 담론이기도 하다. 『나를 따르라』의 평화는 순종안에서의 평화를 의미하며, 이는 예수 그리스도와 함께하는 제자로서의 그리스도인의 삶속에서 '고난', '용서', '~에 대한 포기'라는 평화실현을 위한 실천적 과제가 부여된다. 이러한 의미에서 본회퍼의 『나를 따르라』는 기독교적 평화교육을 의도한 책으로도 볼 수 있을 것이다.

2) 형성을 통한 평화설립: 평화윤리로서의 '형성으로서의 윤리'와 '책임' 개념

핑켈발데 신학교의 폐쇄이후, 출판과 강연금지까지 당한 본회퍼는 당시에 평화라는 단어를 유의해서 사용할 필요가 있었다. 모크로쉬는 바로 이러한 이유에서 본회퍼가 『윤리학』 원고에서 선(Gute)이라는 단어를 평화를 의미로 사용하고 있다고 주장한다.[52] 모크로쉬의 이러한 주장을 수용한다면, 본회퍼의 『윤리학』은 평화윤리를 의도하고 있다고 해석할 수 있는가? 본회퍼는 기독교 윤리를 "그리스도 안에서 일어난 하나님 계시의 현실이 피조물 가운데서 실현되는 것"[53]이라고 정의한다. 본회퍼는 이 하나님의 계시의 현실은 예수 그리스도 안에서 이 세상의 현실로 들어왔고,[54] 이 현실의 나눌 수 없는 전체에 참여하는 것이 '선'에 대한 기독교적 질문이라고 규정한다.[55] 본회퍼는 예수 그리스도가 선의 현실이 되었기 때문에, 어떠한 인간의 이념, 규범, 가치에 의한 선의 정의를 부정한다.[56] 본회퍼는 파뇌설교에서 '평화의 현실'도 인간

---

52) Reinhold Mokrosch(Hg.), *Dietrich Bonhoeffers Ethik*(Gütersloh, 2003), 137.
53) DBW6, 34.
54) DBW6, 39.
55) DBW6, 38.

에 의한 안보(Sicherheit), 즉 어떠한 규약이나 군비증강을 통해서가 아니라 바로 예수 그리스도의 안에서의 교회의 현실이라고 규정한바 있다. 본회퍼는 1940년 여름부터 1940년 11월 13일 사이에 쓰여진 『윤리학』 원고 중의 '형성으로서의 윤리'라는 제목의 원고에서 그동안의 예수 그리스도의 이해를 기초로 성육신, 십자가, 부활에 대한 기독교 윤리적 담론을 전개한다. 여기에서 한 가지 주목할 점은, 본회퍼가 『윤리학』의 다른 원고들에 비해 '형성으로서의 윤리'를 논하면서 평화(Frieden)라는 단어들을 빈번하게 사용하고 있다는 점이다. 본회퍼가 말하는 기독교 윤리적 '형성'이란 오직 인간이 되시고 십자가에서 달리시고 부활하신 분의 유일한 모습과 같은 모습이 됨으로써 형성은 가능하며, 그것은 인간이 예수를 닮으려고 가능해지는 것이 아니라, 예수 그리스도의 형성의 주체가 되셔서, 그분이 우리 자신에게 그 분의 모습을 각인하심으로 그분의 모습으로 변형되는 것을 의미한다.57) 본회퍼는 '형성으로서의 윤리'에서, 성육신을 화해,58) 십자가를 평화,59) 부활을 새로운 인간되기60) 라는 관점에서 조명한다. 필자가 보기에 당시 본회퍼의 관심은, 세상 속에서 평화적 그리스도인으로서 살아가는 삶은 과연 어떠해야 하는가였다. 필자는 당시 본회퍼가 성육신, 십자가, 부활을 더 이상 교리적 이해에만 그치지 않았고, 이 예수 그리스도의 세 형상이 평화를 지향하는 그리스도인의 삶의 근거가 되어야 한다는 취지로 '형성으로서의 평화'를 말한다고 본다. 성육신을 '화해'로 인식하는 것은 "예수 그리스도 안에서 실제로 실천되었던 하나님의 사랑"61)이며 이는 '현실적 인간'이 되는 것을 의미한다. 본회퍼는 그리스

---

56) DBW6, 39-40.
57) DBW6, 80-81.
58) DBW6, 69-70, 75: "하나님과 화해되지 않고 하나님과 함께 평화를 누리지 않는 현실을 없으며, 그런 세상도 없다. 이런 일을 하나님은 그분의 사랑하는 아들 예수 그리스도 안에서 행하셨다(70)", "오직 하나님이 자기 자신에게 심판을 집행하실 때, 하나님과 세상 사이에, 그리고 인간과 인간 사이에도 평화가 설립 될 수도 있다."(75)
59) DBW6, 75-79.
60) DBW6, 82-83.
61) DBW6, 69.

도인이 예수 그리스도와 함께 세상 속으로 들어가 화해의 사역에 동참해야 한다고 말한다. 즉, 화해와 사랑의 관념적 이해 속에 들어가 정지되어 있는 삶이 아니라, 예수와 더불어 타자의 삶의 현실 속으로 들어가 생명력 있는 현실적 제자가 되어야 한다는 의미이다. 왜냐하면, 예수 그리스도가 이미 죄인의 삶을 살아가는 인간을 방관하지 않으시고 차안(此岸), 즉 이 세상 속으로 성육신하셨기 때문이다. 평화의 현실로서의 십자가 이해는『그리스도론 강의』와『나를 따르라』의 십자가의 이해를 다루면서 이미 살펴보았다. 본회퍼는 '형성으로서의 윤리'에서 십자가의 의미를 '심판'의 지평에서 해석한다. 이는 재해석 하자면 '세상 속에서의 성공에 대한 심판'이다. 그러면서 본회퍼는 그리스도인이라면 세상의 가치가 추구하는 모든 성공을 부정하면서 그리스도의 십자가 안에서 고통, 비참, 실패, 가난, 고독, 절망이라는 이름의 "거룩한 능력"[62]을 덧입어, 결국 십자가의 실패가 역사적 승리로 이끌어 간다는 하나님의 통치를 삶 속에서 체험해야 한다고 말한다. 본회퍼의 십자가 이해가 세상의 성공을 부정한다는 것은 기독교 전통에서 다뤄진 평화의 전통적인 이해를 거부하게 한다. 왜냐하면 본회퍼가 이해하는 평화는 원칙주의적 담론이 아니라, 인간의 이성, 경험, 가치로 측정 불가능한 현실로, 즉 '예수 그리스도의 현실로 이 땅에서 실존함'이기 때문이다. 본회퍼의 '형성으로서의 윤리'의 세 번째 담론인 '새로운 인간되기로서의 부활'은 본회퍼의 평화이해의 지평에서 어떻게 이해할 수 있는가? 본회퍼는 부활하신 분으로 변용되는 형성을 이룬 그리스도인은 십자가와 심판의 표징을 가지고 있다고 설명한다. 새로운 인간은 예수 그리스도의 모습의 모방이나 반복이 아니라 인간 안에서 모습을 취하시는 예수 그리스도 자신의 모습이다. 이러한 이해는 본회퍼가 이미 그리스도론 강의(1933년 여름)에서 부활조차도 영광이 아니라, 자기비허, 낮아짐의 지평에서 이해했듯이, 부활의 형성을 예수 그리스도의 성육신과 십자가의 형상과 무관하게 인식하는 것이 아니라, 고난의 형상을 지닌 인간으로서 평화를

---

62) DBW6, 78.

창조하는 새로운 실존을 의미한다고 해석할 수 있을 것이다.

　이와 같은 이해들을 근거로 필자는 본회퍼의『윤리학』원고에서 '형성으로서의 윤리'는 그리스도론적 교회이해에서 평화의 담론으로 발전되어 형성된 기독교적 평화윤리를 지향하고 있다고 본다. 본회퍼의 이러한 평화윤리로서의 '형성으로서의 윤리'는 2년 후 1942년 여름에 '역사와 선'이라는 제목의『윤리학』원고에서 본회퍼의 '책임'63) 개념으로 발전된다. 본회퍼는 자신의 책임 이해를 근거로 그리스도인의 삶이 이 땅에서 '책임적 자유 안에서 행동하는 자'64)로 실현되어야 하는 주장을 한다. 본회퍼는 심지어 책임적으로 행동하는 모든 사람은 예수 그리스도처럼 죄인이라고 설명한다. 이러한 본회퍼의 생각은 '책임적으로 행동하는 모든 사람이 모두 죄인이다' 라기보다는, 책임적으로 행동하는 사람은 설사 그것이 죄라고 할지라도, 현실적 인간을 위한 사랑을 위해서는 그 행동을 감행할 수 있는 자가 되어야 한다는 의미로 해석되어야 한다. 아마도 이러한 의미에서 본회퍼는 히틀러 체제 전복을 위한 방첩대에 가입한 것은 아닐까? 즉, 그는 그가 주장한 대로 그 자신이 '책임적 인간'이 되어야만 했다. 많은 유대인들과 나치에 의해 희생당했던 수없이 많은 사람들의 생명을 위해 그는 '원수를 사랑하라'라는 계명을 깨뜨리는 죄인이

---

63) "책임적으로 행동한다는 것은 그리스도 안에서 하나님이 취하신 인간의 현실을 행동의 형성 안으로 끌어들인다는 것을 의미한다.(DBW6, 224)" 본회퍼의 이러한 책임의 이해는 어떠한 이념으로부터 나오지 않고 현실로부터 나온다. 본회퍼는 책임적 행동에 대한 판단과 더불어 그 결과도 하나님의 손에 전적으로 맡겨야 한다고 말한다(참조, DBW6, 224-225). "이념적으로 행동하는 자는 이념 속에서 자신을 정당화하지만, 책임적으로 행동하는 자는 하나님의 은혜로부터 산다. 그는 자신의 행동을 하나님의 손에 맡긴다(DBW6, 225, 268)" 본회퍼의 그리스도인이 책임적 인간이 되어야 한다는 근거는, 예수 그리스도의 진정한 대리에 있다(참조, DBW6, 231). 본회퍼는 대리적으로 책임지는 모든 행동은 죄 없이 죄인이 되신 예수 그리스도 안에 근원을 두고 있다고 말한다(참조, DBW6, 233, 276).

64) DBW6, 223. 본회퍼의 '책임적 자유안에서의 행동'에 관한 기독교 윤리적 논의는 Chrisine Schließer, *Schuld durch rechtes Tun?* : Verantwortliches Handeln nach Dietrich Bonhoeffer (Neukirchener Verlagshaus, 2006)을 참조할 것.

되어야만 했다.65) 필자는 본회퍼의 히틀러 체제전복을 위한 방첩대의 단원으로서의 행동을 자신이 구상한 책임개념의 실현, 즉 '책임적 자유 안에서 행동하는 자'로서의 선택이었다고 본다.66) 본회퍼는 책임적 자유 안에서 행동하는 것이란 이 땅에서 예수 그리스도를 대신하는 대리적 행위라고 규정하고, 책임의 내용은 사랑이며, 그 형태는 자유라고 말했다.67) 필자는 본회퍼의 『윤리학』 원고에서 '선'이 평화의 유사어로 쓰였다는 모크로쉬(Mokrosch)의 주장을 수용하고, 나아가 『윤리학』 원고에서 '책임' 개념이 '형성의 윤리'와 더불어 '평화'를 지향하는 용어로 쓰이고 있다고 본다. 그에게 책임은 죄 없이 죄인이 되신 예수 그리스도처럼 행동하는 것68), 생명의 전체성을 투입하며, 생사를 걸고 행동한다는 뜻이다.69) 나아가 책임적 인간이 된다는 것은, 현실

---

65) 몰트만(Moltmann)은 소위 적극적 저항에 대한 본회퍼의 결단을 평화주의자(1934년)에서 적극적 저항의 투쟁자(1940년)로의 전환으로 보고, 당시 본회퍼는 폭력에 대한 원칙적 질문보다 생명에 대한 책임을 더 중요하게 생각했다고 보았다. 몰트만은 본회퍼의 죄책의 수용(Schuldübernahme) 개념을 본회퍼의 결단에 적용시키며 다음과 같이 해석한다: "죄책의 수용은 두 가지 측면을 가진다. 나는 나의 인간적 공동체가 지닌 죄책을 의식적으로 짊어진다. 그리고 나는 인간을 위한 책임적 행동을 통해 스스로 죄책을 가진 자가 된다. 본회퍼의 경우 이것을 다음의 사실을 말한다. '나는 유대인들을 죽인 살인자들의 백성 가운데 살며, 이 살인적 체제에 대한 적극적 저항에 참여한다. 나는 나의 백성을 사랑하기 때문에, 이 대량학살자를 죽일 채비가 되어 있다. 이로써 나는 1934년 내가 선포했던 평화의 계명을 지키지 않는다는 빚을 짊어진다. 그러나 나는 독일의 저항운동이 나에게 제시하는 가능성 속에서 책임적으로 행동할 수밖에 없다(31).'" 이어 몰트만은 본회퍼의 위의 결단을 정치적 저항의 권리와 기독교적 저항의 권리에 측면에서 해석하기도 한다(참조, Jürgen Moltmann, "오늘 우리의 세계에 대한 디트리히 본회퍼의 의미 - 테러의 시대 속에서 평화와 저항", in:『평화와 기독교의 과제』, 제2회 서울신학대학교, 장로회신학대학교-튀빙겐대학교 국제학술대회 자료집, 2015년9월4일, 11-32.). 본회퍼의 히틀러 체제전복을 위한 방첩대 가입에 대한 결단과 행위에 대한 '저항권'에 대한 상세한 설명은 유석성, "본회퍼의 평화윤리", in:『현대사회의 사회윤리』(서울신학대학교출판부 1997), 82-87을 참조할 것. 본회퍼의 위의 결단에 관한 다른 의견들은, 김성호, "디트리히 본회퍼의 '평화' 이해에 관한 기독교윤리학적 담론" in:『신학과 선교 46』(서울신학대학교 기독교연구소, 2015), 282-289을 참조할 것.
66) 김성호, "디트리히 본회퍼의 '평화' 이해에 관한 기독교윤리학적 담론", 285.
67) DBW6, 231. 본회퍼의 자유 개념에 대해서는『창조와 타락』(DBW3, 59)에서의 자유이해를 참조할 것. 본회퍼는 자유를 "하나님 안에서의 자유", "타자를 위한 자유"로 이해했다.
68) DBW6, 233.

적합적이며70), 그리스도 적합적이며71), 사실적합적72)이다. 당시 본회퍼가 핑
켈발데 신학교 활동으로 인해 출판과 강연금지를 당한 상태와 시대적 상황을
감안한다면, 본회퍼의 '선'에 관한 이해와 '형성의 윤리' 뿐만 아니라 '책임'에
관한 내용도 평화를 지향하는 의도로 기술되고 있다고 볼 수 있다. 필자는 본
회퍼의『윤리학』원고에서 '형성으로서의 윤리'를 기독교 평화윤리로서의 실
천적 담론이고, 그의 '책임' 개념 역시 그리스도인이 이 땅위에서 어떻게 평화
적 존재로서 살아가야 하는지에 대한 평화윤리적 담론이며, 이러한 이해는 초
기 본회퍼부터 소위 옥중신학(1943년-1945년)까지 이어지는 '예수 그리스도
의 현실'이라는 지평의 연속성상에 있다고 본다.

3. 본회퍼의 '그리스도론적 평화' : 오늘날 한반도의 분단 상황 속에서 무엇을 말하는가?

1) 본회퍼의 평화 이해: 그리스도론적 평화?

예수 그리스도 안에서 계시된 하나님의 계명이 평화라는 본회퍼의 이해는
'평화란 무엇인가?'에서 '평화란 누구인가?'로의 질문의 전환을 요구한다. 하
나님께서는 역사상의 정의와 진리가 바로 서지 못한 한계의 현실 속으로 예
수 그리스도를 보내셨다. 인간이 과연 오늘날의 현실 속에서 평화란 무엇인
가라고 질문하고 있을 때, 예수 그리스도께서는 평화 그 자체로 이 땅에 오
셨다. 그리고 그리스도는 그리스도인들을 필요로 한다. 한 그리스도인은 다
른 이에게 오직 그리스도를 통해서 나아갈 수 있다. 인간들 사이에는 다툼만
있을 뿐이다. '그는 우리의 평화이시다(엡 2:14)' 그리스도는 중보자가 되셨

---

69) DBW6, 254.
70) DBW6, 260-261.
71) DBW6, 263-264.
72) DBW6: 사실적합적이란 하나님과 인간에 대한 근원적, 본질적, 목표적 관계에 주목하는 사실에 대한 태도를 말한다.

으며 하나님과 인간 사이에 평화를 창조하셨다. 그리스도는 하나님과 형제에게 나가갈 수 있는 길을 자유롭게 만드셨다. 이런 상황에서 그리스도인들은 서로 평화 가운데 살아갈 수 있다. 단지 예수 그리스도 안에서 우리는 하나 (eins)이며 그를 통해서 우리는 서로 연합되어 있다.[73] 본회퍼에 의하면 평화는 어떠한 이념적 설정이 아니라 예수 그리스도 자체이기 때문에 인간은 오직 예수 그리스도와 함께 평화를 실현할 수 있다. 본회퍼는 예수 그리스도의 현재를 평화담론의 근거로 삼았으며, 어떠한 프로그램을 통해서가 아니라 예수 그리스도의 성육신, 십자가, 부활의 모습을 덧입는 형성을 통해서 평화 실현이 가능하다고 말했다.[74] 본회퍼는 쿠펠레 강연에서 하나님의 계명인 평화는 '진리(Wahrheit)'와 '정의(Recht)'라는 두 가지 한계가 있다고 말했다. 즉, 본회퍼는 '진리'와 '정의'가 침범당하는 곳에서는 평화가 있을 수 없다고 보았다.[75] 본회퍼는 이 '진리'와 '정의'에 관해서 조차도 어떠한 철학적, 역사적인 개념이 아니라, 그리스도론적으로, 예수 그리스도의 교회, 예수 그리스도의 현재와 연관시켜서 설명한다.[76] 즉, 본회퍼는 자신이 말한 하나님의 평화의 조건인 '진리'와 '정의'를 각각 '복음'과 '칭의'의 개념과 연결해서 이해하며, 어떠한 인간의 '반성적 의식'에 의한 해석으로 이해하지 않는다.[77] 이와 같이 본회퍼는 평화를 그 어떤 무엇으로 인식하고 있지 않고 끊

---

73) DBW5, 19.
74) DBW8, 33-35:"우리는 당연히 그리스도가 아니며 우리 자신의 행동과 고난을 통해서 세상을 구원하도록 부름 받지도 않았다. [...] 우리는 그리스도가 아니지만 우리가 그리스도인이려고 한다면, 책임적 행동을 통해서 그리스도인의 마음의 넓이에 참여해야 한다. 이러한 책임적 행동은 자유 가운데 시간을 포착하고 위험에 맞서도록 하며, 진정한 고난의 나눔 속에 있게 한다. 진정한 고난의 나눔은 불안이 아니라, 자유하시며 구원하시는 그리스도의 사랑을 갖고 고통당하는 사람들에게 다가서도록 만든다(DBW8, 34)".
75) DBW11, 339, 346.
76) DBW11, 344-347.
77) 정의와 관련해서는: 참조, DBW11, 215-226, DBW6, 125-136, 238-244, 몰트만은 하나님의 정의에 관해 다음과 같이 말한다: "우리는 최후의 심판을 생명과 죽음에 대한 형벌 재판으로서보다는, 오히려 생명에 대한 평화의 심판으로서 표상해야 할 것이다. 최후의 심판에서 창조 안에 있는 공동체의 잘못된 관계를 바로 잡는 일이 중요한 문제라면, 우리는 오시는 하나님의 평화의 심판자를 희망할 수 있게 될 것이다."(Jürgen Moltmann, *Sein*

임없이 '누구'로 인식한다. 다시 말해서 '진리'와 '정의'되신, 즉 '복음'과 '칭
의의 근거'이신 예수 그리스도에게서 평화의 근거를 마련하고 있는 것이다.
이와 같은 배경에서 필자는 본회퍼의 평화이해를 '그리스도론적 평화'로 규
정한다.

2) 한반도의 평화통일을 위한 교회의 과제: 본회퍼의 '그리스도론적 평화'
　　이해를 중심으로

본회퍼의 '그리스도론적 평화' 이해는 한반도의 평화통일을 위해 어떠한 현
실적 과제들을 제시할 수 있는가? 첫째, 본회퍼의 '그리스도론적 평화'는, 남
북간의 '원수'로 규정되는 모든 현실을 소멸시켜야 한다는 의미에서의 '원
수사랑'을 요구한다. 본회퍼의 1934년 8월 '교회와 민족세계(Kirche und
Völker)'라는 제목하의 파뇌설교에서, '민족'은 근대에 내부적으로는 권력행
사의 독점권을 가지고 외부적으로는 전쟁을 결정할 수 있는 국가를 의미했다.
파뇌설교에서 본회퍼는 전 세계의 교회 공의회가 모든 세계의 민족들에게 서
로에게 무기를 겨누지 말 것을 전달해야 한다고 말했다. 독일의 물리학자이자
철학자였던 폰 바이채커(Carl Friedrich von Weizsaecker)는 디트리히 본
회퍼의 저서들을 연구했는데, 1985년 뒤셀도르프에서 개최된 '독일 개신교
교회의 날(Deutschen Evangelischen Kirchentag)'에 세계의 교회들이 평
화의 공의회를 소집할 것을 호소했다. 이러한 호소는 1988년에 개최된 동독교
회의 교회연합회의에 영향을 주었다. 이 회의는 평화, 정의, 창조세계의 수호를
위한 기독교적 공동체의 공의회를 구성하게 하는 계기가 되었으며[78], 당시 기
독교 평화윤리적 주요 관점은 바로 "정의로운 평화(gerechte Friede)"[79]

Name ist Gerechtigkeit, 곽혜원 옮김, 『하나님의 이름은 정의이다』(21세기교회와신학
　　포럼, 2011), 201-202; 본회퍼의 진리 이해에 대해서는: DBW16, 619-629(진리를 말한
　　다는 것은 무엇인가?)를 참조할 것.
78) Carl Friedrich von Weizäcker, *Die Zeit drängt* : Eine Weltversammlung der
　　Christen für Gerechtigkeit, Frieden und die Bewahrung der Schöpfung (Hanser,
　　1986)

였다. 당시 동독의 그리스도인들은 본회퍼의 신학적 유산을 넘겨받았다고 볼
수 있는데, 이를 위해 당시 동독의 비숍이었던 알브레히트 쉔헤어(Albrecht
Schönherr)의 역할이 컸다. 쉔헤어는 통독이후의 동-서독의 본회퍼연구회가
1991년에 개최한 공동학회에서 본회퍼가 핑켄발데에서 가르쳤던 산상수훈의
해석들은 동독 그리스도인들에게 결정적인 역할을 했으며 특히 1989년 통독
당시 동독인들의 비폭력적 행동에 큰 영향을 주었다고 증언했다.80) 본회퍼의
히틀러 체제전복을 위한 행동이 오늘날 북한 체제를 겨냥하는 정당성으로 해
석되어서는 결코 안 된다. 그렇다고 동독 정부의 감시체제하에서도 통독 이전
동독인들에게 영향을 끼쳤던 본회퍼의 핑켄발데 신학교 시절의 평화개념을
북한체제하에 소개하거나 적용시키는 것도 현실상황에서는 불가능해 보인다.
이러한 배경에서 통일 시대를 희망하는 남한의 그리스도인들이 우선 북한 민
족들을 적대적이거나 위협적 존재로 간주하는 감정을 해소하는 작업부터 시
작해야 한다. 본회퍼는『나를 따르라』에서 '원수사랑'(마 5:43-48)에 대해서
다음과 같이 말했다. "원수가 적대적이면 적대적일수록 더욱 나의 사랑이 요구
된다. [...] 악과 악인들 인내하면서 감수할 뿐만 아니라, 폭력을 대응폭력으
로 보복하지 말아야 할 뿐만 아니라, 우리의 원수를 진심어린 사랑으로 대해야
한다. 무슨 일에서든 우리의 원수를 거짓 없이, 그리고 순수하게 섬기고 도와야
한다."81) 폰 바이체커는 이런 식의 사고를 '지성적 원수사랑(Intelligente

---

79) 정의로운 평화개념에 관해서는 참조, EKD, *Aus Gottes Frieden leben-für gerechten
    Frieden sorgen* : Eine Denkschrift des Rates der Evangelischen Kirche in
    Deutschland (Gütersloh, 22007); 1981년 이후 독일 개신교회의 평화윤리개념의 발전
    사에 관해서는, 참조, Wolfgang Huber, "Von der gemeinsamen Sicherheit zum
    gerechten Frieden : Die Friedensethik der EKD in den letzten 25 Jahren", in:
    Hans-Richard Reuter (Hg.), *Frieden - Einsichten für das 21. Jahrhundert.* 12.
    Dietrich-Bonhoeffer-Vorlesung Juni 2008 in Münster (Lit, 2009), 147-170.
80) Albrecht Schönherr, "Die Bedeutung Dietrich Bonhoeffers für das Christsein in
    der DDR", in: Ernst Feil (Hg.), *Glauben lernen in einer Kirche für andere* : Der
    Beitrag Dietrich Bonhoeffers zum Christsein in der Deurschen Demokratischen
    Republik (Gütersloh, 1993), 53-54.
81) DBW4, 142-143.

Feindesliebe)'이라고 명명하기도 했다. 본회퍼의 평화이해, 특히 원수사랑에 관한 내용은 한반도의 통일에 관한 문제를 논의할 때, 정치적 혹은 국제 사회의 압박을 통한 북한 체제의 전복보다는 북한을 '원수'로 대하는 모든 현실적 규정의 제거가 한반도 평화를 위한 출발점이라고 말하고 있다. 본회퍼는 원수사랑을 종교적이거나 개인적인 원수뿐만 아니라, 정치적 원수까지도 원수사랑의 대상의 범위를 설정하고 있다.82) 이러한 원수사랑은 본회퍼의 용어로 비범성(das Außerordentliche)83)이며, 예수 그리스도의 십자가의 사랑, 예수 그리스도 자신의 사랑이기에 북한체제를 원수로 규정하는 모든 현실의 제거는 오직 그분의 현실을 통해서만 가능하다. 둘째, 본회퍼의 '그리스도론적 평화'는 그가 '그리스도론 강의'에서 질문한 양식을 빌어 설명하자면, 통일시대를 준비하는 한반도에 무엇이 평화인가라는 질문에서 누가 평화인가라는 질문으로의 전환을 요구한다. 스스로 평화가 되신 예수 그리스도는 그와 함께 교회를 형성하고 있는 이들에게 평화의 장소로 끊임없이 초대한다. 이는 한반도 통일에 관한 다양한 담론들 속에 기독교적 목소리를 담아 참여하는 정도의 제한적 평화담론을 의미하는 것이 아니다. 본회퍼의 평화이해는 한반도의 통일이 우리민족간의 정치적인 체제 통합이기 전에, 우선 하나님과 우리민족간의 화해, 즉 공동체적인 관계 회복을 전제해야 함을 요구한다. 본회퍼에게 하나님과 인간과의 공동체적 관계 회복은 우선 '교회됨'을 의미하며, 이 교회됨은 예수 그리스도를 통한 하나님과 인간사이의 관계회복을 시작으로 결국 인간과 인간사이의 관계회복을 궁극적인 목표로 한다. 한국교회와 그리스도인들은 남한과 북한의 통일이 지리적 통합, 정치 체제의 통합이기 이전에 예수 그리스도를 통한 하나님과의 하나됨을 우선적인 목표로 설정하여, 하나님의 평화가 한반도에 설립되어야 한다는 의미로서의 통일 패러다임을 제시하여야 한다. 셋째, 본회퍼의 '그리스도론적 평화'는 통일시대를 준비하는 교회의 실

---

82) DBW4, 148.
83) DBW4, 147-156.

천적 과제를 제시한다. 필자는 본문에서 본회퍼의 『나를 따르라』를 '평화교육의 교재'로, 『윤리학』의 '형성으로서의 윤리'와 '책임' 이해를 '평화윤리'를 위한 기독교적 실천적 담론으로 이해했다. 본회퍼는 예수 그리스도의 제자로서 평화의 사도가 된 그리스도인과, 인간의 고통과 고난의 자리에서 인간과 평화로 실존하신 예수 그리스도의 형성에 책임적 자유 안에서 행동해야 하는 그리스도인들을 향해, 한반도 통일 이후에는 강대국 반열에 드디어 올라설 수 있다거나, 폭발적인 경제성장을 실현할 수 있다는 '이익집단'적 사고를 벗어나 타자를 위해 희생하는 진정한 '공동체'의 설립을 지향해야 한다고 요구하고 있다. 본회퍼는 한반도의 통일 시대에 '평화로 존재하는 그리스도(*Christus als Friede existierend*)'[84], 예수 그리스도의 평화공동체 실현을 평화통일을 위한 실천적 과제로 제시한다. 본회퍼는 하나님께서 창조하신 거룩한 너 (göttliche du)인 '타자'에 대한 타자성을 회복해 타자를 위한 공동체, 타자를 위한 한반도의 실현을 요구하고 있는 것이다. 본회퍼는 남북한이 서로를 '거룩한 너'로 즉, 하나님의 거룩한 피조물로 대하고, 예수 그리스도 안에서의 '하나의(!) 타자를 위한 교회공동체 설립'[85]이라는 과제를 제시한다. 또한, 한국교회에 본회퍼의 『나를 따르라』의 평화개념, 즉 '고난과 용서 포기를 통한 순종'의 지평을 중심으로, 평신도를 위한 평화 교육 교재개발과 실천적 평화 담론의 마련이 요구되며, 『윤리학』의 '형성으로서의 윤리'와 '책임', '자유' 개념 등의 현실적으로 적용 가능한 평화 담론이 심도 있게 논의되어야 한다.

84) 필자는 본회퍼의 교회이해의 핵심인 '공동체로 존재하는 그리스도(*Christus als Gemeinde existierend*)' 개념은 '평화로 존재하는 그리스도(Christus als Friede existierend)'로 재해석 될 수 있다고 주장했다(참조, Sung Ho Kim, *Frieden stiften als Aufgabe der Kirche* : Dietrich Bonhoeffers Ekklesiologie und Friedensethik und ihre Wirkungsgeschichte in Südkorea (Lit, 2012), 192.).
85) 박삼경은 한반도 남북통일과 평화윤리에 관해서 본회퍼의 평화사상으로부터 영향을 받은 유석성의 평화와 통일 사상을 연구했다. 그에 의하면 유석성은 본회퍼의 공동체로서 존재하는 그리스도의 개념을 빌어 동아시아 국가들 중 3국인 한국, 일본, 그리고 중국은 평화를 위하여 국가주의나 인종주의를 넘어서는 공동체성을 창출할 것을 주장했다(참조, 박삼경, "한반도 남북통일과 평화윤리 : 덕산 유석성의 '평화와 통일' 사상을 중심으로", in: 『한국기독교신학논총98』(한국기독교신학논총,2015), 218.).

한국 교회와 그리스도인들은 본회퍼의 그리스도론적 평화이해를 통해 제시되는 세 가지 과제들, 즉 상대방을 원수라고 규정하고 있는 요소들의 제거를 통한 '사랑공동체'의 설립, 그 어떤 무엇이 평화가 아니라 바로 예수 그리스도가 평화라는 의미의 '평화공동체'의 설립, 예수 그리스도 안에서 타자를 위한 교회되는 '교회공동체'의 설립이라는 한반도의 통일을 향한 과제들을 성실히 수행해 나가야 할 것이다.

Ⅲ. 결 론

평화는 오직 진리와 정의되신 예수 그리스도의 현재에 근거한다는 본회퍼의 주장은 한반도내에서 평화에 대한 모든 인간적인 가능성들의 '우선적 포기'를 요구한다. 그러나 이것이 어떠한 건강한 이성을 가진 이들의 평화적 노력을 모두 포기해야 한다는 의미는 아니다. 본회퍼의 '그리스도론적 평화'이해는, 남한과 북한을 향해 '평화'란 오직 예수 그리스도 안에서 하나님의 평화를 의미한다는 인식으로의 계속적인 사유를 요구한다. 그러나 이러한 본회퍼의 평화이해가 그리스도인으로 하여금 한반도의 모든 불평화적 상황 속에서 항상 침묵하며 하나님의 은혜가 도래하기만을 기도하는 것만을 의미하는 것은 아니다. 하나님께서 창조하신 평화는 인간의 타락으로 인해 상실되었지만, 예수 그리스도 안에서의 화해 사건으로 새롭게 창조되었다. 오늘, 우리에게 평화로 실존하시는 그리스도는 우리의 믿음의 대상이며 순종의 대상이다. 우리가 예수 그리스도를 믿기 때문에 순종해야 한다는 인과관계의 도식이 아니라, 예수 그리스도를 믿는 믿음의 본질로부터 순종하게 하는 은혜가 그리스도인들에게 주어지는 것이다. 평화로 오신 그리스도와 함께 공동체를 이루며 실존하는 그리스도인들은, 한반도의 현실 속에서 평화를 창조할 수 있는 자리로 끊임없이 초대받는다. 그곳은 본회퍼가 말한 대로, 예수 그리스도의 부르심에 대해 단순한 순종, 뒤따름(Nachfolge)을 통해 각인되는 성육신, 십자가, 부활이라는 예수 그리스도의 형상을 덧입을 수 있는 장소이며, 실제로는 이 땅의 고난, 용서, 포기(자기부정), 사랑[86] 그리고 진리와 정의, 책임의 자리에 참여함이 일어나는 모든 공간이다. "평화는 존재해야 한다, 왜냐하면 그리스도가 이 땅위에 현재하기 때문이다. 즉 평화는 존재해야 한다, 왜냐하면 하나의 그리스도의 교회가 현재하기 때문이다. 그리스도는 오직 평화를 위해서 이 땅위에 여전히 살아계신다."[87] 본회퍼는 평화를 예수 그리스도 안에서, 예수 그리스도를 통해서 이 땅위에 실현되는 하나님의 평화로 이해했다. 21세기 현 시점의 한반도는 평화를 위한 성급한 안보장치의 대안 마련을 이유로, 평화 그 자체이신 예수 그리스도를 잠시라도 망각해서는 안 된다. 오직 예수 그리스도가 우리의 평화이시다(엡 2:14). 통일의 시대를 갈망하는 남한과 북한 그리고 오늘, 여기에서 이 땅의 그리스도인과 교회는, 평화로 실존하시는 예수 그리스도 안에서 '하나의 공동체'를 이루기 위해 끊임없이 힘써야 한다. 그것은 오직 예수 그리스도의 진정한 제자됨과, 우리의 삶 속에 예수 그리스도의 성육신, 십자가, 부활의 형성의 각인되기, 그리고 삶 전체를 하나님의 섭리에 온전히 내어드린 채 책임의 자유 안에서 행동하며, 타자의 고통과 고난으로의 예수 그리스도의 초대에 끊임없이 참여하고 나아가 그 고통과 고난을 함께 나눔을 통해[88] 가능하다고 본회퍼는 오늘, 우리에게 말하고 있다.

　지난 2016년 2월 10일 한국정부는 개성 공단 가동 전면 중단을 발표했다.

---

86) DBW6, 240: "모든 철학이 말하는 사랑과는 달리 복음이 말하는 사랑은 인간들과 교류하는 하나의 방법이 아니라, 하나의 사건 속으로, 즉 예수 그리스도 안에서 완성된 하나님과 세상의 사귐 속으로 이끌려 들어가는 것이고, 그 속으로 들어가는 것이다. [...] 사랑은 인간의 속성으로 존재하는 것이 아니라, 나와 인간과 세상을 향한 하나님의 사랑에 근거한 인간과 인간의, 그리고 인간과 세상의 현실적 일치성과 연대성으로 존재한다."
87) DBW13, 298-301.
88) 몰트만은 '함께 나누는 고난'을 '사랑'이라고 규정하기도 한다: "우리를 행복하게 만드는 동시에 함께-고난당하게(mit-leiden) 하는 것이 사랑이다"(참조, Jürgen Moltmann, Der Gott der Liebe und der Gerechtigkeit, 김균진 옮김, 『사랑과 정의의 하나님』(서울신학대학교, 2014), 32.)

이는 2004년 개성공단에서 생산 활동이 시작된 이래 2013년의 북한의 조치에 이어 두 번째 개성공단 전면 중단이다. 한반도의 평화 통일로 가는 길목은 이렇게 기약 없이 가로막혔고, 그동안의 평화 노력을 통해 쌓아온 남북간의 신뢰마저 균열을 넘어 산산조각이 날 위험에 처하게 되었다. 1989년 11월 9일 독일의 통일은 구 동독과 서독의 끊임없는 인적, 물적 교류의 과정들의 총합이었고 그 과정에서 양국의 교회들의 역할은 적지 않았다. 특히 위에서 설명한 대로 구 동독의 본회퍼 학회는 알브레히트 쉔헤어를 중심으로 본회퍼의 평화 사상을 교회 교육에 적용했으며 이는 베를린 장벽이 무너질 때 동독인들의 무폭력적이고 평화적인 전진에 적지 않은 영향을 끼쳤다. 평화 통일로 향하는 길이 가로막힌 지금의 한반도의 현실에서, 한국정부와 사회는 남북간의 신뢰회복을 위한 소통의 다양한 장들을 하루 속히 회복해야 한다. 본회퍼의 '그리스도론적 평화' 개념은 한반도의 분단의 현실 속에서 한국교회를 향해 평화를 위한 기도만을 요구하지는 않는다. 한국교회는 한반도의 분단 속에서 고통 받고 있는 '타자'들의 불가시적인 절규를 바르게 청종하고, 본회퍼가 제시한 대로 우리의 다양한 '소유'와 '행복'의 '포기'를 통해서 평화적 통일로 향하는 길 예비를 요구한다. 나아가 한국교회는 원수를 미워하는 마음의 소멸을 통한 적극적인 '지성적인 원수사랑'을 통해 끊임없이 북한을 '원수'의 대상이 아니라 '사랑'의 대상인 '타자'로 마주 대하기에 앞장서고, 한반도의 평화 통일을 향한 물꼬를 다시 틀 수 있는 실제적인 교섭재개를 한국정부에 적극적으로 요구해야 할 것이다.

■ 참고문헌

김성호, "디트리히 본회퍼의 교회론적 윤리", in: 『신학과 선교43』, 서울신학
　　대학교 기독교신학연구소, 2013, 331-361.

김성호, "디트리히 본회퍼의 '평화' 이해에 관한 기독교윤리학적 담론", in:
　　『신학과 선교 46』, 서울신학대학교 기독교연구소, 2015, 261-297.

박삼경, "한반도 남북통일과 평화윤리 : 덕산 유석성의 '평화와 통일' 사상을
　　중심으로", in: 『한국기독교신학논총 98』, 한국기독교학회, 2015, 203-
　　228.

유석성, "본회퍼의 평화윤리", in: 『현대사회의 사회윤리』, 서울신학대학교출
　　판부, 1997, 82-87.

DBW(Dietrich Bonhoeffer Werke)1: *Sanctorum Communio* [성도의 교
　　제]. Eine dogmatische Untersuchung zur Soziologie der Kirche
　　(1927), hg. von Joachim von Soosten, München 1986.

DBW2: *Akt und Sein* [행위와 존재]. Transzendentalphilosophie und
　　Ontologie in der systematischen Theologie (1930), hg. von
　　Hans-Richard Reuter, München 1988, Gütersloh ²2002.

DBW3: *Schöpfung und Fall* [창조와 타락]. Theologische Auslegung
　　von Genesis 1-3 (1933), hg. von Martin Rüter und Ilse Tödt,
　　München 1989, Gütersloh ²2002.

DBW4: *Nachfolge*(1937) [나를 따르라]. hg. von Martin Kuske und Ilse
　　Tödt, München 1989, Gütersloh ³2002.

DBW5: *Gemeinsames Leben*(1938) [신도의 공동생활]. hg. von Gerhard
　　Ludwig Müller, München 1987, Gütersloh ²2002.

DBW6: *Ethik* [윤리학]. hg. von Ilse Toedt, München 1991, Gütersloh
　　²1988.

DBW8: *Widerstand und Ergebung* [저항과 복종]. hg. von Christian

Gremmels, Gütersloh 1998.

DBW10: *Barcelona, Berlin, Amerika 1928-1931*, hg. Reinhart Staats, München 1991, Gütersloh ²2005.

DBW11: *Ökumene, Universität, Pfarramt 1931-1932*, hg. von Eberhard Amelung, Gütersloh 1994.

DBW12: *Berlin 1932-1933*, hg. von Carsten Nocolaisen, Gütersloh 1997.

DBW13: *London 1933-1935*, hg. von Hans Goedeking, Martin Heimbucher, Gütersloh 1994.

DBW15: *Illegale Theologenausbildung: Sammelvikariate 1937-1940*, hg. Dirk Schulz, Gütersloh 1998.

DBW16: *Konspiration und Haft 1940-1945*, hg. von Wolf Krätke, Gütersloh 1996.

DBW17: *Register und Ergänzungen*, hg. von Herbert Anzinger, Gütersloh 1999.

EKD, *Aus Gottes Frieden leben-für gerechten Frieden sorgen* : Eine Denkschrift des Rates der Evangelischen Kirche in Deutschland, Gütersloh, ²2007.

Gremmels, Christian(Hg.), *Theologie und Lebenswelt*: Beiträge zur Theologie der Gegenwart, Gütersloh, 2012.

Huber, Wolfgang, "Von der gemeinsamen Sicherheit zum gerechten Frieden : Die Friedensethik der EKD in den letzten 25 Jahren", in: Hans-Richard Reuter (Hg.), *Frieden - Einsichten für das 21. Jahrhundert*. 12. Dietrich-Bonhoeffer-Vorlesung Juni 2008 in Münster, Lit, 2009, 147-170.

Kelly, Geffrey B, "Interview mit Jean Lasserre 1971", in: *Dietrich Bonhoeffer Jahrbuch 5* (2011/2012), Gütersloh, 2012.

Kim, Sung Ho, *Frieden stiften als Aufgabe der Kirche*: Dietrich Bonhoeffers Ekklesiologie und Friedensethik und ihre Wirkungsgeschichte in Süd-Korea, Lit, 2012.

Mokrosch, Reinhold(Hg.), *Dietrich Bonhoeffers Ethik*. Gütersloh, 2003.

Moltmann, Jürgen, *Sein Name ist Gerechtigkeit*, 곽혜원 옮김, 『하나님의 이름은 정의이다』. 21세기교회와신학포럼, 2011.

_____, *Der Gott der Liebe und der Gerechtigkeit*, 김균진 옮김, 『사랑과 정의의 하나님』. 서울신학대학교, 2014.

_____, "오늘 우리의 세계에 대한 디트리히 본회퍼의 의미 - 테러의 시대 속에서 평화와 저항", in: 『평화와 기독교의 과제』. 제2회 서울신학대학교, 장로회신학대학교-튀빙겐대학교 국제학술대회 자료집, 2015, 11-32.

Schönherr, Albrecht, "Die Bedeutung Dietrich Bonhoeffers für das Christsein in der DDR", in: Ernst Feil (Hg.), *Glauben lernen in einer Kirche für andere*: Der Beitrag Dietrich Bonhoeffers zum Christsein in der Deurschen Demokratischen Republik, Gütersloh, 1993, 53-54.

Weizäcker, Carl Friedrich von, *Die Zeit drängt* : Eine Weltversammlung der Christen für Gerechtigkeit, Frieden und die Bewahrung der Schöpfung, Hanser, 1986.

Welker, Michael, *Gottes Offenbarung* : Christologie, 오성현 옮김, 『하나님의 계시-그리스도론』. 대한기독교서회, 2012.

A Study on Peace of God in Jesus Christ
- Dietrich Bonhoeffer's Understanding of Christological Peace

Sung Ho Kim
(Lecturer, Christian Ethics)

ABSTRACT

This study addresses the discourse of Dietrich Bonhoeffer's understanding of peace. His peace is defined as "Christological peace." His understanding of Christ began with his understanding of Church in his doctoral dissertation *Sanctorum Communio*(1927), and his understanding of Revelation in his *Act and Being*(1930), and then expanded to his peace discourse through his many lectures between 1930 and 1934.

His concept of peace, based on his understanding of Christ, was specified at the church congress held in Fano, Denmark on August 28, 1934. Peace was not a fundamental ideology or principle, but "God's commandment" to him. He believed that peace would only be possible through the existence of Jesus Christ rather than security achieved in human acts or effort. His *Discipleship* is teaching material for peace education. Its practical discourse about peace is about "obedience through hardship, forgiveness, and abandonment." In his *Ethics*, he deals with "ethics as formation", "good", and "responsibility" concepts as the practical discourse about peace.

He understood peace as, peace of God realized on Earth within and through Jesus Christ. In the 21st century, people on the Korean Peninsula must not forget that Jesus Christ is peace itself on the pretext of preparing abrupt security devices for peace. Only Jesus Christ is our peace (Ephesians 2:14). Today the Christians and Church in North and South Korea, which have a desire for the era of unification, should make a constant effort to form a "single community" within Jesus Christ that exists as peace. Bonhoeffer tells us today that it will be possible only by embracing the true discipleship of Jesus Christ, inscribing his incarnation, cross, and resurrection in our lives, acting within the freedom of responsibility after devoting our entire lives to the Providence of God, and taking an ongoing part in the invitation of Jesus Christ to the suffering and hardship of others and further sharing their suffering and hardship together.

Bonhoeffer's understanding of Christological peace proposes specific tasks for the peaceful unification of the Korean Peninsula including forming a "community of love" by eliminating the elements of defining the other party as an enemy, a "community of peace" in the sense that Jesus Christ himself is peace, and a "community of church" that is a church for others within Jesus Christ.

KEY WORDS Dietrich Bonhoeffer, Christological peace, obedience, ethics as formation, good, responsibility, peaceful unification

인간 발달단계에 따른 평화교육

박종석
서울신학대학교, 기독교교육
서울신학대학교 대학원(한국 4개신대 공동
학위과정) (Ph. D)

인간 발달단계에 따른 평화교육

박종석 교수 (기독교교육과, 기독교교육)

국문요약

평화는 여러 영역과의 논의가 가능한 주제이다. 평화는 하나님과 인간과의 관계에서 요청되는 덕목이면서 인간과 인간 사이, 그리고 인간과 세계 사이에서 성취되어야 할 이상이다. 하지만 현실 조건, 즉 사람과 사람 사이, 국가와 국가 사이의 적의가 평화를 가로 막는다. 특히 세계 유일의 분단국인 우리나라의 상황에서 평화 문제는 생존과 연결되어 있다. 그런 까닭일까. 평화에 대한 대부분의 논의는 성격상 정치적이며 통일과 밀접하게 연계되어 있어서 특정 그룹의 관심 과제가 되었다. 기독교교육학 분야 역시 마찬가지이다. 평화 교육을 말하되 원론적이어서 수긍은 하지만 그 뿐이다. 평화 교육의 역사니 문제니 하며 여러 말을 하지만 막상 평화를 살아내야 할 학습자를 평화 능력자로 키워내기에는 무력하다.

이 글은 평화는 말에 있지 않고 평화 자체의 본질, 즉 여러 평화의 핵심이면서 평화로운 세계를 이루기 위해서는 평화를 사는 것이 우선되어야 한다는 신념, 그리고 삶의 차원에서 생활인으로 살아가는 이 땅의 모든 국민들, 즉 어린아이로부터 노인에 이르는 모든 이들의 기본적인 생활스타일이어야 한다는 전제를 바탕으로 한다.

평화를 살뿐만 아니라 평화를 건설하는 인간의 형성을 위해서 필요한 과정은 이해, 인식, 그리고 참여의 단계이다. 이해는 평화가 무엇인지에 대한 인지적 차원에서의 지식과 정보를 획득하는 단계이고, 인식은 그 획득된 지식이나 정보가 전인적으로 수용되는 단계이고, 참여는 앞선 두 단계의 자연스런 후속 행위라 할 수 있는 평화 건설 단계이다. 이 단계를 기준으로 영·유아로부터 청년에 이르는 인간발달 단계에서 어떻게 평화를 살 수 있는 지에 대해 구체적으로 언급하였다.

인간발달 차원에서 평화에 대한 구체적 내용을 제시하는 가운데 얻게 된 결론은 평화교육은 비평화의 현실에 대한 날카로운 비평적 인식의 교육이어야 한다는 것, 평화교육은 교회의 사명과 연계되어 목회를 개선하는 데 기여해야 한다는 것, 그리고 평화교육은 평화를 위해 일하는 일꾼이 되게 하는 교육이어야 한다는 것이다.

주제어 담론적 평화, 평화교육의 단계, 인간발달, 비판적 인식, 통전적 수용, 건설적 행위

I. 들어가는 글

지금 세계는 불안하다. 21세기는 평화로운 세상에 대한 희망으로 시작되었으나, 그 첫해는 9·11 테러로 얼룩졌으며, 지난해 말 많은 사상자를 낸 파리테러에 이르기까지 평화는 위협받고 있다.[1] 무엇보다 세계 유일의 분단국으로서 북한의 핵 위협을 일상처럼 받고 있는 우리나라의 경우 평화는 생존과직결된 문제이다. 오늘날의 시대와 한국의 상황은 더 이상 평화를 이론적 탐구로 향유할 만큼 한가하지 못하다. IS로 대변되는 불특정 테러와 북한의 때를 가리지 않는 전쟁 위협은 평화에 대한 연구가 이론적 담론이 아닌 긴박한현실적 주제로 구체적으로 다루어져야 한다는 요청이다.

그런데 평화하면 대개는 전쟁, 그리고 그 변형된 형태인 테러와 연관지어생각한다. 이와 같은 인식은 평화를 대단히 좁게 보는 관점이다. 평화는 전쟁이나 테러 이상으로 아주 작은 단위인 인간 내면과도 연계되어 있다. 당장 내마음이 평안하지 않은데 전쟁이나 테러가 없는 세계 평화를 말하는 것은 앞가림을 못하는 행동이다. 이와 같은 차원에서 보면 현재의 평화 논의 역시 유사한 성격을 띤다.

대체로 평화에 관한 논의는 분쟁 지역과 연관되어 언급되고 있다. 그런데이와 같은 논의는 지나간 과거와 관련해서, 또는 과거의 사례를 활용하거나,평화로운 세계를 위한 대안 등으로 구성된다. 이와 같은 내용들은 남의 나라(예를 들어, 독일)의 지나간 과거의 노력에 대한 기억이거나, 이전 사례로부터교훈을 끌어내거나, 우리나라의 평화 문제를 그들 사례와 동일시하는 식으로전개되어 왔다.

평화에 관한 이와 같은 방식 또는 성격의 논의는 평화의 당사자들을 소외시

---

[1] 테러정보통합센터에 따르면, 지난 2004년 988건이었던 국제적인 테러사건은 꾸준히 늘어 2013년에는 4,096건으로 10년 간 약 4배나 증가했으며 2014년까지 총 33,812 건이 발생했다. 국가정보원, http://www.nis.go.kr/AF/1_6_2_1.do

킨다는 데 문제가 있다. 예를 들어, 2차 세계대전 기간에 독일 교회의 강단에
서 얼마나 평화에 관한 언급이 있었느냐 하는 등의 논의이다. 평화의 주체는
그에 관한 담론을 전개하는 사람들이 아니다. 평화는 그것을 누려야 할 권리
가 있는 사람들이 중심으로 부각되어야 하며 그들을 중심으로 동심원적 논의
로 이어져야 한다. 그러나 논의로도 부족하다. 그동안의 평화 논의는 대부분
담론적 성격이 강했다. 이는 실천을 아울러야 할 기독교교육학에서도 마찬가
지였다. 기독교교육이 하나님과 인간 사이의 관계를 매개하기 위한 교육적 노
력이라면, 기독교교육은 바로 평화 수행의 행위다. 기독교교육은 본질적으로
평화를 수행하는 교육이다.2)

　기독교교육학 분야에서 평화에 대한 연구는 동 분야의 타 주제에 비해 활발
하지 못하다. 그마저도 연구의 내용은 넓고 얇다. 기독교평화교육의 당위성,
과제, 그리고 전망 등의 추상적 성격에, 다문화, 여성, 통일, 폭력 등 관련 이
론의 비현실적 적용이 주류를 이룬다.3) 이는 실제 평화를 이루어 가야할 수
행자들을 배제한 논의이기에 현학적일 수밖에 없다. 평화라는 현실적인 인간
의 조건은 무성한 말에 의해서 성취되는 것이 아니라 현재를 살아가는, 비평
화의 위협에 처한 보통 사람들의 삶에서 성립되어야 한다. 더구나 평화는 삶
의 특정한 영역이 아니다. 평화는 삶이다. 평화는 저 멀리 있는 어떤 것이 아
니고 우리 가까이 있는 일상이다.

　평화를 오늘 한국에서 삶을 영위해 가는 보통 사람들의 문제로서가 아니라
과거 타국의 역사에 대한 현학적인 논의는 이제 중단되어야 한다. 평화 연구

2) 박종석, "평화의 영역과 기독교교육의 과제", 「신학과 선교」 27 (2002), 213-14.
3) 윤응진, "기독교 평화통일교육을 위한 이론 정립의 방향 모색", 「한국기독교신학논총」 12:1
　(1995), 204-44; 박종석, "한국 기독교 평화교육의 반성과 방향", 「한국기독교신학논총」
　24:1 (2002), 333-52; 이숙종, "평화를 위한 코메니우스의 신학과 교육사상과의 관계성",
　「기독교교육정보」 6 (2003), 240-65; 윤응진, "테러리즘과 기독교교육: 9·11테러 이후의
　기독교교육의 과제들에 대한 숙고", 「기독교교육논총」 11 (2004), 25-62; 김기숙, "평화지
　향적 통일교육을 위한 기독교교육의 방향성 고찰", 「기독교교육정보」 37 (2013), 1-29; 유
　재덕, "한반도 문제와 기독교 평화교육", 「기독교교육논총」 37 (2014), 145-66; 박경순, "한
　국의 기독교 평화교육의 연구 경향과 미래적 과제", 「기독교교육논총」 40 (2014), 13-46.

는 평화라는 관념에 대한 논의가 아니라 이 땅에서 누려야 할 것으로서, 누려야 할 사람을 중심으로 논의되어야 한다. 나아가 기존의 평화와 관련해서 당사자들은 주로 성인이 대상이 되었다. 하지만 평화의 장에서 성인과 아동을 구별하는 것은 크게 잘못된 것이다. 평화는 모든 세대의 문제이지 특정 세대의 것이 아니기 때문이다.

평화 문제를 전 세대에 걸친 것으로 수용할 때 교육의 문제가 대두된다. 평화가 정책 담당자의 업무나 학자들의 연구일 경우, 거기에는 교육이 필요 없다. 단지 무책임한 내용 전달만이 있을 뿐이다. 그러나 평화가 전체 세대에서 논의될 경우, 평화는 이론이 아니라 삶과 행위의 문제가 된다. 삶과 행위의 문제는 교육의 영역이고 평화는 교육의 문제가 된다. 그리고 이제껏 평화 논의에서 제 3자로 소외되어 있던 어린아이, 아동, 그리고 청소년을 포함해 청년과 장녀, 그리고 노년에 이르는 전 세대에 걸친 교육의 영역에 포섭된다.

이 글에서는 평화가 더 이상 현학적으로 논의되어서는 안 되며 평화의 실현은 평화의 당사자인 전체 세대에게 이루어져야 한다. 평화에 대한 학계의 접근 성격과 현실적으로 요구되는 평화에 대한 논의는 평화를 누려야 하고 평화를 이루어 가야 하는 전체 세대에게서 만나야 한다. 이와 같은 입장에서 이 글은 발달별 구체적 평화교육 방안에 대해 언급할 것이다.

이 논문의 내용은 영·유아로부터 청년에 이르는 세대에 대한 평화교육이다. 성인과 노년에 대한 평화교육이 제외된 것은 그 내용이 광범위하여 이 글에서 충분히 다루기에는 부족하기 때문이다. 평화교육은 교육의 현장에서 발달단계에 따라 다르게 전개될 수밖에 없다. 발달은 인간이 지닌 고유한 본성으로 심리학적 탐구에 의해 정리된 사실인 만큼, 평화교육은 인간 발달의 근본적 사실과 기독교교육에서 일반적으로 용인된 발달과업, 그리고 평화에 대한 성서적·신학적 주장 등이 학습자의 요구 성취와 실현 가능한 방식으로 전개되는 방향에서 논의되어야 할 것이다. 한편 평화교육은 가정, 학교, 사회 등의 환경 안에서 전개되는데, 특정한 주체가 없는 교육은 무책임하다. 따라서 이 글에서는 평화교육의 주체와 장은 교회를 전제로 한다. 교회가 가정, 학교, 그리고 사회와 연계하여 평화교육을 해나가야 한다. 한편 평화교육은 개인적으로, 집단별로 성별에 따라 발달단계에 따라, 노동자들의 입장에 따라서 할 수 있다.4) 여기서는 그 범위와 복잡성 때문에 이를 구별하지 않는다. 다만 그것들의 공통적 내용들이라고 볼 수 있는 것들에 한정하기로 한다.5)

Ⅱ. 평화교육의 내용

1. 평화교육의 단계: 이해, 인식, 그리고 참여

평화교육은 평화를 살고 평화를 누리는 것을 목표로 한다. 삶과 누림으로서의 평화는 저절로 주어지지 않는다. 교육이라는 노력이 필요하며 전략적 시도가 필요하다. 평화를 교육하기 위해 먼저 해야 할 것은 평화가 무엇인지 아는 일이다. 그런데 평화가 무엇인가에 대해서는 다양한 의견들이 있다. 평화는 아주 간단히 말하면 전쟁이나 폭력이 없는 상태를 말하지만,6) 역사적으로나7)

---

4) Mary-Wynne Ashford and Guy Dauncey, *Enough blood shed: 101 solutions to violence, terror,* and war, 추미란 역, 『평화 만들기 101: 우리가 꿈꾸는 전쟁 없는 세상』 (파주: 동녘, 2011), 132-231, 352-71.
5) 교회 단위의 평화운동은 메노나이트가 모범적이다. 이에 대해서는 Guy Franklin Hershberger, *War, peace, and non-resistance: A classic statement of a mennonite peace position in faith and practice,* 최봉기 역, 『전쟁, 평화, 무저항: 신앙과 실천으로 보는 메노나이트의 평화 개념』 (대전: 대장간, 2012) 참고.
6) 즉 힘에 의해 질서가 유지되는 평화, 휴전 상태로서의 평화, 위안으로서의 평화, 그리고 타계적 평화 등이다.
7) 교회사적으로 보면 평화는 원론적이며, 기독교 세계를 방어하거나 확장하려는 노력이라고 할 수 있다. 예를 들어, 콘스탄틴(Constantine) 시대까지의 원론적인 평화주의(Pacifism), 4-5세기 야만인들의 침입과 연관되어 평화의 회복과 정의의 수호라는 명분의 의로운 전쟁론(the Just War), 그리고 중세교회의 세계 지배와 결합된 십자군 이념(the Crusade) 등이다. Roland H. Bainton, *Christian Attitudes toward War and Peace,* 채수일 역, 『전쟁·평화·기독교』 (서울: 대한기독교출판사, 1981), 12-13. 또한 Hershberger, *War, peace, and non-resistance,* 115-34 참고.

종교적으로,8) 또는 영역의 차원에서9) 보기도 한다.

현실적으로 볼 때 평화가 이루어진 상황은 찾아보기 어렵다. 어쩌면 그와 같은 상태는 불가능하다. 평화는 비평화로 유입되고 그곳으로부터 벗어나기 어렵기 때문이다. 그래서 우리가 평화에 대해 말한다는 것은 비평화에 대해 말하는 것이다. 비평화는 인간 세계 곳곳에 존재한다. 인간 내면의 두려움으로부터 시작해서 사람과 사람 사이의 갈등, 사회의 구조적 모순, 국가 간의 전쟁, 그리고 점증하는 테러 등에서 평화는 고통 받고 있다. 비평화의 영역이 다양한 까닭에 비평화의 원인도 다양할 수밖에 없다. 하지만 대체로는 이데올로기, 종교, 가치관 등이 탐욕 등과 어울려 적대감이 형성되고 표출된다고 볼 수 있다.

하지만, 평화를 교육한다는 것은 평화에 관한 내용을 학습하는 이상이다. 평화는 아는 것만으로는 부족하다. 평화의 개념을 포함해서 평화의 정체를 안다고 해서 평화가 이루어지는 것은 아니다. 평화로의 여정에서 우리는 순례자로서 비평화의 세계와 맞닥뜨리게 된다. 때로는 극명한 현실, 때로는 은밀하게 가려진 현실을 보게 된다. 그와 같은 현실과 직면해서 기존의 평화에 대한

---

8) 성서적으로 볼 때, 평화는 구약에서 '샬롬'(shalom)으로, 개인 영혼의 안식과 평화, 사람들 사이의 조화로운 관계, 하나님의 선물, 그리고 종말론적 기대이다. 민영진, "구약에서 본 샬롬", 대한예수교장로회총회 교육부 편, 『성숙한 교회와 평화교육』 (서울: 대한예수교장로회 출판국, 1988), 21-30. 신약에서는 '에이레네'(eirene)로, 마음의 평안, 하나님과의 화해 상태, 종말론적 구원으로서의 평화이다(Gerhard Friedrich Kittel, *Theological Dictionary of the New Testament*, 번역위원회 역, 『신약성서 신학사전』 [서울: 요단출판사, 1986], 236-41). 또한 구·신약에서의 전쟁과 평화 개념에 대해서는 Hershberger, *War, peace, and non-resistance*, 57-113 참고.

9) 이는 요한 갈퉁(Johan Galtung)의 분류로서, 부정적 의미의 평화, 즉 비평화의 동기인 폭력 차원에서 본 것이다. 이는 크게 내적인 것과 현실적인 것으로 나뉜다. 내면적 심리적 영역에서는 증오, 상처, 의심, 절망, 그리고 슬픔 등이다. 현실적 영역은 다시 직접적 폭력, 구조적 폭력, 그리고 문화적 폭력으로 나뉜다. 평화의 적으로서의 폭력은 실제로는 정치·군사·경제·문화의 네 가지 영역에서 행사되는데, 정치적 힘은 정책 결정을 통해서, 군사적 힘은 무력으로, 경제적 힘은 보상으로, 그리고 문화적 힘은 설득을 통해서 행사된다. Johan Galtung, *Peace by Peaceful Means*, 이재봉 외역, 『평화적 수단에 의한 평화』 (서울: 들녘, 2000).

이해는 살을 입게 된다. 머리로 알던 평화가 비평화의 현실과 만나 몸으로 체
감하게 되는 경험이 발생한다. 또는 은밀하게 숨어있는 비평화와 평화처럼 보
이는 비평화를 색출해 낼 수 있는 매의 눈이 필요함을 절감하게 된다. 하지만
평화교육은 여기에서 그치지 않는다.

평화교육의 내용은 전쟁과 폭력을 반대하는 내용 이상이다. 전쟁과 폭력이
라는 전형적인 비평화를 온전히 극복하기 위해서는 그것들의 원인과 실상 등
을 함께 알아야 한다. 그런데 그 원인과 실상을 형성하는 내용들은 눈에 보이
지 않는 심리적인 것에서부터 눈에 보이는 환경 관련 문제까지 그 범위가 넓
기 때문에 그 중 주요한 내용을 검토할 수밖에 없기 때문이다. 평화교육의 내
용은 인간 내면적인 것부터 인간의 삶을 구성하는 데 필요한 외적 조건에까지
걸쳐있다.

비평화의 현실에 대한 체감적 인식은 있는 자리에 안주하지 못하게 작용한
다. 인식이 진정한 것이라면, 즉 절실한 것이라면 인식자를 앉은 자리에서 일
어서게 한다. 그리고 평화를 향해 발걸음을 내딛게 한다. 이상의 평화교육에
관한 단계적 내용들을 아래에서 구체적으로 생각해 보자.

윤응진은 서독에서의 평화교육의 단계를 소개한다. 1단계: 민족 간의 이해
증진을 위한 교육, 2단계: 갈등 극복을 위한 교육, 3단계: 비판적 평화교육
론.[10] 범위가 넓기는 하지만 1단계의 초점은 갈등 상대에 대한 이해이다. 2
단계의 경우는 비평화의 현실적 상태인 갈등을 해결하는 단계이다. 비평화의
현실에 대한 인식을 바탕으로 그 원인인 갈등을 풀고자 하는 단계이다. 3단계
는 어느 면에서 비평화의 현실에 대한 냉철한 인식으로 보이나 그 동기는 비
평화의 현실을 극복하고 평화를 건설하기 위한 참여의 기회를 엿보는데 있다.

콜먼 맥카시(Colman McCarthy)는 사람이 무엇을 배울 때 거치는 지적
발달 단계를 평화교육과 연결지어 설명한다.

---

10) 윤응진, 『기독교 평화교육론』 (오산: 한신대학교출판부, 2001), 203-208.

· 알아차리는 단계

　우리가 '2+2=4'라는 것을 처음 배울 때나, 또는 간디의 글 '화합의 목적
은 상대방을 무릎 꿇게 하는 것이 아니라 상대방의 생각을 일깨우는 것
이다'를 읽게 되는 순간이라고 할 수 있다.

· 받아들이는 단계

　우리가 배운 사실, 곧 '2+2=4'라거나 또는 간디의 생각이 옳다고 받아들
이는 단계를 말한다.

· 빠져드는 단계

　새로 알게 되고 받아들인 생각이 우리의 삶 속으로 옮겨져, 살아가는 데
필요하며 우리의 일부가 되는 단계.

· 행동으로 옮기는 단계

　새로 알게 된 것을 실천하는 것으로, 완전한 모양의 지적 발달이 이루어
지는 단계."11)

　맥카시의 응용된 평화교육 단계는 앞서 언급한 이해, 인식, 그리고 참여의
내용과 상당히 유사하다. '알아차리는 단계'는 지식을 단순하게 알고 이해하
는 단계이다. 다음의 '받아들이는 단계'와 '빠져드는 단계' 두 가지 단계는 인
식의 단계와 유사하다. 앞서 말했듯이 인식은 단순하게 머리로 이해하는 지식
이나 정보 차원의 이해가 아니라 몸으로 체감하는 정서가 합쳐진 앎을 말한
다. 이와 같은 단계에 이어지는 '행동으로 옮기는 단계'는 평화를 이루기 위한
참여라고 할 수 있다.

---

11) Colman McCarthy, *I'd Rather Teach Peace*, 이철우 역, 『비폭력 평화수업: 평화를 원
　한다면 평화를 가르치십시오』 개정판 (양평: 책으로 여는 세상, 2013), 70.

메리 와인 애슈포드와 기 도운시(Mary-Wynne Ashford and Guy Dauncey)
는 위에 언급한 사람들보다 조금 더 구체적으로 말한다. 먼저 내가 할 수 있는
일을 선정한다. 우리가 직면한 현실을 통해 방향감각과 가치, 열정을 갖는다.
일반학교나 대안학교, 지역센터 등을 이용해 평화수업을 한다. 교육 내용을 함께
나눌 수 있는 토론 모임을 만든다. 평화 건설에 관한 아이디어를 공유한다. 평화
건설자들이 함께 연대한다.12)

양금희는 평화의 도구가 되기 위해 필요한 요소가 세 가지라고 말한다. 그
것들은 평화에 관한 지식, 평화적 태도, 그리고 평화 만들기 기술이다.13) 두
번째 요소인 평화적 태도가 독특한데 이는 전 단계라고 할 수 있는 평화에 대
한 이해로부터 나올 수 없다. 이해를 심화하는 비평화에 대한 경험적 인식이
없으면 나올 수 없는 태도이다.

이상 살펴본 평화교육의 단계에 대한 의견들을 종합해 볼 때, 평화교육의
단계는 먼저는 평화가 무엇인지에 대한 지식을 획득하는 것이고, 다음은 그
획득된 지식이 전인적으로 인식되는 경험적 앎으로서의 수용이고, 마지막으
로는 평화에 대한 이해, 비평화의 현실에 대한 바른 인식을 했다면 자연스레
따라오는 평화 건설에의 참여 단계이다. 평화는 건설되지 않고는 상상 속의
탑일 뿐이다.

2. 평화교육의 성격

이해, 인식, 그리고 참여로서의 평화교육 단계는 교육 현장에서 여건상 반
드시 이와 같은 순서로 진행되지 않을 수도 있다. 참여 후에 상기를 통한 이
해나 인식이 따를 수도 있고, 현실에 대한 인식 뒤에 그 정체를 알기 위한 이
해의 노력을 할 수도 있다. 중요한 것은 순위는 바뀔 수 있어도 단계는 모두

12) Ashford and Dauncey, *Enough blood shed*, 13-14.
13) 양금희, "평화를 위한 기독교교육", 「교육교회」 314 (2003.6), 21.

포함되어야 한다는 것이다. 평화교육은 이 단계들 중의 어느 하나가 아니라 그 전부이기 때문이나. 모든 교육은 전인성을 추구해야하기 때문이다. 이해- 인식-참여로 이어지는 평화교육은 전인적이다. 이해는 지적인 차원과, 인식은 정서적 차원과, 참여는 행위적 차원과 연결되어 있기 때문이다. 평화교육의 보다 근본적 목적은 화평한 사람을 만드는 것이 아니라 전인적인 인간의 형성에 있다. 평화교육의 전인성이야말로 인간발달에 따른 교육의 이유이다. 하지만 평화교육의 단계들을 인간발달의 각 단계에 무차별적으로 적용할 수는 없다. 예를 들어, 영·유아의 경우에는 이해와 인식의 차원은 다른 발달 단계와 비교해서 상대적으로 낮을 것이다. 그래서 영·유아의 평화교육은 자연스레 참여의 단계가 비중을 차지할 것이다. 청년의 경우에는 이해에 비해 인식이나 참여 단계의 비중이 높을 수 있다.

평화교육의 특성 중의 하나는 교육의 내용과 방법이 엄격히 구분되지 않는다는 것이다. 예를 들어 평화교육의 두 번째 단계인 비평화의 현실에 대한 인식은 대체로 갈등의 상황인데, 갈등의 상황은 인식에 그쳐서는 안 되고 참여해서 해결해야 할 상황이다. 여기서 참여 자체는 갈등 해결의 방법일 수밖에 없다. 평화교육의 전인성과 내용과 방법 등의 통합적 성격 때문에 평화교육은 이상적인 교과교육이 될 수 있을 것으로 보인다. 이하에서는 이와 같은 성격의 평화교육 단계를 인간발달에 따라 수준별로 어떻게 교육할 것인지에 대해 생각해보자.

Ⅲ. 발달적 평화교육

인간 발달단계를 어떻게 나눌 것이냐는 20세기 이후 세계 환경의 급진적이고 근본적이라고까지 할 수 있는 변화 안에서 인간이 어떤 변화를 겪었고 그와 같은 결과들이 인간의 발달단계를 새로 규정해야 할 것인가의 문제 등으로 논쟁이 될 수 있다. 예컨대, 영·유아기라고 해서 짧은 기간 동안 급격한 성장에 따른 변화가 일어나는 영아기를 유치원 연령의 유아기와 통합해서 지칭할수 있는지, 아동기를 영·유아기를 가리키는 취학전과 다른 취학후의 시기로 단일화할 수 있느냐 하는 문제, 청소년기를 신체발달 등의 내용을 반영하는 것으로서의 사춘기로 본다면 아동 후기를 여전히 아동기라 불러도 되는지, 결혼해서 가정을 꾸려나가는 독립적 시기인 청년기가 오늘날에도 유효한지, 즉대학을 졸업한 후에도 취업을 하지 못해 결혼을 꿈도 못 꾸는 요즈음의 수많은 청년들을[14] 그와는 전혀 다른 의미의 청년기로 계속 불러도 되는지, 나아가 생존 조건의 발전으로 장수 인구가 늘어나면서 백세시대를 맞아 노년기를 나누어야 하지 않느냐 하는 문제들이 있다.[15] 하지만 이 글의 관심은 인간 발달 단계의 구분에 있지 않기 때문에 21세기 인간이 반영되지 않은 현대 심리학이나 교육학에서의 전통적인 분류를 따르도록 한다. 그것은 영·유아, 아동, 청소년, 청년, 장년, 노년을 구분하는 것으로서의 발달단계이다.

---

14) 최근에는 이 세대를 "Emerging adulthood"라고 부른다. 이 용어는 Jeffrey J. Arnett의 제안으로부터 나왔다. Jeffrey J. Arnett, "Emerging adulthood: A theory of development from the late teens through the twenties," *American Psychologist* 55:5 (2000), 469-80. 이 세대는 자녀가 없고, 자기 소유의 집이 없고, 독립적인 생활을 할 수 있는 수입이 없는 20대말의 청년들을 가리킨다. "Emerging adulthood and early adulthood," 〈Wikipedia: The Free Encyclopedia〉. 우리나라에서는 '신생성인기'라 부르기도 한다. 박향숙, "'신생 성인기'를 위한 기독교신앙교육", 「기독교교육논총」 37 (2014), 296-98.

15) 노인연령구분에 대한 논의는 노용균·유영훈, "국내 학회지의 연령 구분법과 노인 기준 연령", 「노인병」 2:1 (1998), 85-86 참고. 미국의 경우, S. J. 브로디(S. J. Brody)는 노인연령층의 구분을 연소노인(young-old, 60-64세), 중고령노인(middle-old, 65-74세), 그리고 고령노인(old-old, 75세 이상)으로 분류하며(S. J. Brody, *Longterm care of older people: A practical guide* (New York: Human Science Press, 1977), 우리나라의 경우, 유박영은 노기(65-69세), 장노기(70-76세), 중노기(77-83세), 후노기(84-90세), 그리고 노노기(91세 이상)로 구분한다. 유박영, "가령과 성별 특이 생리현상에 따른 삶의 질", 「노인병」 1:2 (1997), 13-34. 노용균·유영훈, "국내 학회지의 연령 구분법과 노인 기준 연령", 86 재인용.

1. 영·유아기

김정신은 유아 평화교육의 목적을 평화, 조화, 그리고 책임감으로 본다.16)
이 내용은 앞서 말한 평화교육의 단계인 이해-인식-참여와 달라, 영·유아의 경
우 평화교육은 예외적일 수도 있겠다하는 생각을 갖게 한다. 이 경우를 통해서
알 수 있는 것은 평화교육의 내용으로서의 단계가 모든 인간발달 단계에 그대로
적용될 수는 없다는 것이다. 영·유아의 경우에 평화교육의 비중이 이해나 인식보
다는 참여적 성격이 큰 것이 예이다. 영·유아의 경우 성인에 비해 지적 발달의17)
한계로 이해와 인식적 성격의 평화교육 비중을 줄일 수밖에 없기 때문이다.

이 발달단계의 학습자들에 대한 평화교육은 정서적 차원에서의 접근이 효
과적이다.18) 가치관이나 행동 양식 형성에 어린 시절의 감정체험이 크게 영
향을 미치기 때문이다. 따라서 이 단계의 평화교육은 함께 어울려 노는 가운
데서 평화로운 관계를 경험하는 쪽으로 강조되어야 한다. 그들 사이에 대화적
인 사이좋고 즐거운 관계를 조성하여 평화를 체험하도록 도와야 한다.

영·유아기의 어린아이는 발달 특성상 다른 사람의 관점을 인식하기 어려우
며, 그런 까닭에 자기중심적 성향에서 나온 고집, 혈기, 그리고 욕심이 있다.
이는 언제라도 평화를 깨는 원인으로 작용할 수 있다. 이와 같은 비평화를 조
정하는 행위는 이후의 발달단계에서도 부정적 영향을 끼치게 되므로 교정되
어야 한다. 행위의 변화는 인식에서 시작되지만 영·유아 시기가 구체적 조작

---

16) 김정신, 「영성지향 유아교육과정의 개발」 박사학위논문 (경북대학교 대학원, 2001), 김영
　　주·김민서, 『유아를 위한 영성지향 평화교육활동』 (서울: 학지사, 2012), 35 재인용.
17) 인지 발달은 성인과 비교한 아동의 자적 발달에 관한 이론으로, 대표자는 쟝 피아제(Jean
　　Piaget)이다. 그는 아동의 인지발달단계를 네 단계로 구분했다: 감각운동기, 전조작기, 구
　　체적 조작기, 그리고 형식적 조작기이다(Daniel L. Schacter, *Psychology* [Catherine
　　Woods, 2009], 430). 영유아기는 논리적 사고가 어려운 감각운동기와 전조작기에 해당
　　된다. 이에 대한 내용은 John W. Santrock, *Children* 9th ed. (New York, NY:
　　McGraw-Hill, 1998); John W. Santrock, *Life-Span Development* 9th ed. (Boston,
　　MA: McGraw-Hill College, 2004), Chapter 8 참고.
18) 정웅섭, "교회의 평화교육", 김성재 편, 『평화교육과 민중교육』 (서울: 풀빛, 1990), 155.

기 이전 단계라는 점을 생각하면 그림을 이용한 이해 추구가 효과적이다. 먼저 그림책을 보고 인물을 중심으로 대화를 나누고 관련된 활동을 하는 방식을 사용할 수 있다.

예를 들어, 『우리는 친구』라는[19] 그림책을 보고 "고릴라는 왜 외로웠을까? 친구들도 고릴라처럼 외로웠던 적이 있니?, 고릴라와 예쁜이는 어떻게 친구가 될 수 있었을까?, 그림책 속의 고릴라와 예쁜이처럼 마음이 통하는 친구가 있니? 우리 반에는 어떤 친구들이 있니? 모두 좋은 마음으로 잘 지내고 있니?, 친하고 싶은 친구들이 있니? 어떻게 하면 친해질 수 있을까?"라는 질문으로 대화를 한다.[20] 이후에는 주로 동작과 감각이 동원되는 몸짓, 춤, 표현하기 (그림), 노래, 극놀이 등의 활동을 할 수 있다.

2. 아동기

아동기의 폭력은 장난으로 보기 쉽다. 아동들은 서로 놀리거나 장난을 치는

19) Anthony Browne, *Little Beauty*, 장미란 역, 『우리는 친구』 웅진 세계그림책 125 (서울: 웅진주니어, 2008). 이 밖에 활용할 수 있는 영·유아 발달단계의 평화교육에 이용할 수 있는 그림책에는 다음과 같은 것들이 있다. Marcus Pfister, *The Rainbow Fish*, 우미경 역, 『날 좀 도와줘 무지개 물고기!』 네버랜드 Picture books 세계의 걸작 그림책 77 (서울: 시공사, 1996); Uri Shulevitz, *Dawn*, 강무환 역, 『새벽』 네버랜드 Picture Books 세계의 걸작 그림책 20 (서울: 시공주니어, 1994); Anthony Browne, *The Tunnel*, 장미란 역, 『터널』 그림책은 내 친구 2 (서울: 논장, 2002); 김춘효 글, 오정택 그림, 『마음을 보았니?』 네버랜드 우리 걸작 그림책 21 (서울: 시공주니어, 2009); Laurence Lecerf, and Maryse Guittet, *Jos´ephine `a la piscine*, 한미선 역, 『수영장에 간 조세핀』 슈타이너 테마 동화. 사고력이 향상되는 생각하는 이야기 1 (서울: 한국슈타이너, 2002); 베스트 세계창작 그림책버스 18 (서울: 한국슈타이너, 2015); Janice M. Udry and Marc Simont, *A Tree is Nice*, 강무홍 역, 『나무는 좋다』 네버랜드 Picture Books 세계의 걸작 그림책 105 (서울: 시공주니어, 1997); Molly G. Bang, *When Sophie Gets Angry Really Really Angry*, 박수현 역, 『소피가 화나면, 정말 정말 화나면』 작은 곰자리 22 (서울: 책읽는곰, 2013); Anita Lobel, *How the rooster saved the day*, 엄혜숙 역, 『아침 해를 구한 용감한 수탉』 네버랜드 Picture Books 세계의 걸작 그림책 193 (서울: 시공주니어, 2008).

20) 김영주 외, 『유아를 위한 영성지향 평화교육활동』, 94, 99.

데 이것이 지나치게 되면 폭력적 성격을 띠게 된다.21) 물론 동무들 간에 흠을 잡아 놀리거나,22) 다투는 행동에 어떤 악의가 있다기보다 어린이다운 천진함에서 나온 것으로 보아야 한다는 의견도 있다. 그러는 가운데 사회의식이 성장하고 인간관계를 다져간다는 것이다.23) 놀림이 일종의 사회화 기능을 한다는 것은 인정하지만 한편으로 평화를 깨뜨리고 상대에게 상처를 안겨주는 것도 사실이다.24) 그러므로 싸움으로 번지기 쉬운 놀림을 인정하기보다 사이좋게 놀도록 이끌어야 할 것이다.

하지만 보다 중요한 사실은 아이들의 놀림 행위에서 볼 수 있듯이 갈등이나 비평화를 조장하는 것이 인간 본성에 속한 것일 수 있다는 점이다. 예를 들어, 두 명이 한 조가 되어 의자 하나를 주고 의자에 앉은 아이에게 손을 대지 않고 일으켜보라고 했을 때, 아이를 강제로 밀쳐내지 않고는 방법이 없다고 생각하는 아이들이 있다. 하지만 어떤 아이들은 차례대로 앉는 방법을 택해서 문제를 아주 쉽게 해결했다. 어른 아이 할 것 없이 누군가 이기면 누군가는 져야한다고 생각한다. 하지만 서로 양보하고 협상을 한다면 둘 다 이기는 일이 가능하게 된다.25)

아동들의 일상에서 일어나는 갈등이나 폭력은 아이들이 그것이 무엇인지 모르기 때문에 아무렇지도 않게 행하는 경우가 있다. 그렇기 때문에 무엇이 평화리고 무엇이 평화가 아닌 지를 구별할 수 있어야 한다. 그렇게 하기 위한

---

21) Gudrun Pausewang, *Frieden kimmt nicht von allein*, 민애수 그림·신홍민 역, 『평화는 어디에서 오나요』 웅진책마을 개정판 (서울: 웅진주니어, 2006).

22) 놀리는 내용에는 상대의 외모, 행동 등이 있다. 우리나라에서는 옛날부터 아이들이 남을 놀리면서 부르는 언어유희요로 '풍소요', '놀림노래', '놀림동요' 등으로 부른다. 이를 분류하면 다음과 같다: 사람놀림요, 신체놀림요, 동무놀림요, 동물놀림요. 반항과 항변의 내용도 있는데, 예를 들어, '고자질하는 아이 놀리는 노래', '우는 아이 놀리는 노래', '다투는 아이 놀리는 노래', '성난 아이 놀리는 노래' 등이 있다("놀림유희요", 〈한국민속문학사전〉 [2014]).

23) 전원범, "한국전래동요의 구조 연구: 놀림동요의 반복구조를 중심으로", 「광주교대 초등교육연구」 18:2 (2003), 16; "한국전래놀이동요의 특성과 반복구조", 「세종어문연구」 5·6 (1998).

24) 몇 년 전에는 더러운 돼지라고 놀림을 받던 초등생이 교실에 불을 지른 적이 있다. "'돼지' 놀림 받던 왕따 초등생, 교실에 불 질러", 〈프레시안〉 (2012.6.11).

25) Ashford and Dauncey, *Enough blood shed*, 214-15.

평이한 방법은 책을 통해서이다. 시중에는 아동들을 위한 평화에 관한 서적들
이 여러 권 나와 있다. 이를 이용할 수 있겠다. 예를 들어, 구드룬 파우제방
(Gudrun Pausewang)의 『평화는 어디에서 오나요』라는 동화책이 있다.26)
평화는 다른 사람의 아픔을 제 아픔처럼 여기는 마음에서 오는 것이라는 것
을. 그리고 그와 같은 평화 건설에 참여하는 사람의 특성을 "자기 이익만을
찾지 않는 사람, 알지도 못하는 사람을 도우려고 스스로 자기 것을 포기하는
사람, 다른 사람들과는 달리 불편하지만 올바른 일을 하는 사람" 등으로 소개
하고 있다.27) 어린이들에게는 삶의 모범이 되는 사람들에 대한 소개가 교육
상 중요한데, 평화의 경우도 마찬 가지이다.28)

평화 건설은 위대한 인물들만의 일이 아니다. 평범한 사람들이나29) 어린이
들까지30) 평화를 위해 일 할 수 있다. 평화가 저절로 주어지는 것이 아니고
평화는 인간이 당연히 누려야 할 권리라는 것을 인식하는 사람들은 비평화의
현실을 그대로 두고 볼 수 없다.

하지만 평화는 외적인 형태만을 띠지 않는다. 사실 평화의 본질을 알고 그
것을 유지하기 위해 노력한다면 비평화 현실의 상당 부분을 막을 수 있을 것
이다. 데비 로빈스(Debbie Robins)의 동화는 이와 같은 평화의 본질에 대해
아동들이 생각해 볼 수 있는 책이다. 주인공 '나'가 곰 루서와 함께 유리 감옥

---

26) Gudrun Pausewang, *Frieden kimmt nicht von allein*, 민애수 그림·신홍민 역, 『평화
는 어디에서 오나요』 웅진책마을 개정판 (서울: 웅진주니어, 2006).
27) Pausewang, *Frieden kimmt nicht von allein*, 59.
28) 이에 대해서는 Ivan Suvanjieff and Dawn Gifford Engle, *Peacejam: A billion
simple acts of peace*, 이순미 역, 『노벨 평화상 수상자와 함께하는 평화 학교: 10년 동안
10가지 핵심 문제를 10억 가지 행동으로』 (서울: 다른, 2010); Ken Beller and Heather
Chase, *Great peacemakers: True Stories from Around the World*, 이종훈 역, 『위
대한 평화주의자 20인』 미네르바의 올빼미 35 (파주: 푸른나무, 2010) 참고.
29) 이에 대해서는 馬場千奈津, 『ピースメーカ: 世界で平和をつくる人びと』(*Peace Makers:
Sekai De Heiwa Wo Tsukuru Hitobito*), 이상술 역, 『평화를 심다: 용기와 신념으로
행동하는 사람들의 8가지 이야기』 (파주: 알마, 2009).
30) Janet Wilson, *One peace: True stories of young activists*, 평화네트워크 역, 『하나의
평화: 어린 활동가들 이야기』 (서울: 우리교육, 2013).

에 갇힌 천사 평화를 구하기 위해 세 가지 열쇠를 찾아 떠나는 모험을 그리고 있는데 그 세 가지 열쇠를 수용, 사랑, 그리고 용서라고 말하고 있다.[31]

캐서린 스콜스(Katherine Scholes)의 책은 서술적이어서 흥미를 끌기는 어렵지만, 평화가 무엇이고 평화를 이루는 길이 무엇인지 어린이 수준에서 보여준다. 그가 말하는 평화는 다름을 인정하는 것, 더불어 사는 것, 서로 조금씩 양보하는 것, 그리고 생각의 차이를 좁히는 것 등이다.[32]

또한 아동의 평화교육은 그들의 생활 속에서 이루어져야 한다. 아동들이 갖고 노는 장난감들을 통해서 폭력이 얼마나 생활 가까이에 근접해 있나를 실감케 할 수도 있을 것이다.[33] 하지만 아동에게 학교 현장만큼 많은 시간을 보내는 곳은 없다. 그렇기 때문에 학교 현장의 평화는 중요하다. 초등학교에서의 학교 폭력 문제에 효과적인 프로그램은 '멈춰' 프로그램이다. 이 프로그램은 "1982년 노르웨이에서 학교폭력에 시달리던 학생 3명이 잇따라 목숨을 끊은 사건을 계기로" 개발된 프로그램으로, "폭력 예방 및 상황 발생 시 어떻게 대처해야 하는지에 대한 구체적인 행동지침을 담고 있"다.[34] 이 프로그램은 교회를 통해 교육하고 그것을 배운 학생이 학교에 가서 담임선생님에게 건의해서 실시할 수 있도록 지도할 수 있을 것이다.

3. 청소년기

청소년들의 주 활동 무대는 학교이다. 요즘은 학교하면 떠오르는 것이 집단

---

31) Debbie Robins and Victor Robert, *Where peace lives*, 박현주 역, 『똑똑똑, 평화 있어요?』(서울: 우리교육, 2012), 133.
32) Katherine Scholes and Robert Ingpen, *Peacetimes*, 송성희 역, 『평화는 …』 개정판 (고양: 동산사, 2013).
33) 송남순, "기독교평화교육의 이론과 실제", 대한예수교장로회총회 교육부 편, 『성숙한 교회와 평화교육』(서울: 대한예수교장로회 출판국, 1988), 224-25.
34) 충청북도 교육청, 「실천중심 인성교육 행복한 학교를 위한 2014 '멈춰!' 프로그램 추진 계획」(2014), 2-3; 문재현 외 12인, 『학교폭력, 멈춰!: 보살핌 우정 배움의 공동체』 평화샘 프로젝트 2 (서울: 살림터, 2012) 참고.

괴롭힘이나 학교폭력이다. 학생들은 상대에 대한 배려와 존중이 결여되어 있고, 쉽게 분노를 표출하며, 이기주의가 팽배해 있다.35) 따라서 교회에서의 교육을 말하는 이 글에서 청소년 평화교육은 학교와 실생활에서 청소년들이 교회에서 배운 대로 살아가도록 하는 교육이라 할 수 있다. 교회에서 가르쳐야 할 내용은 폭력과 비평화의 싹인 갈등을 해결하는 기술이다.

갈등에는 자기 내부의 갈등(개인 내), 개인들 사이의 갈등(개인 간), 집단 내부의 구성원들 사이의 갈등(집단 내 갈등), 집단들 사이의 갈등(집단 간 갈등) 등이 있다. 이 같은 여러 갈등상황에서 대체로 갈등을 관리하는 기본적 유형에는 다섯 가지가 있다: 경쟁, 회피, 수용, 타협, 협력.36) 그리고 그 내용을 좀 더 살펴보면 다음과 같다.

[표 1] 갈등 관리 유형의 내용37)

유형	… 할 때 유용함	결과	특성
경쟁	신체적 위협이 있을 때	파워게임, 장기적인 관계의 상실	지배, 학대, 거만함
회피	안전에 대한 위험이 있거나 일이 있을 때	고통, 잘못 생각함	우유부단, 변명, 순종, 겁 많음
수용	다른 사람의 요구가 더 클 때	행동 야기, 분개 가능, 해결 없음	순종, 조용함, 다정함
타협	시간이 없고 분명한 해결책이 있을 때	단기적인 해결 후에 분노의 가능성	솔직함, 안정성, 경청에 능함
협력	시간이 있을 때, 서로가 장기적인 해결책을 바랄 때	만족스러운 장기적 해결	경청에 능함, 수용적, 유능함

---

35) Ruth L. Perlstein and Gloria Thrall, *Conflict-Resolution Activities: Ready-to-Use for Secondary Students*, 정종진 3인역, 『중·고등학생용 갈등해결활동 프로그램: 실생활에서의 갈등대처 전략과 또래 중재 프로그램의 제작 원리』(서울: 시그마프레스, 2006), vii.
36) Perlstein and Thrall, *Conflict-Resolution Activities*, 41.
37) Perlstein and Thrall, *Conflict-Resolution Activities*, 54; 갈등 대처 스타일에 대한 토마스-킬만 유형 분석 도구(Thomas-Killmann Conflict Mode Instrument)도 참조.

갈등 해결을 위해서는 다른 관점을 이해하고, 의사소통이 필요하며, 협력적으로 문제를 해결하고, 중재할 수 있는 능력이 필요하다.[38] 갈등을 줄이는 일은 일종의 기술이나. 그와 같은 기술에는 다음과 같은 것들이 있다.

1) 갈등을 정확하게 파악하라.
2) 나와 갈등하는 '사람'이 아니라, 갈등을 일으키는 '문제'에 집중하라.
3) 서로의 '차이'가 아닌, 서로의 '공통관심사'들을 쭉 나열해보라.
4) 사람들이 싸울 때는 무슨 일이냐고 묻지 마라.
5) 수동적으로 듣기보다는 적극적으로 귀를 기울여라.
6) 싸움터를 떠나 갈등을 풀 수 있는 중립적인 장소를 골라라.
7) 할 수 있는 것부터 시작하라.
8) 용서의 기술은 높이고 복수하고 싶은 충동은 줄여라.
9) 마음을 깨끗하게 하라.[39]

하지만 갈등은 어떤 면에서 인간관계에서 자연스러운 것이고, 변화의 동력이라는 입장이 있다. 이 같은 입장은 갈등을 해결하는 일이 근시안적이고 근본적이지 못하다고 비판한다.[40] 그러면서 갈등 해결의 표피적 성격을 넘어 갈등의 내용뿐만 아니라 상황과 구조를 아울러 다룬다. 갈등 해결은 갈등전환

K. W. Thomas and R. H. Kilmann, *Thomas-Kilmann Conflict Mode Instrument* (Palo Alto, CA: Xicom, 1974). 초등학생을 위한 갈등 해결 프로그램에 대해서는 Beth Teolis, *Ready-to-Use Conflict-resolution activities for elementary students*, 정종진 외 3인역, 『초등학생용 갈등해결활동 프로그램: 폭력이 없는 평화로운 학교 만들기』 (서울: 시그마프레스, 2005)를 참고. 그리고 좀 더 전문적인 갈등 해결 내용과 관련해서는 Allan Edward Barsky, *Conflict resolution for the helping professions*, 한인영·이용하 공역, 『갈등해결의 기법』 (서울: 시그마프레스, 2005) 참고.

38) 이에 대해서는 Perlstein and Thrall, *Conflict-Resolution Activities*, 4-7장 참조.
39) McCarthy, *I'd Rather Teach Peace*, 126-32.
40) John Paul Lederach, *Little book of conflict transformation*, 박지호 역, 『갈등전환: 갈등을 바라보는 새로운 패러다임』 KAP 정의와 평화 실천 시리즈 3 (춘천: KAP, 2014), 16-17.

으로 이어져야 한다고 본다. 갈등 해결과 갈등전환을 비교하면 다음과 같다.

[표 2] 갈등 해결 vs. 갈등전환[41]

	갈등 해결적 관점	갈등 전환적 관점
핵심 질문	원하지 않는 상황을 어떻게 종식할 것인가?	어떻게 우리가 원하지 않는 상황을 종식하고, 우리가 추구하는 새로운 것을 일구어갈 것인가?
초점	내용 중심	관계 중심
목적	위기를 가져온 갈등에 대한 해결책과 합의를 이끌어 내는 것	직접적인 해결책을 포괄하는(국한되지 않으면서) 건설적인 변화 프로세스를 촉진하는 것
과정의 발전	눈앞에 닥친 문제의 긴급성에 영향을 받고 만들어진다.	관계 속에 포함된 시스템을 진단하고 다루는 데 관심을 가빈다.
시간 프레임	단기적 차원	중장기적 차원
갈등을 보는 관점	문제를 완화해야 할 필요성을 보여주는 현상이다.	갈등을 주기적인 흐름으로 여긴다. 건설적인 변화를 위해 갈등은 고조되었다가 완화되길 반복하는 흐름이다.

청소년기는 비판력이 싹트고 사물에 대한 이해도가 높아진다. 이와 같은 점을 고려하면 청소년기의 평화교육은 평화를 인식하는 쪽에 비중을 둘 수 있다. 그 인식범위와 내용은 비평화적 현실을 포함하여, 성서적인 평화실현의 원리에까지 이를 수 있다. 비평화의 문제를 다루되 구조적 차원에서까지 다룰 수 있도록 해야 한다. 그러나 그런 문제들의 근본 원인과 해답을 성서로부터 찾을 수 있도록 도와주어야 한다.[42] 그래서 청소년기의 평화교육은 성서연구

---

41) Lederach, *Little book of conflict transformation*, 47.
42) M. Scott Peck, *People of the Lie*, 윤종석 역, 『거짓의 사람들: 악의 심리학』 (서울: 두란노, 1993) 참고.

로부터 시작하는 것이 좋다. 대표적인 성서본문으로는 에스겔 34장 25-29절, 이사야 11장 6-8절, 그리고 누가복음 4장 18-19절 등이다. 나아가 전통적인 신학의 주제들을 평화 차원에서 검토하여 평화를 추구하는 교회는 어떤 교회 인지에 대한 학습도 가능하다.43) 그리고 구체적으로 그와 같은 교회가 어떻게 평화를 이루어갈 것인지에 대한 방안들을 함께 구상하고 모색할 수도 있다.44)

또한 자칫 비판만 하고 대안이 없는 명목적인 교육이 되지 않기 위해서는, 평화를 이루는 사명감을 갖도록 도와주어야 할 것이다. 정서적 차원에서의 사명감을 고취하기 위해서 성서의 본문, 예를 들어, 요한복음 15장 16-20절, 이사야 6장 4-13절 등이나 성만찬, 명상 기도, 그리고 금식 등을 통해 예수의 부르심을 깨닫게 하거나, 평화를 위해 일한 인물 등에 대한 비디오를 감상하거나, 비평화의 희생자들을 접촉하는 등의 프로그램도 유익할 것이다.45)

특히 청소년들에게는 이러한 평화교육을 위해 일하는 자로서 부름을 받았다는 자존감(self-esteem)이 전제되어야 한다. 세계와 타인을 위해 우리 자신을 주는 자로서의 자기 인식이 필요하다.

한편 평화와 관련해 반드시 다루어야 할 주제에 6·25전쟁이 있다. 6·25전쟁은 교훈을 얻기 위해서는 평화적 관점에서 검토되어야 하지만 지나치게 이데올로기적으로 다루어지기 때문이다. 예를 들어, '6·25전쟁을 누가 일으켰느냐' 하는 문제가 교육에서 중심을 차지한다. 이와 같은 물음은 북한을 적대자로 고착 시키는 것 외에는 별 한반도에서의 평화 형성을 위해서는 별로 유익하지 않다. 몇 년 전 박근혜 대통령이 "얼마 전 언론에서 실시한 청소년 역사인식 조사 결과를 보면 고교생 응답자의 69%가 6·25를 북침이라고 응답한

---

43) 이에 대해서는 Susan Thistlethwaite, ed., *A just peace church: The Peace Theology Development Team*, 박종화·서진한 공역, 『정의·평화·교회: 평화신학 정립을 위한 한 시도』(서울: 한국신학연구소, 1989), 51-66 참고.

44) 이에 대해서는 Thistlethwaite, *A just peace church*, 76-110 참고.

45) James B. Mcginnis, "Education for Peace and Justice," *Religious Education* 81(1986), 452-60 참조.

충격적인 결과가 나왔다. 역사는 민족의 혼이라고 할 수 있는데 정말 문제가 심각하다."는 말을 했다. 하지만 다른 언론매체의 조사에 의하면 전국의 10대와 20대, 20대 전경, 그리고 대학생 등에게 동일한 질문에 대해 응답자 전원이 '6·25전쟁은 북한이 남한을 침공해서 일어난 전쟁'이라는 역사적 사실을 정확히 알고 있었다. 북한이 남한을 침략했으니 북침이라고 생각했던 것이다.46) 남침으로 인해 동족상잔(同族相殘)의 비극을 일으킨 북한을 비호해서는 안 되지만 통일의 과업을 이루어야 하는 현재의 상황에서 이와 같은 접근은 도움이 되지 않는다.

청소년은 통일세대로서 살아갈 확률이 높은 세대이다. 그들이 남북한 관계를 이데올로기 차원에서만 본다면 통일은 멀어지고 온전한 한 민족으로서의 통일은 불가능하다. 따라서 6·25전쟁의 경우도 누구보다 어떤 피해가 있었는지, 그리고 그와 같은 전쟁의 원인이 무엇인지에 대한 검토를 통해 평화에 대한 이해도를 높여야 할 것이다.47) 우리나라에서 6·25전쟁은 종결되지 않았다. 휴전상태가 그것을 분명히 말해준다. 대치 상태에서 북한은 시도 때도 없는 도발을 감행하며 우리를 불안하게 한다. 최근에는(2016. 2. 7) 정체가 장거리 미사일인 위성을 발사하여 온 세계가 우려하는 가운데 있다. 이 미사일에 핵탄두를 설치할 경우 피해가 심각할 수 있다. 세계는 핵의 위력과 그 피해가 얼마나 심각한지 경험했다. 청소년들에게 핵에 대한 진상을 알리는 일은 평화를 지켜내야 한다는 결의를 다지게 할 수 있다.

일반적인 전략핵폭탄의 기본 크기 1MT규모의 핵폭탄이 서울시청상공 2500m 고도에서 터졌을 경우, 서울시청을 중심으로 반지름 약 3km의 거리의 모든 것이 폭발과 동시에 200만 명 정도가 '증발'한다. 그리고 반경 6-7km 지역 내의 사람들은 3도 화상을 입게 되고 노출부위가 25%가 넘는 사람들은

---

46) "6·25 정전 60년: '北이 침공했으니 북침 아닌가요'… 용어 헷갈리는 청소년들", 〈동아일보〉 (2013. 6. 25).
47) 이를 위해 이임하, 『10대와 통하는 한국 전쟁 이야기: 왜 전쟁 반대와 평화가 중요할까요?』 10대를 위한 책도둑 시리즈 10 (서울: 철수와영희, 2013) 참고.

몇 초 뒤 실명하며, 피해는 200만 명에 달한다. 이어 9-10km 지역 내에 있는 사람늘에게는 시속 1,000-350km의 후폭풍이 불어 약 진도 7 정도의 지진의 파괴력으로 지상의 90%이상의 건물이 충격으로 파괴되며 인체도 두 동강이 난다. 반경 14-15km 지역에서는 후낙진으로 2주-6개월 안에 약 300만 명이 사망하게 될 것이다. 전체적으로 1,000-1,200만 명이 사망하게 되고 서울 건물의 80-90%가 파괴될 것으로 예상된다. 칼 세이건(Carl Sagan)과 공동저자의 머리글자를 딴 TTAPS(Turco·Toon·Ackerman·Pollaok·Sagan) 이름의 보고서는 핵폭발로부터 살아남은 사람들의 고통을 '산자가 죽은 자를 부러워 하는 세상'(The quick envy the dead)이라고 했을 정도이다.[48] 핵의 가공할 만한 피해를 안다면 청소년이라도 핵무기의 위험을 알리는 일에 나설 수 있을 것이다. 실제로 1986년 캐나다의 고교생 네 명은 학교를 휴학하고 전국을 돌 며 10만 명이 넘는 고등학교 학생들에게 핵무기의 실상을 알렸다.[49] 교회에서 는 핵무기의 폐해를 알리는 내용의 전시를 열수 있겠다.

4. 청년기

청소년기 이후의 평화교육의 내용의 폭은 넓힐 수 있다. 보다 넓은 영역에 서의 주제들, 문제들, 혹은 갈등을 세계시민으로서 모든 인간들에 대한 책임 성의 문제가 다루어질 수 있다. 예를 들면, 제3세계의 문제, 국제적인 평화의 문제, 생태학적 문제, 기술의 문제성 등을 평화교육의 내용으로 다룰 수 있 다.[50] 하지만 이 시대 우리의 청년들에게 더 시급한 문제가 있다.

지금 한국에서 청년은 가장 딱한 세대이다. 그 시기에 누려야 할 모든 것을 포기한 세대이다. '삼포(三抛)세대'는 "불안정한 일자리, 학자금 대출 상황, 기

---

48) "Nuclear winter," 〈Wikipedia: The Free Encyclopedia〉.
49) 이들의 활동은 〈마일 제로〉(Mile Zero)라는 영화로 기록되었다. Ashford and Dauncey, *Enough blood shed*, 224.
50) 윤응진, 『기독교 평화교육론』, 225.

약 없는 취업 준비, 치솟은 집값 등 과도한 삶의 비용으로 연애, 결혼, 출산 3가지를 포기한 세대를 말한다. 경제 불황이 장기화하면서 집 마련과 인간관계까지 포기하는 '오포세대'도 생겨났다."51) 급기야는 꿈과 희망마저 포기한 '칠포세대'까지 출현했다. 청년세대에 대한 이 같은 명칭들은 '88만원 세대'로부터52) 시작되어 20대의 경제적 현실을 드러내고 있다.

아브라함 H. 매슬로우(Abraham H. Maslow)에 따르면 인간의 욕구에는 다섯 단계가 있다: 1단계 생리적 욕구, 2단계 안전에 대한 욕구, 3단계 애정과 소속에 대한 욕구, 4단계 자기존중의 욕구, 그리고 5단계 자아실현의 욕구. 이들 욕구의 단계에서 하위단계의 충족이 없이는 상위단계의 욕구는 불가능하다. 그에 따르면 욕구의 피라미드에서 최하위단계는 생리적 욕구이다. 한국에서 오늘날 청년들이 겪는 문제는 바로 이 단계의 것이다.

청년들의 이 같은 문제는 어디서부터 기인한 것인가? 장하성 교수는 불평등의 주원인이 소득 불평등이라고 한다. 더불어 소득 불평등은 임금과 고용의 불평등 때문이며 이는 기업의 '원천적 분배'가 제대로 작동하지 않았기 때문이라는 것이다. 이 같은 현실은 견고하여서 혁명이 아니고는 해결할 수 없는 지경에까지 이르렀다고 본다. 이와 같은 상황을 교정할 수 있는 계층은 역설적이게도 청년이다. 청년들은 이와 같은 상황에 순응하여 현실을 수용해서는 안 되고 기성세대가 만든 틀에서 벗어나 불평등에 대해 분노하고, 평등을 요구하고, 현실적 방안들을 행동에 옮겨야 한다는 것이다.53)

청년들이 청년을 살리기 위해 나선 경우가 있다. 청년·대학생 1,000여 명이 모인 네트워크 단체 '헬조선을 구하라, 청년혁명'(청년혁명)은 '청년 살리

---

51) "잉여 인생, 삼포세대, NG족…청년 세대의 다른 이름: 세대 지칭 신조어로 살펴본 이 시대 청년층의 초상", 〈주간동아〉 978 (2015.3.9).

52) 우석훈·박권일, 『88만원 세대: 절망의 시대에 쓰는 희망의 경제학』 한국경제대안 시리즈 1 (서울: 레디앙, 2007). 88만 원은 비정규직 평균임금 119만 원에 20대의 평균 소득 비율 74%를 곱해 나온 금액이다.

53) 장하성, 『왜 분노해야 하는가: 분배의 실패가 만든 한국의 불평등』 CAPITALISM IN KOREA II (성남: 헤이북스, 2015).

기 10대 법안 10만 서명운동'을 전개하고 있다.[54] 청년들의 이와 같은 행동
이 평화교육과 무슨 관계가 있는가. 『88만원 세대』에서 우석훈은 승자 독식
이 기정사실화될수록 "사회가 파시즘 형태로 전개될 가능성이 대단히 높다"고
경고한 바 있다. 이를 『촌놈들의 제국주의』에서는 좀 더 세련되게 다듬었다.
요약하면 첫째, 시장과 자원(석유)의 벽에 부딪치고 중산층이 몰락한 한국에
곧 파시즘이 도래한다. 둘째, 중국과 일본 역시 똑같은 고민을 갖고 있으며,
세 나라는 전쟁을 피할 수 없다.[55] 경제적 불평등이 전쟁의 원인이 될 수도
있다는 전망이다.

청년들에게 비평화로 보이는 현실과 세계의 문제들은 다양하다. 청년들은
이와 같은 문제들에 대해 관여하고 해결을 위해 노력할 수 있는 능력이 있다.
평화교육의 내용이 무엇이든 청년들은 그룹을 통해 일을 하는 과정 중에 함께
하는 것으로서의 평화의 속성을 경험할 수 있을 것이다.[56] 그러니까 청년들
의 평화교육은 청년들의 모임을 통해 하는 방식이 효과적이다. 그 모임을 통
해 평화에 관해 공부하고, 그 내용을 직업이나 진로와 연결지어 심화시킬 수
도 있다. 상호 존중의 대화를 익힌[57] 사람들에 의한 평화를 추구하는 모임을
통해 다양한 영역에서의 평화 건설의 가능성이 충분해질 것이다.[58]

---

54) 이에 대해서는 "대통령이 서명운동? 청년들 맞불 서명 나섰다", 〈미디어오늘〉 (2016. 1.
   28) 참고.
55) 우석훈, 『촌놈들의 제국주의』 한국경제대안 시리즈 3 (서울: 개마고원, 2008).
56) 평화 관련 모임의 구성과 진행 등에 대한 내용은 Kay Pranis, *Circle process: A
   new/old approach to peacemaking*, 강영실 역, 『서클 프로세스: 평화를 만드는 새로운/
   전통적 접근방식』 KAP 정의와 평화 실천 시리즈 2 (춘천: Korea Anabaptist Press,
   2012) 참고.
57) 대화에도 일정한 구비 조건이 있다. 또한 적합한 기술도 따라야 한다. 이와 같은 성격의
   대화에 대해서는 Lisa Schirch and David Campt, *The little book of dialogue for
   difficult subjects: A practical, hands-on guide*, 진선미 역, 『공동체를 세우는 대화기
   술: 어려운 대화 직면하기』 KAP 정의와 평화 실천 시리즈 8 (춘천: Korea Anabaptist
   Press, 2015) 참고.
58) 평화 건설을 위한 실제적이고 구체적인 계획 수립을 위해서는 Lisa Schirch, *Little book
   of strategic peacebuilding*, 김가연 역, 『전략적 평화 세우기』 KAP 정의와 평화 실천 시
   리즈 7 (춘천: KAP, 2014) 참고.

5. 통일을 위한 평화교육

  마지막으로 평화와 밀접한 관계에 있는 통일에 대한 논의가 필요하다. 우리
나라에서는 통일 논의가 정부를 중심으로 전개되고 있는데, 정부의 공식적 입
장은 민족공동체 통일방안이다.59) 이는 교류협력을 통한 단계적·점진적으로
통일을 추진하는 정책이다.60) 이는 통일의 방향을 정해 놓은 정책인데, 통일
교육은 이 정책을 바탕으로 시행된다. 통일업무 당당부서인 통일부 산하기관
인 통일교육원은 통일교육을 주관하고 있는데, 그 목표는 미래지향적 통일관,
건전한 안보관, 그리고 균형 있는 북한관이다. 이에 따라 통일교육에서 주안
점으로 삼아야 할 내용들은 통일문제에 대한 관심 제고 및 통일의지 확립, 한
반도 통일시대를 위한 통일준비 역량 강화, 자유민주주의 가치에 대한 확신
및 민주 시민 의식 함양, 민족공동체를 형성하기 위한 노력, 국가안보의 중요
성 인식, 북한 실상에 대한 올바른 이해 등이다.61) 이 중에서 '한반도 통일시
대를 위한 통일준비 역량 강화', '민족공동체를 형성하기 위한 노력'이 평화와
관련 있다.
  통일과 평화를 연계 시킬 수 있는 지점, 곧 통일을 위한 평화교육의 내용은
남북 간의 갈등 해소로 수렴된다. 한만길은 이 점을 중심으로 통일을 위한 평
화교육의 내용을 다음과 같이 말한다. 남북 간의 갈등과 적대감 해소를 위한
상호 이해와 화해를 추구하는 자세 함양, 한반도를 둘러 싼 전쟁과 폭력의 가
능성과 국내외적인 평화 저해 요인에 대한 인식을 통해 한반도에서의 평화 정
착의 중요성을 인식, 사회적 화합과 안정을 추구하는 데 필요한 계층 간 갈
등, 이념적 차이 해소를 위한 노력 등.62)

---

59) 통일정책은 정권의 입장에 따라 변천을 겪어왔다. 예컨대 김대중, 노무현 정권에서는 남북
   한간의 평화와 화해 협력을 추구하는 평화공존과 평화적인 통일을 지향하는 정책을 추진
   했다. 한만길, 『통일교육의 이론과 실천』 (서울: 교육과학사, 2001), 39.
60) 이에 대한 내용은 한만길, 『통일에 대비하는 교육통합 방안 연구』 연구보고 RR 2012-07
   (서울: 한국교육개발원, 2012), 28-30 참고.
61) 『2014 통일교육지침서: 학교용』 (서울: 통일부 통일교육원, 2014), 9-14.

하지만 여기서 잠시 통일교육에 대한 입장을 뒤돌아볼 필요가 있다. 위에서 살펴본 통일교육 관련 내용들은 정부가 주도하는 정치적으로 정위된 것들이라는 점이다. 그것은 그리스도인으로서의 통일교육과 다르다. 교회의 통일교육은 근본적으로 성서적이어야 한다. 즉 정부의 정책에 따라 통일의 범위, 즉 통일의 당위성으로부터 연기된 통일, 그래서 사실상 통일을 바라지 않는 입장에 휘둘려서는 안 된다. 교회에서의 통일교육의 근본적인 전제는 통일은 무조건 이루어야 한다는 사실이다. 이에 대해 오인탁은 다음과 같이 말한다.

> "교회에선 통일의 필연성을 강조하고 앞으로 실현될 통일을 확신하고 이를 그리며 즐거워하면서 … 가능하고 마땅히 요청되는 통일할 수 있는 능력들과 태도들을 도야하고 통일의 원리들을 가르쳐야 할 것이다. 우리는 성경말씀을 분단 상황 아래서 해석하는 훈련을 하여야 할 것이다."[63]

이런 관점에서 오인탁은 통일교육은 사랑학습이어야 한다고 말한다. 원수를 사랑하라는 예수님의 말씀을 따라 북한 주민을 나쁜 공산당 원수가 아니라 우리 형제와 자매로 사랑하는 훈련으로 민족공동체로 살아온 역사를 회복해야 한다고 말한다. 다음으로 통일교육은 갈등의 학습이어야 한다고 한다. 남북은 오랜 기간 동안의 분단 상태를 거치면서 정치l, 경제, 문화, 종교, 그리고 언어에서까지 큰 차이를 보이게 되었다. 이 와 같은 차이를 사실로서 인정하고, 수용할 수 없다면 그것을 인정은 할 수 있어야 한다. 더불어 차이와 다름을 부각시키는 것이 아니라 공통된 것이 무엇인지 동질성을 회복하려는 노력이 병행되어야 한다.[64] 통일교육에 대한 이와 같은 기본 정신을 바탕으로 발달차원에서 어떻게 교육할 것인가가 다음 과제이다.

전체적으로 통일교육은 기본적으로 남과 북이 하나 되는 통일을 이루게 해

---

62) 한만길, 『통일교육의 이론과 실천』, 38-39.
63) 오인탁, "통일교육의 필요성", 「교육교회」 157 (1989), 578.
64) 오인탁, "통일교육의 필요성", 578-80.

달라는 기도로 시작되어야 한다. 그러면서 아동의 경우에는 통일된 조국을 누릴 수 있는 내용으로, 청소년은 북한에 대한 실상을 이념적이 아닌 사회문화적으로 알아보는 프로그램을 진행하고, 청년들은 성서적 탐구를 통한 통일의 당위성에 대한 확신과 북한에 대한 직접적 체험의 기회를 마련할 수 있다.

먼저 아동의 경우, 민족 동질성을 느끼고 회복하도록 도울 수 있는 민속놀이를 배우는 시간을 마련할 수 있다.65) 닭싸움, 제기차기, 널뛰기, 비석치기, 달리기 등은 남북 어린이가 함께 즐길 수 있는 놀이이다. 여기서 더 나아간다면 북한의 놀이를 익히는 시간을 가질 수 있다.66)

청소년 역시 민족 동질성 회복과 북한 이해를 위해 이북 5도의 특성, 풍물, 사투리, 지리, 역사 들을 공부할 수 있다. 구체적으로 언어의 경우, 남과 북이 쓰는 같은 말 다른 뜻을 퀴즈를 통해서 배울 수 있다.67) 나아가 또래에 관심이 많은 청소년들과 북한 청소년들의 생활과 문화에 대해 알아볼 수 있다.68)

청년의 경우, 통일의 당위성을 뒷받침해줄 수 있는 성서연구를 할 수 있다. 나아가 통일은 정치적이 아닌 사람의 통합이라는 사실이라고 볼 때 서로에 대해 마음을 여는 교육이 필요한데, 우선은 남한의 기독 청년들이 그리해야 한다. 이와 같은 목적을 달성하기에 좋은 방법은 소위 통일여행을 하는 것이다 북중 접경지역으로 가 북한 땅을 단순히 바라보는 것이다. "그냥 거기를 보았다는 것, 거기에 서있었다는 것, 북한이 지적인 한 기도처에서 북한을 바라보며 기도를 했다는 것, … 압록강 강가에서 고기를 잡고 있는 북한 어른의 키가 아이만한 것, 여전히 복구되지 않은 전쟁 폐허들을 보았다는 것 …". 그런 것들이 우리가 "이들과 한 민족이라고 하는, 내가 이들과 결코 상관없는 사람이 아니라고 하는 집단무의식을 일깨"울 것이다.69)

---

65) 김경진·배한숙, "반나절 통일 축제", 「교육교회」 158 (1989), 864-70 참고.
66) 이상배·최진이, 김성종 그림, 『북한 어린이들은 어떤 놀이를 할까』 (서울: 파랑새어린이, 2001); 도유호 외, 『북한학자가 쓴 조선의 민속놀이』(서울: 푸른숲, 1999) 참고.
67) "통일을 위해 기도하는 어린이: 북한 땅에 대해 관심 갖기", 「교육교회」 445 (2015), 127.
68) 남북청소년교류연맹 편, 『문답으로 알아보는 북한 청소년들의 생활과 문화』 2014년도 통일교육 교재 (서울: 남북청소년교류연맹, 2014), 참고.

나아가 통일교육은 통일준비교육이지만 사실은 현실적으로 통일이후 교육이 더 중요하다고 할 수 있다. 통일된 조국을 어떻게 살아내야 할지 모른다면 애써 이룬 통일은 우리의 축복이 아니라 재앙이 될 수 있다. 더구나 통일 이후 시대는 남과 북으로 나뉘어 살던 이질적 동족의 만남이라는 데서 공존의 어려움을 예상케 된다. 다행히 이를 훈련할 수 있는 장과 기회가 있다. 그것은 남한 사회의 북한이탈주민이다. 학습자들이 이들과 어울려 살 수 있도록 선취적으로 지도한다면 통일 이후 우리 사회는 불필요한 갈등을 겪지 않아도 될 것이다. "그렇게 볼 때 북한이탈주민들이 우리 사회에서 잘 적응하고 이 안에서 우리와 진정한 공동체를 이루는 것이 곧 통일 이후를 준비하는 것이다."70)

IV. 나가는 글

우리는 지금까지 평화 교육을 인간발달 차원에서 이해, 인식, 그리고 참여의 차원에서 논의하고 구상해 보았다. 평화교육을 발달적 관점에서 수행한 연구는 드물다. 특정 발달단계의 평화 건설에서의 역할, 특정 발달단계 학습자의 평화에 대한 이해, 그리고 발달단계를 구분하지 않은 프로그램이나 활동 등의 내용으로 논의되고 있다. 이와 같은 시도들은 평화교육을 이론의 차원에서 실천의 차원으로 끌어내는 기여를 하고는 있지만 여전히 미비하며 통전적이지 못하다. 이 논문은 발달적 기독교평화교육은 이 같은 연구 배경의 한계를 극복하기 위해 단계별 평화교육 방안과 영유아에서 노년에 이르는 평생에 걸친 평화교육의 구체적이며 현실적인 방안을 제시하였다.

---

69) 양금희, "통일이후를 준비하는 교회의 통일교육", 「교육교회」 422 (2013), 32.
70) 양금희, "통일이후를 준비하는 교회의 통일교육", 33-34.

이 글을 통해서 알 수 있었던 것은 인간 세계에서 빈번한 폭력과 항상 존재하는 갈등으로 사람들은 불행한 삶을 영위하고 있다는 면에서 평화가 인간의 행복과 긴밀하다는 것, 그리고 평화가 전쟁이나 테러와 같은 물리적 영역뿐만 아니라 인간 내면적인 것으로부터 인간을 둘러 싼 환경들, 예를 들어 가정, 학교, 직장, 환경 등에서 이루어져야 한다는 것이다. 이 말은 평화는 멀리 있는 것이 아니라 바로 우리가 생활하는 공간에서 벌어지는 하나의 기제라고 할 수 있으며, 따라서 이 평화가 정상적으로 작동하기 전에는 여전히 인간의 삶은 불행할 수밖에 없다는 것이다. 한편 인간을 둘러싼 환경은 평화의 범위 또는 영역이 대단히 광범위하다는 것을 보여준다. 인간관계에서부터 자연환경 보전에 이르는 평화의 과제 영역은 아직도 더 추가될 것으로 예상된다. 이렇게 생각하면 평화야말로 우리가 관심을 가져야 할 유일의 주제가 아닌가하는 생각까지 든다. 인간의 모든 영역이 평화에로 수렴되기 때문이다.

그럼에도 불구하고 현실에서 평화에 대한 관심과 논의는 턱 없이 부족하다. 특히 교회 현장에서 '평화'라는 말은 일부 관심 있는 사람들의 정치적 담론으로 얘기되고 있을 뿐이다. 삶과는 무관한, 그리고 무엇보다 말하는 사람이 어떤 책임도지지 않아도 되는 이와 같은 가십식의 행위는 인간 삶의 영역과 차원에서 그리고 일부 지식인의 현학을 벗어나 보통사람들의 책임 있는 과제로 전환되어야 한다.

이 글의 내용은 무엇보다, 교육 참여자들을 평화에 대해 '아는 자'가 아닌 '행하는 자', 즉 평화 건설의 일꾼으로 세우는 데 기여할 수 있을 것이다. 다음으로, 담론적 수준에서 정체되어 있던 기독교평화교육을 실천적이면서 현실적 방향으로 물꼬를 터주는 계기가 될 수 있을 것이다. 나아가, 학습자들을 평화를 일구는 사람으로 양성하는 데 필요한 내용을 심화시키는 연구를 야기시킬 것으로 예상된다.

그런 면에서 이 글은 더욱 발전되어야 한다는 과제를 안고 있다. 당장 교회에서 평화교육이 더 많이 더 적합하게 전개할 수 있는 연구가 있어야 할 것이다. 나아가 이 글은 인간발달과 평화교육의 단계가 만나는 지점에서 논의되었는데, 인간 발달과업차원에서 논의하는 것은 다른 과제가 될 것이다. 발달과업이란 인간발달의 각 단계에서 이루어야 할, 그래야 정상적 인간발달이 가능하다고 여겨지는 내용들을 말한다.[71] 인간의 자연스런 발달과 각 단계에서 성취해야 할 과업이 평화와 연결된다면 인간의 삶은 평화와 그것이 가져다주는 행복에 보다 더 접근할 수 있을 것이다.

교회 평화교육의 방향에 관한 내용은 이 글의 전개 틀인 이해, 인식, 그리고 참여와 일관된다. 평화에 대한 교회교육은 평화에 관한 지적인 이해 이상이어야 한다. 평화교육은 평화를 이룰 수 있는 능력으로의 교육이다. 이런 차원에서 교회의 평화교육은 첫째, 비평화의 현실에 대한 날카로운 비평적 인식의 교육이어야 한다. 세계 어느 곳에서나 눈에 띠는 부정과 불의, 폭력, 전쟁과 테러 등에 대한 현실을 직시하고, 그 원인을 찾아보는 교육이어야 한다. 이는 성서에 나타난 평화 관련 내용에 대한 기존의 연구와는 다른 차원에서의 연구와 성서의 평화 관련 내용을 사회에서의 평화 논의와 비교 연구 하는 과정을 포함해야 한다. 이와 같은 작업을 통해 근거 있는 성서적인 평화 개념을 소유할 수 있다. 이를 바탕으로 교회는 비평화에 대한 농도 짙은 적대심을 키우고, 평화에 대한 진한 애착을 갖도록 이끌어야 한다.

둘째, 교회의 평화교육은 교회의 사명과 연계되어 목회를 개선하는 데 기여해야 한다. 대부분의 목회자들은 목회를 교회 성장과 부흥으로 생각하고 있다. 그렇지 않다. 목회는 말 그대로 양들을 치는 것, 다시 말해 신자들의 신앙이 성장하도록 섬기는 것이다. 이 섬김은 교회의 사명, 즉 케리그마, 레이투르기아, 디다케, 코이노니아, 그리고 디아코니아라는 형식을 통해서 이루어진다. 그런데 이 교회의 다섯 가지 사명이 균형과 조화를 이루는 교회는 드물다. 다섯 가지 사명의 균형과 조화 속에서 이루어지는 평화로운 교회는 이상일 뿐이다. 교회교육은 '평화교회'의 건설에 기여해야 할 것이다. 교회의 목회

---

71) 이에 대해서는 이 분야의 고전인 R. J. Havighurst, *Developmental tasks and education*, 김재은 역, 『발달과업과 교육』 教育新書 213 (서울: 배영사, 1996) 참고.

는 평화가 무엇인지에 대한 설교와 가르침이 베풀어지고, 평화를 체험할 수 있는 예배와 교제가 이루어지며, 평화를 이웃과 나누는 봉사가 이루어지는 방향으로 나아가고 있는지 반성과 전환이 필요하다.

셋째, 교회의 평화교육은 평화를 위해 일하는 일꾼이 되게 하는 교육이어야 한다. 평화교육은 이미 이루어진 타세상적 평화만을 바라는 것이 아니라, 그것을 앞당기고자하는 이 세상에서의 노력이어야 한다. 교회는 이 세상에 하나님의 나라를 건설하는 일에 힘써야 한다. 그 나라는 다름 아닌 평화가 이루어지는 나라이다. 이는 정치적으로 보여 회피할 수 있으나 필요한 정치적 행위 없이는 평화로운 하나님 나라의 건설은 불가능하다. 그런 면에서 교회의 평화교육은 정치적이다. 평화 건설의 현장은 교회만일 수 없다. 비평화가 일어나는 하나님과 인간, 사람과 사람, 인간과 자연을 포함하는 영역 모두가 평화의 일터이다. 이런 면에서 정치를 사람과 사람의 살아가는 관계를 가장 바람직하게 이끌어 가는 행위라고 볼 때, 평화를 이루는 교육은 정치적이라 할 수 있다. 평화를 이루는 교육은 평화가 없어 비뚤어지고 일그러진 세상을 곧게 펴는, 변화를 일으키는 정치적 교육이어야 한다.

■ **참고문헌**

김경진·배한숙. "반나절 통일 축제". 「교육교회」 158 (1989): 864-70.

김기숙. "평화지향적 통일교육을 위한 기독교교육의 방향성 고찰". 「기독교교
　　육정보」 37(2013): 1-29.

김도일. 『조화로운 통일을 위한 기독교교육』 남북한평화신학연구소 연구총서
　　6. 서울: 나눔사, 2013.

김명희·신화식. "유치원 평화교육 프로그램을 위한 교육활동의 실제-몬테소
　　리 이론을 중심으로". 「Montessori 교육연구」 7. (2002): 39-61.

남북청소년교류연맹 편. 『문답으로 알아보는 북한 청소년들의 생활과 문화』
　　2014년도 통일교육 교재. 서울: 남북청소년교류연맹, 2014.

노용균·유영훈. "국내 학회지의 연령 구분법과 노인 기준 연령". 「노인병」
　　2:1 (1998): 82-88.

도유호 외. 『북한학자가 쓴 조선의 민속놀이』. 서울: 푸른숲, 1999.

馬場千奈津. 『ピースメーカ: 世界で平和をつくる人びと』. Peace Makers: Sekai
　　De Heiwa Wo Tsukuru Hitobito). 이상술 역. 『평화를 심다: 용기와 신념
　　으로 행동하는 사람들의 8가지 이야기』. 파주: 알마, 2009.

문재현 외 12인. 『학교폭력, 멈춰!: 보살핌 우정 배움의 공동체』 평화샘 프로
　　젝트 2. 서울: 살림터, 2012.

민영진. "구약에서 본 샬롬". 대한예수교장로회총회 교육부 편. 『성숙한 교회
　　와 평화교육』. 서울: 대한예수교장로회 출판국, 1988), 21-30.

박경순. "한국의 기독교 평화교육의 연구 경향과 미래적 과제". 「기독교교육
　　논총」 40 (2014): 13-46.

박종석. "평화의 영역과 기독교교육의 과제". 「신학과 선교」 27 (2002):
　　195-217.

＿＿＿. "한국 기독교 평화교육의 반성과 방향". 「한국기독교신학논총」 24:1
　　(2002): 333-52.

박향숙. "신생 성인기'를 위한 기독교신앙교육". 「기독교교육논총」 37 (2014): 295-323.

송남순. "기독교평화교육의 이론과 실제". 대한예수교장로회총회 교육부 편. 『성숙한 교회와 평화교육』. 서울: 대한예수교장로회 출판국, 1988: 224-25.

양금희. "평화를 위한 기독교교육". 「교육교회」 314 (2003.6): 17-22.

_____. "통일이후를 준비하는 교회의 통일교육". 「교육교회」 422 (2013): 29-34.

오인탁. "통일교육의 필요성". 「교육교회」 157 (1989): 573-80.

우석훈. 『촌놈들의 제국주의』 한국경제대안 시리즈 3. 서울: 개마고원, 2008.

_____·박권일. 『88만원 세대: 절망의 시대에 쓰는 희망의 경제학』 한국경제대안 시리즈 1. 서울: 레디앙, 2007.

유박영. "가령과 성별 특이 생리현상에 따른 삶의 질". 「노인병」 1:2 (1997): 13-34.

유재덕. "한반도 문제와 기독교 평화교육". 「기독교교육논총」 37 (2014): 145-66.

윤응진. "기독교 평화통일교육을 위한 이론 정립의 방향 모색". 「한국기독교신학논총」 12:1(1995): 204-44.

_____. "테러리즘과 기독교교육: 9·11테러 이후의 기독교교육의 과제들에 대한 숙고". 「기독교교육논총」 11 (2004): 25-62.

_____. 『기독교 평화교육론』. 오산: 한신대학교출판부, 2001.

_____. "기독교 평화통일 교육을 위한 이론정립의 방향 모색". 「한국기독교신학논총」 12:1 (1995): 204-44.

이금만. "평화통일을 위한 교회교육의 방향 모색". 「기독교교육정보」 24. (2009): 425-48.

이상배·최진이. 김성종 그림. 『북한 어린이들은 어떤 놀이를 할까』. 서울: 파랑새어린이, 2001.

이숙종. "평화를 위한 코메니우스의 신학과 교육사상과의 관계성". 「기독교교육정보」 6(2003): 240-65.

이임하. 『10대와 통하는 한국 전쟁 이야기: 왜 전쟁 반대와 평화가 중요할까
요?』 10대를 위한 책도둑 시리즈 10. 서울: 철수와영희, 2013.

장하성. 『왜 분노해야 하는가: 분배의 실패가 만든 한국의 불평등』 CAPITALISM
IN KOREA II. 성남: 헤이북스, 2015.

전원범. "한국전래동요의 구조 연구: 놀림동요의 반복구조를 중심으로". 「광
주교대 초등교육연구」 18:2 (2003): 1-20.

_____. "한국전래놀이동요의 특성과 반복구조". 「세종어문연구」 5·6 (1998).

정웅섭. "교회의 평화교육". 김성재 편. 『평화교육과 민중교육』. 서울: 풀빛,
1990.

조성자. 『몬테소리 평화교육의 이론과 실제』. 서울: 파란마음, 2012.

충청북도 교육청. 「실천중심 인성교육 행복한 학교를 위한 2014 '멈춰!' 프로
그램 추진 계획」(2014).

한만길. 『통일교육의 이론과 실천』. 서울: 교육과학사, 2001.

_____. 『통일에 대비하는 교육통합 방안 연구』 연구보고 RR 2012-07. 서
울: 한국교육개발원, 2012.

홍순정·최석난·신은수. "평화교육 프로그램개발을 위한 기초연구I: 한국 어린
이의 사회문화적환경과 사회적 갈등 이해에 대한 분석". 『한국영유아보육
학회지』 4 (1995): 69-102.

『2014 통일교육지침서: 학교용』. 서울: 통일부 통일교육원, 2014.

"통일을 위해 기도하는 어린이: 북한 땅에 대해 관심 갖기". 「교육교회」 445
(2015): 127-29.

Arnett, Jeffrey J. "Emerging adulthood: A theory of development from
the late teens through the twenties." *American Psychologist* 55:5
(2000): 469-80.

Ashford, Mary-Wynne. and Dauncey, Guy. *Enough blood shed: 101*

solutions to violence, terror, and war. 추미란 역. 『평화 만들기 101:
우리가 꿈꾸는 전쟁 없는 세상』. 파주: 동녘, 2011.

Bainton, Roland H. *Christian Attitudes toward War and Peace.* 채수
일 역. 『전쟁·평화·기독교』. 서울: 대한기독교출판사, 1981.

Barsky, Allan Edward. *Conflict resolution for the helping professions.*
한인영·이용하 공역. 『갈등해결의 기법』. 서울: 시그마프레스, 2005.

Beller, Ken. and Chase, Heather. *Great peacemakers: True Stories
from Around the World.* 이종훈 역. 『위대한 평화주의자 20인』 미네르
바의 올빼미 35. 파주: 푸른나무, 2010.

Bernstein, Douglas. Penner, Louis A. and Clarke-Stewart, Alison. Roy,
Edward. *Psychology Study Guide* 8th Ed. Cengage Learning, 2007.

Brody, S. J. *Longterm care of older people: A practical guide.* New
York: Human Science Press, 1977.

Galtung, Johan. *Peace by Peaceful Means.* 이재봉 외역. 『평화적 수단에
의한 평화』. 서울: 들녘, 2000.

Havighurst, R. J. *Developmental tasks and education.* 김재은 역. 『발달
과업과 교육』 教育新書 213. 서울: 배영사, 1996.

Hershberger, Guy Franklin. *War, peace, and non-resistance: A classic
statement of a mennonite peace position in faith and practice.* 최봉기
역. 『전쟁, 평화, 무저항: 신앙과 실천으로 보는 메노나이트의 평화 개념』.
대전: 대장간, 2012.

Kittel, Gerhard Friedrich. *Theological Dictionary of the New Testament.*
번역위원회 역. 『신약성서 신학사전』. 서울: 요단출판사, 1986.

Lederach, John Paul. *Little book of conflict transformation.* 박지호 역.
『갈등전환: 갈등을 바라보는 새로운 패러다임』 KAP 정의와 평화 실천
시리즈 3. 춘천: KAP, 2014.

McCarthy, Colman. *I'd Rather Teach Peace.* 이철우 역. 『비폭력 평화수

업: 평화를 원한 다면 평화를 가르치십시오』 개정판. 양평: 책으로 여는 세상, 2013.

Mcginnis, James B. "Education for Peace and Justice." *Religious Education* 81(1986): 452-60.

Pausewang, Gudrun. *Frieden kimmt nicht von allein*. 민애수 그림·신홍민 역. 『평화는 어디에서 오나요』 웅진책마을 개정판. 서울: 웅진주니어, 2006.

Peck, M. Scott. *People of the Lie*. 윤종석 역. 『거짓의 사람들: 악의 심리학』. 서울: 두란노, 1993.

Perlstein, Ruth L. and Thrall, Gloria. *Conflict-Resolution Activities: Ready-to-Use for Secondary Students*. 정종진 3인역. 『중·고등학생용 갈등해결활동 프로그램: 실생활에서의 갈등대처 전략과 또래 중재 프로그램의 제작 원리』. 서울: 시그마프레스, 2006.

Pranis, Kay. *Circle process: A new/old approach to peacemaking*. 강영실 역. 『서클프로세스: 평화를 만드는 새로운/전통적 접근방식』 KAP 정의와 평화 실천 시리즈 2. 춘천: Korea Anabaptist Press, 2012.

Robins, Debbie. and Robert, Victor. *Where peace lives*. 박현주 역. 『똑똑똑, 평화 있어요?』. 서울: 우리교육, 2012.

Santrock, John W. *Children* 9th Ed. New York, NY: McGraw-Hill, 1998.

Santrock, John W. *Life-Span Development* 9th Ed. Boston, MA: McGraw-Hill College, 2004.

Schacter, Daniel L. *Psychology*. Catherine Woods, 2009.

Schirch, Lisa. and Campt, David. *The little book of dialogue for difficult subjects: A practical, hands-on guide*. 진선미 역. 『공동체를 세우는 대화기술: 어려운 대화 직면하기』 KAP 정의와 평화 실천 시리즈 8. 춘천: Korea Anabaptist Press, 2015.

Schirch, Lisa. *Little book of strategic peacebuilding*. 김가연 역. 『전략적 평화 세우기』 KAP 정의와 평화 실천 시리즈 7. 춘천: KAP, 2014.

Scholes, Katherine. and Ingpen, Robert. *Peacetimes*. 송성희 역. 『평화는 …』 개정판. 고양: 동산사, 2013.

Suvanjieff, Ivan. and Gifford, Dawn. Engle, *Peacejam: A billion simple acts of peace*. 이순미 역. 『노벨 평화상 수상자와 함께하는 평화학교: 10년 동안 10가지 핵심 문제를 10억 가지 행동으로』. 서울: 다른, 2010.

Teolis, Beth. *Ready-to-Use Conflict-resolution activities for elementary students*. 정종진 외 3인역. 『초등학생용 갈등해결활동 프로그램: 폭력이 없는 평화로운 학교만들기』. 서울: 시그마프레스, 2005.

Thistlethwaite, Susan. Ed. *A just peace church: The Peace Theology Development Team*. 박종화·서진한 공역. 『정의·평화·교회: 평화신학 정립을 위한 한 시도』. 서울: 한국신학연구소, 1989.

Thomas, K. W. and Kilmann, R. H. *Thomas-Kilmann Conflict Mode Instrument*. Palo Alto, CA: Xicom, 1974.

Wilson, Janet. *One peace: True stories of young activists*. 평화네트워크 역. 『하나의 평화: 어린 활동가들 이야기』. 서울: 우리교육, 2013.

"'돼지' 놀림 받던 왕따 초등생, 교실에 불 질러". 〈프레시안〉 (2012.6.11.).

"6·25 정전 60년: '北이 침공했으니 북침 아닌가요'··· 용어 헷갈리는 청소년들". 〈동아일보〉 (2013. 6. 25).

"놀림유희요". 〈한국민속문학사전〉 (2014).

"대통령이 서명운동? 청년들 맞불 서명 나섰다". 〈미디어오늘〉 (2016. 1. 28).

"잉여 인생, 삼포세대, NG족···청년 세대의 다른 이름: 세대 지칭 신조어로 살펴본 이 시대 청년층의 초상". 〈주간동아〉 978 (2015.3.9.).

"Emerging adulthood and early adulthood." 〈Wikipedia: The Free

170 평화와 통일(1집 1호, 2016)

Encyclopedia〉.

"Nuclear winter." 〈Wikipedia: The Free Encyclopedia〉.

http://psychology.about.com/od/piagetstheory/p/preoperational.htm

http://www.nis.go.kr

Peace Education based on Human Development Stages

Jong-Seok Park

(Professor, Christian Education)

ABSTRACT

Peace is a possible topic to be discussed in the various areas. Peace is a virtue required for the relationship between God and man. And it is an ideal to be achieved among humans and between humans and the world. But the reality conditions, the hostility among man and nation, prevent peace. In particular, the problem of peace in our divided nation is connected with survival. Most of the discussion on peace is closely linked with the political in nature and its related unification become the task of a particular interest group in this situation. Christian Education field is similar to that. References to peace education such as history and problems of peace education, take our principle nod, but that's it. Those mentions are helpless on bring up doing peace worker.

This article is based on the premise that living peace is different from spoken peace. Peace as lifestyle should be taken by all human development range from infant to young adult.

Educational process for the peaceful human formation are understanding, awareness and participation stages. Understanding is an acquiring knowledge and information stage in the perception dimension. Recognition is an holistic accept obtained knowledge or information. Participation, a natural follow-up actions of two ahead steps, is a peace construction phase. This article mentions on relationship between these stages and human development with suggesting alternatives.

The conclusions are: First, peace education should be a sharp critical awareness of the reality of non-peace. Second, peace education must contribute to the improving mission of the church. Last, peace education should bring up worker for peace.

KEY WORDS Discourse on peace, stages of peace education, human development, critical awareness, holistic acceptance, constructive behavior

02

화해(和解)

구약에 나타난 화해의 기술

박영준
서울신학대학교, 구약학
독일 Heidelberg 대학교 신학과(Dr. theol.)

구약에 나타난 화해의 기술

박영준 박사 (구약학)

국문요약

한반도의 평화통일은 우리 모두가 바라며 꼭 이루어야 할 모두의 과제이지만, 이것은 우선 남북한의 갈등이 해소되고 평화로운 화해의 과정을 거쳐야 가능하다. 그러나 이러한 화해를 위해서는 화해의 필요성에 대한 인식과 그 기술이 필요하다. 본 논문에서는 이를 위해 화해의 기술의 모델을 구약 본문에서 찾아 해석하여 적용할 것이다. 본 논문은 구약의 화해를 두 가지의 범위로 나누었다. 바로 인간 사이의 화해와 하나님과 인간 사이의 화해이며 각 세 가지 본문을 다루었다. 인간 사이의 화해부분에서는 첫째, 야곱과 에서 사이의 화해(창 32:1-33:20), 둘째, 요셉과 형제들 사이의 화해(창 42:1-45:28), 셋째, 속건제 규정에 나타난 화해를 분석하고 적용하였다(레 5:14-6:7). 하나님과 인간 사이의 화해에서는 비의도적인 죄에 대한 속죄제에 나타난 화해(레 4:1-35), 의도적인 죄를 지은 다윗의 경우에 나타난 화해(삼하 11:1-12:13. 참고, 시 51:1-12; 삼상 15:1-35), 고난 받는 종의 본문에 나타난 화해(사 52:13-53:12)를 다루었다. 논문의 끝부분에서는 결론과 함께 한반도 통일을 위한 제언을 하였다.

주제어 통일, 화해, 구약, 야곱, 요셉, 고난 받는 종

I. 서 론

한반도의 평화통일은 우리 모두가 바라며 꼭 이루어야 할 모두의 과제이지만, 이것은 우선 남북한의 갈등이 해소되고 평화로운 화해의 과정을 거쳐야 가능하다. 화해를 위해서는 화해의 필요성에 대한 인식과 그 기술이 필요하다. 하지만 현재 남북한의 상황뿐만 아니라 현대 사회는 서로의 화해를 위한 이해와 배려의 부재뿐만 아니라 그 필요성조차 느끼지 못하는 사회가 되어버렸다. 이러한 사회 풍토는 남북한 평화통일을 위한 여러 분야에서의 진척을 어렵게 하는 요인이 되고 있다. 사실 화해를 위한 기술의 부족은 비단 남북의 문제뿐만 아니라 개인 간의 문제이기도 하다. 또한 종교적으로 이것은 하나님과 인간 사이의 문제이기도 하다. 본 논문에서는 이렇게 우리 사회에 필요하지만 부족한 화해의 기술의 모델을 구약 본문에서 찾아 해석하여 적용하고자 한다.

왜 구약의 화해의 기술이 필요한가? 구약은 신약과 함께 우리 기독교인들이 하나님은 어떤 분이신지 알 수 있는 유일한 책이다. 과거 이스라엘 역사에서 하나님은 자신을 스스로 계시 하셨고 인간들과 함께 하셨고 그분의 뜻에 따라 그들을 이끄셨다. 우리는 이러한 구약을 단지 축자적 의미만이 아니라 주석과 해석의 과정을 통해서 하나님께서 원하시는 삶의 자세를 교훈으로 배워야 한다. 이것이 구약에서 화해를 위한 기술을 찾아 적용해야 하는 이유이다. 세상을 창조하시고 질서를 세우셨고, 그것을 여전히 유지하시는 하나님의 뜻을 구약을 통해 알 수 있다. 이것은 주석과 해석의 과정을 통해 가능하며, 이 과정을 거친 결과물을 우리의 삶에 적용해야 한다. 특히 본 논문은 현재 우리 사회에 가장 필요한 "화해"라는 삶의 자세의 필요성과 그 기술을 구약을 통해 알아 적용해야 할 것이다. 본 논문의 이러한 목적은 사회의 화해와 통합은 물론 남북한의 화해와 평화통일을 위해 필수적인 것이다. 이를 위해 본 논문은 구약의 각 본문의 장르에 따른 주석 방법론을 사용하여 그 본문의 일차적 의미를 밝힐 것이다. 둘째로 이렇게 드러난 주석적 의미를 현재 우리의 상황에서 해석하여 화해의 기술이라는 주제로 적용할 것이다. 이러한 본 논문의 목표는 더 나아가 평화통일을 위한 우리의 궁극적 목표와 연결될 것이다.

Ⅱ. 인간 사이의 화해

1. 야곱과 에서(창 32:1-33:20)

야곱과 에서에 대한 이야기는 창세기 25:19절에서 시작된다. 여기에서 이 두 형제의 갈등은 예고된다: "그 아들들이 그의 태속에서 서로 싸우는지라."(창 25:22) 그리고 창세기 26:34-28:9절에서 동생 야곱이 형 에서와 아버지인 이삭을 속여 장자권과 축복을 빼앗는다. 여기에서 갈등의 근본적인 이유가 묘사된다. 야곱이 형의 권리를 빼앗았던 것이다. 이후 야곱은 집에서 도망쳐 외삼촌 라반의 집에 거하게 된다. 여기에서 가족과 재산을 얻게 되고 라반의 집을 떠나 고향으로 향하게 된다. 이어지는 창세기 32장부터 야곱과 에서의 화해의 장면이 새로운 이야기로 시작된다. 본 논문은 화해의 장면인 이 부분을 다루려고 한다.

1.1. 분석

1.1.1. 야곱의 첫 번째 행동: 사신으로 화해의 메시지 전하기(창 32:1-5)

야곱은 자신이 그동안 거주하였던 라반의 집에서 나가려고 한다. 왜냐하면 라반을 비롯한 그의 아들들이 생각하기를 야곱이 라반의 소유를 빼앗고 있다고 생각해서 야곱을 미워하였기 때문이었다(창 31:1-2). 그러자 하나님께서 야곱에게 라반의 집을 떠나 조상의 땅과 족속에게로 돌아갈 것을 명령하시며 야곱과 함께 할 것을 약속하신다(창 31:3). 야곱은 하나님의 말씀을 믿고 그 곳을 떠나 고향으로 향한다. 마하나임이라는 곳에서 야곱은 하나님의 사자들을 만나게 되고, 그들을 에돔에 거주하고 있는 형 에서에게 보낸다. 야곱은

사신들을 보내면서 다음과 같이 말한다:

> 그들에게 명령하여 이르되 너희는 내 주 에서에게 이같이 말하라 주의 종 야곱
> 이 이같이 말하기를 내가 라반과 함께 거류하며 지금까지 머물러 있었사오며,
> 내게 소와 나귀와 양 떼와 노비가 있으므로 사람을 보내어 내 주께 알리고 내 주
> 께 은혜 받기를 원하나이다 하라 하였더니. (창 32:4-5)

야곱은 여기에서 자신의 현재의 처지와 자신이 사신을 보낸 목적을 밝힌다. 목적은 "내 주께 은혜 받기를 원하는 것"이다. 물론 여기에서 "주"는 하나님이 아니라 형 에서를 의미한다. 야곱은 스스로를 에서의 종으로 야곱을 주로 부르고 있다. 이러한 야곱의 극존칭에서 우리는 과거의 모습과 매우 상반된 야곱을 볼 수 있으며, 야곱이 에서를 얼마나 두려워하는지를 알 수 있다. 또한 그는 형 에서와의 화해를 간절히 원하고 있음을 알 수 있다.

1.1.2. 야곱의 두려움과 첫 번째 기도(창 32:6-12)

야곱이 에서에게 보낸 사신들이 돌아와 보고를 한다. 답은 간단했다. 형 에서가 야곱의 소식을 듣자 사백 명을 거느리고 야곱을 만나러 온다는 것이었다. 본문에는 에서가 야곱을 죽이러 오는지 아니면 야곱의 바람대로 화해를 하러 오는 것인지 분명하게 묘사되어 있지 않다. 그러나 이 소식을 들은 야곱은 자신의 것을 잃을까봐 몹시 두려워한다. 그는 에서가 와서 자신을 공격하고 재산을 빼앗을까 두려워서 작전을 짜기 시작한다. 성서에서 묘사하고 있는 야곱은 욕심이 많고 꾀가 많은 사람이다. 에서의 소식을 듣자마자 그는 자신의 재산과 가족을 보호하려고 조치를 취한다. 그 후에 야곱은 하나님께 기도한다.

> 내가 주께 간구하오니 내 형의 손에서, 에서의 손에서 나를 건져내시옵소서 내
> 가 그를 두려워함은 그가 와서 나와 내 처자들을 칠까 겁이 나기 때문이니이다.
> (창 32:11)

야곱의 기도에서 우리는 그가 자신의 소유가 훼손될까 매우 걱정하고 있다는 것을 알 수 있다. 야곱은 에서와 화해하고 싶어 하지만 재산이나 가족을 잃을까 두려워한다. 이어지는 본문에서 살펴보겠지만, 야곱은 본인이 갖고 있는 것이 "자신"의 것이라고 생각하고 아직 이것을 놓지 못하고 있다. 아마도 현재 상태에서 야곱은 만약 "자신"의 소유를 잃는 다면 에서와의 화해를 유예할 지도 모른다. 첫 번째의 이 기도에서 하나님은 응답하지 않으신다. 하나님이 보시기에 야곱의 마음이 아직 화해에 대한 간절함이 없다고 생각하신 것 같다. 자신의 것을 포기하지 못하고 타인과의 화해를 바라는 것은 본인의 욕심이다. 만약 화해를 위해 자신의 것을 일부, 혹은 전부를 포기해야 한다면, 소유에 대한 유지가 먼저인지 아니면 화해가 먼저인지를 여기에서 결정해야 한다. 화해는 타인과의 타협이 아니다. 화해가 먼저라면 자신의 것을 내려놓고 그 사람과의 관계 회복에만 집중해야 한다. 그래서 야곱의 첫 번째 행동과 기도에도 야곱이 바라던 화해가 이루어지지 않았을 것이다.

1.1.3. 야곱의 두 번째 행동: 재물로 보상하기(창 32:13-21)

야곱은 첫 번째 밤을 보낸다. 아마 야곱을 잠을 이루지 못했을 것이다. 왜냐하면 화해의 첫 번째 시도에도 성과는 없었고 자신의 소유를 모두 잃어버릴지 모른다는 불안감과 하나님께서 자신의 기도에 응답하시지 않았기 때문이다. 밤새 고민한 끝에 야곱은 자신의 재산을 에서에게 보내기로 결정한다. 무엇보다 이것은 과거 자신이 에서에게서 빼앗은 축복에 대한 보상이다.

> 하나님은 하늘의 이슬과 땅의 기름짐이며 풍성한 곡식과 포도주를 네게 주시기를 원하노라.(창 27:28)

위의 본문은 이삭이 에서 대신 야곱을 축복한 내용이 일부이다. 여기에는 재물에 대한 축복이 포함되어 있으며, 야곱이 형으로부터 빼앗을 이러한 축복의 결과를 형에게 되돌려 주려는 야곱의 마음이 창세기 32:13-21절에 담겨 있다.1) 물론 이것을 뇌물로 보려는 시도도 있으나2) 이것은 단순한 뇌물이 아닌 형 대신 받은 복을 형에게 돌려주려는 야곱의 양심이 드러나 있다. 이 부분에서도 야곱이 얼마나 형을 두려워하며 화해를 간절히 원하는지 알 수 있다. 야곱은 한 번에 자신의 재물을 보내는 것이 아니라 여러 차례에 걸쳐서 재물을 나누어 보내고, 재물을 가져가는 종들에게 이 재물이 야곱이 보낸 것이고 왜 보내는지를 설명하게 한다. 야곱은 이 부분에서 자신의 소유 중 재물을 포기하기로 한다. 야곱이 화해를 위해 조금씩 자신의 것을 포기하는 순간이다. 그러나 하나님께서는 이것만으로 화해를 이루게 하지 않으신다.

1.1.4. 야곱의 세 번째 행동: 가장 소중한 것도 보내기(창 32:22-23)

이제 야곱은 자신의 모든 재물을 에서에게 보내고 밤을 맞이하게 된다. 첫날도 그랬지만 두 번째 밤도 쉽게 이루지 못한다. 야곱은 자신의 재산을 에서에게 보내어 화해하고자 하는 마음을 표현했지만 불안감을 떨쳐내지는 못한 것 같다. 결국 그는 자신의 또 다른 소유인 가족을 포기하기로 한다. 그는 한 밤중에 자신의 아내들과 여종과 아들들과 그들의 소유들을 에서에게 보낸다. 남종은 먼저 야곱의 재산을 끌고 강을 건너 에서에게 갔기에 이제 야곱이 직접 가족들과 남은 소유를 직접 이끌고 강을 건넌다. 야곱은 "자기 것"에 대한 강한 집착을 보이는 인물이었다. 그러나 지금 야곱은 자신의 것, 재산과 가족을 모두 포기하고 형 에서에게 보낸다. 이제 야곱에게 남은 것은 아무것도 없다. 그러나 하나님께서는 이것만으로도 움직여 화해를 이루게 하지 않으신다.

---

1) "하나님이 내게 은혜를 베푸셨고 내 소유도 족하오니 청하건대 내가 형님께 드리는 예물을 받으소서 하고 그에게 강권하매 받으니라."(창 33:11) 이 구절에서 야곱은 자신의 소유가 하나님의 은혜로 말미암은 것임을 밝힌다. 물론 이것은 야곱이 에서로부터 빼앗은 축복의 결과임을 고백하고 있는 것이다. C. Westermann, *Genesis 37-50*, (Neukirchen-Vluyn: Neukirchen-Vluyn, 1982), 641.
2) 권혁승, 「야곱의 화해전략」, 《활천》 제473호, (기독교대한성결교 활천사, 1993), 37- 38.

1.1.5. 야곱의 두려움과 두 번째 기도(창 32:24-32)

이제 야곱은 모든 것을 강 건너에 보내고 홀로 남는다. 그리고 어떤 낯선 사람과 씨름을 한다. 아마도 야곱은 이 상황까지 오는 것을 원치 않았을 것이다. 처음에 사신을 보냈을 때 에서로부터 화해의 응답을 받기를 원했을 것이다. 아니면 재물을 보냈을 때에라도 에서로부터 긍정적인 응답을 원했을 것이다. 그러나 화해는 아직 이루어지지 않았다. 그는 자신이 가장 아끼는 가족들을 강 건너로 보냈다. 아직 에서에게 그들을 보내지는 못했지만 이 밤도 해결이 되지 않으면 가족들을 에서에게 보내서라도 화해를 하고 싶었을 것이다. 야곱은 이 상황을 어찌 하면 좋을지 몰라서 매우 불안했을 것이다. 그는 자신이 과거에 저질렀던 과오를 생각하며 후회했을지도 모른다. 그는 과거에 형과 아버지를 속이고 장자권과 축복을 빼앗았고 그 일이 이런 결과를 낳게 될 것이라고는 예상하지 못했을 것이다. 또한 이렇게라도 형과 화해를 해야 하는지 아니면 이대로 포기할지 고민했을 것이다. 그러나 하나님께서 고향으로 돌아가라는 명령과 함께 하시겠다는 약속의 말씀을 거절할 수는 없었을 것이다. 이 와중에 야곱은 낯선 사람을 만난다. 여기에서는 두 가지를 눈여겨보아야 한다. 첫 번째는 그가 하나님을 만났다는 사실이다(창 32:30). 어찌 보면 하나님께서 야곱에게 원했던 것이 이것이었을 것이다. 하나님께서는 야곱에게 중요했던 그동안 피 땀흘려 모았던 재산과 가족들을 야곱과 분리시키고, 철저하게 혼자 남기를 원하셨던 것이다. 두려움에 혼자되었을 때, 하나님께서는 야곱을 만나주셨다.

두 번째는 야곱의 이름이 이스라엘로 바뀐 것이다. 원인론적으로 이 사건이 가리키는 것이 우선 이스라엘이라는 국가의 이름의 기원에 대한 것이지만, 신학적으로 이 사건은 야곱이라는 인물이 변화되었음을 의미한다.3) 야곱은 과

---

3) 고든 웬함은 이 사건 이후 바뀐 야곱의 성품에 대해서 다음과 같이 설명한다: "더 중요한 것은 그의 성품이 변했다는 것이다. 더 이상 그는 형을 만나는 일에 주저하는 사람이 아니었으며, 오히려 담대하게 행렬의 맨 앞에 서서 형을 만나러 나아가는 사람이 되었다." 물론 다음에 이어 나오는 에서를 맞닥뜨린 부분에서 야곱이 가족들을 뒤에 있게 하고 자신은 앞에

거에 저질렀던 과오의 결과를 맞닥뜨리면서 두려움에 휩싸인다. 화해를 위한 두 번의 인간적인 시도에도 갈등은 풀리지 않았다. 이 와중에 그는 하나님을 만난다. 아니 마지막까지 가서야 하나님은 그를 만나주셨다. 결국 이 이야기의 결론 부분에서 창세기 기자가 우리에게 보려주려는 것은 "이런 속임수에 대한 징계를 이삭이나 에서가 아니라 하나님께 받았음을 아주 분명히 보여주고 있다."4) 갈등의 유발자가 자신의 과오를 먼저 인정하고 화해를 청하는 것을 하나님께서는 원하는 것이다. 그리고 그가 진정 화해를 원한다는 모습을 보일 때 하나님께서는 그 상황에 개입하셔서 문제를 해결해 주신다.

1.1.6. 화해(창 33:1-20)

하나님을 만난 후 날이 밝는다. 그때 야곱은 에서를 본다. 이때 까지도 야곱은 에서의 마음이 화해를 할 용의가 있는지에, 자신을 용서했는지에 확신이 없었다. 그래서 그는 자신의 가족은 뒤로 숨긴 채 에서를 맞이한다. 그러나 하나님께서는 에서의 마음을 이미 돌려놓으셨다. 이 이야기에서 독자로 하여금 긴장을 늦추지 못하게 하는 역할을 하는 사백 명의 장정은 마지막 부분에서도 역시 등장한다. 이때까지도 야곱은 가족들을 뒤로 보내 보호하는 모습을 보인다. 야곱은 에서를 보자마자 일곱 번 땅에 굽히며 형에게 가까이 간다. 마지막까지 에서에 대한 야곱의 두려움을 볼 수 있다. 그러나 에서는 이미 화해의 마음을 갖고 있었다. 여기에서 모든 긴장은 풀리고 화해는 절정을 맞는다. 그리고 과거에 야곱이 에서를 속여 가로챘던 축복의 결과를 돌려준다(창 27:28절과 33:11). 에서와의 화해를 이룬 후에 야곱은 하나님께서 명령하셨던 가나안 땅으로 들어간다(창 33:17-20). 하나님께서 인도하신 가나안 땅에 들어가기 전에 화해를 이룬 것이다(참고, 마 5:23-24). 여기에서 우리가 알

서지만, 이것이 웬함의 의견처럼 담대해서인지 아니면 마지막까지도 에서의 생각을 몰라서 경계하고 있는 모습을 묘사하고 있는 것인지는 정확하지 않다. G. J. Wenham, *The Pentateuch*, 박대영 역, 『모세오경』, (서울:성서유니온선교회, 2007), 90.
4) G. J. Wenham, 『모세오경』, 박대영 역, 86.

수 있는 것은 화해라는 것은, 이것이 성서에 나타나는 것처럼 종교적인 것이든, 아니면 사회, 정치적인 것이든 어떤 목적을 이루기 전에 반드시 거쳐야 한다는 것이다.

1.2. 적용

본문은 야곱과 에서사이에서 일어난 이 사건을 단순히 기록하지 않고, 신학적 의도를 갖고 재구성한다. 성서에 기록된 내러티브를 읽으면서 우리가 주목해야 할 것은 인간의 행동과 더불어 하나님께서 하신 행동이다. 하나님께서는 라반과 있던 야곱에게 갈등을 일으키시면서 고향으로 돌아가라고 명령하신다. 그리고 야곱이 모든 것을 포기하였을 때, 그 때 야곱을 만나주셨다. 하나님께서는 형제인 야곱과 에서의 화해를 원하셨고 야곱이 이러한 하나님의 바람을 듣고 행동하자, 그의 화해를 이루어 주셨다. 필자의 생각엔 야곱이 처음부터 모든 것을 내려놓으려는 의도는 없었던 것 같다. 처음에 사신을 보내고, 재물을 보내고, 가족을 보냈다. 그러나 야곱의 마음에 확신도 없었고 화해는 이루어지지 않았다. 하나님께서는 이 정도 선에서 화해를 허락하시지 않으셨다. 그러나 야곱이 다 내려놓았을 때, 그제야 하나님은 야곱을 만나주셨고, 야곱이 이스라엘로 바뀌는 사건에서 나타나듯이 그의 근본적인 문제를 고쳐 주신 후에야 화해라는 문제를 해결해주셨다. 사람사이의 관계도 마찬가지이다. 갈등을 유발한 자가 먼저 화해해야 한다. 갈등으로 인해 이익을 얻은 것이 있다면 당연히 배상해야 한다. 갈등의 대상자가 원하든 그렇지 않든 배상하는 모습을 보여야 한다. 갈등이 일어나기 전 처음으로 돌아가야 한다. 진정으로 화해를 원한다면 말이다. 모든 것을 내려놓았을 때, 그 때, 하나님께서는 만나주시고 해결해 주신다.

화해라는 목적을 이루기 위해서는 그것을 위해 자신의 것을 모두 내려놓아야 한다. 현 남북한의 상황에서 갈등을 먼저 일으킨 자가 누구냐는 질문은 그리 의미가 없어 보인다. 남한의 입장에서 본다는 애초에 과거 남침을 했던 북한이 갈등 유발자일 것이고, 북한의 입장에서 본다면 현재의 악화된 한반도 상황의 원인은 남한을 비롯한 미국 때문이라고 생각하기 때문이다. 서로가 서로를 향해 비난을 하는 현 시점에서 중요한 것은 남한도 북한도 화해, 즉 평화 분위기를 정착 시키는 것이고 이것을 위해서는 각자의 이익보다는 화해와 통일이라는 공동의 목적을 위해 노력해야 한다는 것이다. 야곱이 형과의 화해를 위해 자신의 모든 것을 내려놓았던 것처럼 남북한도 한반도 평화 정착을 위해 각자의 감정이나 정치적 이해관계를 내려놓아야 할 것이다.

2. 요셉과 형제들(창 42:1-45:28)

요셉이야기는 창세기 37:2절에서 50:26절까지 나타나 있다. 요셉과 그 형제들의 갈등은 이야기의 초반에 시작된다. 요셉과 형제들 간의 갈등의 근본적인 원인은 아버지인 야곱의 편애였다. 야곱은 레아와 그의 아들들보다는 라헬과 그의 자식인 요셉과 베냐민을 편애하고 있었다. 이러한 편애가 형제간의 불화를 낳게 되었던 것이다. 이러한 아버지의 편애는 요셉과 그의 형제들을 원수로 만들었던 것이다. 아버지인 야곱의 사랑을 독차지 하던 요셉을 시기하던 형들은 요셉을 처음에는 제거할 계획을 세운다(창 37:20). 그러나 이스마엘 사람에게 동생 요셉을 팔아버린다.(창 37:23-28) 이 끔찍한 일을 주도한 형제는 레아의 넷째 아들인 유다였다. 이후 이집트로 팔려간 요셉은 갖은 고생 끝에 그곳에서 총리의 자리에 오르게 된다. 그 때 아버지인 야곱과 형제들이 살고 있던 가나안 땅에 흉년이 들어 이집트로 곡식을 얻을 오게 되면서, 이 형제들은 다시 만나게 된다(창 42장 이하). 본 논문은 이 전체 이야기를 통해서 어떻게 요셉과 형제들 사이에 화해가 이루어지게 되었는지를 살펴보고자 한다.

2.1. 분석
2.1.1. 요셉의 용서(창 39장. 참고, 창 50:20)
창세기 39장에는 이집트로 팔려간 요셉이 그곳에서 어떻게 생활했는지가 묘사되어 있다. 필자는 여기에서 갈등의 피해자인 요셉이 어떤 상태에 있었는지를 우선 살펴보려 한다. 이것은 이 이야기가 화해로 마무리되는 과정의 첫 단계이기 때문이다. 39장을 읽어보면 한 가지 특이한 점을 발견하게 된다. 그것은 요셉의 심리가 야곱의 형인 에서와는 다르다는 것이다. 요셉과 에서는 어찌 보면 한 사건의 피해자이다. 에서는 야곱의 계략에 속아 자신의 것을 잃었고, 요셉은 형들의 계략 때문에 타국에서 노예 신세가 되었다. 그러나 갈등의 사건 이후에 그 반응이 서로 다르다. 우선 에서는 야곱의 계략을 알고 분노한다.

> 그의 아버지가 야곱에게 축복한 그 축복으로 말미암아 에서가 야곱을 미워하여 심중에 이르기를 아버지를 곡할 때가 가까웠은즉 내가 내 아우 야곱을 죽이리라 하였더니.(창 27:41)

에서의 이러한 분노는 당연한 것이었다. 그러나 요셉의 이야기에서는 이런 분노를 찾을 수 없다. 오히려 하나님의 은혜가 충만하였고 주위 사람들이 이것을 알아챌 정도였다. 그의 얼굴과 행동에서는 분노가 아니라 오히려 은혜가 넘치고 있었다. 창세기 기자는 하나님께서 야곱과 함께 하셨다는 것을 반복적으로 기술하고 있다.

> 창 39:2 여호와께서 요셉과 함께 하시므로 그가 형통한 자가 되어 그의 주인 애굽 사람의 집에 있으니
> 창 39:21 여호와께서 요셉과 함께 하시고 그에게 인자를 더하사 간수장에게 은혜를 받게 하시매
> 창 39:23 간수장은 그의 손에 맡긴 것을 무엇이든지 살펴보지 아니하였으니 이는 여호와께서 요셉과 함께 하심이라 여호와께서 그를 범사에 형통하게 하셨더라

요셉은 이집트에 끌려가 보디발의 노예로 팔렸을 때에도, 억울한 누명을 써서 감옥에 갇혔을 때에도 분노나 불평이 없었다. 무엇보다 요셉은 이 이야기의 마지막 부분에서 다음과 같은 놀라운 고백을 한다.

> 당신들은 나를 해하려 하였으나 하나님은 그것을 선으로 바꾸사 오늘과 같이 많은 백성의 생명을 구원하게 하시려 하셨나니.(창 50:20)

요셉은 이집트에 노예로 팔릴 때부터 복수나 분노의 마음은 없었다. 요셉은 하나님을 경외하는 사람이었고, 그래서 자신에게 닥친 고난에 대해 누구에 대한 핑계도 하나님에 대한 원망 없이 받아들였던 것이다. 이어지는 본문에서 형들과의 재회, 그리고 화해가 나타나지만 결국 화해를 위한 가장 큰 준비인 피해자의 용서가 이미 요셉의 마음에 있었던 것이다.5) 결국 화해를 이끌어낸 가장 큰 요인은 바로 피해자인 요셉의 용서와 화해에 대한 마음이었다.

2.1.2. 요셉과 형들의 첫 번째 만남(창 42:1-38)

42장 이후에 묘사되어지는 사건들은 요셉과 형제들의 만남에 대한 것이다. 가나안에 기근이 들자 야곱은 아들들에게 이집트에서 곡식을 사오라고 명령한다. 요셉의 동생인 베냐민을 제외한 형들은 이집트로 떠난다. 그곳에서 형들은 총리가 되어있는 요셉을 만난다. 그러나 형들은 요셉을 알아보지 못한다. 요셉은 형들을 정탐꾼으로 몰아 감옥에 가두고 막내를 데려올 것을 명령한다. 결국 시므온이 포로로 남고 나머지 형제들은 곡식을 갖고 돌아오게 된다. 그러나 그들의 곡식 자루에 돈이 발견되고 그들은 도둑으로 몰릴까 두려워한다. 가나안에 돌아와서 아버지인 야곱에게 이 모든 일을 고하나, 야곱은

---

5) 김재구는 그의 논문에서 요셉이 형들과 재회하기 전 9년의 기간 동안 특별히 형제들에게 연락을 하지 않은 이유가 원한 때문이 아니며, 그 기간 동안 요셉은 형제들과의 화해와 연합의 길을 준비하고 있었을 것이라고 설명한다. 김재구, 「용서와 화해의 목회적 모델로서의 요셉 이야기」, 《한국기독교신학논총》 제73호, (서울:대한기독교서회, 2011), 39-40.

베냐민을 이집트로 데리고 가는 것에 강하게 반대한다. 여기에서 중요한 것은
이 과정에서 그들에게 일어난 이러한 곤란한 상황이 모두 과거 자신들이 요셉
에 대한 행동 때문인 것으로 생각하고 있다는 것이다. 요셉이 형들에게 이렇
게 행동하는 것이 복수 때문은 아닐 것이다. 왜냐하면 우리가 살펴보았지만
그 이전의 본문에서 요셉은 형들에 대한 복수심이 없다. 형들은 이 모든 곤란
한 상황에 처하게 된 이유를 과거 자신들의 요셉에 대한 잘못된 행동으로 인
한 것으로 생각한다. 결국 요셉의 행동이 형들로 하여금 과거를 상기시키고
그들의 과오를 뉘우치게 만든 것이다.6) 그리고 이 장면은 앞으로 전개될 이
야기가 화해로 이어지게 될 것임을 암시하고 있다.7)

2.1.3. 요셉과 형들의 두 번째 만남(창 43:1-44:34)

가나안에 또 기근이 심하게 든다. 이번에도 야곱은 아들들에게 이집트에서
곡식을 사올 것을 명령한다. 그러나 이번에는 막내를 데리고 가야한다. 야곱
은 이것에 반대한다. 그러나 유다는 아버지를 설득하여 베냐민과 함께 이집트
로 가 곡식을 사올 것을 주장한다. 유다는 야곱에게 베냐민을 반드시 다시 데
리고 올 것을 약속하고 함께 이집트로 간다. 요셉은 시므온을 형제들에게 풀
어주고 함께 식사를 한다. 다음날 형제들이 가나안으로 출발하기 전에 요셉은
한 가지 일을 한다. 바로 베냐민의 배낭에 자신의 은잔을 넣어두는 것이었다.
다음날 가나안으로 출발하던 형제들은 도둑으로 의심받고 결국 베냐민의 배
낭에서 은잔이 발견되다. 요셉은 형들에게 도둑으로 의심되는 베냐민을 이집
트에 놓고 갈 것을 명령한다. 그러나 형들은 그것에 반대하고 모두 여기에 남
아 종이 되겠다고 말한다. 창세기 기자는 형제들 중에서 특히 유다의 대화를
비교적 자세히 기록하고 있다. 요셉에 대한 유다의 설득은 상당히 인상적이
다. 그의 발언에서 우리는 우선, 야곱이 요셉을 잃고 난 후에 얼마나 슬퍼했

---

6) 김재구, 「용서와 화해의 목회적 모델로서의 요셉 이야기」, 40-41.
7) B. K. Waltke, *Genesis: A Commentary*, (Grand Rapids, MI: Zondervan, 2001),
548.

없는지를 볼 수 있다(44:27-29). 야곱은 요셉을 잃고 그동안 매우 슬퍼했다. 그래서 베냐민까지 잃으면 그는 죽을 수도 있다. 그리고 유다는 요셉을 잃은 아버지의 슬픔을 자신의 슬픔과 동일시하고 있다(44:30). 그는 과거 요셉을 노예로 팔았을 때에는 아버지가 이렇게 까지 슬퍼할 줄을 미처 몰랐을 것이다. 그러나 수년 동안 아버지의 슬픔을 보면서 유다도 마음속으로 그의 지난 행동을 후회하고 있었을 것이다. 유다는 이러한 과거의 후회와 자신의 슬픔 마음을 아버지의 이름을 빌어 반성하고 있는 것이다.

여기에서는 유다가 이 형제들의 화해의 열쇠 역할로 묘사된다. 과거 요셉을 이스마엘 상인들에게 팔아넘길 때 앞장섰던 유다가 아니었다. 과거의 유다였다면 당연히 베냐민을 버려둔 채 가나안으로 돌아갔을 것이다. 그러나 지금 그는 베냐민, 즉 라헬의 둘째 아들이며, 요셉의 동생을 지키기 위해 자신의 목숨을 건다.

이제 주의 종으로 그 아이를 대신하여 머물러 있어 내 주의 종이 되게 하시고 그 아이는 그의 형제들과 함께 올려 보내소서.(창 44:33)

그는 과거의 유다가 아니었다. 그는 확실히 바뀌어 있었다. 여기에서 유다의 변화는 곧 형제들의 변화를 의미한다.[8] 결국 요셉이 확인하고자 한 것이 바로 이것이었을까? 요셉은 이미 형들에게 대해서 분노와 복수심은 없었지만, 형들이 과거의 행동에 대해서 어떻게 생각하고 있는지, 지금은 그것에 대해서 반성하는지 확인해 보려고 했고, 지금 유다의 발언으로 요셉은 이것을 확인하였다.

---

[8] 김재구, 「용서와 화해의 목회적 모델로서의 요셉 이야기」, 45. 창세기에서 유독 유다의 말이 부각되어 아름답게 묘사되어 있는 이유는 아마도 후대 다윗이 이 유다 지파에서 나오기 때문일 것이다. 창세기 49:22-26절에 나타나 있는 유다에 대한 야곱의 축복은 이어지는 이스라엘 역사에서 유다 지파의 우위를 짐작하게 한다.

2.1.4. 화해(창 45:1-45:26)

유다의 말을 들은 요셉은 형들이 과거를 반성하고 있다는 것을 알았고, 더이상 자신의 감정을 숨기지 못하고 자신이 누구인지를 밝힌다. 처음 이집트로 팔려왔을 때도 그랬지만, 여기에서도 요셉은 자신을 팔았던 형들에게 복수하거나 원망의 말을 하지 않는다. 오히려 이런 상황을 만드신 하나님께 감사하고 있다(창 45:5, 7). 무엇보다 요셉의 다음과 같은 고백은 놀랍다:

> 그런즉 나를 이리로 보낸 이는 당신들이 아니요 하나님이시라.(창 45:8a)

그리고 요셉은 어리둥절해 있는 형들을 오히려 위로한다. 그리고 아버지를 속히 모셔올 것을 형들에게 독려한다. 요셉은 수년을 타국에서 살았지만 자신을 사랑해 주었던 아버지에 대한 걱정과 그리움이 컸다. 앞에서도 언급했지만, 요셉은 아버지의 사랑을 많이 받고 자랐고 이것이 그동안 요셉을 지탱케해준 힘이었다. 그러나 무엇보다 이 화해의 장면에서 본문이 강조하고자 하는 것은 화해를 이끄신 분이 하나님이라는 것이다.[9] 창세기 기자는 극적인 이 형제들의 상봉에 요셉의 입을 빌어 이것을 강조하고 있다(창 45:5-9).

2.2. 적용

화해를 할지 안할지의 여부는 요셉에게 달려있었다. 그런데 요셉은 형들에게 그런 일을 당했으면서도 어떻게 용서할 수 있었을까? 필자는 이것을 세 가지로 요약할 수 있다고 생각한다. 첫째, 요셉의 용서하는 마음이다. 요셉이 형들보다 먼저 복수가 아닌 용서의 마음을 가질 수 있었던 것은 어찌 보면 그가 아버지의 사랑을 받았기 때문이다. 이것이 그의 자존감을 높였고, 용서라는 높은 단계의 성숙함을 만들었을 것이다.[10] 둘째, 가해자의 대표격인 유다의

---

9) 김재구도 본문이 결국 하나님의 뜻을 만나야만 용서와 화해의 길로 나아갈 수 있다는 것을 강조하고 있다고 설명한다. 김재구, 「용서와 화해의 목회적 모델로서의 요셉 이야기」, 47.
10) 김성찬은 가해자의 잘못과 용서와의 관계에 대한 논문에서 피해자가 지각한 가해자의 잘

고백이다. 요셉에 대한 유다의 발언에서 볼 수 있듯이 그는 요셉이 가장 사랑
히는 아버지 야곱과 자신을 동일시하며, 그의 슬픔을 자신의 슬픔으로 여기고
있다. 이러한 유다의 자세는 아버지를 늘 그리워했던 요셉의 마음을 결정적으
로 움직이게 하는 요인이 되었다. 또한 베냐민을 아끼는 그의 자세에서 요셉
은 이제 형들이 라헬의 자식인 자신도 아끼고 그리워하고 있으며, 과거의 과
오를 반성하고 있음을 보았다. 가해자의 이러한 반성은 피해자인 요셉으로 하
여금 더 이상 자신을 숨길필요도, 화해를 미룰 필요가 없음을 결정하게 하였
다. 셋째, 하나님의 역사하심이다. 요셉은 두려워하는 형들을 위로하며 과거
의 모든 것이 결국 하나님의 역사와 계획이었음을 고백하고 있다. 이러한 요
셉의 말에서 우리는 결국 피해자가 하나님을 만나고 그분의 뜻을 깨달아야한
용서와 화해의 길로 나아갈 수 있음을 알 수 있다.

한반도 통일의 당사자인 남북한은 서로에 대한 비난보다는 통일이라는 종
국의 목적을 위해 서로에 대한 용서하는 마음을 먼저 갖아야 할 것이다. 또한
무엇보다 남북한 정부가 자신을 피해자로 상대방을 가해자로 규정하고 비난
하기 보다는 한반도의 갈등으로 인해 고통 받고 있는 사람들을 먼저 생각해야
할 것이다. 야곱의 아픔을 자신의 아픔으로 여겼던 유다처럼 우리들도 갈등으
로 인해 고통 받고 있는 북한 주민과 이산가족, 그리고 미래의 우리 자손들을
고려해야 한다. 하나님께서는 그들을 위해 통일을 준비하고 계시고 우리는 이
러한 하나님의 계획을 먼저 생각해야 할 것이다.

못이 용서에 부정적인 영향을 미친다고 가정할 때, 그 정도를 완화시키는 요인으로 개인의
자존감이 작용할 수 있으며, 성장과정 중 또래나 부모의 영향이 개인의 자존감에 큰 영향
을 주는 것으로 설명하고 있다. 즉 자존감이 높은 사람은 자기 자신과 타인을 잘 수용하고
긍정적인 태도를 갖게 된다. 김종찬, 임성문, 「가해자가 사과했을 때 지각된 가해자 잘못
과 용서의 관계」, 《문화및사회문제》 제 21호, (서울:한국심리학회, 2015), 109.

3. 속건제(레 5:14-6:7)

레위기 1:1-7:38절에서는 희생 제사에 대한 법이 기록되어 있다. 그 중 5:14-6:7절은 속건제에 대한 내용이다. 다른 제사에 비해 비교적 짧은 이 제사는 하나님의 성물, 즉 하나님의 소유물을 침해했을 경우(레 5:14-19)와 이웃의 소유물을 침해했을 경우(레 6:1-7)에 그 죄를 사함 받는 방법에 대해서 서술하고 있다. 이 두 가지의 경우 중 여기에서 볼 것은 두 번째, 즉 이웃의 소유물을 침해했을 경우이다.

3.1. 분석

우선 레위기 6:2-3절에서는 속건제를 드려야 하는 경우를 다음과 같이 언급하고 있다.

> 누구든지 여호와께 신실하지 못하여 범죄하되 곧 이웃이 맡긴 물건이나 전당물을 속이거나 도둑질하거나 착취하고도 사실을 부인하거나, 남의 잃은 물건을 줍고도 사실을 부인하여 거짓 맹세하는 등 사람이 이 모든 일 중의 하나라도 행하여 범죄하면.(레 6:2-3)

이 본문에 의하면, 어떤 사람이 고의적으로 이웃을 속여서 그의 물건을 착취했음에도 그 사실을 부인하거나, 비록 고의로 뺏은 것은 아니지만 주웠을 경우, 그것을 부인하는 경우에는 죄가 된다고 명시하고 있다. 이 두 가지의 경우 모두 거짓 맹세와 연관이 있다. 이스라엘에서 맹세는 하나님의 이름으로 하기 때문에 남의 물건을 취하고 이것을 숨기고자 하는 이러한 거짓 맹세는 이웃뿐만 아니라 하나님께도 죄를 범하는 범죄로 간주된다.11) 속건제가 필요

---

11) 이러한 범죄는 "믿음의 위반"(לעמ,마알)으로 불린다. 왜냐하면 이러한 죄, 즉 남의 물건을 편취한 후에 그것을 부인하는 맹세를 하는 경우는 그 범인인 여호와의 이름으로 맹세한 서약을 통해 범죄 사실을 부인하기 때문이다. 그래서 이러한 범죄는 믿음의 위반으로 간주된다. J. E. Hartley, Leviticus, 김경열 역, 『레위기』(서울:솔로몬, 2005), 243.

한 구체적인 죄의 경우는 다음과 같다. 번역문에는 잘 나타나 있지 않지만, 이 죄는 세 개의 히브리어 단어로 묘사된다. 첫째, "속이는 것"(히, 카하쉬)이다. 이것은 이웃이 맡긴 물건이나 전당물이나 빼앗을 물건을 속여서 빼앗는 것이다. 둘째, "강탈하는 것"(히, 아샤크)이다. 이것은 이웃의 물건이나 돈을 합법적이나, 비도덕적으로 빼앗는 것이다. 셋째, "거짓말 하는 것"(히, 카하쉬)이다. 이것은 이웃이 분실한 물건을 취득하였어도 자신은 가져가지 않았다고 거짓말하여 편취하는 것이다. 위의 세 가지 경우 모두 피해자가 가해자의 잘못을 증명하기가 어렵다. 잘잘못은 전적으로 피해자가 지목한 가해자의 솔직한 고백 외에 피해자는 자신의 재산을 되찾기가 어렵다. 그래서 가해자의 맹세만이 법정에서 유일한 증거가 된다. 결국 범죄자가 끝까지 자신의 죄를 인정하지 않으면 현실에서는 어찌할 도리가 없다. 그러나 그가 도덕적, 종교적 자책을 느껴 자신의 죄를 고백할 경우에 비록 이것이 한편으로는 의도적인 죄였다고는 하나 구제받을 방법이 있다. 바로 속건제를 통해서이다. 따라서 속건제라는 제사는 이미 자신의 죄를 인정하고 회개한 죄인이 공적으로 그 죄를 사함 받게 되는 제사를 의미한다. 속건제는 두 가지 방식으로 진행된다. 첫째는 사람, 즉 피해자에 대한 보상이고, 둘째는 하나님께 대한 보상이다.

> 레 6:4 이는 죄를 범하였고 죄가 있는 자니 그 훔친 것이나 착취한 것이나 맡은 것이나 잃은 물건을 주운 것이나
> 레 6:5 그 거짓 맹세한 모든 물건을 돌려보내되 곧 그 본래 물건에 오분의 일을 더하여 돌려보낼 것이니 그 죄가 드러나는 날에 그 임자에게 줄 것이요
> 레 6:6 그는 또 그 속건제물을 여호와께 가져갈지니 곧 네가 지정한 가치대로 양 떼 중 흠 없는 숫양을 속건제물을 위하여 제사장에게로 끌고 갈 것이요
> 레 6:7 제사장은 여호와 앞에서 그를 위하여 속죄한즉 그는 무슨 허물이든지 사함을 받으리라.(레 6:4-7)

범죄자가 용서를 받기 위해서는 위에서 언급하고 있는 것처럼, 우선 원래의

소유자에게 자신이 현재 불법으로 소유하고 있는 것을 돌려주어야 한다. 이때 중요한 것이 그 재산 가치의 1/5에 해당하는 것을 돈으로 환산하여서 원래의 재산에 더하여 돌려주어야 한다.12) 이 배상은 속건제를 바치기 전에 행해야 한다.13) 즉 사람끼리의 배상은 제사의 전제조건이 된다. 이러한 배상이 이루어진 후에야 하나님께 속건제를 드릴 수가 있게 되었다. 그리고 이러한 제사도 거짓 맹세로 인해 하나님께 끼쳐드린 손해를 갚는 일종이 배상으로 간주된다(레 6:6).

3.2. 적용

위의 속건제 규정에서 보았듯이, 한 인간의 공동체에서 죄를 지었을 경우 하나님께 죄 사함을 받는 것으로 끝나는 것이 아니라, 인간관계 사이의 서로에 대한 배상이 이루어져야 한다.14) 배상은 진정한 화해를 위한 토대를 마련해 준다. 사실 속건제에서 가장 기본적인 단계는 가해자의 진실된 고백과 회개이다. 그러나 이것으로 화해가 이루어지는 것이 아니다. 반드시 피해자, 즉 사람과 하나님에 대한 배상이 이루어 져야 하며, 이러한 물질적 배상이 이루어진 다음에야 화해가 이루어지는 것이다. 또한 이웃에게 잘못을 했을 때, 이 잘못이 단지 사람 사이의 문제로 끝나는 것이 아니라, 하나님과도 연결되는 문제임을 알려주고 있다. 또한 이러한 죄의 사함을 위해서는 그 범죄함에 대해서 책임을 져야 함을 강조하고 있다. 따라서 레위기의 이 본문은 죄의 종교

---

12) 이것은 일종이 벌금인데, 1/5의 벌금은 사실 벌금을 명시하고 있는 다른 본문에 비해 비교적 적은 금액이다(출 22:1-4). 일반적으로는 피해액의 3-4배 정도를 물어야 한다. 그러나 속건제 본문에서의 이와 같은 비교적 가벼운 벌금은 가해자의 진실된 자백을 이끌어내기 위한 것으로 이해된다. J. E. Hartley, Leviticus, 『레위기』, 김경열 역, 245.

13) 레위기 본문에는 정확한 시점이 명시되어 있지 않지만 일반적으로 문맥상 제사 드린 후보다는 제사를 드리기 전에 배상이 이루어 졌다고 보는 것이 옳다고 생각한다. 참고, B. A. Levine, *Leviticus: the traditional Hebrew text with the new JPS translation*, (Philadelphia:Jewish Publication Society, 1989), 34.

14) 하틀리는 속건제의 신학적 의미에 대해서 다음과 같이 언급한다: "유죄한 자는 자신이 속건제를 바치는 바로 그 날에 배상을 실시한다. 그렇게 함으로써, 그는 하나님과 사람 양자 모두와의 화해를 시도한다." J. E. Hartley, Leviticus, 『레위기』, 김경열 역, 245.

적인 면뿐만 아니라 사회적인 면도 있음을 우리에게 알려주고 있다.15) 또한 동시에 이 두 개의 영역이 분리되어 있는 것이 아니라 서로 연관되어 있음을 보여준다.

현 한반도의 상황에서 가장 필요한 것은 먼저 서로에 대한 진실된 용서이다. 야곱의 경우에서 언급했듯이 서로의 잘잘못을 따지고 비난하는 것은 화해와 통일에 전혀 도움이 되지 않는다. 상처는 서로 주는 것이고 모두가 가해자이며 피해자이다. 그러나 하나님께 회개하는 마음으로 사람에게도 용서를 구한다면 그 때 비로소 화해가 시작되는 것이다. 그리고 배상제의 경우와 같이 구체적인 용서의 행위도 필요하다. 남한이 제공하는 인도주의적 대북지원과 함께 북한의 비핵화와 같은 구체적인 행위는 한반도의 화해와 평화정착을 위한 배상임과 동시에 통일을 좀 더 앞당기게 될 것이다.

Ⅲ. 하나님과 인간 사이의 화해

1. 비의도적인 죄에 대한 속죄제(레 4:1-35)

속죄제 규정은 크게 비의도적으로 죄를 범했을 경우(레 4:1-35)와 부지중에 죄를 범했을 경우(레 5:1-13)로 구성되어 있다. 하지만 모든 제사에서 중요한 것은 피의식이 강조되어 있다는 것이다. 이어지는 내용은 레위기 4장의 속죄제를 다룰 것이며, 특히 피 의식을 중심으로 논할 것이다.

1.1. 분석
우선 레위기 4장은 비의도적인 죄를 다루고 있다. 개역개정에서 "그릇 범하

---

15) G. Wenham, *The Book of Leviticus*, (Grand Rapids:Clarendon, 1979), 111.

였으되"라고 번역된 히브리어 "테헤타 비쉬가가"는 "비의도적으로 범죄하여"라는 의미를 갖고 있다. "실수"라는 의미를 갖고 있는 히브리어 "쉐가가"에서 알 수 있듯이 본문이 다루는 죄는 비의도적인 것이다.16) 그리고 이어지는 부분에서는 이러한 죄를 지은 구체적인 경우를 설명한다. 사회적인 신분에 따라 제사의 방법이 소개되어 있는데(제사장-온 회중-족장-백성), 첫 번째의 경우는 제사장의 경우이다(레 4:3-12). 제사장의 경우는 자신의 잘못으로 인해 백성 전체가 죄가 있게 된다(3절: "제사장이 범죄 하여 백성의 허물이 되었으면")17) 제사장은 속죄를 위해서 흠 없는 수송아지로 희생제물을 삼아 여호와께 드리게 된다.18) 우선 그는 그가 가져온 희생 제물에 안수를 한다.19) 그리고 그것을 도살한 후에 피의식이 시작된다.

> 레 4:16 기름 부음을 받은 제사장은 그 수송아지의 피를 가지고 회막에 들어가서
> 레 4:17 그 제사장이 손가락으로 그 피를 찍어 여호와 앞, 휘장 앞에 일곱 번 뿌릴 것이며

---

16) "비의도적"이라고 이해되는 히브리어 "쉐가가"에 대한 구체적인 이해는 아직 논쟁중이나, 주요한 의견 두 가지는 다음과 같다. 우선 밀그롬은 이 단어를 무지나 부주의한 행위로 야기된 죄로 본다. 그래서 이러한 무지를 깨닫고 회개하면 그 사람의 죄는 깨끗해 졌다고 주장한다. J. Milgrom, *Leviticus 1-16*, (New York:Doubleday, 1991), 228. 그러나 키우치는 비록 죄인이 그 잘못을 깨달았다 하더라도 객관적으로 죄를 지은 것이기 때문에 속죄제를 통해 범죄했던 한 개인도 깨끗해진다고 주장한다. N. Kiucihi, *The Purification Offering in the Priestly Literature*, (Sheffield:JSOT Press, 1987), 25.

17) 제사장의 죄가 속죄제 본문에서 첫 번째로 등장하는 이유는 우선 여기에서 사용되는 단어들이 다음에 이어지는 사례에서 반복적으로 사용되기 때문이다. 그리고 무엇보다도 제사장은 하나님 앞에서 공동체를 대표하기 때문에 그가 죄로 더럽혀 지면 온 회중이 죄의 오염이라는 위험에 노출되기 때문이다. 왜냐하면 부정한 제사장은 백성들을 하나님께로 이끌 수 없기 때문이다. J. E. Hartley, Leviticus, 『레위기』, 김경열 역, 205-206.

18) 속죄제에서 사용되는 제물은 자신이 키우고 있는 가축이어야 한다. 더글러스는 그 이유를 헌제자와 희생동물의 관계로 설명한다. 즉 희생제물은 범죄자의 죄를 대신하기 때문에 그에게 속한 삶에서 나온 것이어야 한다는 것이다. M. Douglas, *Purity and Danger*, (London: Routledge), 69-70.

19) 안수는 이 희생제물이 자신의 것이라는 의미인데, 신학적으로는 헌제자와 희생제물간의 "동일시"라고 볼 수 있다. 참고, J. E. Hartley, Leviticus, 『레위기』, 김경열 역, 206.

레 4:18 또 그 피로 회막 안 여호와 앞에 있는 제단 뿔들에 바르고 그 피 전부
는 회막 문 앞 번제단 밑에 쏟을 것이며

제사장의 피 의식은 다른 경우와는 다르게 회막 안에서 이루어진다. 그리
고 그 피를 일곱 번 휘장 앞에 뿌린다.[20] 그리고 제단 뿔들에 바르고,[21] 나
머지는 번제다 밑에 쏟는다. 이러한 피의식의 주된 목적은 제사장의 잘못으
로 야기된 성소의 오염을 정화하기 위한 것이다. 성소가 오염되면 하나님께
서 이스라엘 가운데 임재하실 수 없게 되고, 하나님과 백성간의 소통이 이루
어지지 않기 때문이다(레 15:31). 피의식이 끝난 후에는 기름을 분리하고 제
단에 태우고, 나머지 부산물들은 진영 밖에서 불사른다. 두 번째의 경우는 온
회중의 경우이다(레 4:13-21). 앞에서 언급했던 제사장의 속죄제와 온 회중
의 속죄제는 제물의 종류와 피 의식에서 유사한 면이 있다. 또한 이 두 경우
는 모두 회막에 들어가서 피의식이 이루어진다. 즉 온 회중의 죄 또한 제사
장의 경우와 마찬가지로 성소를 오염시키기 때문에 그 곳에 대한 정화가 필
요하다.[22] 세 번째의 경우는 족장의 경우이다(레 4:22-26). 족장은 이스라엘
에서 존재했던 지도자를 가리킨다. 이 경우도 피의식이 속죄제에 포함되어
있지만 그 강도가 약하다. 즉 성소 안에서의 피 의식은 없고, 단지 번제단의
피 바름만이 존재한다.[23] 네 번째의 경우는 백성 중 한 개인의 경우이다(레

---

20) 일곱이라는 숫자는 고대 근동에서 완벽, 완전성을 의미하며, 일곱 번 뿌린다는 것은 완벽
한 속죄의식을 행해야 한다는 것을 의미한다. 또한 제사장의 죄가 다른 사람들의 죄보다
훨씬 더 심각하다다는 것을 암시한다. 참고, J. Milgrom, 『Leviticus』, 232-234.
21) 제단 뿔에 피를 바르는 행위는 제단 전체를 정화한다는 의미를 갖는다. J. Milgrom,
『Leviticus』, 43.
22) 회중의 죄가 제사장과 마찬가지로 성소안에서 이루어진다. 왜냐하면 회중은 언약으로 인
해 신분상 하나님께 가까지 하고 있기 때문이다. J. E. Hartley, Leviticus, 『레위기』, 김
경열 역, 210.
23) 족장은 세속 지도자이기 때문에 제사장이나 회중만큼 그 죄의 정도가 강하지 않으며, 제물
도 수소가 아니라 다소 작은 숫염소이다. J. E. Hartley, Leviticus, 『레위기』, 김경열 역,
216. 밀그롬은 이러한 차이가 죄의 심각성의 정도 때문이라고 설명한다. 즉 죄가 심각할
수록 피의식이 성소 내부에서 일어난다는 것이다. J. Milgrom, "*Israel's Sanctuary:
The Priestly Picture of Dorian Gray*", RB 83(1976), 78.

4:27-35). 이 경우의 제물은 흠 없는 암염소이다. 암염소는 앞의 세 경우보다 값이 덜 나가는 제물인데, 이것은 평범한 한 개인의 죄가 앞의 세 경우보다 덜 무겁다는 것을 암시한다. 한 개인의 경우를 마지막으로 모두 네 가지 신분의 경우를 다룬다. 이것은 결국 신분에 관계없이 속죄제가 필요함을 가리키는 것이다.

속죄의 관점에서 피 의식은 매우 중요하다. 레위기 본문에서도 유독 피 의식에 대한 본문은 다른 제사 과정에 비해서 자세하게 다루고 있다. 속죄의 관점에서 피 의식은 죄가 사해졌다는 증거를 하나님께 보여드리기 위함이다.[24] 피에는 생명이 있고 성소의 재단은 하나님의 임재의 장소이다. 따라서 피 의식은 거룩하신 하나님과의 만남을 가능하게 하는 의식이다.[25] 죄로 인해 하나님과의 불통이 피 의식으로 인해 소통으로 변하게 되는 것이다. 즉 하나님과의 화해를 위해서 피 의식은 매우 중요하며 가장 기본적인 제사 의식이다. 앞에서 언급했듯이, 제사장과 온 회중의 죄는 성소를 오염시키기 때문에 성소에 대한 피의 정화 과정이 필요하다. 또한 족장과 한 개인도 회막 안은 아니지만, 제물의 피를 제단의 뿔에 바른다. 그래서 밀그롬은 헌제자의 죄가 하나님과의 단절을 가져오고 때문에 속죄제의 의도는 성소 정화를 통한 하나님과의 관계회복이라고 주장한다.[26] 밀그롬은 속죄제를 성소 정화만으로 위한 제사로 그 의미를 한정한다. 피의식과 속죄의식을 같은 것으로 본다. 이렇게 생각하는 가장 큰 이유는 피가 성소에만 뿌려지고 사람에게는 뿌려지지 않기 때문이다. 그래서 그는 속죄제가 죄 사함의 기능이 아니라 단지 성소 정화의 기능만이 있다고 주장한다.[27] 그러나 속죄의식은 피 의식 만이 아니라 안수, 도살, 기름을 태우는 일을 모두 포함한다. 따라서 피 의식을 포함한 속죄의식은

---

24) H. Gese, *Essays on Biblical Theology*, trans., C. Keith; (Menneapolis: Augusburg, 1981), 106-108.
25) H. Gese, 『Essays』, 106-108.
26) J. Milgrom, 『Leviticus』, 249-250.
27) J. Milgrom, 『Leviticus』, 256-257.

단지 성소 정화만이 아니라 개인의 죄 사함을 모두 포함한다.[28]

1.2. 적용

앞에서 살펴본 속죄제에서 필자가 화해의 기술로 적용할 것은 두 가지이다. 첫째, 속죄의 과정이다. 속죄제는 다음과 과정을 거친다. 헌제자는 자신이 키우던 가축을 갖고 와서 그 가축에게 안수하고 도살한다. 이어서 그 피를 제단에 바르고, 기름을 분리하여 태우고 나머지 부속물을 진영 밖에 버린다. 우선 자신의 가축에게 안수하고 도살한다는 것은 결국 하나님께 범죄한 자신을 죽이는 것이다. 그리고 제단에 피를 바르는 행위는 죽은 새로운 나와 하나님이 다시 화해를 이루기 위한 만남의 장소를 마련하는 것이다. 기름을 분리하고 부속물을 버리는 것은 범죄한 자신의 나머지를 버리고 화해가 마무리 되는 것이다. 이 과정에서 우리가 눈여겨 보아야할 것은 자신이 죽는 다는 것과 하나님과의 새로운 화해를 위한 제단의 정화이다. 이 두 가지는 속죄의 완성, 즉 하나님과의 화해를 위해 중요하다. 단순히 제물을 바치는 것이 아니라 자신을 드려야 하는 것이다. 둘째, 사회적 지위에 따른 속죄제 규정이다. 속죄제에 대한 기준은 공동체 안에서 사람의 역할과 위치에 따라 다르다. 이것은 역할이 클수록 그의 죄의 영향력과 무게가 더 크다는 것을 보여준다.[29] 하나님께서 이렇게 사회적 지위에 따른 제의의 경우를 구별한 것은 사회적 지위가 높은 사람이 더 비싸고 복잡한 제의를 드리라는 것이 아니라, 그 만큼 책임이 중요하다는 것을 보여준다.

죄를 지은 당사자의 속죄를 위한 제물의 죽음과 그 피로 인한 제단의 정화는 하나님과의 화해를 위해 필수적인 것이다. 죽음과 생명을 동시에 상징하는 피를 통해서 화해가 가능하게 되는 것이다. 하나님의 은혜를 먼저 입은 남한이 이러한 생명과 화해를 한반도에 정착시키기 위해서 노력해야 한다. 우리가

---

28) N. Kiucihi, 『Purification』, 65-66; 노세영, 「죽이는 속죄제물에서 (kipper) 의미의 연구」, 《구약논단》 제19집, (서울:한국구약학회, 2005), 31-52.

29) J. E. Hartley, Leviticus, 『레위기』, 김경열 역, 224.

통일을 위해 먼저 희생할 때 이 땅에 생명이 시작되고 화해가 정착될 것이며, 통일은 가까워질 것이다.

2. 의도적인 죄를 지은 다윗의 경우
(삼하 11:1-12:13. 참고, 시 51:1-12; 삼상 15:1-35)

앞부분에서는 사람이 부지중에 죄를 범하였을 때, 그 죄를 속죄하는 부분에 대해서 살펴보았다. 여기에서는 하나님께 한 인간이 고의적으로 죄를 범하였을 때, 그 후에 하나님과 화해하는 방식에 대해서 논해보려고 한다. 특히 다윗의 경우와 사울의 경우를 비교하여 볼 것이다.

2.1. 분석
2.1.1. 다윗의 죄(삼하 11:1-12:13)

사무엘하 11장에는 다윗의 죄가 묘사되어 있다. 팔레스타인의 우기가 끝나고 이른 여름이 되자 이스라엘은 암몬 자손과 전쟁을 하게 된다. 이 전쟁에서 이스라엘은 크게 이기고 이제 암몬 자손의 왕의 성이 있는 압바라고 하는 지역을 에워싸게 된다. 이 전쟁 중에 다윗은 큰 죄를 저지르게 된다. 바로 자신의 군인중 하나인 우리아의 아내인 밧세바를 강제로 취하는 죄를 범하게 된 것이다. 밧세바는 다윗과 동침한 후에 자신이 임신한 사실을 다윗에게 알린다. 밧세바는 11장 4절에서 보듯이 월경이 끝난 직후에 다윗과 동침하였기 때문에 밧세바가 지금 임신한 아기의 아버지는 다윗이다. 다윗도 이 사실을 알고 있었다. 그래서 다윗은 우리아를 불러서 비록 전쟁 중이지만 집으로 가서 쉬라고 한다. 다윗은 밧세바가 벤 아기의 아버지가 자신이라는 것을 은폐하기 위해서 이렇게 한 것이다. 그러나 우리아는 "내가 어찌 전쟁 중에, 다른 전우들도 모두 고생하고 있는데 자신만 쉴 수 없다"고 다윗에게 말하며, 다윗의 호의를 거절한다. 결국 다윗은 요압을 시켜서 전쟁 중에 전사하도록 계략을 꾸미게 된다. 결국 암몬과의 전투에서 우리아는 전사를 하게 되고 이스라엘도

패하게 된다. 전쟁의 패전 소식을 접했음에도 다윗은 오히려 태연하게 이스라엘의 패전 소식을 받아들인다(삼하 11:25). 그리고 밧세바를 자신의 궁으로 데리고 와 자신의 아내로 삼는다. 11:27절에 설명되어 있듯이 이러한 다윗의 행위는 하나님이 보시기에 매우 악한 것이었다. 그래서 하나님께서는 나단 선지자를 보내서 다윗의 죄를 책망하신다. 나단 선지자는 어떤 법률 사건의 비유를 들어서 다윗의 죄를 지적한다. 바로 가난한 자의 양 새끼를 빼앗아 자신의 손님을 대접한 부자이야기 이다. 다윗은 이 부자가 자신인 줄도 모르고 이 부자에게 사형을 선고한다. 그러자 나단 선지자는 12장 7절 이하에 이 사건에서 파렴치한 부자는 바로 다윗을 의미함을 말하면서, 하나님께서 자신에게 하신 말씀을 전한다. 하나님께서 지적하신 다윗의 죄는 두 가지이다(삼하 12:9-10). 첫 번째는 우리아를 암몬자손의 칼로 죽인 것이고, 두 번째는 그의 처를 빼앗아 자신의 처로 삼은 것이다. 즉, 살인에 대한 것과 간음에 대한 것이다. 하나님은 이것에 대해서 벌을 내리겠다고 나단을 통해서 말씀하신다.

> 이제 네가 나를 업신여기고 헷 사람 우리아의 아내를 빼앗아 네 아내로 삼았은 즉 칼이 네 집에서 영원토록 떠나지 아니하리라 하셨고, 여호와께서 또 이와 같이 이르시기를 보라 내가 너와 네 집에 재앙을 일으키고 내가 네 눈 앞에서 네 아내를 빼앗아 네 이웃들에게 주리니 그 사람들이 네 아내들과 더불어 백주에 동침하리라 (삼하 12:10-11)

삼하 12:13절에서 다윗은 나단 선지자를 통한 하나님의 책망을 듣고 자신의 죄를 회개한다. 그리고 나단 선지자가 말한다.

> 다윗이 나단에게 이르되 내가 여호와께 죄를 범하였노라 하매 나단이 다윗에게 말하되 여호와께서도 당신의 죄를 사하셨나니 당신이 죽지 아니하려니와, 이 일로 말미암아 여호와의 원수가 크게 비방할 거리를 얻게 하였으니 당신이 낳은 아이가 반드시 죽으리이다 하고.(삼하 12:114)

그러나 후에 앞에서 언급했던 하나님의 형벌이 후에 실제로 다윗 가문에 내려지게 된다.30) 그러나 적어도 죄를 진 당사자인 다윗에게는 내려지지 않는다. 하나님께서는 다윗을 죄를 용서해 주었기 때문이다. 이 사건이후에도 다윗은 하나님과 계속해서 교제하며 살아가게 되며, 구약에서는 다윗이 가장 위대한 왕으로 메시아의 표본으로 그려지고 있다. 어떻게 이러한 큰 죄가 하나님 앞에서 용서 받을 수 있었으며, 그리 위대한 왕으로 평가되고 있을까?

2.1.2. 사울의 죄(삼상 15:1-35)

다윗의 죄에 비하면 다윗의 선왕인 사울의 죄는 그리 큰 죄가 아니었다. 사무엘상 15장 이하에 사울이 하나님께 죄를 짓는 장면이 나온다. 하나님은 사무엘을 사울에게 보내어서, 아멜렉이라고 하는 민족을 멸할 것을 명령한다. 아멜렉 민족은 과거 이스라엘의 출애굽 당시에 이스라엘 민족을 대적하였던 민족이다. 사울은 하나님의 명령에 따라 아말렉과 전쟁을 하게 되고, 그 민족을 진멸한다. 그러나 사울은 전쟁 후에 하나님의 명령을 따르지 않는 죄를 범하게 된다. 즉, 사무엘상 15:3절에 하나님께서 사울에게 명령하시기를 "그들의 모든 소유를 남기지 말고 진멸하되 남녀와 소아와 젖 먹는 아이와 우양과 약대와 나귀를 죽이라"고 명령하신다.31) 그러나 사울은 아말렉의 전부를 진멸하지 않고 좋은 것은 남기는 과오를 범한다(9절). 이것을 본 하나님은 자신의 명령을 지키지 않는 사울로 인하여서 진노하시며, 그를 왕 삼으신 것을 후회하신다. 이 사실을 안 사무엘은 사울을 책망하기 위해서 그에게 간다. 나단이 다윗이 죄를 지은 후에 그에게 가서 책망했던 것과 비슷한 장면이다. 그러나 사울은 결국 하나님께 용서함을 받지 못한다. 그리고 점점 더 하나님으로

---

30) 이 본문은 후에 압살롬이 다윗의 첩들을 범하는 사건(삼하 16:21-22))에 대한 신학적 해석을 제공해주는 역할을 한다. A. A. Anderson, 2Samuel, 권대영 역, 『사무엘하』, (서울:솔로몬, 2001), 284.
31) 적의 진멸에 대한 명령은 사회적, 종교적 혼합주의에 대한 제거로 이해된다. R. W. Klein, 1Samuel, 김경열 역, 『사무엘상』, (서울:솔로몬, 2004), 267-268.

부터 멀어져 마침내는 하나님의 적이 되고 만다(삼상 16:35; 28:15,16). 그리고 삼상 31장에 나오듯이 블레셋과의 전쟁에서 자신의 아들과 함께 비참한 최후를 맞게 된다. 다윗의 아들인 솔로몬이 자신의 왕위를 이어 받았던 것과는 정반대되는 결말이다. 죄의 무게로만 따진다면 다윗이 훨씬 더 무거운 죄를 지었다. 그러나 다윗은 용서를 받았고 사울은 결국 용서 받지 못했다. 무엇이 이렇게 다른 결과를 가져왔을까?

2.1.3. 다윗과 사울의 차이

위에서 살펴본 바와 같이 다윗은 사울보다 더 큰 죄를 지었지만, 용서 받아 하나님과 다시 화해를 이루었지만, 사울은 그러지 못했다. 그 이유는 바로 죄에 대처하는 자세가 서로 달랐기 때문이다. 인간은 죄를 지을 수 있다. 그러나 중요한 것은 이것이 죄라는 것을 깨달았을 때, 그 때 하나님께 대하는 태도이다. 죄를 용서함 받았던 다윗의 경우를 먼저 보려고 한다. 여기서 죄에 대처하는 다윗의 자세를 좀 더 알아보기 위해서, 시편 51편을 살펴보아야 한다.[32] 시편 51편은 다윗이 밧세바와 동침한 후 나단 선지자가 그에게 왔을 때, 자신의 죄를 깨닫고 참회하는 기도이다.[33] 특히 16-17절에는 자신의 죄를 깨닫고 하나님께 회개하는 다윗의 심정이 아주 잘 나타나 있다.

> 주께서는 제사를 기뻐하지 아니하시나니 그렇지 아니하면 내가 드렸을 것이라 주는 번제를 기뻐하지 아니하시나이다. 하나님께서 구하시는 제사는 상한 심령이라 하나님이여 상하고 통회하는 마음을 주께서 멸시하지 아니하시리이다.(시 51:16-17)

---

32) 논란의 여지가 있지만 일반적으로 이 시편은 양식상 개인 탄원시로 분류되고, 일곱 개의 참회시중 하나이다. 참고, M. E. Tate, Psalms 51-100, 손석태 역, 『시편 51-100』, (서울:솔로몬, 2002), 46.

33) 이 시편의 표제에 대한 다양한 논의는 테이트의 주석을 참고하라. M. E. Tate, 『시편 51-100』, 손석태 역, 47-51.

당시 이스라엘은 제사를 통해서 자신의 죄를 깨끗케 하였다. 그러나 다윗은 이러한 제사, 즉 죄를 사하는 의식을 통해서 하나님께 나아가지 않았다. 다윗은 죄진 인간이 하나님 앞에 섰을 때 이러한 의식이나 제도보다 더 중요하고 먼저 해야 할 것이 무엇인지 알았던 것이다. 즉 하나님께서 죄진 인간에게 가장 먼저 무엇을 원하시는지 알았다. 그러나 사울은 자신의 죄를 인정하지 않고, 변명하기에 급급했다. 그는 자신의 백성을 핑계로 댄다. 그리고 제사를 드리려고 했다고 변명한다(삼상 15:15, 21). 뿐만 아니라, 사울은 경건한 행위를 내세워 자신의 불순종을 숨기려 하고 있다. 그러자 사무엘이 22-23절에 이러한 사울의 행동을 강하게 책망한다.

> 사무엘이 이르되 여호와께서 번제와 다른 제사를 그의 목소리를 청종하는 것을 좋아하심 같이 좋아하시겠나이까 순종이 제사 보다 낫고 듣는 것이 숫양의 기름 보다 나으니, 이는 거역하는 것은 점치는 죄와 같고 완고한 것은 사신 우상에게 절하는 죄와 같음이라 왕이 여호와의 말씀을 버렸으므로 여호와께서도 왕을 버려 왕이 되지 못하게 하셨나이다 하니.(삼상 15:22-23)

사람이 자신을 하나님보다 더 높이고 자신의 목적을 위해서 하나님을 부릴 경우에는 예배가 우상숭배, 즉, 우상에게 절하는 죄로 바뀌게 되는 것이다. 다윗과 사울의 가장 큰 차이점은 다윗은 하나님이 말씀하시는 것을 들었고, 그분이 지금 자신에게 원하는 것이 무엇인지를 알았다는 것이다. 다윗은 진심으로 자신의 죄를 고백하고 하나님께 도움을 구했다. 여기에서 자신이 지은 죄에 대한 변명이나, 다른 사람을 핑계로 자신의 죄를 가볍게 하려고 하지 않았다. 그러나 사울은 하나님의 말씀에 순종하려 하지 않았고, 자신의 죄를 인정하지도 않았다. 그리고 백성을 핑계로 자신은 교묘히 피해가려 하고 있다. 그리고 하나님의 노여움을 잠재우고자 제사부터 드리려고 하고 있다. 어쩌면 사울은 원래 아말렉을 하나님의 말씀대로 전부 진멸하려고 했을 지도 모른다. 사울이 하나님의 명령을 따르려고 했을 때, 백성들이 사울의 조치를 반대하여서, 좋은 것은 남기자고 했을 수도 있다. 그러나 이건 더 큰 문제이다. 만약 이러했다면, 사울은 하나님보다는 백성에 대한 자신의 입지를 더 생각한 죄를 저질렀다고 보여 지기 때문이다.

2.2. 적용

앞서 언급했듯이 다윗과 사울은 모두 하나님 앞에 죄를 저질렀고, 하나님께 서는 예언자를 통해 그 죄를 지적하였다. 이것에 대한 두 사람의 반응은 달랐 다. 두 사람은 모두 하나님과 화해를 시도했다. 그러나 그 결과는 달랐다. 필 자는 여기에서 다윗과 사울의 가장 큰 차이점은 하나님이 어떠한 분인가를 아 는지 모르는가의 차이라고 생각한다. 적어도 다윗은 하나님이 정의로운 분이 며, 약자를 위한 분이라는 것을 알고 있었다. 그렇기 때문에 그는 자신의 행 동이 하나님의 뜻에 반하고 있다라는 것을 금방 깨달을 수 있었다. 비록 죄를 지었을 지라도, 다윗은 자신의 욕심보다 하나님이 먼저였기 때문에 하나님과 의 관계를 유지할 수 있었다. 그러나 사울은 하나님의 뜻보다는 자신의 욕심 이 먼저였다.[34] 그리고 결정적으로 그는 하나님이 어떤 분인가를 몰랐다. 제 사만 드려주면 그걸로 모든 걸 눈감아주는 그런 분으로 알고 있었던 것이다. 다윗이 죄를 지었음에도 불구하고 성서에서나 현재 우리들에게 높은 평가를 받는 이유는 그가 인간적으로 완벽해서가 아니다. 그는 하나님을 두려워하였 고 하나님의 음성을 듣고, 그 말에 순종하였던 사람이었기 때문이다. 죄를 지 을 수 있다. 실수 할 수도 있다. 하지만 중요한 것은 항상 하나님의 음성에 귀 를 기울이고 그분의 말씀에 순종하여 돌이키는 것이다. 하나님과 화해를 위해 서 죄에 대처하는 가장 첫 번째 할 일은 바로 하나님이 말씀하시는 것을 듣 고, 자신의 죄를 인정하는 것이다(시 51:1-2). 자신이 어떠한 죄를 지었는지 하나님 앞에 철저하게 고백하는 일이다(시 51:3). 그리고 하나님에 대한 반항

---

34) 클레인은 사울의 죄가 하나님의 명령을 거스른 것뿐만 아니라 이기적인 동기가 있었음을 지적한다. 즉 그는 상질의 가축들만 멸하지 않았다. R. W. Klein, 『사무엘상』, 김경열 역, 270.

과 변명을 다 버리고, 하나님만이 이 곤경에서 구원하실 수 있다고 하는 철저한 신뢰가운데 자신을 무조건적으로 하나님께 맡겨야 한다. 죄를 지을 수 있다. 그러나 사울처럼 핑계 대는 것이 아니라, 다윗처럼 제사 이전에 하나님께 솔직히 자신의 잘못을 고백하는 것이 하나님께서 원하시는 화해의 자세이다.

다윗과 사울의 이야기에서 핵심은 화해를 위해 상대방이 무엇을 원하는 가를 알아야 한다는 것이다. 화해의 기준은 자신이 아니라 타인이 되어야 한다. 현 한반도의 상황에서 남북한은 각자의 이해관계에 따라 원하는 것이 다르다. 이러한 자세가 상황을 더욱 어렵게 만들고 있다. 그러나 현재 한반도에서 가장 시급하고 중요한 것은 통일이며, 이것이 모든 이해관계 보다 앞서야할 것이다. 기존의 경험과 다른 국가들의 관계보다 통일이 우선시 되어야 한다.

3. 고난 받는 종(사 52:13–53:12)

앞의 두 경우에서 본 논문은 부지중에 죄를 지은 한 개인이나 회중, 고의로 죄를 지은 한 개인의 경우에 하나님과 어떻게 화해가 이루어 질수 있는지 다루었다. 여기에서는 아담 이후 죄 가운데 있는 전체 인류와 하나님 사이의 화해에 대해서 다룰 것이다. 특히 이사야서에 나타난 네 개의 종의 노래 중 이사야 52:13-53:12절과 신약성서와의 대한 비교 분석을 통해 화해를 위한 메시아의 본질과 의미를 알아볼 것이다. 그리고 이것을 토대로 인류와 하나님 사이의 화해의 조건과 의미를 밝힐 것이다.

3.1. 분석

먼저 본문에서는 이 고난 받는 종의 출생에 대해서 이야기한다. 여기에서는 종의 낮음에 대해서 이야기 하는데, "마른 땅에서 나온 줄기"라는 말은 이 종의 천한 출생을 의미한다. 또한 그는 겉으로 보기에 고운 모양도 풍채도 없어서 사람이 보기에는 흠모할 만한 아름다운 것이 없다. 그래서 사람들은 그를 멸시하였고 적대시한다. 그는 고통과 고난을 당한다. 그 당시 사람들은 병이나 고난이 당사자의 죄로 인한 하나님의 벌이라고 생각했다. 그래서 4절에 보면 사람들이 생각하기를, 그는 하나님께 벌을 받아서 고난을 당한다고 생각한다.

> 그는 실로 우리의 질고를 지고 우리의 슬픔을 당하였거늘 우리는 생각하기를 그는 징벌을 받아 하나님께 맞으며 고난을 당한다 하였노라. 그가 찔림은 우리의 허물 때문이요 그가 상함은 우리의 죄악 때문이라 그가 징계를 받음으로 우리는 평화를 누리고 그가 채찍에 맞음으로 우리는 나음을 받았도다.(사 53:4-5)

여기에서 종의 고난의 이유가 설명이 된다. 그리고 놀랄 만한 새로운 사실이 알려지는데, 그의 고난이 그의 죄로 인한 벌이 아니라, 우리의 허물과 죄 때문이라는 것이다. 7절에서는 고난을 대하는 종의 태도를 설명하고 있다. 그는 곤욕을 당하여 괴로울 때에도 침묵한다.[35] 8절과 9절에서는 종의 죽음과 무덤에 대해서 설명하고 있다. "그 무덤이 악인과 함께 되었고 그 묘실이 부자와 함께 되었다"라는 말은 그의 죽음이 불명예스러운 죽음이라는 것을 의미한다. 이어지는 10절에서는 종의 불명예스러운 죽음을 하나님께서 원하셨다고 언급하고 있다.

> 여호와께서 그에게 상함을 받게 하시기를 원하사 질고를 당하게 하셨은즉 그의 영혼을 속건제물로 드리기에 이르면 그가 씨를 보게 되며 그의 날은 길 것이요 또 그의 손으로 여호와께서 기뻐하시는 뜻을 성취하리로다.(사 53:10)

여기에서 우리가 알 수 있는 사실은, 그의 고난이 하나님의 목적을 이루어 가기 위한 임무중의 하나라는 것이다. 10절 초반부를 보면 여호와께서 그가 상함, 즉 고난을 받기를 원하셨음을 알 수 있다. 이 종이 고난을 받고 제물이

---

35) 마태복음 27:12절에는 예수께서 고난당할 때 어떤 태도를 취하셨는지에 대해서 언급한다: "대제사장들과 장로들에게 고발을 당하되 아무 대답도 아니하시는지라." 마태복음의 이러한 언급은 이사야 53장 7절의 고난 받는 종의 모습과 상응한다.

되어야만, 하나님께서 세우신 계획을 달성할 수 있다. 또한 이 구절에서는 이 종의 고난과 억울하고 불명예스러운 죽음을 당하는 이유가 설명되어져 있다. 구약에서 자신의 죄가 하나님 앞에서 용서함 받기 위해서 자신의 죄를 대신지고 죽어줄 제물이 필요하다. 즉 구원을 위해서 종의 고난과 죽음은 필연적인 것이다. 결국 하나님의 계획은 종을 통해서 성취될 것이다. 즉, 종의 고난과 죽음을 통해서 많은 사람들이 구원을 얻을 것이다. 그리고 우주적인 종말론적인 구원의 대전환을 하나님은 종의 사역을 통해서 이끌어 낼 수 있는 것이다. 이 종은 자신의 생명을 많은 자들의 죄를 위해 내어 놓음으로써, 많은 사람들을 하나님에게로 인도할 것이다.

3.2. 적용
세례 요한은 요한복음 1:29절에서 예수가 자기에게 다가오는 것을 보고 다음과 같이 말했다.

> 이튿날 요한이 예수께서 자기에게 나아오심을 보고 이르되 보라 세상 죄를 지고 가는 하나님의 어린 양이로다.(요 1:29)

나사렛 예수 안에서 이사야 53장의 말씀이 하나님의 살아있는 말씀으로써 분명해 진다. 예수 그리스도는 이 말씀을 완수 하셨다. 하나님께서는 우리의 죄의 문제를 해결하고 또한 새 언약을 맺으시기 위해서 그의 아들, 성자 예수 그리스도를 희생시키셨다. 하나님께서는 우리 인간의 구원을 위해서 그의 아들이 인간으로부터 모욕 받고, 멸시 받고, 고난 받고, 십자가에서 고통스럽게 죽는 것을 감수하셔야만 했다. 예수는 인간이 보기에는 보잘 것 없고 실패한 한 인간이다. 하지만 그의 실패와 좌절을 통해서 많은 사람들이 구원을 얻을 것이다. 예수의 고난은 개인적인 일이 아니라 그의 사명이었다. 그의 고난과 죽음은 목적이 있었다. 예수 그리스도의 고난은 불가피한 결과가 아니라 그의 사명을 위한 한 부분이었던 것이다. 이 어린양, 예수 그리스도의 고난을 통해서 처음 이스라엘과 맺은 언약이 전 세계로 그 대상이 확대된다. 과거 이스라엘에서 속죄물로서의 어린양의 희생이 이 예수 그리스도의 고난을 통해서 전세계의 죄를 지는 어린양으로 확대되는 것이다. 하나님과 인간의 궁극적 화해의 희생물로서의 고난 받는 종. 자신의 죄가 아니라 타인의 죄로 인해 고난받게 되며, 이것이 타인과 하나님의 화해의 발판이 된다. 즉 타인의 죄로 인해 고난 받는 것이 하나님께서 하시는 화해의 방식이었던 것이다.

타인의 죄로 인해 고난 받는 이유는 바로 그 타인을 위해서이다. 남한이 북한과의 공식적 접촉을 통해 수많은 대북지원을 하고, 이뿐만 아니라 직, 간접적으로 북한 내의 인권과 경제협력을 하는 이유는 통일을 위해서이며 또한 북한을 위해서 이며, 하나님을 위해서 이다. 우리는 이러한 사역에 부름을 받았다. 타인을 위한 희생과 사랑을 먼저 안 우리가 이제는 북한을 위해 그렇게 해야 할 것이다.

Ⅳ. 결론(한반도 통일을 위한 제언)

본 논문에서는 구약에 나타난 화해를 다루었다. 어떤 이유로 불화(갈등)가 일어났으며, 어떻게 다시 관계가 회복되고 화해가 성립되는지를 보았다. 이것을 본 논문에서는 사람 사이에 발생하는 경우와 사람과 하나님 사이에서 발생하는 경우를 구분하여 보았다. 이러한 연구는 사회 안에서의 화해만이 아니라, 더 나아가 남북한 평화통일이라는 우리 모두의 과제를 위해서 중요한 발판이 될 것이다. 또한 앞으로 성서학에서도 이론 분야뿐만 아니라 타 학문과의 융합을 통해 성서를 새롭게 해석하고 적용하는 연구가 활발히 이루어지기를 바란다. 이어지는 결론에서 필자는 지금까지의 연구를 바탕으로 한반도의 통일을 위한 제언을 하고자 한다.

한반도의 통일을 위해서 지금까지 많은 노력들이 있어왔다. 특히 남한은 북한과의 대화와 화해를 위해 많은 시간과 노력을 들여왔다. 그러나 최근 이러한 분위기가 와해되고 있다. 북한의 도발과 그 도발에 대응하여 개성공단 폐쇄와 북한에 대한 경제제재가 그것이다. 이러한 긴장이 처음은 아니나 통일을 위한 우리의 노력을 위축하게 하는 것은 분명하다. 그러나 이러한 상황이 남북한 평화 통일을 위한 그 동안의 노력을 물거품으로 만들지는 못할 것이다. 사실 현 상황에서 한반도의 긴장은 당분간 계속될 전망이고, 한반도를 둘러싼 이러한 긴장의 상황은 앞으로도 반복될 것이다. 따라서 우리는 매 상황에 너무 민감하게 반응할 것이 아니라 우리의 원래 목적이며 이루어질 평화 통일을 위한 노력을 지속해야 할 것이다.

그렇다면 우리가 현재 해야 할 일은 무엇인가? 우선은 북한에 대한 비핵화 원칙은 유지하되 동시에 한반도 통일을 위한 노력과 준비를 해야 할 것이다. 북한의 비핵화와 통일을 위해서 가장 중요하고 끊이지 말아야 할 것은 바로 대화이다. 공식적이든 비공식적이든, 경제, 문화, 종교 등의 교류를 통해서 대화를 지속적으로 이끌어야 한다.36)

한반도의 평화 통일을 위해서 먼저 남북한 두 통일 당사자 간의 대화를 통한 접근과 화해가 필수적이라는 데에는 누구나 동의하고 있다. 그리고 통일 당사자들뿐만 아니라 더 나아가 남북한을 둘러싸고 있는 국가들의 대화와 통일에 대한 이해가 필수적이다. 왜냐하면 통일에 대한 각 당사자들과 주변의 이해 국가들 간에 각각 원하는 형식 다르기 때문이다. 이렇게 서로 다른 입장을 좁히고 통일을 이루기 위해서는 대화와 이해를 통한 잦은 접촉과 접근은 중요하다.

이러한 과정을 위해서 먼저 우리는 남한 내의 화해, 특히 통일을 위한 남한

---

36) 문정인은 특히 이러한 남북한의 경제협력과 문화교류는 남북한 간의 상호 신뢰와 평화적 합의가 이루어 질 수 있다고 주장한다. 그리고 이러한 과정을 통한 "합의형 통일"을 가장 이상적인 통일 형태로 제시한다. 합의형 통일에 대해서는 다음의 논문을 참고 하라. 문정인, 「남북통일의 현안과 전망」, 《백범과 민족운동연구》 제10집, (서울:백범학술원, 2013), 187-203.

기독교계의 화해가 선행되어야 한다. 한국 기독교는 진보와 보수 진영으로 나누어 생각해 볼 수 있다.37) 교리는 서로 다를지라도 통일이라는 목표는 동일하다. 그러나 서로 협력해야할 양 진영은 통일이라는 공동의 목표를 인지하고 있음에도 불구하고 정치적 입장과 서로의 이해관계 때문에 협력하지 못하고 있는 실정이다. 그러나 한국 기독교의 진, 보수는 정치적 이익이나 입장을 접어두고 서로 협력하여 통일을 이루기 위해 노력해야 한다. 어떻게 이 두 진영이 화해할 수 있을까? 이 두 진영을 하나로 만드는 것은 성서이다. 따라서 이들은 오직 성서에 근거한 선교의 관점에서 북한을 보아야 한다. 즉 정치가 아니라 구원의 관점에서 보아야 한다.38) 본 논문에서 필자는 평화 통일을 위한 키워드로 "구약의 화해"를 연구했다. 이러한 화해는 남북한의 화해를 의미하는 것이기도 하지만, 남한 내의 화해도 이러한 원리로 이해해야 할 것이다. 통일을 방해하는 세력이 있다면 그들이 가장 원하는 것이 바로 남한 내의 분열일 것이다. 우리는 성서를 바탕으로 통일이라는 하나의 목표만을 위해 서로 협력해야 할 것이다.

두 번째, 통일교육을 지속적으로 펼쳐야 한다. 현 남한은 청년실업과 높은 물가 상승률로 인한 경제적 스트레스로 다른 것에 신경을 쓸 틈이 없어 보인다. 또한 정치권에서도 서로의 이익을 위한 정쟁이 여전히 벌어지고 있다. 그러나 비록 이러한 때라도 교육부의 한결같은 통일 교육이 이루어 져야 할 것

37) 박영환은 한국 기독교의 진, 보수를 다음과 같이 설명한다: "기독교 진, 보수 세력은 북한을 대상으로 반공주의를 중심으로 하는 보수 세력과 북한을 동등한 입장에서 놓고 주체적 관점에서 보려는 진보 세력, 가능한 북한의 입장에서 북한이해를 시도하는 세력으로, 그중 간혹 종북 세력, 친북좌파 빨갱이로 오인받기도 하고, 사실적 입증도 간혹 되어지는 세력들이 있다." 박영환, 「기독교 진, 보수 세력의 북한이해를 통한 북한선교의 접근방법론의 유형」, 《복음과선교》 제19집, (서울:한국복음주의선교신학회, 2012), 184.
38) 박영환은 이러한 진, 보수의 양 진영을 통일을 위한 "양 날개"로 부르며 새로운 페러다임을 제시한다: "그러므로 기독교 진, 보수 세력은 '하나님의 선교'라는 공통점을 축으로 하여, 진보세력과 보수세력을 양 날개로 펼쳐나가도록 네트워크하는 것이 절대적으로 필요하다." 박영환, 「기독교 진, 보수 세력의 북한이해를 통한 북한선교의 접근방법론의 유형」, 194.

이다. 학교는 물론이고 교회에서도 화해와 통일에 대한 내용을 공과 등과 같은 성경공부 교재를 통해서 지속적으로 가르치고 인지시켜야 할 것이다. 통일이 우리 세대에 이루어지더라도 통일 시대를 살아가는 것은 다음 세대이기 때문에 그들에게 통일의 당위성과 필요성에 대해서 지속적으로 교육할 필요가 있다. 이것은 무엇보다 교회에서 이루어져야 할 것인데, 특히 서로간의 반목이 아니라 하나됨이 진정으로 하나님께서 원하신다는 것을 가르쳐야 한다. 또한 그리스도인으로서 선교의 사명 중 하나로 통일을 인지시켜야 할 것이다. 통일 교육과 더불어 우리가 가르쳐야 할 것은 북한에 대한 것이다. 북한의 실상을 알리는 것도 중요하지만, 북한의 현재 문화, 경제, 군사 등 현 북한의 모든 것을 가르치고 그들을 이해하게 하는 교육도 병행되어야 할 것이다. 이것은 북한과 통일 후 직접 그들과 함께 살아야하는 다음 세대를 위해 필수적인 교육일 것이다.

세 번째, 남북한은 대화를 계속이어가야 한다. 경제, 문화 협력과 교류를 통한 대화 시도를 지속적으로 시도해야 할 것이다. 그러나 요즘과 같이 북한의 도발로 인한 긴장의 시간에는 이러한 교류도 쉽지 않다. 그러나 이러한 때일수록 우리는 한반도 평화 통일에 대한 강력한 의지를 놓아서는 안 될 것이다. 동시에 핵실험과 같은 북한의 매우 위험하고 도발적인 행동에 대해서는 물러서지 말고 강한 압박을 통해 대화를 이끌어 내야 할 것이다.

네 번째, 한반도 통일을 위해서 남한의 지속적인 헌신이 필요하다. 독일 통일의 경우에 많은 통일 비용이 들었다. 한편에서는 이러한 막대한 통일 비용을 들여서 통일을 하는 것에 대한 회의적인 의견들이 많다. 그러나 그리스도께서 우리를 위해 자신의 목숨을 내어 주셨듯이, 그 은혜를 입은 우리 또한 그리스도의 헌신을 본받아 북한을 위해 헌신해야 할 것이다. 그러나 이러한 헌신은 사실 북한에게 하는 것이 아니라 하나님께 헌신하는 것이 된다. 무엇보다 경제적인 원조와 통일 비용에 대해서 무조건 부정적인 시각으로만 볼 것이 아니라 하나님의 선교라는 측면에서 보고 이러한 경제적 비용을 감수해야 할 것이다.

다섯 번째, 한반도 통일을 대하는 우리 남한의 자세는 무엇보다 진실성이 있어야 한다. 우리는 주변 국가들의 이해관계에 휘둘릴 것이 아니라, 형제로서 북한을 신실과 사랑으로 대해야 할 것이다. 형제인 우리까지 북한을 정치적, 경제적 이해관계 안에서 대하는 것은 통일을 더욱 어렵게 하고 북한의 도발을 유발시킬 뿐이다. 북한의 진정성 있는 태도도, 그것을 우리가 요구하는 것도 중요하지만, 무엇보다 우리 먼저 북한을 진실과 사랑으로 대해야 할 것이다. 결국 통일의 당사자는, 통일 시대를 직접 살아갈 사람은 주변 국가가 아니라 바로 우리이기 때문이다. 하나님의 사랑은 하나님의 선교 아래 하나된 남한과 성서적 화해를 바탕으로 하는 한반도 통일로 구현될 것이다. 그리고 우리가 바로 이 일을 위해 부름 받았음을 잊지 말아야 할 것이다.

■ 참고문헌

김재구, 「용서와 화해의 목회적 모델로서의 요셉 이야기」,《한국기독교신학논총》제73호, (서울:대한기독교서회, 2011), 39-40. 29-53.

김종찬, 임성문, 「가해자가 사과했을 때 지각된 가해자 잘못과 용서의 관계」,《문화및사회문제》제 21호, (서울:한국심리학회, 2015), 97-118.

권혁승, 「야곱의 화해전략」,《활천》제473호, (기독교대한성결교 활천사, 1993), 37-38.

노세영, 「죽이는 속죄제물에서 (kipper) 의미의 연구」,《구약논단》제19집, (서울:한국구약학회, 2005), 31-52.

문정인, 「남북통일의 현안과 전망」,《백범과 민족운동연구》제10집, (서울:백범학술원, 2013), 169-205.

박영환, 「기독교 진, 보수 세력의 북한이해를 통한 북한선교의 접근방법론의 유형」,《복음과선교》제19집, (서울:한국복음주의선교신학회, 2012), 167-201.

Anderson, A. A., *2Samuel*, 권대영 역, 『사무엘하』, (서울:솔로몬, 2001).

Douglas, M., *Purity and Danger*, (London: Routledge).

Gese, H., *Essays on Biblical Theology*, trans., C. Keith; (Menneapolis: Augusburg, 1981).

Hartley, J. E., *Leviticus*, 김경열 역, 『레위기』 (서울:솔로몬, 2005).

Kiucihi, N., *The Purification Offering in the Priestly Literature*, (Sheffield:JSOT Press, 1987).

Klein, R. W., *1Samuel*, 김경열 역, 『사무엘상』, (서울:솔로몬, 2004).

Levine, B. A., *Leviticus: the traditional Hebrew text with the new JPS translation*, (Philadelphia:Jewish Publication Society, 1989).

Milgrom, J., *"Israel's Sanctuary: The Priestly Picture of Dorian Gray"*, RB 83(1976).

Milgrom, J., *Leviticus 1-16*, (New York:Doubleday, 1991).

Tate, M. E., *Psalms 51-100*, 손석태 역, 『시편 51-100』, (서울:솔로몬, 2002).

Waltke, B. K., *Genesis: A Commentary*, (Grand Rapids, MI: Zondervan, 2001).

Wenham, G., *The Book of Leviticus*, (Grand Rapids:Clarendon, 1979).

Wenham, G. J., *The Pentateuch*, 박대영 역, 『모세오경』, (서울:성서유니온선교회, 2007).

Westermann, C., *Genesis 37-50*, (Neukirchen-Vluyn: Neukirchen-Vluyn 1982).

Knowledge of Reconciliation
in the Old Testament

Young Joon Park
(Lecturer, Old Testament Theology)

ABSTRACT

Peaceful unification of the Korean peninsula is a challenge and hope for all of us. But first, it can go through the process of peaceful settlement of the conflict of the two Koreas and reconciliation. For a peaceful settlement and reconciliation we need knowledge of reconciliation. In this paper, I will apply the Old Testament scriptures in search of the reconciliation model. This paper is divided in two ranges: Reconciliation between God and Man and between human beings. In part of reconciliation between human beings, I analyzed the reconciliation of Jacob and Esau(Gen. 32,1-33,20), Joseph and his brothers(Gen. 42,1-45,28) and Guilt Offering(Lev. 5,14-6,7). In part of reconciliation between God and Man, I analyzed the reconciliation of Sin Offering(Lev. 4,1-35), David(2Sam. 11,1-12,13) and the suffering servant(Isa. 52,13-53,12). At the end of the paper, I propose a suggestion for the unification of Korea.

KEY WORDS unification, reconciliation, old testament, Jacob, Joseph, the suffering servant.

화해를 위한 기독교교육신학
– '차이'의 페다고지에 기초하여

남은경
서울신학대학교, 기독교교육
프랑스 스트라스부르그 II(Marc Bloch)대학교
개신교신학대학 (D.E.A. & Th.D.)

화해를 위한 기독교교육신학
– '차이'의 페다고지에 기초하여

남은경 교수 (기독교교육과, 기독교교육)

국문요약

본 연구는 남한과 북한의 관계에서 보이는 서로 상반된 정치적 이념이, 다원화 시대에서 교류되는 다양한 인종적이며 종교적 가치들이, 그리고 남성과 여성에서 나타나는 생물학적 차이들이 타자에 대한 차별화나 적대시로 왜곡되어 버리는 오늘날의 사회적 현상을 어떻게 극복할까 하는 고민에서 출발한다. 문제는 남한과 북한이 아직까지 화해하지 못하는 원인이 타자를 자신을 기준하여 흡수시켜 버리는, 즉 총체화하는 인식론에 기초한 정복형의 선교적 접근에 있다는 점이다. 이 연구는 '화해를 위한 기독교교육신학'의 모티브를 우리들로 하여금 다름과 타자성에 다가가도록 하는 들뢰즈(G. Deleuze)의 '차이'의 철학에서 찾아 상호주체적 관계성에 기초한 교육원리들을 구상한다. '교육선교'는 한 학습자가 개별적이며 고유한 존재자로 출현하여, 자기와 다른 사람들과 함께 살아가는 과정에서 하나님의 자녀로 '되어 가기'의 존재로 변화하는 것이다. 연구자는 화해의 복음을 신학화하기 위해 그 가치들을 '환영하기'와 '나누기'로 재 개념화한다. 그리고 사람들 사이에서 감각적 존재인 학습자들이 서로의 차이에 대해 사유함으로써 성육신하신 그리스도를 발견할 수 있는 교육과정을 설계한다.

주제어 화해, 교육신학, 교육선교, 들뢰즈, 차이, 페다고지

222 • 평화와 통일(1집 1호, 2016)

들어가며

오늘날 대부분의 한국교회들의 해외 선교지나 북한에 대한 선교 의식은 과거 16세기 이래로 활발하게 전개되었던, 식민지화 시대의 유럽 기독교의 선교관과 별반 다르지 않다. 선교의 '주체'로서 유럽인들은 아프리카나 남미의 원주민들을 선교의 '대상'으로 삼고 이교도를 개종하는 것을 목표로 하였다. 이러한 '정복형 선교관'은 주체와 객체, 문명과 야만, 우월한 종교와 토착종교라는 이분법적 구도 하에서 타자를 잠식하여 자신의 제국만을 키우는 결과를 초래할 수밖에 없었다.[1) 한 민족이며 같은 유교문화의 유산을 공유하면서도 북한과 우리는 반세기를 넘기며 냉전 상태 하에서 아직도 서로 다른 이념과 가치관의 차이로 대립, 갈등하고 있다. 그렇다면 통일의 때를 기다리는 남한의 기독교인들은 어떠한 선교관으로 갈라진 형제를 다시 만나야 할까? 이에, 현대의 선교신학은 서로의 권력 관계를 포기한 '쌍방통행의 섬김'(마 20:28)[2)을, 남북문제나 지역갈등, 빈부격차와 차별의 문제에 접근하는 '화해의 선교'(골 1:20)[3)를 제시한다.

근대적 선교는 타종교와 타문화를 하나로 동일화 시키려는 총체화(to-talization)의 패러다임이었다. 그 때에 비해 훨씬 다원화되고 복합적인 삶의 양상에 마주한 포스트모던 시대의 선교신학자들은 단수의 선교 목적(a purpose)에 집중하기 보다는, 복수 개념의 선교적 과제들(missions)에 관심

---

1) 이진구, "한국 개신교와 선교 제국주의", 김경재·김창락·김진호 외, 『무례한 복음』(서울: 산책자, 2007), 86-93.
2) 채수일, "평화, 대화, 섬김으로서의 선교", 위의 책, 238-241.
3) 80년대 이후 발표된 세계교회협의회의 선교문서들 중 하나인 "화해의 목회인 선교(Mission as Ministry of Reconciliation, 2005)"는 기존의 기독론 중심을 견지하면서도 성령의 역할을 강조하여 교회가 성령 안에서 분열을 극복하고, 세상에 화해하는 역동적 과정(진실, 기억, 회개, 정의, 용서, 사랑)을 증거 할 것을 강조한다: 세계교회협의회, 김동선 옮김, 『통전적 선교를 위한 신학과 실천』, 김동선 옮김 (서울: 대한기독교서회, 2007), 9-16.

을 갖고 그 실천을 위한 구체적인 노력을 기울이고 있다.4) 이는 한 편의 입
장에서 일방적으로 세운 목적을 단기간에 달성하고자 했던 정복형 선교의
폐단을 극복하고자 하는 반성이기도 하다. 다시 말해서 복음전파의 목적에
보다는 과정에, 어떤 거시적 이상을 따르라기보다는 어떻게 타자들에게 다가
가서 삶을 나눌까하는 미시적 차원의 방법론에 대해 고민한다.

그러므로 이 전환된 새로운 패러다임에는 '교육선교'라는 과정적 차원이 포
함될 필요가 있다. '교육선교'는 이전과는 다른 형태의 이웃과의 관계성을 정
립하기 위한 기초를 마련해 준다. 용어에서도 나타나듯이 교육선교란 '선교하
기 위한 교육', 즉 파송하기 전에 전도 혹은 선교의 목적과 전할 내용 및 전달
방법 그리고 평가에 이르는 일련의 교육과정에 따른 교육 프로그램을 말하는
것이 아니라, 오히려 배움의 과정에서 사람들의 의식을 변화시키는 일이다.
'교육선교'는 이웃에 대한 정의를 섣불리 내리기에 앞서 그 자신과 이웃을 알
아가는 인식의 관점, 그리고 관계 지향적 삶의 실천과 소통의 질에 대해 조명
한다. 선교란 내적인 변화에서 시작하여 행동화로 이끄는 프락시스(praxis)의
과정에서 마침내 발현되는 것이기 때문이다.5)

따라서 '화해를 위한 기독교교육신학' 연구는 북한 동포를 비롯한 세계인들
이 '하나님 나라의 백성(눅 10:9)'으로서 우리와 함께 천국을 건설할 사람들
이라는 전제 하에 '교육선교'의 실천적 과제를 설계할 것이다. 하나님은 죄로
인해 갈라진(롬 3:23) 인간과 하나님과의 수직적 관계를 그리스도의 십자가를
통해 새롭게 회복하셨다(고후 5:17). 그 은총으로 인해 그리스도인들은 세상
의 분열과 상처를 치유하는 화해의 사절로서 자격을 얻었다(고후 5:18). 만일
우리가 대속의 십자가 앞에서 이웃과 화해한다면 하나님이 보시기에 좋은 수
평적 인간관계의 창조도 가능해 진다. 그러므로 우리는 하나님과 세상과의 바

---

4) C. Ott and S. J. Stauss, *Encountering theology of mission*, (Grand Rapids: Baker
   Academic, 2010), 106.
5) 선교는 단지 실천에 '관한' 이론이 아니라 구성되어가는 실천적 이론으로서, 그것이 행동화
   되는 프락시스 자체 내에서 이루어져야 한다.

른 관계성 정립의 기준을 화해의 주로 오신 그리스도의 복음에 두어야 한다. 왜냐하면 우리는 성서에서 대적과 화친하고(눅 14:13-32), 경쟁자로 여겼던 형제를 환대하며(눅 15:11-32), 만물과 화목하게 되는 일(골 1:20)이 결코 불가능하지 않다는 비전을 보기 때문이다.

세속화, 다원주의, 개인주의로 대변되는 현대사회에서 기독교인이 되는 것도 어렵거니와 신앙인으로서 남들과 어울려 살기란 결코 쉬운 일이 아니다. 교회가 그리스도를 믿는다는 사실 하나만으로 세상의 갈등 구조를 해결해 나가야 할 역사적 책임을 가졌음에도 불구하고 가정이나 사회에서 전쟁의 소문은 끝날 줄 모른다. 관계성 속에서 서로의 이질적인 차이를 용납하고, 양자의 균형을 지속적으로 유지하기 위해서는 부단한 노력이 필요하다. 따라서 이 연구는 '타자성'에 대한 인식의 전환으로부터 문제 해결의 단초를 찾는다. 이것은 우리가 타자가 누구인지 어떻게 아느냐 하는 존재 인식론적 접근이기도 하다.

한편, '화해를 위한 기독교교육신학'은 교육철학의 도움을 요청한다. 그것은 '기독교교육신학'이란 복음의 내용을 해석하는 '신학'이라는 지식의 구조(structure)와 철학적, 사회과학적 분석의 역할을 하는 '교육학'이라는 학습의 과정(process)이 만나는 장에 대한 학문으로서6) 기독교교육신학은 교육철학으로부터 실재에 대한 앎의 양식을 빌어야 하나님 인식인 신앙을 구체화할 수 있기 때문이다.7)

---

6) 기독교교육신학에는 '지식의 구조'와 '학습의 과정'의 함수관계가 작용한다. 기독교교육은 복음이라는 하나님과 인간 사이의 관계 구조가 인간과 인간 사이에서, 인간과 세계 사이에서 경험되고 해석되고 사건화 되는 역동적인 과정이다. 여기에서 신학은 복음의 내용을 해석하고, 교육학은 철학적, 사회과학적 분석의 역할을 한다. 교육신학이란 구조와 과정이 만나는 자리를 의미 있게 드러내고자 하는 학문적 노력이다: 은준관, 『교육신학』(서울: 대한기독교서회, 1995), 개정 3판, 11-19.

7) 교육신학은 교육철학에서 궁극적 실재라고 부르는 하나님 인식(앎)은 이성이 아니라 신앙으로 가능하다고 본다. 이렇게 두 영역의 학문은 '앎'에 대해 서로 다른 출발점을 가지고 있지만, 교육신학이 신앙 그 자체로는 기독교교육의 구조를 충분히 설명하지 못하기에 여기에서 교육철학의 실재 이해의 양식을 빌어야 한다: 은준관, 위의 책, 52-56.

본 연구의 전개는 다음과 같다. 먼저, '다름'과 '차이'에 주목하는 포스트모던 시대의 교육철학 연구의 동향을 검토하면서, 후기구조주의자로서 '차이'의 철학을 정립한 프랑스 철학자 들뢰즈(Gilles Deleuze, 1925-1995)의 이론에서 주체와 타자와의 관계성은 어떤 차원에서 성립되어야 하는지 발견하려고 한다. 그리고 '차이'의 페다고지가 화해의 교육선교를 실현하는 구체적 방법을 구상하려 한다.

I. '차이'의 철학과 페다고지

'차이(差異, difference)'라는 아이디어는 인종, 계급, 성별의 억압이나 차이에 대해 무관심한 사회나 차별적 문화풍토에 맞서는 최근의 비판적 교육학(Critical pedagogy) 이론가들에게서 발견되는 개념이다. 이들은 '차이'는 개인이 지배적 문화의 가치를 내면화하는데 발생하며, 자신과 타인의 관계성 속에서 의미 있게 양산된다고 보았다. 그래서 피터스(M. Peters)는 인간 상호작용에 대해 설명하기 위해 주체성 개념의 철학적 토대와 자아와 타자 사이의 차이의 한계들을 알고자 했다. 프레리(P. Freire)는 주체의 다름에 대한 사회·정치적인 배경에 대한 검토가 필요함을 주장해 왔다. 그동안 교육철학의 역사에서 듀이(J. Dewey)와 그의 계승자들이 현대적 시민사회를 건설하기 위한 하나의 교육적 개혁안으로서 다름 혹은 차이의 가치를 재발견하긴 하였지만 전통적으로 학교와 같은 교육 제도 하에서는 학생들 사이에 있는 개인마다의 주관적 차이들의 가치를 높게 평가하지 않아 왔다.8) 이렇게 근대교육은 일관된 구조와 불변하는 의미를 이론적 형식에 맞추어 교과 내용중심으로 학

---

8) P. P. Trifonas(Ed.), *Pedagogies of Difference: Rethinking education for social change*, (New York & London: RoutledgeFalmer, 2003), 1-2.

생들을 훈련해 왔다.9) 그 결과 학생들은 더 이상 나름대로 사유할 줄 몰랐다. 그로 인해 나타나는 교육학적 문제에 대해 노딩(N. Nodding)과 같은 포스트모던 교육철학자는 제도교육은 소수에 의해 설계된 엘리트 모델로서 모든 학생을 한 가지 이상적 인간상에 일치시키려 한다고 비판한다. 그는 인식 주체자인 한 사람 한 사람의 주체성에 주목한다. 사람들은 그들이 살아 온 역사와 문화, 개인적인 경험에 의해, 그리고 다른 사람과의 상호작용과 같은 다양한 방식에 따라 세상을 알아간다는 것이다.10) 그렇기 때문에 우리가 가르치는 학생들은 배워야 할 어떤 대상으로 똑같이 일반화하여 볼 것이 아니라 구성된 주체(constituted subject), 혹은 복합적 정체성(multiple identities)을 가진 존재로 보아야 한다. 더 나아가 선교의 대상에 대한 우리의 관점도 이와 같은 맥락에서 수정할 필요가 있다.

'화해를 위한 기독교교육신학'의 철학적 모티브는 주체의 복합적 측면들이 우리들로 하여금 다름과 타자성에 열려있게 하는 후기구조주의에서 발견된다. 그래서 우리의 타자의 타자성에 대한 인식은 '차이'에 대한 재고로부터 출발한다.11) 왜냐하면 지금까지의 선교가 어떤 보편적 기준이나 교리의 이행을 주문하면서 나오는 분리된 타자에게 일방적으로 향한 것이었다면, 이제는 교육선교의 주체를 세상 어디에서든 서로의 긍정적 가치를 교환하면서 더불어 형성되어 가는 가능적이며, 잠재적 존재로 바라보려 하기 때문이다.

1. '차이'와 되어 가는 주체

서구교육의 근간은 '아는 주체(knowing subject)'라는 개념 위에 세워졌다. 따라서 교육이란 세대와 세대를 이어 전수해 온 지식을 습득하는 것이다.

---

9) C. H. Cherryholmes, 『탈구조주의 교육과정 탐구: 권력과 비판』, 박순경 옮김, (서울: 교육과학사, 1998), 64-69.
10) N. Nodding, *Philosophy of Education*, (Oxford: Westview Press, 1995), 74-75.
11) Trifonas, op. cit., 3.

이것은 한편으로는, 자연스런 현상들과 관계하여 측정 가능한 감각의 논리로 다른 한편으로는, 실제적 세상 구조들을 주관적으로 경험하는 것과 관계하여 자기목적적인 성찰을 하는 것이다. 이와는 달리, 해체철학에 기초한 '후기비평적 페다고지'는 경험주의나 합리주의 그리고 그 교수-학습의 방법이 말해 왔던 '명료성(certainty)'에서 놓여나 자신에 대해서 그리고 타인에 관해서 '안다(to know)'는 것이 과연 무엇을 의미하는지를 재 개념화한다.12) 들뢰즈 (G. Deleuze)는 데리다(J. Derrida)와 함께 '차이(différence)'라는 급진적 개념을 도입함으로서 지금까지의 인식 방법에 도전한다.13)

들뢰즈는 근대적 주체가 어떻게 자신을 모든 차이의 기원으로 삼았는지를 묻는다. 왜냐하면 그에게 있어 존재는 일자(一者)에서도, 규정된 다수에서도 존재하지 않기 때문이다. 존재는 '같음'으로 존재하지 않는다. 그것은 '사유함'으로 비로소 존재하게 된다. 플라톤주의의 형이상학에서는 이데아의 정체성 혹은 개념에 의해 존재가 정의 내려진다. 여기서 후속되는 존재는 처음에 종속되는 '재현(représentation)'일 뿐이다.14) 재현적 사고로는, 차이란 단지 개념적 차이로만 여겨질 뿐 차이 그 자체로 용납되지 않는다. 그러나 들뢰즈 에게는 존재란 두 개의 똑같은 대상들이 동일한 개념에 속할지라도 그것들은 여전히 다르다.15)

어떤 사물이 한 번 나타났을 때 그것은 차이를 담고 다시 나타난다. 이러한 '반복(répétition)'은 앞의 것이 사라지는 것을 조건으로 성립된다. 상상력으로 우리들은 그 다르게 나타난 것들을 새기면서 모든 이미지들을 하나로

---

12) Trifonas, op. cit., 220.
13) 데리다는 들뢰즈가 각 주체의 고유성을 대표한다는 의미에서 대문자로 시작한 '차이 (Différence)'라는 용어 대신에 그것이 자칫 전통적인 의미인 '개념적 차이'로 이해될 수 있다는 위험성을 고려하여 불어사전에도 없는, e를 a로 대체함으로서 확실하게 구별된 '차연(differance)'이라는 새로운 용어를 만들어 냈다. 이것은 존재란 이미 결정지어진 것이 아니라 항상 진행하면서 연기되기에 어떤 완결된 의미란 불가능하다는 것을 나타낸다: 박영욱, 『데리다 & 들뢰즈: 의미와 무의미의 경계에서』 (서울: 김영사, 2014), 50-67.
14) G. Deleuze, *Différence et répétition*(Paris: PUF, 1968), 1.
15) Ibid., 262.

요약하거나 중첩한다. 상상은 과거와 현재와 미래라는 시간적 차원에 근거한
다. 그래서 영원한 현재는 모든 다시 나타난 것과 모든 반복의 일시적 조건
이다. 과거, 현재, 미래라는 시간에서 이미지들의 축약은 하나의 종합이다.
여기서 상상력이라는 장치가 존재를 '수동적'이지만 매우 '주관적'인 차원에
놓는다.16)

  들뢰즈는 '존재'가 아닌 '생성'을 사유하는 것, 무한한 '생성'을 사유할 수
있는 '내재성의 장'을 철학적으로 구성하고자 하였다. 우리가 외부에서 들어
온, 자기와는 다른 것들과 조우할 때, 즉 우리에게 무슨 일이 생겼을 때 우리
가 다른 것과 관계를 맺음으로서 비로소 우리는 자기 자신(soi-même)이 된
다. 이것이 '되기', '생성'의 의미를 지니는 'devenir(becoming)'이다. 들뢰
즈의 개념으로 이 용어는 '변화하다'라는 의미를 갖는다. 즉, 더 이상 같은 방
식으로 사물들을 느끼지 않는 것이다. 더 이상 똑 같은 평가를 내리지 않는
것이다. 우리가 좀처럼 자신의 정체성을 바꾸지 않음은 자신이 살아 온 모든
경험에 담긴 기억에 머문다는 말이다. 이와 반대로 '생성 되는' 존재는 삶의
가장 친숙한 것들로부터 무언가 달라진 의미를 발견한다. 우리는 일상의 관습
들을 더 이상 똑같은 관계로 엮지 않는다. 이 모든 것은 이제 다르게 작용한
다.17)

  그에게 있어 지식은 진리를 추구하는 가운데 어떤 초월적이며 피상적인 이
상에서 발견되는 무엇이 아니라 실재 안에서 내재적으로 창조되는 것이다. 그
는 지식이라는 사실이 주체가 될 수 없다고 말한다. 들뢰즈는 우리에게 묻는
다. "이것은 나에게 과연 무엇인가?" 혹은 "나를 형성하는 가운데 존재에 관
해 표현된 것은 무엇인가?"라는 질문 자체가 곧 지식이라는 것이다. 그런데
이러한 물음들은 진리에 관해 설명하지 않는다. 지식은 주체가 구성되는 가운
데 수동적으로 획득된다는 것이다. 결국 주체는 어떤 정신적 상태라거나, 어

---

16) Ibid., 96-98.
17) F. Zourabichvili, "Qu'est-ce qu'un devenir pour Gille Deleuze?", Conférence
   pronocée à l'Horlieu(Lyon, le 27 mars 1997), 2.

떤 인간이나 인격을 의미하지 않는다. 주체는 존재의 생성인 것이다.18)

들뢰즈는 존재(being)의 자리에 차이(Différence)를 대치하고 있다. 즉, 인간은 무엇인가로 '채워 진 존재'가 아니라, 무수한 차이들 사이에서 생성 '되어 가는' 차이 자체이다. 그리고 이 차이는 계속 반복됨으로서 차이를 역동적이게 한다. 그에게 있어서 교육이란 '되어 가기'의 과정 중에서 '알려진 것'(the known)을 깨트리는 일이다.19) 만일 교사가 '나처럼 해 보라'고 말한다면, 즉 재현을 요청한다면 그의 학생은 아무 것도 배우는 게 없을 것이다.20)

들뢰즈의 '차이'의 철학은 잠재(virtuel)의 철학과 복합성(multiplicités)의 철학이다. 이러한 철학은 교사로 하여금 현실적 존재로서의 학습자를 정형화된 선입관으로 규정짓지 않고, 현재의 삶을 변형시킬 수 있는 가능적 존재로, 미지의 무언가 될 수 있는 희망으로 바라볼 수 있게 해 준다. 반복은 차이나는 반복(répétition différentielle)이며 차별화된(différentiante) 것이기에, 우리는 마침내 학습자를 개별자로 대할 수 있다.

2. 리좀적 접속과 다양성

'리좀(rhizome)'은 이원론과 내적 기능의 세계들에 반대하는 하나의 정신이다. 마찬가지로 이 장치는 분열과 정신분열증을, 예술가와 범인을, 분자적인 것(moléculaire)과 총괄적인 것(molaire), 그리고 유목적인 것과 거류민적인 것, 미성년과 성년 등과 같이 이항적으로 구분 짓는 것에 맞선다. 리좀은 복합성과 증식을 확산한다. 그것은 복합의 질서에 응답하고, 복합적인 세상을 구축한다. 거기서 사람들은 더 이상 일자(一者)가 둘이 되는 식의 이분법

---

18) R. Braidotti and P. Pisters(Ed.), *Revisiting Normativity with Deleuze*, (London·New York: Bloomsbury Academic, 2012), 14-15.
19) K. Roy, *Teachers in Nomadic Space: Deleuze and Curriculum*, (New York: Peter Lang, 2003), 48.
20) Deleuze, 1968, op. cit., 35.

적 논리나 단일성으로 내몰리지 않는다. 이 리좀적 복합성은 다양성을 어떤 단순한 분배로 환원시키지 않는다. 들뢰즈에게 리좀이라고 불리는 시스템은 접속과 이질성이다.21)

리좀적 접속에 대해 이진경은 "리좀은 나무의 가지들이 증식해서 이뤄진 그 물망이 아니라 혼돈된 뿌리 구조이다. 모든 지점이 다른 모든 지점과 접속하고, 모든 방향으로 움직이며 분기하여 새로운 방향들을 창조해 낸다. 한편, 이와는 달리 종류가 추가되거나 무언가 줄면서 다양성이 증가하긴 하지만 전체에는 아무런 변화가 없는 이러한 종류의 다양성도 있다. 이것을 들뢰즈는 수목형 다양성이라고 한다. 리좀에 나타나는 특징들은 접속의 원리, 낯선 모든 것에 새로운 접속을 허용하는 이질성의 원리로, 차이 그 자체로서 의미를 갖는 차이는 어떤 하나의 중심에 포섭되거나 동일화 되지 않는다는 다양성의 원리로 정리된다. 리좀적 다양성은 하나의 척도나 원리에로 환원되지 않는, 이질적인 것의 집합이며, 따라서 하나가 추가됨으로서 전체의 의미를 완전히 바꾸는 그런 것"22)이라고 설명한다.

한편, 들뢰즈가 말하는 다수성과 다양성에 대해 서동욱은 "존재는 실질적으로는 다수로 구별되지만, 여기서 말하는 다수는 실체적 다수성을 뜻하는 것이 아니라, 하나의 존재가 갖는 형식상의 다수이다. 그는 존재의 실체적 다수성을 지양함으로써 존재자들 사이의 위계의 성립을 부정한다. 다양한 개체들은 하나의 존재가 가진 힘의 '강도적 크기'의 차이에서 발생한다"23)고 보았다. 강도는 인간의 질적인 욕망의 표현들이기에 일치하지 않는다. 서로를 간섭하거나 공명(résonance)한다.24) 다양성은 세상과 사물에 대한 어떤 외연적인

---

21) A. Sauvagnargues, *Deleuze et l'art*, (Paris: PUF, 2006), 181-183.

22) 이진경, 『노마디즘 1: 천의 고원을 넘나드는 유쾌한 철학적 유목』(서울: 휴머니스트, 2011), 91-97.

23) 서동욱, "질 들뢰즈, 이데아의 별들이 무너진 내재성의 평원", 한국프랑스철학회 엮음, 『현대프랑스 철학사』(서울: 창비, 2015), 351-359.

24) P. Patton(Ed.), *Deleuze: A Critical Reader*, (Cambridge: Blackwell Publishers Inc., 1996), 219-220.

기표로 축소되지 않는다. 차이의 스펙트럼인 강도의 차이가 무한한 접속을 만들어 줌으로서 서로를 근접 영역에로 모아줄 때 우리의 사고는 확장된다.

리좀은 중심에서 벗어나 외부와 만남의 관계로 나아가게 하는 방법이다. 한 가지 초월적 본질에 입각하여 사유하는 것이 아니라 외부에 의한 사유로 본질은 달라진다.25) 외부에 일치시키는 상태에 따라 우리는 비로소 자신으로부터 벗어날 수 있다. 가능적인 존재들을 순간적으로 만날 때 변신이 초래된다. 교사들이 가르침의 대상을 바라볼 때 거기에는 차이가 있다는 것, 그 차이들은 리좀의 내재성을 드러내기에 타자와의 관계로 이어주어야 한다. 교사와 학생 사이의 어떠한 만남이던 간에, 그 만남은 동일한 정체성들이 만나는 것이 아니라 다수가 다른 다수를 만나는 상황이다. 여기서 다름은 주체를 결코 죽이지 않고 단지 사라지게 할 뿐이다.26) 다시 차이는 반복되고 회귀한다. 그래서 혼자일 때보다 복잡해지는 가운데 문화와 사회의 변동에 따라, 시간의 흐름에 따라 경험은 풍성해지고 앎은 가변적이 된다.

교육의 장에서 리좀, 즉 복합성의 영역을 구축하려면 우연히 접속한 '외부(dehors)'와의 만남에 있어 우리가 그 동안 가지고 있었던 인간적 편견을 제거해야 한다. 다른 사람들과의 마주침에서 이상주의라는 위험에 현혹되지 말아야 한다. 가르침이란 학습자들이 타자의 차이점들을 알아채도록 인지적이며 정서적인 차원에서 성찰하는 행동들을 격려하는 일이다. 그것은 또한 매일의 습관과 일상에서 우리가 주류에 휩쓸리어 무의식적으로 맺는 지배적인 가치들과의 타협을 지적하고 문제시하는 일이다.27)

들뢰즈는 존재자에 가려 있던 존재 자체에 주목한다. 그에게서 존재는 같은 것으로 환원되지 않는다. 동일화하지 않는 것, 이것이 차이의 탁월함이다. 그런데 이 존재는 '되어 가는' 존재로서 자신의 존재를 뚜렷이 드러낸다. 반복하지만 그것은 다르다는 것을. 같은 것의 반복이 아니라, 단지 차이가 되돌아오

---

25) 이진경, 위의 책, 120.
26) Trifonas, op. cit., 61-65.
27) Ibid., 110-111.

는 것임을 분명히 한다.28) 반복은 같음의 재생산이 아니다. 반복은 불변하는 것들을 정렬해 놓은 것이 아니라 고유한 특성들의 압축이다. 그것은 다름의 '힘'으로서 긍정적이며, 즐거운 과정이다. 반복은 결핍을 회복해 주고, 차이는 성찰하게 함으로 다른 관계들에 접촉할 수 있다. 이렇게 들뢰즈는 접속이 꾸준히 진전되도록 창조적인 가능성들을 열어놓음으로서 풍성하고도 다양한 존재들을 기다리는 '마음의 철학(Philosophy of mind)'으로 사유한다.29)

이상의 들뢰즈의 차이의 철학에서 우리는 상호주체적 관계성에 기초한 교육원리를 발견한다. 교육은 정답을 추구하는 목표 지향적 사고방식을 벗어나 특정한 시·공간에서 발생하는 문제를 다양한 관계망을 통해 적극적이며 융통성 있게 해결하는 노력이다. 그래서 교사는 학생들에게 보편적인 지식에 대해 비판해 보라고 하거나, 그들의 의견을 제한하지 않는다. 필요와 흥미에 따라 생각을 떠올리도록, 스스로 사유하고 함께 나누도록 고무한다.

II. 화해의 신학화와 교육선교

앞 장에서 살핀 바대로 철학적 사유는 인간의 본성 이해, 교육의 목적, 교수법, 교육환경 등에 특정한 관점을 갖는 교육철학 사조 형성에 중대한 영향을 미친다. 이러한 맥락에서 교육은 사고하는 방법을 훈련하는 것이라고 할 수 있다. '차이'의 철학과 그 페다고지는 그동안 우리가 가졌던 '타자', '이웃'에 대한 고정 관념으로부터 탈피하여 그들을 다른 차원의 존재로 바라보도록, 관계성을 맺도록 우리의 시각을 뒤집어 놓는다.

---

28) G. Deleuze, *Nietzsche*, (Paris: PUF, 1965), 215-220.
29) R. Due, *Deleuze*, (Cambridge: Polity Press, 2007), 22.

그런데 서론에서도 언급했듯이 기독교교육은 교육철학의 영역만이 아니라 신학이나 종교의 영역과 대화하는 학문이다.30) 기독교교육신학은 다른 학문 분야의 공헌인 심리학, 사회학, 인류학 등의 통찰에 도움을 얻는다. 우리가 만일 기독교교육이 신학이라는 내용(contents)을 단순히 학습자에게 전달하는 배달의 역할을 한다고 본다면,31) 이것은 근대적 선교에서 수행했던 교화(indoctrination)에 초점을 맞춘 선교교육 수준에 있음과 마찬가지일 것이다. 삶의 문제에 대해 사유하고 신앙하는 방식이 이미 만들어지고 주어진 것이라면 여기서 선교의 대상자도 어떤 선입관으로 규정된 학습자일 것이다. "선험적 개념 안에는 무엇이 있는가?"를 찾았던 칸트와는 달리 들뢰즈는 "우리가 행동하는 것은 무엇인가?"로 존재를 인식하였다.32) 따라서 '화해를 위한 기독교교육신학'은 기독교 교리를 교육내용으로 정형화할 것이 아니라 그것을 '환영하

---

30) R. D. Miller, *The Theory of Christian Education Practice: How Theology Affects Christian Education*, (Birmingham: Religious Education Press, 1980), 105.

31) 사라 리틀(S. Little)은 기독교교육에 대한 신학의 역할에 따라, 교육신학의 유형들을 다음과 같이 분류하고 있다: (1) 복음주의 계열의 교육신학은 신학이 교육목표와 교육의 과정, 그 방법론이나 행정에 영향을 미치므로, 기독교교육은 신학적 훈련과 방법 중 하나로 간주한다. 이 입장은 교육내용과 교수방법을 이원화하여 교수방법은 전달될 내용에 보조적인 것으로 삼는다(Theology as content to be taught). (2) 진보적 실존주의 교육신학에서 종교교육은 하나님의 민주주의에 참여하도록 경험과 실험에 초청하는 행위이며 자아실현과 인간관계의 상호작용을 촉진하는 과정이다. 이 입장은 여러 학문들이 각자의 기능을 가지고 서로 독립적임을 가정한다. 심리학, 사회학, 인류학 등과 함께 신학도 다른 학문에 영향을 끼치고 또 영향을 받는다. 교육은 이러한 학문들 간의 대화에서 나온다. 신학적 이론을 적용하는 것이 교육이 아니라, 대화를 통해 교육신학이 결정된다고 보는 입장이다(Education in dialogue with theology). (3) 신정통주의 계열은 기독교교육의 시작과 규범은 신학에서 찾아야 된다고 주장한다. 신학과 교육은 상호작용의 관계이지만 여기서는 신학이 선제된 상호작용이다. 따라서 행동과학이나 기타 학문에서 얻어지는 교육의 자원들은 신학적 가정들과 적합한지 검토되어야 한다는 것이다. 이들은 기독교교육을 하나님과 인간의 계시적 만남인 신학의 규범 내용을 적용해 가는 실천적 영역이라고 본다(Theology as norm): S. Little, "Theology and Religious Education", M. J. Taylor(Ed.), *Foundations for Christian Education in an Era of Change*, (Nashville: Abingdon Press, 1976), 31-33.

32) G. Deleuze et F. Guattari, *Qu'est-ce que la philosophie?*, (Paris: Editions de Minuit, 1991), 133.

기' '관용하기' '신뢰하기' '다가가기' '섬기기' 등의 행동하는 교육적 가치들로
재 개념화(re-conceptualizing)함으로서 설계해야 한다. 들뢰즈의 존재 인식
론이 만남의 기회를 통해 서로의 고착된 이념을 뛰어넘어 초월적인 영성을 교
류할 수 있는 비전에로 우리를 이끌기 때문이다. '화해'의 재 개념화는 곧 신학
화(theologizing)의 과정33)으로서 교육선교라는 실천의 장과 연결된다.

1. 기독교적 사회화

기독교는 고립된 사막의 종교가 아니라 타자와의 소통의 관계 속에서 말씀
이 교류되고, 예언적 행동이 실천되는 사회적이며 공동체적 종교이다. 그럼에
도 불구하고, 주체 중심으로 세상을 대상화하는 근대적 신학과 칸트철학에 기
인한 지나친 개인주의로 인해 그리스도의 몸이 와해되는 현상이 빈번하다. 주
체 중심의 자아는 타자를 부인한다. 그래서 타자를 하나의 대상이며 객체로
만든다. 그러나 상호주체성은 상호간의 알아차림을 바탕으로, 자아와 타자 둘
다 자율적인 주체들로 인식한다. 자신과 타인의 관계성 속에서 의미 있게 차
이가 양산된다. 그동안 서로에 의해 소외된 현대인들은 의미 있는 관계를 맺
을 새로운 공동체에 결속되기를 열망한다. 기독교 공동체는 서로를 끊임없이
일으켜 세우는 영적 자원이다.

들뢰즈는 우리가 만일 서로의 권리를 침해하지 않으며, 재현이라는 위계에
종속시키지 않는다면 누구와도 함께 할 수 있다고 말한다.34) 그는 이 결속의
역할을 '힘(pouvoir/puissance)'이라는 용어로 설명한다. 힘은 접속을 가능
케 하는 통찰로 작용하면서 사회적 행동(social action)으로 나아가게 한

---

33) 기독교교육이란 사람들을 '신학 하는 과정' 속으로 끌어 들임으로써 함께 성장하게 만들
고, 이 사회를 변화시키는 경험을 하도록 하는 교육이다. 신학이 '동사'로 변환되어 '경험
의 의미에 대한 신학화'로 사용될 때, 교육의 과정은 교회의 신학 형성과정에 중대한 공헌
을 한다(Doing theology as educating).

34) Deleuze, 1968, op. cit., 278.

다.[35] 힘은 강압이나 거북함을 깨뜨리기 위해 외부로부터 와서 새로운 전망 (visions)을 열어준다. 이것은 어떤 행동을 반복할 수 있게 만들고 증식시킨 다. 힘의 네트워크적 기능이 공동체를 조정하고 질서 있게 한다.[36]

하나의 주체인 개인은 무엇보다도 그리스도의 몸의 지체로서의 자아이다. 이에 대해 요더(J. H. Yoder)는 그리스도의 몸에 속한 각 지체는 누구와도 대체 불가능한 고유한 존재로서, 각 지체는 자신이 다른 지체들과 결속되어 있음을 알 때, 그리고 그것이 그리스도라는 끈으로 맺어졌음을 발견할 때 자신의 사명을 잘 수행할 수 있다고 보았다.[37] 그리스도의 몸 안에서 우리들은 '너'와 대조되는 '나' 또는 '그들'로 존재하지 않는다. 우리들은 그리스도 안에서 한 몸, 그리고 개별적으로 우리는 서로에게 일원이 된다.

사람들 사이에서 하나님과 그리스도의 현존이 드러날 때 비로소 교회는 교회로서 확증된다. 신앙 공동체 내에서 어느 한 편이나 연령대에 의해서가 아니라 상호간에 능동적으로 행동하고 반응할 때 기독교적 사회화가 이루어진 다.[38] 교회는 지상에 있는 형상화된 그리스도의 몸이며, 교육의 장이기에 사려 깊고 진정한 형제애적인 공동체의 망을 엮어 가는 일이 중요하다.

2. 화해의 재 개념화

화해(和解)란 싸움하던 것을 멈추고 서로 가지고 있던 안 좋은 감정을 풀어

---

35) 접속하는 '힘'에 대해 Massumi는 나무 목재에 어떤 행위를 가하는 것, 즉 목공예를 위한 도구 세트의 예를 든다. 나무와 연장 사이의 관계성들의 상호관계는 관계를 창출하지 못하는 개념들처럼 유사점을 찾을 수 없다. 그러므로 '힘'이 가해지지 않는다면 노동자나 만드는 법, 연장, 나무가 이미 있더라도 그것들이 합쳐져서 무엇인가 만들어 질 수 없을 것이다: B. Massumi, *A user's guide to capitalism and schizophrenia: Deviations from Deleuze and Guattari*, (Cambridge: MIT Press, 1992), 17.

36) R. Kaustugkv, *Teachers in Nomadic Space: Deleuze and Curriculum*, (New York: Peter Lang, 2003), 45.

37) J. H. Yoder, *Body Politics*, (Nashville: Discipleship Resources, 1992), 49.

38) J. H. Westerhoff III, *Will Our Children Have Faith?*, (New York·Harrisburg· Denver: Morehouse Publishing, 2000), Revised Edition, 80.

없앤다는 뜻이다. 영어(reconciliation)로는 싸웠던 두 사람 혹은 두 나라가 다시 친구가 되어가는 과정이다.[39] 다시 말해서 둘 이상의 객체가 서로의 다름 때문에 갈등관계로 단절되어 있다가, 소통하면서 서로를 이해하게 되고, 치유되고 관계가 회복되어 다시 결합 함이다.

우리 모두는 원래 하나님의 형상이었으나, 죄로 인하여 한 순간에 갈라져서 오랜 시간동안 상반된 입장에 살다 보니 서로가 낯설어졌으나 이제 하나님의 은혜로, 그리스도의 중개로 다시 만나 친교하게 되었다. 그리스도인은 유목민처럼 자기 영토로 삼지 않은 곳에서 순간순간 머물고 이동하면서 하나님이 자신을 자녀로 영접했듯이 누구와도 담을 쌓지 않고 타인들과 접속한다. 들뢰즈는 우리가 분배된 몫을 전유하지 않고 해체할 때 변형이 발생하며, 비로소 타자가 된다고 말한다. 탈영토화의 선을 따라가면 다른 다양체들과 연결되면서 본성적으로 변화한다는 것이다.[40]

1) 환대하기

낯선 자, 대립하였던 자와 화해하기 위해서는 그가 누구인가 아는 일이 재결합의 선결 조건이다. 여기서 타자를 자신의 선입견이나 고정관념으로 바라보기 보다는 먼저 상대방이라는 거울을 통해 자신을 비추어 성찰하는 일이 중요하다. 기독교인에게 환대는 타인을 그리스도의 몸 안으로 영접하는 태도이다. 교회와 세상의 경계에 선 사람들을 포함하여 낯선 자들을 문안하고(롬 16:16), 진심으로 공동체 안에 품는 것이다. 이러한 접근을 통해 그리스도인들은 세례를 받을 때에 다짐한 바를 살게 되고 성만찬을 통해 배워온 희생적인 사랑을 실천하게 된다. 우리가 타인들을 위해 한 모든 행위가 곧 그리스도께 한 것과 같다고 하지 않는가?(마 25:40) 환대로 우리는 마치 그리스도께서 자신의 삶을 우리에게 열어주신 것처럼 우리의 삶을 타인들을 향할 수 있다.

---

39) 네이버 사전
40) G. Deleuze et F. Guattari, *Mille plateaux*, (Paris: Editions de Minuit, 1980), 15-16.

환대를 통해 우리는 타자를 그리스도의 성찬으로 부른다. 이 자세는 형제를 향해 먼저 다가가는 적극적 몸짓이다(롬 12:10). 타자와 소통하기 위하여 그와 이어 주는 접속의 매개를 그리스도로 삼고, 위로부터의 하나님의 은총을 바라며 몸으로 행동하는 신앙이다. 기독교교육은 개인적 신앙발달의 문제라기보다는 공동체적 삶에 관한 것이다. 하나님과의 경험에 참여하면서 서로가 그리스도의 몸 됨을 발견하는 것이 목적이다. 또한 기독교 가르침의 내용은 교리나 정보가 아니라, 구체적인 삶에서의 경험이다. 신앙공동체의 본질을 하나님과의 연합함(communion)에 근거한다고 볼 때, 신앙적 교제 안에서 상호관계성이 환대 윤리의 기초이다.

교회의 본질적인 정의로부터 '경계선 상의 교육(border pedagogy)'을 유추하는 웹 미첼(P. Webb-Mitchell)은 우리가 그리스도의 몸인 성도들의 구성체를 교실로 삼는다면 그 안에는 고립된 교사나 학습자가 있을 수 없다고 본다. 결국 내용으로서의 신학이나 교리에 갇힌 벽은 무너지고 그 틈 사이로 지체들 사이에서 발생하는 구체적인 삶의 양상들이 교육의 자원이 될 것이다. 이를 위해 교사는 학습자들의 일상의 순간들에 하나님의 영이 자유롭게 임하도록 개방해야 한다.41) 그렇지만 타자와 화해하기 위한 환대는 무조건적인, 즉 책임성을 묻지 않는다는 의미는 결코 아니다.

환대하는 교사는 결코 낯선 자나 학습부진 학생을 가르침에서 배제하지 않는다. 그러면서 학습자가 준비되었을 때 눈에 띄지 않게 그들 안에 이미 있는 지식을 끄집어낸다. 산파술적 방식으로 질문하며 그의 사상에로 학습자를 초대한다. 여행하는 여정에서 옆의 친구들이 아직 거기에 있는지를 살피면서 그는 공부의 과정 내내 학습자들과 함께한다.42) 교수-학습의 과정을 거치면서 다수의 학습자를 드러내고 교사로서의 주체된 자신은 마침내 사라진다.

---

41) P. Webb-Mitchell, *Christly Gestures: Learning to Be Members of the Body of Christ*, (Grand Rapids: Wm. b. Eerdmans Publishing Co., 2003), 33-35.
42) C. Rutenberg, "Hospitable Gestures in the University Lecture: Analysing Derrida's Pedagogy", *Journal of Philosophy of Education*(48:1, 2014), 159-160.

2) 나누기

그리스도의 몸에 분열이 생기지 않으려면 지체들이 서로를 돌봐야 한다(고전 12:25). 삶을 나눈다는 것은 사랑으로 서로를 섬기며(갈 5:13), 남의 짐을 져 주는 일이다(갈 6:2). 우리는 초대교회의 믿음의 공동체에서 화해의 윤리적 성격을 본다(행 2:44-47). 그런데 현대사회에서 개인주의는 집요할 정도로 이기적이다. 이것은 그리스도의 몸 안에서 이루어지는 삶과 상반되는 윤리이다. 우리가 개별적이지 않다는 사실은 그리스도의 몸이라는 보편성에 근거한다. 그리스도의 몸 안에서 개인주의는 있을 수 없다. 우리들은 관계성을 형성하도록 초청되었기 때문이다. 공동체는 단순히 누가 그 안에 속했는가가 아니라 그들이 무엇을 행하는가에 따라 그 성격이 규명된다. 들뢰즈의 철학함의 성격도 존재하는 것이 무엇인가에 대한 이론이 아니라 우리가 행하는 것이 무엇인가에 대한 것이다.

그리스도의 몸 안에서 우리는 자신의 필요를 생각하는 대신에 다른 사람의 필요가 무엇인지를 찾는다. 이 때 우리의 마음이란 어떤 사상을 조직하거나 연결하는 것처럼 능동적으로 작동하지 않는다. 그것은 오히려 수동적이다. 마음속에서 베풀고 나누고 싶은 생각은 '저절로' 일어나는 것이다. 우리가 비 이기적이 될 때 서로를 향해 존경심과 겸손과 같은 바람직한 태도가 표출될 수 있다. 고린도교회의 상황을 볼 때 상이한 것들 간의 화해는 그리 간단한 일이 아니었다(고후 10-13). 적대적인 사람들 앞에서 바울은 자신이 소유한 것들 때문이 아니라 오히려 자신의 연약함으로 인하여 그리스도의 능력을 힘입을 수 있노라고 고백한다(고후 12:9). 그리스도는 원래 하나님이었으나 자기를 비워 많은 사람들을 섬기는 종이 되지 않았는가?(빌 2:6-7). 나눔은 자신의 내면의 목소리는 물론, 타인과 사회의 요청에 귀 기울일 때, 타인의 결핍과 불만족에 대해 응답할 때 얻어질 수 있다. 어려웠던 때를 잊지 않고 기억함으로서 실천할 수 있다.

들뢰즈는 주체의 존재를 전제하지 않고 그것이 어떻게 생성하는가를 살펴 주체는 정신에 의한 변용을 통해 구성된, 하나의 '구성된 주체(sujet constitué)'

로 파악한다.[43) 구성주의 학습이론이 말하듯 존중되는 개인의 시각 차이들이 오히려 '공동의 의미구성(joint construction of meaning)'을 창출할 수 있다.[44) 이에 교사는 학습자에게 영향력 있는 공동체 구성원들과, 또한 교회 외부의 타자들과 상호작용하도록 기회를 제공함으로서 대화하고 삶을 나누는 경험으로부터 배우도록 안내할 수 있다.

우리가 안전한 터전에 머물지 않고 소유에 집착하지 않으며 사막을 이동하며 사는 유목민처럼 산다면 물질주의적 가치관으로부터 자유하게 될 것이다. 기존의 습관적인 사고방식에 의존하지 않고 유연하게 사고하고 행동하게 될 것이다.

Ⅲ. 몸으로 배우는 화해의 교육과정

우리는 왜 인간과 역사의 다름에 대해 비관용적이었을까? 왜 서로를 용납하고 화해하지 못하였을까? 그 원인은 서구의 오랜 철학적 전통에서 찾을 수 있다. 그것은 마음과 몸을, 영과 물질을, 신과 인간을, 남성과 여성을, 유색인과 백인을, 부자와 빈자를, 생각과 행동을 구분한 이원론에 있다. 이 이원론에 입각한 신학적 사유로 인해 우리는 삶에서 어느 한 편이 다른 것 보다 우월한 가치가 있다는 식의 판단을 하면서 그에 따라 교육적 실천을 해 왔다. 이처럼 어떤 기준을 상정하고 그에 비교하는 방식으로는 결코 인간 실재의 문제를 극복할 수 없다. 이 양극들이 화해할 수 있는 학습의 과정(process)은 어떤 것일까?

들뢰즈는 주체는 '되어 가기' 과정의 열매이며 우리의 신체(body)는 인간의

---

43) 고쿠분 고이치로, 『들뢰즈 제대로 읽기』, 박철은 옮김, (서울: 도서출판 동아시아, 2015), 50-51.
44) 손민호, 『구성주의와 학습의 사회이론』 (서울: 문음사, 2006), 126-129.

가능성의 양상들 중 '실제적인 되기(becoming actual)'라고 보았다. 그의 되기의 개념을 통한 사유로 몸은 하나의 감각의 존재(a being of sensation)로서 복합적이며 다원적 차원에서 교육을 완성한다는 것이다.45) 타자와의 '화해'를 위해서는 기다림이 필요하다. 왜냐하면 화해하기 위해서는 상대가 누구인가 알아야 하고, 왜 분열되었는지의 원인을 찾고, 다시 만날 수 있는 방법을 발견해야 하기 때문이다. 또한 화해를 유지하는 일도 중요한 과제이다. 이렇게 화해에는 시간의 개념이 개입된다. '차이'의 페다고지는 통시적 차원인 과정을 통해 배움이 일어난다. '앎'이란 인지적 차원에서 발생하는 것이 아니라, 오히려 지식의 구조를 깨고 탈주하여 자신과 타인, 양자 사이의 해석학적 순환 과정에서 직관이 작용하는 몸의 즉흥성과 창조성이 창발하는 일이다. 다수들 사이에서 기준(references)을 없앨 때 그 열려진 잠재성으로 인해 화해의 마음은 이웃에게 퍼져 울릴 것이다.

1. 사이에서 배우기

부버(M. Buber)는 인간 사이의 존재론에 빗대어, 우리는 '나'와 '너' 사이에 있을 때 즉, 상대를 통해서야 비로소 내가 된다고 보았다. 나는 너와 함께인 경우에만 그 존재의 의미가 있다는 것이다. 그런데 너와 나의 만남에는 어떠한 조건이 필요하지 않다. 나를 향해 너는 네가 가진 규범이나 윤리적 행위를 요구하지 않는다. 그래서 '만남'은 상대를 향한 의지나 의도와는 무관하다. 만남은 '은총'이어서 그것은 기대하고 기다릴 수는 있지만 계획하고 추구할 수 있는 것은 아니라는 것이다.46) 교사가 '창조의 대리인'으로서 학생이 그렇게 거기 있다는 사실을 자신의 가치 인식보다 우선시 할 때 그는 학생에 얼굴에서 익숙하지 않은 질문을 읽고 대화의 관계로 들어서게 된다.47)

---

45) A. Hickey-Moody and P. Malins(Ed.), *Deleuzian encounters: studies in contemporary social issues*, (New York: Palgrave Macmillan, 2007), 91.

46) 마르틴 부버, 『교육 강연집』, 우정길 옮김 (서울: 지식을만드는지식, 2014), 104-105.

한편, 들뢰즈에 의하면 교사와 학생 사이의 어떠한 만남이던 간에, 그 만남은 정체성들이 만나는 것이 아니라 다수가 다른 다수를 만나는 상황이다.[48] 정체성들이 만날 때 거기에는 변증적 작용이 있다. 그러한 개념들 아래에서 차이는 단지 하나의 종합에 대한 수단일 뿐이다. 그렇지만 다수가 만날 때 거기에는 구멍(porosity)이 생긴다. 그래서 새로운 접속과 조합들의 시너지에 의한 개방이 만들어질 수 있다. 여기에서 차이는 긍정이지 부정이 아니다.[49] 예를 들자면, 한 사람의 교사로서 우리는 학생의 적대감의 강도를 마주하게 되었을 때, 우리들은 그 학생을 회피하거나 혹은 서툰 화해의 몸짓을 하는 대신에 차별화된 감성을 발휘해야 한다. 그것은 우리가 그동안 구축하고 영토화했던 편안한 방법으로부터 기꺼이 떠나려는 의지를 말한다.[50] 교사로서 자신의 정체성을 재정의해야 한다. 이제 교사는 고정 관념을 지양하고, 교육의 역동적 관계성에 보다 관심을 기울이게 되었다. 이렇게 차이의 관계성은 가능적(potential)이다. 왜냐하면 그것은 서로를 공명하기 때문이다. 모든 학습은 내재적인 형식 혹은 교사와 가르침 사이에서 가능한 공명들을 실현하는 것이다. 주체들 사이에서 인간 존재는 서로에게 소속되면서 본질에 대한 사유를 나눈다.

주체로서의 학습자들은 그들 사이(in between)에서 기독교적 덕목들의 몸짓을 취하면서 닮아간다. 어떤 사람이 그리스도다운 몸짓을 체득하는 것은 어떤 형식적 교육과정을 통해서라기보다는 매일의 평범한 삶의 수행으로 성취된다. 환대나 자기 비움을 삶에서 연출하는 것은 단지 몸의 표현만으로 충분하지 않다. 우리들 안에 깊이 새겨진 정서적 차원들을 인식하고, 그것을 문제시하고, 그 행위를 담은 마음과 성령의 역사가 포함될 때 우리는 몸, 정신, 영

---

47) 위의 책, 116-119.
48) 여기서 다수란 어떤 수적인 의미의 다수가 아니라, 어떤 지속적인 면(continuous plane)에 대한 질적인, 강도의 변이(variations)이다: K. Roy, op. cit., 51.
49) Ibid.
50) 막 8:34 누구든지 나를 따라오려거든 자기를 부인하고 자기 십자가를 지고 나를 따를 것이니라.

혼의 변화를 경험하게 되고 타인을 감화시킬 수 있는 것이다. 웹 미첼은 그런데 이것은 하나님의 위임과, 오랜 기간의 훈련을 거쳐야 획득될 수 있는 것이라고 보았다. 수많은 반복과 연습과정이 있어야 비로소 우리들은 변할 수 있다는 말이다.51)

2. 체득하기

자신에 대해서 그리고 타인에 관해서 '안다'라는 것은 무엇인가? 들뢰즈는 칸트가 말하는 '앎(knowledge)'이란 '단지 개념의 일반화만을 지시할 뿐인데 반해 '학습(learning)'은 우리가 어떤 문제의 대상과 직면했을 때 수행되어지는 주체적 행위라고 보았다.52) 그것은 초월적 진리들로부터, 재인지와 재현으로부터, 전복된 거짓의 이미지로 부터 분리된 수준(plane)에 대해 학습하고, 사유하고 아는 것이다. 이제 우리는 학습을 단지 지식의 결손을 메꾸고, 진리 이해로 그것을 채운다는 식으로 생각해서는 안 된다. 지식이 아닌 무지(non-knowledge)는 더 이상 부정적이거나 불충분하지 않다. 오히려 그것은 '학습된 무엇'이다. 이제 전체적인 교육학적 관계는 변환된다.53) 다시 말해서, 우리는 의식적 지식을 초월한 것에서 어떤 긍정적인 특성을 본다. 이점은 하나의 되기(a becoming) 혹은 실제 너머에 있는 잠재적 차원(virtual dimension)에 대해 말해 준다. 바로 이러한 치환이나 중심에서 벗어나기(decentering)가 지식과 이성이 관계 맺는 통전적이며 새로운 방식이다.54)

칸트가 우리들이 가진 선험적 사상을 정당화하는데 초점을 맞추었다면 들뢰즈는 왜 우리들은 이 판단을 믿어야 하는가를 묻는다. 칸트는 이성의 정당

51) Webb-Mitchell, op. cit., 201.
52) '지식'은 단순히 경험의 결과일 뿐 '학습'이야말로 진정한 선험적 구조이다: Deleuze, 1968, op. cit., 166.
53) G. Deleuze et F. Guattari, 1991, op. cit., 180.
54) K. Roy, op. cit. 102-103.

화를, 들뢰즈는 실체에 대한 민감성을 강조한다. 그는 지식의 대상은 '감각의 존재(the being of the sensible)'라고 보았다.[55] 이러한 들뢰즈의 학습에 대한 관점으로 부터 브레이도티와 피스터(Braidotti and Pisters)는 뇌와 몸과 환경의 '차이나는 분배의 시스템(a distributed-differential system)'을 발견한다.[56]

인간은 생각과 감정 그리고 하나님의 영에 의해 영향을 받는 유기적 존재이다. 앎은 정신(mind)을 통해서만 이루어지는 것이 아니다. 하나님은 때로는 우리의 이성보다는 직관(intuition)을 사용하여 말씀하신다. 바울이 말하듯 우리의 몸은 하나님의 영이 거하시는 성전이다. 우리 몸의 모든 감각들, 즉 몸이라는 매개를 통해 우리는 하나님을 알고, 또한 하나님에 의해 알려진다. 이러한 의미에서 최근 신경과학과 변환학습의 관계를 연구한 '뇌 기반 학습원리'는 인간의 몸 전체가 인지에 관여한다는 '체화된 마음(embodied mind) 이론'으로 발전된다. 이 이론은 들뢰즈의 학습에서의 신경 역동성 관계를 잘 설명해 준다.

퐁티(M. Merleau-Ponty)는 경험에 대한 현상학과 심리학, 그리고 신경생리학 사이의 상호 교류를 통해 인지를 전인적으로, 체화된 인간경험으로 이해하였다.[57] 그를 비롯한 현상학자들은 서양의 철학과 과학이 문제를 제기하고, 그것을 실험을 통해 조사하거나 혹은 인지능력으로 지적인 결과물을 산출하지만 막상 질문하는 자가 누구이며, 어떻게 그것이 답해지는가에 대해서는 간과했기에 그 결과 이 질문은 신체로부터 멀어진, 부분적인 반성일 뿐이라고 비판한다.[58] 데카르트적 코기도(cogito, 생각하는 고로 존재하는 나)가 정신에 국한 된 것에 비해 '체화된 마음 이론'은 몸과 마음이 함께 반성하는 전인

---

55) Deleuze, 1968, op. cit., 140.
56) R. Braidotti and P. Pisters, op. cit., 28-29.
57) M. Merleau-Ponty, *La structure du comportement*, (Paris: PUF, 1967), 6ème édition.
58) 프란시스코 바렐라 외, 『몸의 인지과학』, 석봉래 역, (서울: 김영사, 2013), 67-69.

(the whole person)을 상정한다. 이것은 인식주관과 인식객체 그리고 마음과 세계는 의존적인 상호발생을 통해 서로 관계를 맺는다는 점59)에서 '상호연결'에 의한 학습이다. 또한 그것은 '반복'에 의한 학습이다. 들뢰즈가 '차이'와 연관 지어 말하는 '반복'은 유사하거나 동일한 것과는 거리가 먼, 어떤 유일하고도 특별한 것과 관계하면서 행동하는 일이다. 다시 말해서 나와 다른 타자를 고유한 개체로서 맞이하여 진심으로 환대하고, 나눔을 행동화할 때 화해가 무엇인지 알게 되는 것이다. 여기서 차이들은 관계성으로 상호 연결됨으로서 서로 안에 깊이 자리 잡아 역동적인 웹을 구성한다. 삶의 매트릭스 안에서 남과 북의 학습자들은 서로 만나 성서와 기독교 전통과의 접속의 의미를 확장하고 심화할 수 있다.

3. 감수성 개발하기

근대적 방식의 기독교교육은 계몽주의적 인식에 기반을 두어 인간의 몸과 영에 대한 이원적 이해 위에 실시되었다. 데카르트는 몸과는 대치되는 정신이 나를 존재하게 한다고 보았다. 이러한 철학적 기반 위에 세워진 전통적인 인지론에서는 원래 존재하는 것을 대신하는 표상(representation)60)에 대한 대상 이해에 관해 말할 뿐이다. 그러나 들뢰즈는 "동일성, 유사성, 유비, 대립 등의 개념들로 재현된 표상을 통해 사물을 규정해서는 안 된다고 비판한다. 왜냐하면 재현적 개념들은 지성에 의존하기 때문이다. 그는 개념에 종속되었던 '감성(sensibilité)'을 해방하여 재현에 매개되지 않은 채 근본적인 사물을 보여줄 수 있는 예술을 통해 우리가 사유하길 바란다".61) '차이'는 동일한 것

---

59) 위의 책, 245-246.
60) 들뢰즈에 의하면 표상은 있는 그대로 나타나는 게 아니라, 자신이 가진 기존 관념의 동일성을 유지하는 방식으로 다시 나타난다(re-presentaition). 그래서 표상을 통한 사유는 곧 동일성에 의한 사유이다.
61) 서동욱, "감성의 수동적 종합으로서의 회화: 바로크의 마니에리슴에서 베이컨까지", 서동욱 엮음, 『미술은 철학의 눈이다』 (서울: 문학과지성사, 2014), 320-326.

들이 재현되기 이전에 순수한 감성적 영역인 카오스에서 생성되므로 우리는 감수성을 개발하는 교수법에 주목할 필요가 있다.

그동안 행동주의 학습이론이나 인지적 학습 이론들은 단지 내적인 심리적 과정에만 초점을 맞추었다. 반면에 사회적 학습이론들은 외적인 상호작용에만 주의를 기울였다. 그러나 학습이 발생되려면 양측면의 과정들이 적극적으로 포함되어야 한다. 학습자들은 기능성, 감각성, 사회성의 능력을 갖추고 있다. 각각의 차원은 신체적 측면과 마찬가지로 정신적 측면을 포함한다. 뇌가 우리 몸의 일부라는 가정은 학습의 구성주의적 개념에 기초한 것이다.62)

화해의 학습은 아주 다른 상황들과 연계 속에서 개성 혹은 정체성의 변화를 기대한다. 지각, 전수, 경험, 모방, 활동, 참여 등의 활동으로 학습자들은 공동체나 사회의 통합에 기여한다. 이것이 학습자의 사회성을 개발해 준다.63) 인간이 세상에서 겪는 경험 모두는 세계와의 상호교차점에서 발생하는 육체적인 감각들로부터 시작된다. 화해를 위한 학습 이론은 '몸'과 '마음'을 이원화시키지 않는 통전적인 인간이해에서 출발한다. 학습자에게는 정신적 구조들(mental schemes)로 배움을 능동적으로 건설해가는 성향이 뇌 안에 존재한다. 학생들에게 소리, 보이는 것, 냄새 등은 그 자체로 의미를 가지지 않지만 이러한 감각들은 뇌와 마음의 언어로 변환된다. 결과적으로 그들은 그것에 의미를 부여한다. 이것이 화해를 배우고 가르치는 학습의 첫 단계이다. 그렇지만 학습자 개인은 의미를 단독으로 만들지 못한다. 우리는 기독교 공동체 안에서 항상 관계를 맺으면서 서로 배우기 때문이다. 이 때 교사는 상호관계성에서 알아차리지 못할 만큼 미세한 감성의 교류도 놓치지 말아야 한다. 본래의 몸의 감각들을 학습과정의 단초로 삼아야 한다.

교실 분위기에서 학생들이 눈을 마주치거나, 고개를 끄덕이거나, 웃거나 하

62) K. Illeris, "A comprehensive understanding of human learning", Knud Illeris(Ed.), *Contemporary Theories of Learning: Learning theorists...in their own words*(London and New York: Routledge, 2009), 12.
63) Ibid., 13-14.

는 것과 같은 질적인 '차이'들이 이러한 반응들을 보인다. 왜냐하면 학생들은 매일 그들의 삶에서 질적으로 다른 경험들을 학교로 가지고 오기 때문이다. 교사는 이 '차이 나는 관계성(differential relation)'에 민감해야 한다.

우리는 사회적 상황 속에서 경험함으로서 실제적으로 배운다. 한 개인이 경험한 바에 대해 성찰함으로서 경험에 의미를 부여할 때 그의 감정은 변화되고, 신념이나 태도나 가치관도 영향을 받는다. 따라서 그는 무엇인가를 행하기를 원한다. 마침내 그는 변화된 인간이 된다. 이것이 학습의 결과이다. 이렇게 개인은 상호작용하는 가운데 피드백을 얻으며, 그 감각에 의미를 부여하는 다양한 방식을 통해서 배운다.64) 그러므로 화해의 학습 상황에서는 구성원들의 열정이나 호의 같은 정서적 상태나 그들을 둘러싼 문화적 배경과 물리적 환경, 그리고 공동체 감각에 따른 사회적 조합을 고려한다.

4. 세 차원의 교육과정

복음의 내용을 학습자의 감각기관인 몸(body)을 사용하여 마음의 변화에로 이끌며, 반복적인 습관(repetitive habits)으로 몸과 정신을 연마함으로서, 그리스도를 닮은 생각과 태도를 자연스럽게 익히도록 하는데 초점을 맞춘다. 몸이 배우는 것은 그저 그런 어떤 행위가 아니라 그 배우는 이들의 현재적인 삶을 고스란히 드러내는 표식과 같은 것이기 때문이다.65) 타자에게 그리스도다운 몸짓을 시도하는 행위들은 누구에게나 매번 어색하다는 것을 감안해야 한다. 그러나 지속적인 연습과 실천 가운데서 우리는 그것이 곧 편안해 진다는 것을 발견한다. 이렇게 몇 년의 교육과정을 거치면 한 때 어색했던 것들이 어느새 거룩한 습관이 되어 있음을 알게 된다. 습관은 하나님이 주신 습득된 본성(acquired disposition)이다. 그렇게 습득된 것들이 그리스도인의 존재

---

64) Ibid., 14.
65) P. Bourdieu, *The Logic of Practice*, (Stanford: Stanford University Press, 1990), 68.

전체를 형성하게 되는 것이다.66) 그리스도 안에서 화해의 공동체를 건설하는 과정은 그리스도인과 비 그리스도인이, 학습자와 교사가, 아이와 어른이 상호 관계성 안에서 몸으로 체득하는 배움이 되어야 한다. 이에, 화해를 위한 교육 과정은 '앎', '삶', '행함'의 삼중적인 차원으로 체계화한다.

1) 통전적 앎

분리에 기초한 앎은 한 가지 이론에 집중함으로서 총체화의 결과를 초래할 수밖에 없다. 그러나 신앙인은 하나님 안에서 개별적 존재로서 그의 고유한 자아를 발견할 수 있도록 훈련되어야 한다. 성서적 지식을 배우는 것은 교회 와 신앙전통 내에서 신앙의 실천을 형성하는 관계(formative relationship) 의 일부이다. 이것은 제자도를 만들어주는 신앙전통에 대한 지식이 된다. 기독교적 가치, 태도 그리고 삶의 스타일에 대한 종합적 지식은 믿음 안에서 자라나는 학습자들을 위한 안내를 제공한다. 그러므로 화해를 이루는 교육과정 은 성서적 지식과 인간관을 반영하는 학습전략들과 통합되어야 한다. 여기에 는 학습을 위한 진정한 교실공동체의 형성이 포함된다. 의미 있는 학습은 개방성과 신뢰와 안전이 보장된 분위기의 학습공동체에서 일어나기 때문이다. 이 학습 공동체는 학습자 개인을 책임 있고, 독특한 하나님의 형상으로, 동시에 죄로 인해 인도가 필요한 존재로 인식한다. 개인은 여러 다양한 차이나는 실천적 영역에서 서로에게 영향을 미치며 복합적이며 가능적인 존재로서 활동한다. 이 때 가르치는 교육내용은 '진리' 혹은 '거짓'이라는 이항대립으로 분리되거나 고정될 수 없다.

한편, 이것을 배우기 위한 통로는 단지 이성만이 아니라 욕망과 신체를 포함해야 한다. 그럴 때 가르치는 교사는 학생들의 경험을 가치 있게 여기며 그들의 관심사의 중요성을 알아챌 수 있다. 그는 각각 다른 배경을 가진 학생들 사이에서 의사소통이 촉진 될 수 있도록 교수와 학습 상황을 조정한다.

---

66) Webb-Mitchell, op. cit., 224-225.

2) 공동체적 삶

티자와의 관계에서 소통과 교류가 없다면 그곳에는 영적인 접속도 일어나지 않는나. 신앙 공동체는 학습자들로 하여금 하나님과 타인과의 관계를 깊게 하는 경험에 개입하는 기회를 제공한다. 공동체의 다양한 그룹들은 대화, 조언, 간증, 기도를 나누면서 신앙의 교류 안에서 지식이 실천을 안내하고, 실천이 지식을 알려주는 장이 된다. 이 학습공동체 모델 안에서 신뢰와 헌신이 발생한다. 그룹의 구성원들은 보다 풍부하고 확대된 기독교 전통에 의해 도전받도록 격려된다. 신학화의 과정 속에서 새로운 해석들이 서로 다른 배경에 의해 창조된다. 마침내 나눔의 과정을 통해 서로는 영적으로 결속된다. 이러한 통전적(holistic) 시각은 학습자를 자기-주도적이 되도록 힘(empowerment)을 실어준다.

학생들의 종교적 그리고 이념적 배경을 교사가 알면 알수록, 가르침은 보다 감각적으로 집중될 수 있다. 이 접근은 학생들로 하여금 그들 동료들로부터 통찰을 얻도록 해주며, 그리고 교실에서 진리에 대해 서로 다른 아이디어들을 검토할 수 있게 한다. 여기서 교육의 내용은 단순히 교사에 의해 제공되는 데이터가 아니다. 교육내용은 참여자들의 지식과 경험, 그리고 교사, 학습자 양자 사이의 상호작용을 포함한다.[67] 학습이란 자신과 타자 사이의 관계에서 현상학적 교환이 일어나는 상호성(reciprocity)에 의해 경험적, 개념적 차이들을 감지하고 종합하게 됨으로서 주체의 잠재성이 발현되는 일이다. 서로의 차이를 통해 다양한 정체성을 인정하기에 이르며 변화한다. 이것이 '타자성'을 인식하는 교육이다.

3) 선교적 행함

그리스도를 머리로 하는 교회는 지체들 간에 상호 의존하고 있으면서, 하나

---

67) R. Jackson, "Creative Pedagogy in Religious Education: Case Studies in Interpretation", H.-G. Heimbrock, C. Th. Scheilke & P. Schreiner(eds.), *Towards Religious Competence: Diversity as a Challenge for Education in Europe*, (Münster: LIT, 2001), 34-35.

님 앞에 선교의 사명과 책임을 지니고 있다. 교회는 성령의 공동체로서 거대한 그리스도의 몸이다. 그 안에서 개인과 그룹들은 생각의 변화와 태도의 변화를 통해 각자의 은사와 리더십을 개발함으로서 그것을 선교의 자원으로 삼는다. 이 선교적 차원의 교육과정은 통해 청소년과 장년들이 그리스도인으로서의 생각이 형성(formation)되고, 태도가 변화(transformation)되어 가면서 그것이 응집되어 공통의 목적을 구현하는 비전을 실체화한다. 성도들은 이 통로를 통하여 세상에 빛과 소금으로 파송되는 것이다. 그런데 만일 아직도 선교하기 편한 대상과 지역을 고르며 낯설음을 두려워한다면 그것은 세상과 아직 화해하지 못한 것이다. 그리스도의 죄 사함을 몸으로 알지 못한 상태이다. 우리가 사회를 향해 예전과 동일하지 않은 관계로 즉, 차이들과 복합적인 관계를 맺으며 다가갈 때 선교는 설득력이 있을 것이다. 그 결과 교회의 정체성은 타자들에게 드러난다. 그러므로 교회는 세상을 향해 전 교회적인 화해의 실천 프로젝트를 설계하고 가동해야 한다. 선교는 다름을 두려워하지 않고, 항상 타자와 미래를 향한 가능성에 열려 있어야 한다.

구체적인 삶의 상황에서 다양한 잠재적 존재들로부터 '의미를 생성'하는 교육선교는 오랜 시간을 거치며 낯선 자들과의 마주침의 사건을 경험할 때, 거기에 하나님의 개입되어 나와 너의 경계가 허물어 질 때 완성될 수 있다.

나아가면서: 통일교육의 비전과 제언

한국교회는 외부적으로는 다원화된 가치관들을 존중하는 포스트모던의 사조로 인해 개인이 신앙하는 종교의 다양성을 인정하며 공존하자는 주의가 팽배하고, 내부적으로는 세속적 가치관이 혼재된 이기적 그리스도인, 회중 공동체보다는 개인적 신앙생활을 우선시하는 근대후기형 교인들의 증가라는 이중적 도전에 직면하고 있다. 한편, 국가적으로도, 분단체제 하에서 남·북한은 적대적 상호의존 관계를 형성하며 상대편에 대한 편견과 고정관념의 틀을 벗어나지 못하고 있다. 이렇듯 대·내외적으로 한국교회는 나와 다른 남에 대한 포용성의 기준과 범위에 따라 그 갈등의 정도만 다를 뿐 평화로운 공동체, 화해하는 공동체로서의 이미지를 담보하기 힘든 상황이다.

최근 인문학계에서 일고 있는 통일담론은 그동안 사회과학에서 연구되어 온 것처럼 체제나 제도가 아니라 사람들 간의 화해와 통합의 문제에 모아지고 있다. 이들은 한쪽 편의 관점에서 상대의 문화나 이념을 대상화해 버리는 기존의 접근으로는 결코 분단 상황을 극복하지 못할 것이라고 판단한다. 서로의 입장은 평행선을 그으며 간극을 좁히지 못할 뿐더러 분단의 재생산만 되풀이한다는 것이다.68) 통일은 오히려 인간과 인간이 만나 마음을 터놓고 삶을 나눔으로서 가까이 다가올 수 있다. 남쪽의 사람들이나 북쪽의 사람들 모두 이제는 화해하고 하나 되길 바라고 있다. 사실 우리 가운데 내재된 욕망은 수십 년 간 굳어진 집단화와 총체화의 현실을 뚫을 만큼 강하다. 비록 유교적 문화에서 오는 '우리 의식'이라는 굴레에 방해를 받을 지라도 접속할 수 있는 의사소통의 통로는 늘 열어 놓아야 한다.

'화해를 위한 기독교교육신학'은 평화통일을 향한 인문학적 접근과 맥락을 같이 한다. 그래서 우리는 다시 하나가 됨으로서 동질성을 확보하자는 기존의 통일논리의 재현과는 거리를 둔다. 실상 매년 남한주민들에게 실시하고 있는 '통일의식' 조사를 보아도 통일이 되어야 할 이유를 '같은 민족의 연합'에 두었던 데에서 점차 '평화와 안정'이라는 현실적 과제에서 찾고 있다. 아직도 과반 이상의 국민이 통일에 대한 필요성을 절감하지만 상황의 변화를 장기적으로 지켜봐야 한다는 신중론이 증가하고 있다.69) 종교적 시각에서 통일문제를

---

68) 김성민·박영균, "인문학적 통일담론과 통일인문학의 패러다임", 김성민 외, 『통일담론의 지성사』(서울: 패러다임북, 2015), 271-274.

69) 2013년 남한주민이 생각하는 통일이 되어야 할 이유들 중 '같은 민족이니까'(40.3%)는 '전쟁위협을 없애기 위해'(30.8%)보다 앞섰지만 전년도에 비해서는 줄어든 것이다: 박명규·김병로·송영훈·장용석·정은미, 『2013 통일의식조사』(서울: 서울대학교 평화통일연구원, 2013), 248-251.

바라보는 우리는 오랜 격리로 인해 이질화된 타자인 이방인을 있는 그대로 인정하고, 그들과 함께 먹기 위하여 '타자의 타자성'에 대한 이해에 집중한다. 그리스도가 죄인들을 위해 이 땅에 오셨고 인간이 되심으로서 죽음의 자리에 있었던 것처럼, 그래서 하나님과의 화해를 중개한 것처럼. 그리스도는 친히 타자인 인간이 됨으로서 우리들과 화해하지 않았는가? 이 타자성에 대한 성찰은 신과 인간의 다름, 남과 북의 다름, 너와 나의 다름에서 발견되는 존재론적 '차이'를 어떻게 인식하느냐의 문제로 직결된다.

들뢰즈에 의하면 교육은 '차이'의 반복이다. 그런데 이 차이는 획일화된 동일성을 전제함으로서 유사하게 재현된 '모방'이 아니라, 원본으로 환원되지 않는 '리좀'적 감수성이다. 서로 다름이 만나서 부딪치고 갈등하는 과정에서 차이를 배움으로서 또 다른 자아가 생성된다. 이렇게 새로운 존재들이 계속 탄생함으로(고후 5:17) 세상은 화목하게 바뀔 것이다(고후 5:18-21).

우리 사회에서 아직도 차이나는 것들을 같음으로 축소해 버리는 재현의 현상들은 무엇인가? 우리가 사소한 다름이나 변형들을 용납하지 못하는 한 통일의 날은 요원하다. 들뢰즈의 '차이'의 철학과 페다고지는 통일을 대망하는 우리들에게 아직도 만연한 이념적 선입견이나 정치적 편견, 종교적 폐쇄성을 허물고 그동안 거부했던 타자와 소통할 수 있는 교육신학적 기초를 교회와 사회에 제공한다. 하지만 화해의 행동화는 결코 쉽지 않은 과정을 통과해야 얻어질 수 있는 것이다. 그것은 능력주시는 자 안에서(빌4:13), 즉 그리스도와 연합할 때 비로소 가능하다.

이 연구는 나와 다른 이념과 가치관을 지닌 집단이 먼저 변화하기를 기대하는 한국교회의 선교적 마인드를 바꿀 목적으로 수행되었다. 그 내용은 타자에

한편, 북한이탈주민들을 대상으로 2011년부터 실시하고 있는 북한주민의 통일의식 조사에서는 통일이 되어야 할 이유를 '북한주민이 잘 살 수 있도록'(47.6%)과 '남북 간에 전쟁 위협을 없애기 위하여'(11.7%)라는 실용적 이유가 '같은 민족이니까'(24.1%)보다 훨씬 앞서고 있음이 남한의 것과 비교된다: 정은미·김병로·박명규·송영훈, 『북한주민 통일의식 2014』(서울: 서울대학교 평화통일연구원, 2014), 32-37.

대한 이해를 이웃에 대한 복음적 해석에서 찾고 나눔의 법칙, 배품의 미덕이 예배와 교육현장에서 선포되고 가르쳐지며 쌍방향의 소통, 대화와 교류, 서로 배우기가 발생하는 교육선교의 실천이다.

복음의 기쁜 소식의 내용은 우리가 이제 화해했다는 것일 것이다. 유대인이냐 헬라인이냐의 차이, 힘 있고 없음의 차이, 배움과 무지의 차이, 여성과 남성의 차이, 인종의 차이, 건강한 자와 병든 자의 차이, 서로 다른 믿음의 체계와 생각들의 차이는 모든 사람에게 차별이 없는 그리스도의 의로 상쇄되었다 (롬 3:22). 그러므로 우리 각자는 그리스도의 대속의 은혜로 하나님과 화해되었고, 스스로 차이를 반복적으로 지으면서 또 다른 차이에게 화해의 복음을 전할 것이다.

■ 참고문헌

고쿠분 고이치로. 『들뢰즈 제대로 읽기』 박철은 옮김. 서울: 도서출판 동아시
　　아, 2015.
김성민·박영균. "인문학적 통일담론과 통일인문학의 패러다임". 김성민 외.
　　『통일담론의 지성사』. 서울: 패러다임북, 2015.
마르틴 부버. 『교육 강연집』 우정길 옮김. 서울: 지식을만드는지식, 2014.
박명규·김병로·송영훈·장용석·정은미. 『2013 통일의식조사』. 서울: 서울대
　　학교 평화통일연구원, 2013.
박영욱. 『데리다 & 들뢰즈: 의미와 무의미의 경계에서』. 서울: 김영사, 2014.
이진구. "한국 개신교와 선교 제국주의", 김경재·김창락·김진호 외. 『무례한
　　복음』. 서울: 산책자, 2007.
서동욱. "감성의 수동적 종합으로서의 회화: 바로크의 마니에리슴에서 베이컨
　　까지". 서동욱 엮음. 『미술은 철학의 눈이다』. 서울: 문학과지성사, 2014.
서동욱. "질 들뢰즈, 이데아의 별들이 무너진 내재성의 평원". 한국프랑스철
　　학회 엮음. 『현대프랑스 철학사』. 서울: 창비, 2015.
세계교회협의회. 『통전적 선교를 위한 신학과 실천』 김동선 옮김. 서울: 대한
　　기독교서회, 2007.
손민호. 『구성주의와 학습의 사회이론』. 서울: 문음사, 2006.
이진경. 『노마디즘 1: 천의 고원을 넘나드는 유쾌한 철학적 유목』 서울: 휴머
　　니스트, 2011.
은준관. 『교육신학』. 서울: 대한기독교서회, 1995. 개정 3판
정은미·김병로·박명규·송영훈. 『북한주민 통일의식 2014』. 서울: 서울대학
　　교 평화통일연구원, 2014.
채수일. "평화, 대화, 섬김으로서의 선교". 김경재·김창락·김진호 외. 『무례한
　　복음』. 서울: 산책자, 2007.
프란시스코 바렐라 외. 『몸의 인지과학』 석봉래 역. 서울: 김영사, 2013.

Cherryholmes, C. H. 『탈구조주의 교육과정 탐구: 권력과 비판』 박순경 옮김. 서울: 교육과학사, 1998.

Bourdieu, P. *The Logic of Practice*. Stanford: Stanford University Press, 1990.

Braidotti, R. and Pisters, P.(Ed.). *Revisiting Normativity with Deleuze*. London·New York: Bloomsbury Academic, 2012.

Deleuze, G. *Différence et répétition*. Paris: PUF, 1968.

Deleuze, G. *Nietzsche*. Paris: PUF, 1965.

Deleuze, G. et Guattari, F. *Qu'est-ce que la philosophie?* Paris: Editions de Minuit, 1991.

Deleuze, G. et Guattari, F. *Mille plateaux*. Paris: Editions de Minuit, 1980.

Due, R. *Deleuze*. Cambridge: Polity Press, 2007.

Hickey-Moody, A. and Malins, P.(Ed.). *Deleuzian Encounters: Studies in Contemporary Social Issues*. New York: Palgrave Macmillan, 2007.

Illeris, K.(Ed.). *Contemporary Theories of Learning: Learning theorists... in their own words*. London and New York: Routledge, 2009.

Jackson, R. "Creative Pedagogy in Religious Education: Case Studies in Interpretation", Heimbrock, H.-G., Scheilke, C. Th. & Schreiner, P.(eds.). *Towards Religious Competence: Diversity as a Challenge for Education in Europe*. Münster: LIT, 2001.

Massumi, B. *A user's guide to capitalism and schizophrenia: Deviations from Deleuze and Guattari*. Cambridge: MIT Press, 1992.

Merleau-Ponty, M. *La structure du comportement*. Paris: PUF, 1967. 6ème édition.

Miller, R. D. *The Theory of Christian Education Practice: How*

Theology Affects Christian Education. Birmingham: Religious Education Press, 1980.

Nodding, N. *Philosophy of Education.* Oxford: Westview Press, 1995.

Ott, C. and Stauss, S. J. *Encountering theology of mission.* Grand Rapids: Baker Academic, 2010.

Patton, P.(Ed.). *Deleuze: A Critical Reader.* Cambridge: Blackwell Publishers Inc., 1996.

Roy, K. *Teachers in Nomadic Space: Deleuze and Curriculum.* New York: Peter Lang, 2003.

Rutenberg, C. "Hospitable Gestures in the University Lecture: Analysing Derrida's Pedagogy", *Journal of Philosophy of Education* (48:1, 2014). 149-164.

Sauvagnargues, A. *Deleuze et l'art.* Paris: PUF, 2006.

Taylor, M. J.(Ed.). *Foundations for Christian Education in an Era of Change.* Nashville: Abingdon Press, 1976.

Trifonas, P. P.(Ed.). *Pedagogies of Difference: Rethinking education for social change.* New York & London: RoutledgeFalmer, 2003.

Webb-Mitchell, P. *Christly Gestures: Learning to Be Members of the Body of Christ.* Grand Rapids: Wm. b. Eerdmans Publishing Co., 2003.

Westerhoff III, J. H. *Will Our Children Have Faith?* New York·Harrisbur g·Denver: Morehouse Publishing, 2000. Revised Edition,

Yoder, J. H. *Body Politics.* Nashville: Discipleship Resources, 1992.

Zourabichvili, F. "Qu'est-ce qu'un devenir pour Gille Deleuze?". Conférence pronocée à l'Horlieu(Lyon, le 27 mars 1997).

Christian Educational Theology for Reconciliation based on the Pedagogy of 'Difference'

Eun Kyoung Nam

(Assistant Professor, Christian Education)

ABSTRACT

This study stems from contemplation on how to overcome the societal phenomena of 'differences' - differences of political ideology between South and North Korea, racial and religious differences that exist in this multicultural age, and also the biological differences found between man and woman - turning into discrimination and hostility towards others. The author believes that the core reason why the South and the North has not been able to reconcile thus far, lies in the problem of the 'imperialistic mission' approach, based on an epistemology of totalization, which defines all the others based on a single standard of oneself. This study seeks to find the philosophical motif of Christian Educational Theology for Reconciliation in G. Deleuze's Philosophy of 'Difference', which allows us to be open to difference and alterity. Upon this philosophy, this study devises educational principals of the relationship of intersubjectivity. Therefore, the essential purpose of 'Educational Mission' is to educate the learner, who is born an inherent being, into becoming God's children through a process of becoming through interacting with others. In order to do so, this study re-conceptualizes the values of reconciliation into 'hospitality' and 'sharing', in order to evangelize reconciliation through theologizing. In addition, this study seeks to design a curriculum that allows the learner, a sensible being living among people, to contemplate the differences between themselves and, as a result truly discover Christ incarnated.

KEY WORDS Reconciliation, Educational Theology, Educational Mission, G. Deleuze, Difference, Pedagogy

남북한의 문화적 화해와 통합을 위한 모색
: 독일과 한반도 상황의 종교사회학적 비교 분석

최현종
서울신학대학교, 종교사회학
독일 Leipzig 대학교 신학과 (Dr. theol.)

남북한의 문화적 화해와 통합을 위한 모색
: 독일과 한반도 상황의 종교사회학적 비교 분석

최현종 교수 (교양학부, 종교사회학)

국문요약

통일에 있어 종교는 단순히 많은 제도 중의 하나를 넘어서, 사회의 가치 기반, 통합을 가져올 수 있는 중요한 요소이다. 본 연구는 동독 사회의 종교사회학적 상황을 기존의 종교적(기독교) 가치 혹은 세계관과 또 다른 가치 혹은 세계관(공산주의 혹은 과학주의)의 갈등의 양상으로 분석하고, 이러한 분석 틀을 북한의 주체사상에 대한 종교사회학적 분석과 비교하고, 나아가 이를 통해, 한반도의 통일 이후의 문화 통합에 기여할 수 있는 방안을 모색해 보았다. 여기에는 '주체사상'의 내용, 그리고 그에 따른 북한 사회에서의 주체사상이 갖는 윤리적 함축, 교리 및 신념체계, 의식과 행위규범, 조직체계 등이 포함되고, 이러한 주체사상의 종교적 측면들이 어떻게 수용되고, 내면화되는지, 북한 주민들의 실재적인 가치관은 어떻게 나타나는지를 북한 이탈주민의 인터뷰를 통하여 부분적으로 확인하였다.

북한의 주체사상은 김일성 사망 이전에는 구 동독에서의 공산주의 혹은 과학주의적 세계관이 행하였던 대체종교의 역할을 (더욱 더) 잘 수행해 왔다고 할 수 있다. 그러나, 인터뷰를 통하여 이러한 주체사상의 기능이 김일성 사망과 함께, 또한 그 후에 나타난 북한체제의 변화와 함께 달라지기 시작했음을 알 수 있었다. 북한이탈주민의 증언에 의하면, 주체사상의 적극적 신봉자는 10-30%에 불과하며, 이탈주민의 경우 주체철학, 그 중에서도 인간관을 제외하고는 큰 영향을 미치지 못하는 것으로 나타났다.

이러한 상황변화 속에서, 본 논문은 1) 그 공백을 메우는 다른 종교의 필요성과 2) 종교에 대한 주체사상의 부정적 영향이라는 2가지 상반된 경향성을 언급하였고, 문화적 화해와 통합이라는 입장에서, 이러한 경향성들에 종교적 접근과 비종교적 접근의 양면적인 대처 방안의 마련이 필요하며, 특히, 기독교적 입장에서는, 북한 주민들의 종교적 공백을 메우면서도, 주체사상의 부정적 경험을 반감시킬 수 있는 종교적 대책이 필요함을 제시하였다.

주제어 통일, 주체사상, 문화적 통합, 세계관, 강요된 세속성.

I. 들어가는 말

통일에 있어 종교는 단순히 많은 제도 중의 하나를 넘어서, 사회의 가치 기반, 통합을 가져올 수 있는 중요한 요소이다. 통일에 있어서는 정치, 경제적 통합이 중요하지만, 문화적 요소 또한 통일의 기반을 건설하고, 이후 정치적 통합을 넘어선 실재적인 단일 국가 형성의 중요한 요소로 작용할 수 있다. 필자는 선행 연구를 통해 구 동독 지역의 공산주의 이데올로기가 어떻게 (유사)종교적 역할을 감당하고, 기존의 종교를 대체했는지를 살펴보았다.1) 본 연구는 이러한 독일의 연구 결과를 한반도 상황에 적용하고, 그 구체적 사례로서 북한의 주체사상에 대해 종교사회학적 분석을 하고, 이를 통하여 한반도의 문화적 통합에 기여할 수 있는 방안을 찾는 것을 목적으로 한다. 실제로 통일 이후 나타난 동독 지역의 많은 문제들은 문화적 통합이 잘 이루어지지 않은 것에 (부분적으로) 기인하고 있으며, 이는 독일보다 문화적 교류가 더욱 단절되어 온 한반도에 있어서는 더욱 중대한 문제로서 형식적 통일을 넘어선 실재적인 통일의 저해 요소가 될 수 있다.

본 연구는 먼저 동독 사회의 종교사회학적 상황을 기존의 종교적(기독교) 가치 혹은 세계관과 또 다른 가치 혹은 세계관(공산주의 혹은 과학주의)의 갈등의 양상으로 분석하고, 이러한 분석 틀을 북한의 주체사상에 대한 종교사회학적 분석과 비교하고, 나아가 이를 통해, 한반도의 통일 이후의 문화 통합에 기여할 수 있는 방안을 모색해 보고자 한다. 여기에는 '주체사상'의 내용, 그리고 그에 따른 북한 사회에서의 주체사상이 갖는 윤리적 함축, 교리 및 신념체계, 의식과 행위규범, 조직체계 등이 포함되고, 이러한 주체사상의 종교적 측면들이 어떻게 수용되고, 내면화되는지, 북한 주민들의 실재적인 가치관은 어떻게

---

1) 최현종, "통일 전후 구 동독 지역의 종교사회학적 변화와 한반도 통일에 갖는 의미," 종교와 문화 29 (2016).

나타나는지 확인하기 위한 북한 이탈주민의 인터뷰를 통한 분석이 포함될 것이다. 본 연구는 종교적 측면에 중점을 두지만, 여기에서 종교는 세계관, 생활양식, 지향성 구조들을 포함하는 포괄적 의미를 지닌다고 볼 수 있다. 그리고 결론적으로 이러한 분석을 통하여 나타난 결과들이 한반도의 평화와 통일, 나아가 화해와 문화적 통합에 기여할 수 있는 바를 짧게나마 생각해 볼 것이다.

Ⅱ. 구 동독 상황의 종교사회학적 분석2)

동독 지역의 중요한 종교사회학적 특징 중 하나는 대부분의 종교사회학자들의 예상과는 달리, 통일 이후에도 종교적 부흥이 일어나지 않고 있다는 점이다. 이는 동구권 붕괴 이후 개방과 함께 종교적 부흥이 일어났던 폴란드나 헝가리와 같은 여타 지역과 구분된다. 물론 이러한 여타의 동구권 지역들도 종교적 부흥이 지속된 경우는 많지 않다. 그러나 구 동독 지역은 이러한 종교적 부흥의 불씨조차 보이지 않았다는 면에서 여타의 지역과 분명한 차이를 보인다. 흔히 얘기되는 '억압(Repression)'이 구 동독 지역의 종교적 쇠퇴의 가장 큰 원인이라면 '억압'이 사라진 통일 이후에는 다시 종교적 부흥이 일어나는 것이 타당할 것이다. 하지만, 억압이 사라진 이후에도 종교적 부흥의 기미가 보이지 않고 있다는 점에서 동독의 종교적 쇠퇴는 '억압'이상의 다른 요인에 대한 설명을 필요로 한다. 물론 이러한 입장이 동독의 종교적 쇠퇴에 있어서 '억압'이 갖는 의미를 부정하는 것은 아니다. 다만, '억압'외의 다른 요인을 고려하지 않는다면, 동독 시절의 종교적 쇠퇴를 넘어선 현재의 동독 지역의 종교적 상황을 설명하기는 어려울 것으로 보인다. 여기

---

2) 이 부분은 필자의 "통일 전후 구 동독 지역의 종교사회학적 변화와 한반도 통일에 갖는 의미," 종교와 문화 29 (2016)을 요약, 수정한 것이다. 동독 상황의 보다 상세한 상황에 대하여는 위의 논문 참조.

서는 먼저 동독 정권의 종교정책이 어떻게 구동독인들에게 영향을 미쳤는지를 구체적으로 살펴보고, 이를 볼랍-자르(M. Wohlrab-Sahr)의 '강요된 세속성(forcierte Säkularität)' 이라는 개념을 통하여 설명하려 한다.

1. 동독 정권의 종교 정책

동독 정권 초기 공산당의 공식 문서들은 '공산주의적 세계관'이 어떻게 종교적 세계관을 대체하면서, 유사 종교로서 역할하였는지를 잘 보여준다.[3] 이 당시에 맑시즘은 하나의 중요한 세계관으로서 얘기되었고, 자연과학적 이해의 확산 없이는 현대적 기술에 바탕한 사회주의적 생산도, 유물론적 세계관의 교육도 생각할 수 없다고 분명하게 언급된다.[4]

페페르캄프와 라이타르(Małgorzata Rajtar)는 동독 헌법상의 종교의 자유의 변천을 세 시기로 나누어 기술한다. 제 1기에 해당하는 1949년 헌법은 종교 단체를 보호하는 조항을 기술하고 있으며, 제 2기에 해당하는 1968년의 제 2 헌법에 이르러는 교회와 국가의 분리를 선언하는 조항을 포함한다. 그러나 이미 제 1기에, 특히 종교적, 인종적인 타인에 대한 혐오를 범죄 행위, 민주적 제도 및 조직에 대한 항의로 간주하는 1949년 헌법의 악명 높은 6조에 의거, 실제로는 종교 단체의 구성원들을 박해하기 시작했으며, 이는 특히 1950-60년대에 강력하게 실시되었다.[5] 종교적 박해의 소비에트 모델처럼 교회 폐쇄나 종교 지도자의 수감은 없었지만, 개신교회에 대한 광범위한 선동과

---

3) 이에 대하여는 Matthäus Klein, "Die Verantwortung des Wissenschaftlers bei der weltanschaulichen Erziehung," Beitrag zur 10. Tagung des Präsidiums der Gesellschaft zur Verbreitung wissenschaftlicher Kenntnisse (1958); Horst Mädicke, Entwurf eines Schreibens des Präsidiums der Gesellschaft zur Verbreitung wissenschaftlicher Kenntnisse "Über die naturwissenschaftlich-weltanschauliche Arbeit"(1958) 등 참조.

4) Mädicke(1958), 4.

5) Esther Peperkamp and Małgorzata Rajtar, "Introduction," in: Dies. *Religion and the Secular in Eastern Germany, 1945 to the Present* (Leiden: Brill, 2010), 6.

종교의 자율적 기능을 약화시키는 정책이 행하여졌으며, 특히 점차 강력한 스탈린식 정책이 행해짐에 따라 상황은 더욱 악화되었다.[6]

이 과정에서 교회와 국가 사이의 가장 치열한 전투장이 된 것은 교육기관으로, 국가는 교육에 대한 독점을 통해 종교를 학교로부터 추방하였다. 1951년 교육 개혁 이후 강제적인 무신론적 학교 교육이 행하여졌으며, 1953년 4월 발표된 소비에트 모델을 따른 학교 유형의 완전한 재구조화 강령은 지역 감독관에 의한 교사 평가를 명시하고 있는데, 이는 동독의 교육기관에서 기독 교사들을 대거 퇴출시키는 결과를 초래하였다.[7] 무엇보다도 이 시기에 가장 결정적인 영향을 미친 사건은, 1954년 교회의 견진의례에 대한 대체의식으로 '세속적 성년식'(Jugendweihe)을 도입한 것이었다. 초기에는 선택이 자발적이었으나, 1958년 이후 상급학교 진학자격과 연계되어 의무적으로 변경되었으며, 의식에 앞서 장기간의 무신론적 지배 이데올로기의 가치 교육과 유물론적 가치관의 교육이 선행되었다. 이후 공개적으로 종교 행사에 참여하는 것은 교육상, 직업상 불이익 뿐 아니라, 사회적 낙인과 배제의 대상이 되어 버렸다. 세속적 성년식의 도입 초기에는 의식에 참여하는 인원이 해당자의 1/8 수준을 넘지 못했으나, 1960년에는 80%, 동독 말기에는 거의 100%에 이르게 된다.[8] 이외에도, 아동조직인 '개척자'(Pioniere)나 군복무, 과학적 세계관 ((wissenschaftliche Weltanschauung)의 전파를 위한 성인 교육기관인 우라니아(Urania) 등도 중요한 탈종교화 기제로 작용하였다. 이러한 정책들의 영향으로 동독 지역의 개신교 비율은 1950-64년 사이에 80.5%에서 59.4%로 급감하게 된다.[9]

---

6) Nikolai Vukov, "Secular Rituals and Political Commemorations in the GDR, 1945-1956," in: Peperkamp and Rajtar(2010), 53.
7) Monika Wohlrab-Sahr, Uta Karstein und Thomas Schmidt-Lux, *Forcierte Säkularität. Religiöser Wandel und Generationendynamik im Osten Deutschlands* (F.a.M.: Campus Verlag, 2009), 135.
8) Wohlrab-Sahr, Karstein und Schmidt-Lux(2009), 136.
9) Wohlrab-Sahr, Karstein und Schmidt-Lux(2009), 120.

페페르캄프와 라이타르의 구분에서 제 2기는, 앞서 언급한 바처럼, 1968년의 제 2 헌법에 나타난 교회와 국가의 분리의 선언으로 명확해진다. 교육정책과 관련해서는 1971년 5월에 Erweitere Oberschule(EOS, 대학 진학 가능한 고등학교)에 대한 입학 제한이 강화되어, 기독교인이 학문적 기회, 더 나은 직업적 경력을 얻을 기회가 원천적으로 배제되었다. 이후 1978-79학년에는 교육에 있어서의 종교문제에 대한 규제가 완화되지만, 1970년대 중반에 이미 새로운 당원 교사들로 기존 교사들의 대체가 완료되었기에, 이는 커다란 의미를 지니지 못한다.10) 1969년 서독 개신교와 분리된 이후, 개신교 일부 세력은 동독 개신교 연합(BEK: Bund der Evangelischen Kirchen in der DDR)을 결성하고, '사회주의 내의 교회'를 추구한다.

교회와 국가의 대립은 동독 정권이 안정됨에 따라, 또한 부분적으로는 동독의 UN 가입 이후, 어느 정도 완화된다. 1970년대 이후 국가적 억압은 관용과 수용으로 대체되었고, 제 3기에 해당하는 1974 수정 헌법에서는 종교 단체는 공법상의 법인으로, 종교 행사는 개인의 권리로 바라보는 보다 관용적인 태도로 바뀌었다. 이 당시의 교회와 정부의 관계는 '실용적 지향의 비판적 협력' 관계로 규정할 수 있으며, 1980년대에는 정부가 보다 폭넓은 지지를 얻기 위한 수단으로 종교를 이용하기도 하였다. 하지만, 이 시기의 동독 교회는 제도적 차원이 아닌 이데올로기, 상징적 차원에서의 쇠퇴를 경험하고 있었다. 즉, 1-2기의 제도적 압박 장치는 완화되었지만, 이들의 지속 효과, 즉 가치관에 있어서의 이력 효과(hysteresis effect)11)가 나타난 것으로 해석할 수 있다.12) 페페르캄프에 의하면, 이 시기를 살아간 많은 사람들은 자신들을 희생

---

10) Kirstin Wappler, "The Limits of Politicization of the Schools in the GDR: The Catholic Eichsfeld Region and the Protestant Erzgebirge – a Comparison," in: Peperkamp and Rajtar(2010), 61-86.

11) 어떤 물리량이 그 때의 물리조건만으로는 일의적으로 결정되지 않고, 그 이전에 그 물질이 경과해 온 상태의 변화과정에 의존하는 현상(네이버 지식백과 사전).

12) Uta Karstein(2010), "Positions and Pathways of Families within the Religious Field of east Germany: Three Catholic Case Studies," in: Peperkamp and Rajtar(2010), 94.

자나 협력자로 생각하지 않았고, 시대적 흐름과 자신들이 타협한 것을 대부분 환경이 아닌 스스로의 결정이라고 생각하고 있었다.13) 이는 동독의 세속화를 일종의 억압적 세속화 모델(Repressionsmodell)로 보는 견해와 모순되며, 동독의 세속화에는 내부적 복잡한 갈등 상황과 권력투쟁(Machtpolitik)으로 서의 종교정책의 성격이 포함되어 있음을 시사한다. 즉, 동독 공산당의 종교 와 정치, 혹은 종교와 과학 사이의 갈등을 둘러싼 정책들은 외적인 강제에만 머무르지 않고, 일반인들에 있어 주관적인 타당성을 획득했기 때문에 성공할 수 있었다.14)

2. 통일 이후의 상황

통일 직후인 1990년 동독의 종교인구는 전체 인구의 25%(개신교 21%, 카 톨릭 4%)를 차지했다.15) 폴락의 조사에 따르면, 세례교인은 일정수를 유지하 였고, 정기적 예배 참가의 비율은 약간 증가하였지만, 전반적인 종교적 부흥 은 일어나지 않았다.16) 이와 함께 나타나는 주요한 특징 중의 하나는 종교 인구의 연령대별 분포이다. 즉, 일반적으로 친종교적인 노년층과 함께, 젊은 층에서 종교 인구가 많이 나타나는 U자형 분포인데, 이는 공산권 붕괴 이후 동구 유럽에서 나타나는 어느 정도 일반적인 현상이기도 하다.17) 2002년

13) Esther Peperkamp, "Between Menschlichkeit and Missionsbefehl: God, Work, and the World among Christians in Saxony," in: Peperkamp and Rajtar(2010), 116.
14) Uta Karstein, Thomas Schmidt-Lux, Monika Wohlrab-Sahr and Mirko Punken, "Säkularisierung als Konflikt? Zur subjektiven Plausibilität des ostdeutschen Säkularisierungsprozesses," *Berliner Journal für Soziologie* 16(2006).
15) Karstein, Schmidt-Lux, Wohlrab-Sahr and Punken(2006), 459.
16) Detlef Pollack, "Religiös-kirchlicher Wandel in Ostdeutschland nach 1989," in: Joachim Matthes(Hg.), *Fremde Heimat Kirche - Erkundungsgänge. Beiträge und Kommentare zur dritten EKD-Untersuchung über Kirchenmitgliedschaft* (Gütersloh: Gütersloher Verlaghaus, 2000), 310-33.
17) Pippa Norris and Ronald Inglehart, *Sacred and Secular: Religion and Politics Worldwide*, 2nd ed. (New York: Cambridge University Press, 2011), 115 참조. 그

ALLBUS(Allgemeine Bevölkerungsumfrage der Sozialwissenschaften, 사회과학 일반 인구조사)에 의하면, 1991년 조사에 비해 18-29세 연령 집단의 사후의 삶에 대한 믿음이 15%에서 34%로 증가하였다. 이러한 결과는 이들의 아버지 세대보다 할아버지 세대(75-89세 집단 26%)에 가까운 것이었다.[18] 하지만, 신에 대한 믿음은 늘어나지 않았으며, 교회적이기보다는 개인적 신앙 수준에서의 변동으로, 교회 소속은 여전히 1세대에서 가장 높게 나타났다.

볼랍-자르 역시 통일 이후 동독 지역의 종교적 가치관의 분포를 3개의 세대로 나누어 설명하고 있다. 그녀에 따르면, 제 1세대는 1920-30년대 출생 세대로, 동독의 건국 세대에 해당하며, 일반적으로는 가장 종교적이지만, 동독 지속기간동안 전쟁과 세속화 운동의 경험 등으로 적지 않게 종교적인 면에서 손상을 입었다고 설명한다. 이들은 어떤 면에서 종교와 세속 가치 사이에서 양자택일적 선택을 하였던 세대라고 볼 수 있다. 제 2세대는 1940-50년대 출생 세대로, 흔히 '동독 세대'로 불리며, 전반적으로 가장 비종교적인 성격을 띤다. 1970년대 출생 세대는 제 3세대로 불리며, 통일 시기의 청소년들이 이에 해당한다. 이들은 세속적이지만, 또한 (교회 환경에 국한되지 않은) 종교 문제에 관심을 표명한다. 통일 이후 전반적으로, 1-2세대의 종교적 관심은 지속적으로 감소하고 있으며, 3세대는 종교적 문제에 대해 개방적인 성향을 드러내고 있으며, 경우에 따라서는 젊은 세대가 한 가정에 새로운 종교적 시각을 들여오는 역사회화 과정도 나타나고 있다고 볼랍-자르는 분석한다.[19]

러나, WVS(세계 가치관 조사)를 분석한 Norris and Inglehart의 결과는, 이와는 달리 공산권 몰락 이후 동부 유럽의 경우에도 젊은 세대가 더 세속적인 것으로 나타난다. 이에 대하여는 Norris and Inglehart(2011), 119ff.

18) Karstein, Schmidt-Lux, Wohlrab-Sahr and Punken(2006).

19) Monika Wohlrab-Sahr, "Atheist convictions, Christian Beliefs or 'keeping things open'? Patterns of worldviews among three generations in East German families," in: Ricca Edmondson and Hans-Joachim von Kondratowitz (eds.), *Valuing Older People: A Humanist Approach to Aging.* (Bristol: The Policy Press, 2009), 73-90.

3. '강요된 세속성'으로서의 구 동독 지역의 변화

이와 같은 구 동독 지역의 종교사회학적 상황을 가장 잘 설명해 줄 수 있
는 이론은 무엇일까? 이러한 동독의 상황을 볼랍-자르는 '강요된 세속성
(forcierte Säkularität)'이라는 용어를 사용하여 설명하며,20) 나아가 세속화
자체의 다중성을 얘기하고 있다.21) 여기서 '강요'는 단지 제도에 의한 외적
인 강요뿐 아니라, 이를 내적으로 수용하는 과정도 포함한다. 본 장에서는
이러한 볼랍-자르의 '강요된 세속성'의 모델을 소속, 세계관, 윤리의 측면으
로 나누어서 좀 더 자세히 살펴보고자 한다.

볼랍-자르는 기존의 동독의 세속화 과정에 대한 설명이 갖는 2가지 문제를
1) 독재 시절에 형성된 태도의 지속을 무시하거나, 2) 이러한 태도가 갖는 내적
타당성을 간과한 것이라고 지적한다. '강요된 세속성'이라는 용어는 이와 같이
무시된 측면, 즉 위에서부터 강요된 내용의 전유 과정을 포함한다. 이 개념에는
자유의지의 파괴가 아닌, 자유의지의 조정(steering)의 개념을, 외적 강요 과정
과 함께 내적인 강요 과정을 포함한다. 이러한 과정은 다른 공산국가에 비해서
매우 성공이었던 동독의 공산주의 이데올로기의 이식을 잘 설명해 준다.22)

동독의 경우 베버(M. Weber)가 얘기하는 구원재(Heilsgüter)의 정당한 관
리를 둘러싼 경쟁이 종교와 과학적-세속적 세계관 사이에 발생하였으며, 이
는 자유 경쟁이 아닌 억압과 선동에 의한 것으로 볼 수 있다. 그러나, 동독에
서의 교회 탈퇴는 억압에 의한 것이기도 하지만, 비종교인의 정상성, 기독교

---

20) 여기 사용된 'forcierte'는 'erzwungen'과 비교되며, 후자가 외부의 일방적 강요에 의한
    것이라면, 전자는 강요된 것이긴 하지만, 어느 정도는 내적인 자기 결단도 수반된 것으로
    볼 수 있다.
21) Monika Wohlrab-Sahr and Marian Burchardt, "Multiple Secularities: Toward a
    Cultural Sociology of Secular Modernities," *Comparative Sociology* 11(2012),
    875-909.
22) Monika Wohlrab-Sahr, "'Forced' Secularity? On the Appropriation of Repressive
    Secularization," *Religion and Society in Central and Eastern Europe* 4-1(2011),
    63-77.

적 세계관이 아닌 일반적-인본주의적 세계관의 선호, 종교적 무관심, 나아가
자신이나 자녀에 대해 불필요한 논쟁을 피하기 위한 의도 등도 많은 비중을
차지하며, 이는 동독의 세속화를 일방적인 '억압적 세속화'가 아닌, 억압과 자
발적 의지의 상호작용에 의한 '강요된 세속화'로 해석하는 이유이다.23) 이러
한 상황은 볼랍-자르 등의 연구에서 인터뷰 대상자들이 동독 시절의 교회 탈
퇴를, 국가가 촉구하였지만, 결국은 자신이 결정한 것이라고 얘기한 대목에서
도 잘 드러난다. 이러한 언급에는 물론, 회고적 수정이 가미되었을 수도 있지
만, 동독 정권이 단순한 억압을 넘어, 시민의 '자유(의지)의 조종'에 성공한 것
으로 해석할 수 있다. 결국 억압 정책은 보통 사람들의 수준에서 그 정당성을
획득할 때에만 장기적으로 성공할 수 있는 것이다.24)

볼랍-자르에 의하면, 경쟁의 주요 영역은 1) 당 vs 교회의 소속(Mitgliedschaft)
에 대한 경쟁, 2) 지식/과학 vs. 신앙/교리의 세계관(Weltdeutung)의 경쟁,
3) 사회주의 도덕 vs. 기독교 윤리의 윤리적 행동 규정의 경쟁 등의 차원에서
나타났다. 일방적인 '억압'이 아닌 이러한 '경쟁'의 과정에서 개인이 속한 공동체적
환경(Milleu), 특히 가족이 중요하게 작용하였고, 이들에게 주어진 기회 구조와
논리도 세계관 선택에 중요한 역할을 한 것으로 보인다. 예를 들면, 노동자의
주변 환경은 그들의 상승 욕구와 맞물려 공산당의 이데올로기 프로그램을 선택하
는데 영향을 미친 것으로 보인다.25) 이와 같은 과정을 통해 세속적인 이데올로기
프로그램을 택한 사람의 경우에는, 제도적인 교회 밖의 종교성도 잘 보이지 않는데,
이는 이러한 선택이 어느 정도 개인의 내적 결단의 결과라는 사실을 보여준다.

이러한 세계관-가치관의 문제로서의 동독에서의 종교 문제는 또한 사회 발

23) Karstein, Schmidt-Lux, Wohlrab-Sahr and Punken(2006), 446.
24) Karstein, Schmidt-Lux, Wohlrab-Sahr and Punken(2006), 457.
25) Monika Wohlrab-Sahr, "Erzwungene Säkularisierung oder forcierte Säkularität?
Ein Beitrag zur Analyse der Wirkungen repressiver Religionspolitik," in: Anita
Bagus (Hg.), *Erfahrung kultureller Räume im Wandel. Transformationsprozesse
in ostdeutschen und osteuropäischen Regionen.* SFB 580 Mitteilungen(2012),
19-35.

전 양상과 연결된다. 마테스(J. Matthes)는 이를 세대 개념과 연결하는데, 세대 사이의 '세계 인식의 틀'(Muster der Weltwahrnehmung)의 차이가 이러한 상황을 설명해 줄 수 있다는 것이다.26) 다시 말하면, 세계관과 아비튀스 형성을 통하여 그 윤곽을 형성한 새로운 문화적 세대가 그 세대에 맞는 새로운 '문화적 담지자'(Kulturträger)를 창출하고, 이들은 경우에 따라 정치적 세대로 발전하기도 한다는 것이다. 이러한 맥락에서, 동독의 종교의 억압은 일종의 '문화투쟁'(Kulturkonkurrenz)으로 볼 수 있으며, '과학적 무신론'(der wissenschaftliche Atheismus)이나, 세속적 성년식 등은 무신론적 세대를 형성하는데 중요한 역할을 하게 된다. 이는 일종의 '사회화' 가설이라고도 할 수 있다. 이러한 과정에서 젊은 세대와 나이 든 세대와 비교되는 일종의 '동독 세대'가 형성된 것으로 볼 수 있다. 이는 결론적으로 동독 공산당의 종교 정책이 어느 정도 성공적으로 작용한 것으로 볼 수 있다.

Ⅲ. 주체사상의 종교적 측면

구 동독의 상황에서 마르크스주의, 과학주의와 같은 일반적인 공산주의 이데올로기가 담당하였던 역할이 북한의 경우에는 주체사상에게 주어졌다. 주체사상은 1950년대 김일성 정권이 마르크스-레닌주의의 해석을 독점함으로써 반대세력을 물리치는 수단으로 시작되었지만,27) 1960-80년대 독자적인 사상체계로 발전하였으며, 여타 어느 공산주의 정권에서도 볼 수 없는 강력한 힘을 발휘하여 왔다. 본 논문은 먼저 주체사상의 형성과정과 일반적 개요를

---

26) Joachim Matthes, "Karl Mannheims 'Das Problem der Generationen', neu gelesen: Generationen-'Gruppen' oder 'gesellschaftliche Regelungen von Zeitlichkeit'," *Zeitschrift für Soziologie* 14(1985), 363-72.
27) 오경섭, 『주체사상의 구조와 정치적 기능의 변화』 (성남: 세종연구소, 2012), 16-21.

짧게 기술하고, 그 종교적 성격과 내면화의 실태를 살펴볼 것이다. 내면화와 관련하여서는 김병로의 선행연구와 함께 연구자 자신의 탈북자 대상 인터뷰 분석을 포함하였다.

1. 주체사상의 형성과정과 개요

주체사상은 수령관, 주체철학, 사회정치적 생명체론 등으로 구성된다. 대외적으로는 주체사상이라는 용어를, 대내적으로는 김일성주의라는 용어를 병행하여 사용하고 있는데, 통상 김일성주의는 김일성의 혁명사상, 혁명이론, 혁명방법의 세 영역으로 구분되고 있다. 이 중 넓은 의미의 주체사상 가운데 한 분야인 김일성의 혁명사상을 좁은 의미의 주체사상 혹은 주체철학이라고 부른다.[28]

김일성주의 혹은 주체사상은 1950년대와 60년대에 대외자주성 원칙과 혁명적 군중노선을 강조하는 이념으로 출발하였다. 구체적으로는 1955년 당 선전선동원 대회에서 '주체의 확립'을 제기한 데서 비롯되었는데,[29] 여기에는 앞서 언급한 바와 같이 적대세력의 제거를 위한 정치적 목적이 중요하게 작용하였다. 이에 대한 실행계획으로 '사상에서의 주체'(1955년), '경제에서의 자립'(1956년), '정치에서의 자주'(1958년), '국방에서의 자위'(1962년) 등이 순차적으로 제시되었고,[30] 이종석에 의하면, 이후 1962년 12월 19일자 로동신문 기사에서 '주체사상'이라는 용어가 공식적으로 처음 사용되었다.[31] 또한 1965년 인도네시아 방문 중 김일성이 한 연설에서도 '주체사상'의 용어가 언급되었다.[32]

---

28) 김병로, 『북한사회의 종교성: 주체사상과 기독교의 종교양식 비교』 (서울: 통일연구원, 2000), 22.
29) 오경섭, 7.
30) 윤진헌, 『김일성주체사상연구』 (서울: 형설출판사, 1986), 30-49.
31) 이종석, 『현대북한의 이해』 (서울: 역사비평사, 2000), 159.
32) 오경섭, 21.

이러한 초기적 주체사상은 1967년 이후 김일성 개인숭배가 진행되면서, '유일사상체계'로 발전하게 된다. 초기의 주체사상은 앞서 언급한 바처럼, 마르크스-레닌주의에 대한 독점적 해석이지, 독자적인 철학은 없었다. 주체사상의 독자적인 철학의 계발은 황장엽의 주도로 1958-73년간에 이루어진다.33) 황장엽은 철학적 원리, 인간중심 사회역사관, 인간관, 생명관 등로 구성된 인간중심철학을 개발하여 이를 주체사상의 중요한 기반으로 삼게 되는데, 특히, 자주성, 창조성, 의식성 등을 인간의 본질적 속성으로 개념화한다.34)

이러한 주체사상이 종교적 차원으로 발전하는 계기는 1970년대 이후 '수령론'이 대두하면서부터이다. 특히 1974년 김정일의 '온 사회의 주체사상화'가 선포되면서부터 이론적 정립과 체계적 학습이 시작되었고,35) 그 구체적 강령으로 "당의 유일사상체계 확립의 10대원칙"도 발표된다. "당의 유일사상체계 확립의 10대원칙"의 상세한 내용은 다음 절에 기술될 것이다. 이후 사회주의적 가치와 규범 정착을 위한 '인간개조사업'을 전개하고, 집단주의를 강조하면서, 주체사상은 한층 더 체계화된다.

주체사상에 대한 포괄적 개념은 위에 언급한 황장엽의 작업을 토대로 1982년 김정일에 의해 체계화됨으로써 일단락되었으나, 그 후에도 계속해서 변화와 발전을 거듭하였다.36) 1985년에는 총 10권으로 구성된『위대한 주체사상 총서』가 발행되었고,37) 1986년에는 '수령론'과 '집단주의 조직원리'를 결합한 '사회정치적 생명체론'을 제시함으로써 한층 더 발전하였다. 이에 따르면 수령, 당과 대중은 '삼위일체적' 설명방식으로 제시되는데, 여기서 수령은 두뇌, 당은 심장(혈관), 대중은 몸의 각 부분에 해당된다.38) 구 소련 및 동구권의 붕괴 이후에는 '우리식사회주의', '조선민족제일주의' 등의 개념을 제시하

---

33) 오경섭, 25.
34) 김병로,『주체사상의 내면화 실태』(서울: 민족통일연구원, 1994), 25.
35) 김병로(1994), 8.
36) 김병로(2000), 23.
37) 오경섭, 33.
38) 김병로(2000), 25.

면서, 사회역사발전원리에 민족의 개념을 포괄하여 더욱 강조하게 된다.39)

1992년의 사회주의 헌법에는 "조선민주주의인민공화국은 사람 중심의 세계관이며 인민대중의 자주성을 실현하기 위한 혁명사상인 주체사상을 자기 활동의 지도적 지침으로 삼는다"고 명시되어 있다.40) 주체사상의 중요한 원전에 해당하는 김일성저작집은 1996년까지 44권이 출판되었고, 이후 김일성 자서전인 '세기와 더불어'를 45권 이후로 붙여서 50권까지 출판함으로 주체사상의 해석의 근거가 되고 있다.

2. 주체사상의 종교적 성격

주체사상은 북한 사회에서 죽음의 고통, 악의 문제 등에 대한 궁극적 해답을 제공하는 등 일반적 종교의 기능을 감당하며, 나아가 다른 종교나 이데올로기를 배척하는 일신교적 성격도 지니고 있다.41) 북한 정권은 또한 다른 종교들을 잠재적으로 주체사상과 경쟁관계에 놓일 수 있는 하나의 사상으로 대하는 측면도 나타난다는 점에서,42) 주체사상의 종교적 성격을 분석하는 것은 매우 의미 있는 작업이라 할 수 있다. 여기서는 본 논문 앞부분에서 제시한 동독의 경우를 참조하여, 주체사상의 교리 및 신념체계, 의식과 행위 규범, 윤리와 조직체계라는 세 측면에서 그 종교적 성격을 살펴보고자 한다.

1) 교리 및 신념체계

종교의 교리 및 신념체계와 관련하여 주체사상은, 신앙적 대상으로서 수령을 신격화하고, 수령에게 충성을 다하기 위해 수령의 교시집행에 대한 무조

---

39) 오경섭, 39.
40) 장명봉 편, 『최신 북한법령집』(서울: 연이프린텍, 2006), 45.
41) 김병로(2000), 31f.
42) 정대일, "북한의 종교정책 연구: 북한 국가종교의 성립 과정을 중심으로," 『종교연구』 64(2011), 147.

건성의 원칙을 강조한다. 이와 관련된 구체적인 내용은 앞서 언급한 "유일사상체계 확립의 10대 원칙"에 잘 드러나 있으며, 이는 주체사상의 중요한 교리 체계로서 작동하고 있다. '10대원칙'의 주요 강령을 소개하면 아래와 같다.43)

1. 위대한 수령 김일성 동지의 혁명사상으로 온 사회를 일색화하기 위하여 몸 바쳐 투쟁하여야 한다.
2. 위대한 수령 김일성 동지를 충성으로 높이 우러러 모셔야 한다.
3. 위대한 수령 김일성 동지의 권위를 절대화하여야 한다.
4. 위대한 수령 김일성 동지의 혁명사상을 신념으로 삼고 수령님의 교시를 신조화하여야 한다.
5. 위대한 수령 김일성 동지의 교시집행에서 무조건성의 원칙을 철저히 지켜야 한다.
6. 위대한 수령 김일성 동지를 중심으로 하는 전당의 사상의지적 통일과 혁명적 단결을 강화하여야 한다.
7. 위대한 수령 김일성 동지를 따라 배워 공산주의적 풍모와 혁명적 사업방법, 인민적 사업작풍을 소유하여야 한다.
8. 위대한 수령 김일성 동지께서 안겨주신 정치적 생명을 귀중히 간직하며 수령님의 크나큰 정치적 신임과 배려에 높은 정치적 자각과 기술로써 충성으로 보답하여야 한다.
9. 위대한 수령 김일성 동지의 유일적 령도 밑에 전당, 전국, 전군이 한결같이 움직이는 강한 조직규률을 세워야 한다.
10. 위대한 수령 김일성 동지께서 개척하신 혁명위업을 대를 이어 끝까지 계승하여 완성하여 나가야 한다.

---

43) 김병로(2000), 부록 212-27.

여기서 수령은 '높이 우러러 모셔야' 할 존재이며(원칙 2), 그의 권위는 '절대화' 된다(원칙 3). 또한 그의 교시를 집행함에 있어서는 '무조건성의 원칙'이 지켜져야 하며(원칙 5), '몸 바쳐 투쟁하여야 한다'(원칙 1). 김일성의 교시는 '신조화' 되며(원칙 4), 인민의 정치적 생명은 수령으로부터 주어진 것으로 간주된다(원칙 8). 이러한 원칙들은 일반적 종교적 교리를 방불하며, 수령은 여기서 종교적 숭배의 대상으로 높여진다.

주체사상은 또한, 종교에 있어서의 구원의 교리처럼 인민의 해방과 구원에 대한 교리를 제시하고 있다.[44] 다만, 개인영혼에 초점을 두지 않고, 사회전체의 구원을 염두에 둔다는 점에서 차이를 볼 수 있을 뿐이다. 이는 개인의 육체적 생명과 구별되는 사회정치적 생명의 영원성에 대한 강조로 연결된다고 볼 수 있다. 1987년 KAL기 폭파사건의 주범인 김현희는 이와 같은 북한 주체사상의 특성을 "영원한 정치적 생명을 위해서는 일시적인 육체적 생명을 버려야 한다"고 기술하고 있다.[45] 또한 "하나는 전체를 위하여, 전체는 하나를 위하여"라는 북한헌법 제 63조의 조항도 이러한 전체사회의 우선성을 잘 드러내고 있다.

2) 의식 및 조직체계

교리와 함께 종교의 가장 중요한 기본적 요소는 종교적 의식/의례라고 할 수 있다. 주체사상은 생활총화를 비롯한 정기적 모임을 통해 생활 속에서 주체사상을 강화하는 의식을 집행하고 있다. 이 중 가장 대표적인 것이 언급한 생활총화인데, 생활총화는 "조직생활, 사상학습활동 등 조직사상 생활의 전반을 검토하는 모임"으로,[46] 일일총화, 주간총화, 월간총화, 분기총화, 연간총화 등으로 실시주기에 따라 구분된다. 총화를 행할 때에는, 김일성, 김정일의

---

44) 김병로(2000), 72.
45) 조갑제/정호승, 『김현희의 하나님: '주체의 신'에서 해방되어 인간을 되찾기까지』(서울: 고시계, 1990), 103.
46) 김병로(2000), 113.

교시를 먼저 인용하고, 자신의 생활을 이에 따라 비판하는 형식을 갖는데, 이는 일반적 종교 의식에서 경전을 인용하는 것과 유사하다. 생활총화 이외에도 수요강연회, 새벽참배, 아침/가족 독보회, 인민반회의 등이 주체사상을 강화하기 위한 주요 의식의 장소로 이용된다.

의식을 수행하기 위한 중요 장소 및 조직으로는 '김일성 혁명사상 연구실'을 들 수 있다. '김일성 혁명사상 연구실'은 이미 1960년대부터 이와 유사한 시설들이 나타났으나, 1970년대 후반 이후 본격적으로 체계화되었다. '김일성 혁명사상 연구실'은 당위원회 선전선동부에 소속, 운영되며, 전국적으로 약 45만여 곳에 달하는 것으로 추정된다.[47] '생활총화'를 비롯한 모임이 종교적 의식의 시간이라면, '김일성 혁명사상 연구실'은 이러한 의식이 행해지는 개 교회 혹은 사찰과 같은 역할을 한다고 볼 수 있다. 또한 이와 같은 의식 및 조직체계가 일반적 종교의 그것을 대신함으로써 동독의 분석틀에서 드러나는 '소속'과 관련된 대안을 제시하고 있다고 볼 수 있다.

3) 윤리와 행위 규범

주체사상은 사회가 발전하기 위해서는 인간개조, 사회개조, 자연개조가 필수적이라고 주장한다. 그 중에서도 인간개조가 가장 먼저 이루어져야 할 작업이며, 그 내용은 자주성, 창조성, 의식성을 가진 사회적 존재로 키우는 사업이라고 제시한다.[48] 이러한 각각의 개조의 내용은 그에 대한 규범을 제시하며, 이는 각각 개인윤리, 사회윤리, 생태윤리에 상응한다고도 말할 수 있다. 또한 앞서 언급한 집단주의 원칙이 공산주의 도덕에서 매우 중요하게 취급된다. 이는 특히, '군중로선'의 형태, '공산주의적 미풍'의 발양이라는 슬로건 하에 진행되고 있는데,[49] 이러한 수행에 있어 가장 중요한 것은 "수령에 대한 충실성"이며, 이것은 "공산주의 도덕의 핵"으로 제시된다.[50]

---

47) 김병로(2000), 94.
48) 김병로(2000), 149.
49) 김병로(2000), 151.

이러한 주체사상의 윤리와 행동규범은 여타의 많은 사회에서 종교가 수행하는 기능을 대신하고 있다. 이러한 측면에서 수차례 북한을 방문하기도 했던 독일의 소설가 루이제 린저가 북한주민들을 "기독교적 생활을 하고 있는 기독교인 아닌 기독교인"이라고 기술한 것도 상당부분 타당한 것으로 볼 수 있다.51)

3. 주체사상의 개인화/내면화

김병로의 북한이탈주민 8명을 대상으로 한 심층면접조사에 따르면, "내 가슴 속에 있는 김일성은 영원히 사라지지 않을 것이다," "나는 죽을 때까지 김일성으로부터 완전히 자유로워지지는 못할 것이다" 등의 진술이 나타나고 있다.52) 이와 같은 진술은 북한 체제를 벗어난 이후에도 주체사상이 개인의 삶에 여전히 중요한 영향을 미치고 있음을 증명하는 것이라고 할 수 있다.

물론 이러한 주체사상의 내면화는 개인에 따라, 또한 연령대에 따라 상이하게 작용하고 있다. 위에 언급한 김병로의 연구에 따르면, 50-60대는 자주성, 수령관, 집단주의 등에 대해서는 비교적 잘 이해하고 있었지만, 철학적 측면에 대해서는 다소 부정적 견해를 나타낸 반면에, 20-30대는 인간중심의 철학과 민족제일주의를 핵심적 내용으로 생각하는 경향이 있었다. 특히, 1974년의 '유일체계' 이후 세대들은 주체사상을 이미 '주어진 것'으로 받아들이는 수동적 태도를 나타냈다.53) 주체사상은 단순한 사상이 아니라, 체제를 정당화하는 효과도 나타내는데, 예를 들어, "북한의 사회주의가 남한의 자본주의보다 효율성은 낮지만, 사회적 불평등을 제거할 수 있는 보다 나은 제도"라는 입장을 다수의 이탈주민들이 지니고 있었다.54) 다른 한편으로, 경체침체를

50) 사회과학출판사, 『철학사전』 (평양: 사회과학출판사, 1985), 61.
51) 루이제 린저, 『루이제 린저의 북한 이야기』, 강규현 역 (서울: 형성사, 1988), 154.
52) 김병로(2000), 2.
53) 김병로(1994), 81-105.

벗어나기 위해 북한정권이 추진하는 개혁, 개방이 주체사상의 기능을 약화시키는 일면도 드러나고 있다.55)

주체사상의 내용 중 김일성에 대한 신뢰, 민족주의에 대한 지지(99%)가 전반적으로 가장 긍정적으로 평가되고 있었고, 주체철학을 신봉하고, 북한 체제가 우월하다고 생각하는 비율(70%)도 상당히 높게 나타났다.56) 전반적인 주체사상에 대한 신봉정도는 소년, 노년층에서 강한데 반해, 30대를 전후한 3세대들은 약하게 나타나고 있으며, 직업별로는 노동자층에 비해, 농민들이 신앙심이 약한 것으로 조사되었다.57)

하지만 이러한 주체사상의 내면화/개인화 경향은 최근에 들어 많이 변화한 것으로 나타난다. 본 연구자가 최근 실시한 인터뷰 결과에 따르면,58) 북한주민들의 주체사상에 대한 내면화/개인화 정도는 결정적인 2개의 계기, 즉 김일성 사망(1994년 7월)과 화폐개혁(2009년 12월)을 기점으로 엄청난 변화를 겪은 것으로 나타난다. 물론, 인터뷰 대상이 북한이탈주민에 국한되었기에, 전체 북한 주민들의 상황을 객관적으로 파악하기에는 어려움이 있었지만, 이

54) 김병로(1994), 71.
55) 김병로(1994), 107.
56) 김병로(1994), 158.
57) 김병로(1994), 160.
58) 인터뷰는 2016년 2월 25일 서울의료원내 북한이탈주민 상담실에서 남자 1명, 여자 7명 등 총 8명을 대상으로 초점 집단(focus group) 인터뷰 방식으로 행해졌다. 인터뷰 대상자의 인적사항은 아래의 표와 같다. 상대적으로 여성의 비율이 높은 것은 북한이탈주민 전체에서 여성비율이 높은 것과 관련된다. 인터뷰 대상자 H에 의하면 전체 이탈주민 중 여성이 차지하는 비율은 약 70-80% 정도에 달한다고 한다.

구분	성별	연령	출신지역	북한이탈시기
A	여	69	함경남도	2004
B	여	50	함경북도	2014
C	여	50	함경북도	2010
D	여	58	평안북도	2003
E	여	39	함경북도	1997
F	여	58	밝히지 않음	2005
G	여	44	함경북도	1998
H	남	43	평안남도	2011

들이 평가한, 그리고 북한 거주 시 이들이 경험한 북한 주민들의 상황은 이에 대한 간접적인 자료를 제시해 주고 있다.

인터뷰 대상자 C에 의하년,[59] 김일성 생존 시에는 체제에 대한 불평이 별로 없었다고 한다. 그녀는 김일성 사망 시의 상황을 '분위기가 웬지 으스스'하고, 마치 '지구가 멈추는 듯한 느낌'이었다고 전한다. 그 때, 사람들이 너무나 많이 울었고, 사회전체가 뒤죽박죽이었다고 전하며, 그 동안의 '시스템'이 완전 무력화되었다고 표현했다.

인터뷰 대상자 D는 김일성 생존 시 주체사상은 '바람벽'과 같은 역할을 해주었다고 평가했다. 주체사상은 '의지하는 대상'이 되었고, "잡신경을 안 써도 살아갈 수 있게 해주었다". "전반적으로 '사는데 불평/불만이 없었고'", "초등학교 아이들에게 국가에서 선물도 주었다". 하지만, 김정일 등장 이후 자기 힘으로 살 수 밖에 없게 되었고, 이러한 상황을 그녀는 "'아버지'가 바뀌니. 원래 '아버지' 생각이 난다"고 표현하였다. "김일성 때까지는 괜찮았"지만(C의 진술), 김일성 사망 이후 "먹고 사는 문제"가 제기되었고, 결정적으로 2009년의 화폐개혁을 통해 주체사상의 영향력은 결정적으로 감소한 것으로 평가하였다(A를 비롯한 대부분의 진술). 결국 "'사상'은 변하지 않았지만, '환경'이 변했고", 주체사상의 영향은 아직도 남아 있지만, 아직도 주체사상이 '맞긴 맞지만'(A의 진술), 그 영향력은 감소할 수밖에 없었다. 하지만, 공개적으로 이에 대한 '불평'은 할 수 없고, 대신 '대충하자'는 의식, '형식적'인 참여가 일반화되어 있다고 전했다. 국가에서 '이렇게 이렇게 하라'고 지시하지만, 그리고 이에 대한 '말반동'들은 지금도 역시 다 잡혀 가지만, 비공식적인 자리에서의 불평은 늘어날 수밖에 없었다.[60]

이러한 상황에 대해 H는 "(김일성이) 죽고 나니, 결국 의지할 것은 '인간'이 아니구나"라는 생각이 들었고, '인간'은 영원한 믿을 대상이 될 수 없다는 생

---

59) C는 보위국 안전부 예술선전대 출신으로 딸과 함께 북한을 탈출하였다.
60) C는 이와 관련된 북한에서 유행하는 한 농담을 소개해 주었는데, 북한체제에서 강조하는 '강성대국'과 관련된 것이었다. 그 내용은 "강성대국의 문이 조금 열렸단다. 그런데 거기 간부들이 다 앉아있더란다"라는 체제불만적인 것이었다.

각이 전반적으로 퍼지게 되었다고 증언했다. 이러한 맥락에서 예전에는 2월 15일(김일성 탄생일), 4월 15일(김정일 탄생일) 등을 중요한 날로 지켰지만, 지금은 그 보다 음력 설, 대보름 등을 더 중요하게 지키게 되었다고 한다. 결국, 이러한 주체사상의 공백을 메운 것은 다른 종교적 심성이었다. '사라졌던 무당들'이 다시 살아났고, 이는 간부들이 먼저 시작했다고 한다. 또한 중국에서 '불교책'도 들어오게 되었다고 말하였다.

현재 북한에서의 주체사상의 영향도와 관련해서는, 그대로 믿는 사람의 비율에 대한 평가가 10-30% 사이로 엇갈렸지만, 예전 같지 않다는 것은 공통적이었다. 정부의 혜택을 받는 사람들이 상대적으로 주체사상을 더 신봉하기는 하지만, 당 간부라고 해서 모두 이에 긍정적인 것은 아니었다. 오히려 당 간부들이 더 부정적이라는 말도 나왔고(A, C의 진술), 안 믿으니까 오히려 더 통제를 강력하게 하고, 교육 자체도 더 강화되었다고 증언했다. '10대 원칙' 같은 경우도 암송은 하지만 대부분 믿지는 않으며, "주체사상대로 살라면 뼈가 다 빠진다"는 표현도 하였다. 지역 내에서도 '주체사상 연구실'의 건설이 지체되는 등 실재적 우선순위에서 밀리는 상황도 얘기했다. 이러한 상황은 북쪽지역과 남쪽지역이 약간 다른데, 북쪽지역이 국경을 통한 중국의 영향으로 더 개방되었고, 이에 따라 불만이 더 많은 것으로 얘기되었다.

주체사상과 다른 종교, 특히 기독교의 비교와 관련하여서 F는 "'교회 책'이 김일성-하나님 이름만 바꾸면 저작선집과 똑같다"고 말했고, 다른 인터뷰 대상자들도 "주체사상과 기독교가 행사 및 절차는 똑같다"고 표현했다. A의 경우는 아는 분이 장로님이라, 교회를 출석한 경험이 있는데, 헌금강조가 부담이 되었고, 주체사상과 똑같아서 오히려 교회가기가 싫다고 증언했다. 몇몇은 교회가 "김일성보다 더 하면 더 했지"라고 말하기도 했다.[61] E는 교회 출석한 경험에 대하여, '김정일/김일성 세뇌' 하는 것과 유사했고, 주체사상이 "아

---

61) 이렇게 말한 이들은 이단에 속하는 M교회를 방문한 경험이 있었고, 그 교회에서 담임 목사를 대하는 태도를 보고 위와 같이 표현하였다.

무리 미쳤다고 해도 그 정도는 아니었다"(교회가 더 심하다)고 말하기도 하였다. 또한, 종교를 통해 "지배받는 느낌이 싫다. (기도가) 시끄럽다"고 얘기했다. 주체사상에 대해 "하나님을 믿는거나 그게 그거 아니냐"라는 표현도 있었다. 반면, B의 경우는 북한 이탈과정에서 많은 어려움을 겪었고, 그 가운데 체험한 것들로 인해 기독교 신앙을 갖게 되었다고 고백했다.

현재에 있어서 얼마나 주체사상이 영향이 영향을 미치고 있는가라는 질문에 대하여는, 대부분이 큰 영향은 없지만, '주체적 인간관'만은 긍정적으로 평가하고, 아직도 어느 정도 영향이 있음을 얘기했다. B의 경우는 '나의 운명은 나 자신의 것이다', '내 삶은 나의 것이다'라는 명제들은 북한 이탈과 남한 정착과정에서 큰 도움을 주었고, 지금도 그 주장은 맞다고 생각한다고 했고, 다른 이들도 이에 대해 어느 정도 공감을 표시했다. 다만, 그걸 이용해서 (정권을) 합리화한 것이 문제라고 지적했다. C의 경우도 주체사상의 현재 영향이 '조금은 있는 것 같다,' '이치는 맞는 것 같다'라고 인정했으며, '자기 운명의 주인은 자기다'라는 주장에 대해 많은 공감을 표시했다. 그럼에도 불구하고, 주체사상은 그 당시의 시스템과 생활여건이 구비되었기에 가능한 것이었고, 그렇지 않은 상황(현실)에서는 받아들이기가 쉽지 않음을 인정했다. 특히 1996-97년 '고난의 행군'을 통해 배급(체제)가 끝나면서, 더 이상 그 사상과 체제는 유효하지 않은 것으로 평가했다.[62] E의 경우는 북한에 있을 때까지는 주체사상에 대해 긍정적 입장이었다고 자신의 견해를 밝히며, 다만 '배부르게 먹을 수 있다더라'는 소문이 자신을 이탈하게 만들었다고 했다. 그래서, 중국에 있을 때도 한국에 오기가 꺼려졌고, 특히 '내 운명의 주인은 나 자신이다'는 명제는 자신이 부모 없이 성장하는데 중요한 작용을 하였다고 증언했다. 나아가 그녀는, "그 때 그 정신이 있었으니까 이렇게 살 수 있었다", "그것 하나는 나쁘지 않다. 그것 가지고 많이 버티고 있지"라고 말하는 등 아직도 주

---

62) C는 그 과정에서, 많은 북한 주민들이, 특히 당시 인텔리가 많이 죽어 나간 상황에 대해서도 증언했다.

체사상에 대한 어느 정도 긍정적인 입장을 견지했다. 반면, F의 경우는 주체
사상에 대해 "이제는 가물가물하다", "주체사상이고 뭐고, 이제 다 없어진 것
같다"라고 현재에 대한 영향을 부인했다. A는 "북한 백성들을 눈가림하고 자
기 향락을 위해 바보로 만드는"것이며, "지나치게 김일성 위주'여서, 오히려
'창조/창발성을 억제"하는 경향이 있다고 주체사상을 비판하면서도, "아부,
아첨하는 경향은 오히려 대한민국이 더하다"고 자신의 입장을 얘기했다.

주체사상의 요소 중 주체적 인간관 이외의 영향은 거의 언급되지 않았고,
다만 집단을 우선시하는 사고의 영향으로, 아직도 '타인'을 중시하는 경향이
이탈주민들 전반에 남아있다고 증언했다. 반면, '상호비판'의 습관이 어려서
부터 '생활총화'를 통해 몸에 베어 있어서, '서로 씹는 면'이 존재하고, 이러한
경향이 공동체를 해치기도 한다고 말했다. B의 경우에는, 이러한 경향에 대해
"(타인의 약점을) 무조건 끄집어 내야하는 습관이 있는데, 그게 너무 안 좋다"
고 했으며, '상관없는 것'도 말하는 것이 습관이 된 것 같다고 얘기했다.

주체사상이 붕괴하기 이전, 즉 그러한 사상이 가능했던 김일성 생존 시의
북한과 현재의 남한 중에서 선택할 수 있다면 어떤 체제를 선택하겠는가 하는
질문에 대하여, 응답한 이들은 오히려 김일성 생존 시의 북한을 택하겠다는
의견이 많았다. C의 경우, 그 이유로 "그래도 정돈되게 살 수 있었고, 스트레
스 받을 일이 없었다"고 하면서, 그 당시 북한 주민들은 "충족하지는 못했지
만, 남들보다 잘 먹고 잘 입으려는 생각도 없었다"고 전했다.

마지막으로, 북한의 현재 변화에 대하여 얘기하면서, 많은 이들은 "한국의
절반은 조선이다. 북한도 이제 잘 산다"(D의 언급)고 결론지었다. 실제로 '공
산주의'란 말도 이제는 거의 사용되지 않으며, "젊은 세대의 경우는 머리를
염색하고, 남한 드라마의 영향으로63) 서울말도 사용하는 등 큰 차이가 없다"

---

63) 남한 드라마는 과거에는 주로 CD를 통해 유통되었고, 현재는 USB를 많이 이용한다고 했
다. 가격은 지역에 따라 다른데, 오히려 (감시로 인해) 평양이 제일 비싸고, 청진 같은 대
도시가 중간, 무산 같은 국경 지역이 가장 싸다고 했다. 유통되는 영상 중에는 소위 '야동'
이라고 하는 내용도 꽤 있다고 전했다.

고 증언했다. 실제로, C의 경우 20세 된 딸과 함께 이탈했는데, 딸은 김일성이 누군지도 잘 모르며, 자신에 비해 (상대적으로) 적응도 더 잘 했다고 했다. 북한에 있을 때에 '서울에서 전화왔다'는 농담을 할 정도로, 남한에 친숙했음도 전했다. "남한이랑 차이가 별로 없다", "이제 북한 정신도 남한과 다를 바 없다"는 것이 이들의 공통적인 의견이었다.

Ⅳ. 나가는 말

본 논문은 동독 사회의 종교사회학적 상황을 기존의 종교적(기독교) 가치 혹은 세계관과 또 다른 가치 혹은 세계관(공산주의 혹은 과학주의)의 갈등의 양상으로 분석하고, 이러한 분석 틀을 북한의 주체사상에 대한 종교사회학적 분석과 비교하고, 나아가 이를 통해, 한반도의 통일 이후의 문화 통합에 기여할 수 있는 방안을 모색해 보고자 하는 목적을 지녔다. 3장에서 상술한 바와 같이, 북한의 주체사상은 구 동독에서의 공산주의 혹은 과학주의적 세계관이 행하였던 대체종교의 역할을 (더욱 더) 잘 수행해 왔다고 할 수 있다. 그러나, 이러한 주체사상의 기능은 김일성 사망과 함께, 또한 그 후에 나타난 북한체제의 변화와 함께 달라지기 시작했음을 북한이탈주민에 대한 인터뷰 내용에서 알 수 있었다. 북한이탈주민의 증언에 의하면, 주체사상의 적극적 신봉자는 10-30%에 불과하며, 이탈주민의 경우 주체철학, 그 중에서도 인간관을 제외하고는 큰 영향을 미치지 못하는 것으로 나타났다.

이제 논문을 맺음에 있어, 본래 의도하였던, 남북한의 문화적 화해와 통합에 있어 종교가 차지하는 역할, 그와 관련된 주체사상의 영향 등에 대하여 결론적으로 언급하고자 한다. 주체사상의 영향력이 약화된 현재의 시점에서, 주체사상의 종교적 영향과 관련하여서는 2가지 상반된 경향을 읽어낼 수 있다. 첫째는, 그 공백을 메우는 다른 종교의 필요성이다. 북한이탈주민 인터뷰 중

이와 같은 경향은 H의 증언에서 확인할 수 있었다. 즉, 주체사상의 약화 이후 '사라졌던 무당들'이 다시 살아났고, 또한 중국에서 '불교책'도 들어오는 등 전통적인 종교의 영향력이 강화되는 경향이 나타났다. 이러한 경향은 통일 이후의 북한 주민들에게 종교를 통해 다가갈 수 있는 가능성을 제시한다. 북한 이탈과정에서의 어려움과 그 과정에서의 종교적 체험이 기독교 신앙을 갖게 하였다는 B의 경우도 이와 같은 종교의 필요성을 보여준다고 할 수 있다. 그러나 또 한편, 종교에 대한 주체사상의 부정적 영향도 인터뷰 내용에서 읽어낼 수 있었다. 즉, 주체사상의 부정적 경험이 그와 유사한 종교들, 특히 기독교에 대한 부정적 입장으로 이어지는 모습을 어느 정도 보여주었다. '종교를 통해 지배받는 느낌이 싫다'거나, '주체사상이나, 하나님을 믿는거나 그게 그거 아니냐'라는 언급에는 그와 같은 부정적 입장이 담겨 있다고 볼 수 있다. 이와 같은 주체사상의 부정적 경험을 가진 이들에게는, 종교보다는 드라마 혹은 시장경제의 소비적 사고형태가 남북한의 사고를 하나로 묶어주는 연결고리가 될 수 있었다.

동구권의 사례에서 볼 수 있었던 종교의 부흥이 통일 이후 우리나라에서도 재현될지, 혹은 동독과 같은 세속화의 모습으로 나타날지 아직 우리는 알 수 없다. 두 가지의 상황 모두 앞서 언급한 상반된 경향 속에 그 가능성을 담지하고 있으며, 혹은 두 가지의 상황이 병행해서 나타날 수도 있다. 문화적 화해와 통합이라는 입장에서는, 이러한 다양한 경향성에 대하여 다양한 접근, 종교적 접근과 비종교적 접근의 양면적인 대처 방안의 마련이 필요하다고 볼 수 있으며, 기독교적 입장에서는, 북한 주민들의 종교적 공백을 메우면서도, 주체사상의 부정적 경험을 반감시킬 수 있는 종교적 대책이 필요하다고 생각된다.

■ 참고문헌

김병로. 『주체사상의 내면화 실태』. 서울: 민족통일연구원, 1994.

_____. 『북한사회의 종교성: 주체사상과 기독교의 종교양식 비교』. 서울: 통일연구원, 2000.

루이제 린저. 『루이제 린저의 북한 이야기』. 강규현 역. 서울: 형성사, 1988.

류성민. "주체사상과 종교." 『종교연구』 32, 2003.

박승덕. "주체사상의 종교관." 북미주기독학자회 편. 『기독교와 주체사상』. 서울: 신앙과 지성사, 1993.

사회과학출판사. 『철학사전』. 평양: 사회과학출판사, 1985.

오경섭. 『주체사상의 구조와 정치적 기능의 변화』. 성남: 세종연구소, 2012.

윤진헌. 『김일성주체사상연구』. 서울: 형설출판사, 1986.

이종석. 『현대북한의 이해』. 서울: 역사비평사, 2000.

장명봉 편. 『최신 북한법령집』. 서울: 연이프린텍, 2006.

정대일. "북한의 종교정책 연구: 북한 국가종교의 성립 과정을 중심으로." 『종교연구』 64, 2011.

조갑제/정호승. 『김현희의 하나님: '주체의 신'에서 해방되어 인간을 되찾기까지』. 서울: 고시계, 1990.

최현종. "통일 전후 구 동독 지역의 종교사회학적 변화와 한반도 통일에 갖는 의미." 『종교와 문화』 28, 2015.

Engelhardt, Klaus, Hermann von Loewenich and Peter Steinacker. *Fremde Heimat Kirche. Die dritte EKD-Erhebung über Kirchenmitgliedschaft*. Gütersloh: Gütersloher Verlaghaus, 1997.

Karstein, Uta. "Positions and Pathways of Families within the Religious Field of east Germany: Three Catholic Case Studies." In: Esther Peperkamp and Małgorzata Rajtar(eds.), *Religion and the Secular in Eastern Germany*, 1945 to the Present. Leiden: Brill, 2010: 87-106.

Karstein Uta, Thomas Schmidt-Lux, Monika Wohlrab-Sahr and Mirko Punken. "Säkularisierung als Konflikt? Zur subjektiven Plausibilität des ostdeutschen Säkularisierungsprozesses." *Berliner Journal für Soziologie* 16, 2006: 441-461

Klein, Matthäus. "Die Verantwortung des Wissenschaftlers bei der weltanschaulichen Erziehung." Beitrag zur 10. Tagung des Präsidiums der Gesellschaft zur Verbreitung wissenschaftlicher Kenntnisse, 1958.

Mädicke, Horst. "Entwurf eines Schreibens des Präsidiums der Gesellschaft zur Verbreitung Wssenschaftlicher Kenntnisse 'Über die naturwissenschaftlich-weltanschauliche Arbeit'." SAMPO DY30/IV2/9.03 23, 1958: 1-11.

Matthes, Joachim. "Karl Mannheims 'Das Problem der Generationen', neu gelesen: Generationen-'Gruppen' oder 'gesellschaftliche Regelungen von Zeitlichkeit'." *Zeitschrift für Soziologie* 14, 1985: 363-72.

Norris, Pippa and Ronald Inglehart. *Sacred and Secular: Religion and Politics Worldwide.* 2nd ed. New York: Cambridge University Press, 2011.

Peperkamp, Esther. "Between Menschlichkeit and Missionsbefehl: God, Work, and the World among Christians in Saxony." In: Esther Peperkamp and Małgorzata Rajtar(eds.), *Religion and the Secular in Eastern Germany, 1945 to the Present.* Leiden: Brill, 2010: 107-24.

Peperkamp, Esther and Małgorzata Rajtar. "Introduction." In: Dies.

Religion and the Secular in Eastern Germany, 1945 to the Present. Leiden: Brill, 2010: 1-18.

Pollack, Detlef. "Religiös-kirchlicher Wandel in Ostdeutschland nach 1989." In: Joachim Matthes(Hg.), *Fremde Heimat Kirche - Erkundungsgänge. Beiträge und Kommentare zur dritten EKD-Untersuchung über Kirchenmitgliedschaft.* Gütersloh: Gütersloher Verlaghaus, 2000: 310-33.

Vukov, Nikolai. "Secular Rituals and Political Commemorations in the GDR, 1945-1956." In: Esther Peperkamp and Małgorzata Rajtar(eds.), *Religion and the Secular in Eastern Germany, 1945 to the Present.* Leiden: Brill, 2010: 41-60.

Wappler, Kirstin. "The Limits of Politicization of the Schools in the GDR: The Catholic Eichsfeld Region and the Protestant Erzgebirge - a Comparison." In: Esther Peperkamp and Małgorzata Rajtar(eds.), Religion and the Secular in Eastern Germany, 1945 to the Present. Leiden: Brill, 2010: 61-86.

Wohlrab-Sahr, Monika. "Atheist convictions, Christian Beliefs or 'keeping things open'? Patterns of world views among three generations in East German families." In: Ricca Edmondson and Hans-Joachim von Kondratowitz (eds.), *Valuing Older People: A Humanist Approach to Aging. Bristol*: The Policy Press, 2009: 73-90.

_____. "'Forced' Secularity? On the Appropriation of Repressive Secularization." *Religion and Society in Central and Eastern Europe* 4(1), 2011: 63-77.

_____. "Erzwungene Säkularisierung oder forcierte Säkularität? Ein Beitrag zur Analyse der Wirkungen repressiver Religionspolitik."

In: Anita Bagus (Hg.), *Erfahrung kultureller Räume im Wandel. Transformationsprozesse in ostdeutschen und osteuro*päischen *Regionen.* SFB 580 Mitteilungen, 2012: 19-35.

Wohlrab-Sahr, Monika and Marian Burchardt. "Multiple Secularities: Toward a Cultural Sociology of Secular Modernities." *Comparative Sociology* 11, 2012: 875-909.

Wohlrab-Sahr, Monika und Uta Karstein, Thomas Schmidt-Lux. *Forcierte Säkularität. Religiöser Wandel und Generationendynamik im Osten Deutschlands.* F.a.M.: Campus Verlag, 2009.

Reconciliation and Cultural Integration between South and North Korea
: The Sociological Comparative Analysis between Germany and Korea

Hyun-Jong Choi

(Assistant Professor, Sociology of Religion)

ABSTRACT

This paper has examined 1) the religious and sociological changes in the former GDR region before and after unification in order to find suggestions that might contribute to the reunification of the Korean peninsula. I have analyzed religious and cultural conflicts, especially between the Communist and Christian worldviews (Weltanschaung) in former GDR times by means of the 'forced secularity' theory proposed by Monika Wohlrab-Sahr. 2) Compared to situation in he former GDR region has been analyzed 'Juche' ideology in DPRK. This analysis included ethical implication, doctrine and belief system, rituals and behavior norms, and organization in the Juche ideology, and further through interview with North Korean defectors explored how North Korean people accept them.

In general, Juche ideology have worked as efficiently as (or even more than) so-called scientific worldview in the GDR. But, with the death of Kim Il-Sung and another social and economical changes in DPRK Juche ideology have not functioned any more as before. In this circumstance, this paper referred to the two opposing tendencies: 1) the need for different religions to fill the void, and 2) the negative impact of the Juche Idea against religion. On that account, both religious, in particular christian and nonreligious countermeasures that on the one hand fill the religious void and on the other alleviate negative perception against religion are required to accomplish the cultural reconciliation and integration.

KEY WORDS Unification, Juche Ideology, Cultural Integration, Weltdeutung, Forced Secularity.

분단 70주년의 평화통일 논의 평가와 2016년의 한반도 화해 전략

이명권

서울신학대학교, 비교종교학
서강대학교 종교학 박사, 중국 길림대학교
중국철학 박사

분단 70주년의 평화통일 논의 평가와
2016년의 한반도 화해 전략

이명권 교수 (중국어과, 비교종교학)

국문요약

본 연구는 분단 70주년을 경과하는 시점에 한반도 평화통일 논의를 어떻게 평가 할 수 있으며, 한반도 화해를 위한 전략을 어떻게 세울 수 있을 지를 논의하고 있다. 이러한 목적을 이루기 위해 필자는 몇 가지 화해 전략을 제시하고 있다. 특히 분단국가의 통일 논의를 위해서 김정은 정권의 리더십과 관련하여 북한의 정치적 지형도를 분석하고 있다. 김정은 통치의 변화와 정치적 역동성을 이해하는 것은 아주 중요한 일이다. 김정은 시대에 진행되는 공포정치는 그의 권력을 강화하기 위한 수단으로 작용하기 때문이다. 통일 연구원에서는 최근 북한 정권의 동향을 보도한 바 있다. 김정은의 통치 정책은 핵 경제 병진노선이다. 이것은 지난 5월에 보고된 제7차 북한 노동당 대회에서 밝혀진 북한 통치의 주요 특징 중의 하나다. 본고는 북한의 정치 외에도 1990-2015년 사이의 북한의 경제 상황에 대해서도 밝히고 있다. 그 기간 동안 수많은 경제적 요인들이 김정일과 김정은 시대의 독재적 통치를 뒷받침하는 데 이용되었다. 특히 '장마당'은 국가 수입을 위한 주요 통로로서 북한의 경제 구조를 변화시켰다. 북한의 외교정책은 일본과 유럽과의 관계 개선을 시도하려는 노력을 하면서 동시에 핵 경제 병행 노선에 기초한 중국과 러시아와 강한 연대를 지니는 것이다. 그러나 2016년 초 수소폭탄 실험 이후 국제 사회는 북한에 대해 제재를 가하기 시작했다. 그럼에도 불구하고 북한의 외교정책은 여전히 최고 통치자의 의지에 따라 움직이고 있다. 만일 김정은의 권력이 약화되면 군부와 당의 갈등이 증가할 것이고 정치적 불안정이 외교정책에 영향을 미치게 될 것이다. 오늘날 남북한 간의 상호 관계는 심각한 위기의 상황이다. 그것은 70년간의 깊은 상호 불신 때문이기도 하다. 남북한 상호간의 관계는 북한이 핵실험을 강행한 이후 더욱 악화되었다. 핵문제는 한반도의 위기를 풀어 가는 중요한 요소가 되었다. 그러므로 북한의 핵 문제를 해결하기 위해 한국, 미국, 일본, 중국, 러시아 5개국의 협조가 절실히 요청된다. 그러나 북한과 남한 사이의 화해를 통한 대화의 중요성이 간과되어서는 안 된다. 이 목적 달성을 위해, 우리는 한반도 통일을 위한 '평화의 무기'를 사용해야 한다. 평화의 방법은 우리 자신의 민족적인 차원뿐만 아니라, 세계 평화의 역사적 과정을 포함하기 때문이다. 오직 화해에 입각한 평화로운 대화의 방법만이 남북한 문제를 해결할 수 있다. 이러한 평화로운 대화를 진행할 필요성 외에도 전국의 학교 차원에서 전 국민에 이르기까지의 통일교육과 그 수행도 미래의 평화 통일을 위한 중요한 하나의 방편이 된다.

주제어 평화통일, 화해전략, 김정은, 한반도, 평화적 대화, 통일교육

I. 서 론

2016년 1월 6일 신년벽두에 북한은 '수소폭탄 실험'을 강행함으로써, 한반도의 정세는 물론 동북아와 세계 평화에 또 한 번의 위기가 닥쳐왔다. 이로써 남북한 평화통일 논의는 지금까지와는 또 다른 새로운 접근법이 시도 되어야 할 필요성이 제기 되었다. 박근혜 정부는 개성공단 폐쇄라는 강도 높은 '강대 강' 전법을 구사하고 있고, 유엔 안보리에서는 북핵 실험에 대한 조치로서 사상 초유의 대북 제재안을 결의하였다. 하지만 그 효율성의 척도는 중국의 대북 압박 수위와 결부된 것인 만큼 단기간 내에 대북 제재의 효과를 크게 기대하기는 어렵게 되었다. 더구나 한미 양국 간에 사드배치를 협의하기 시작했고, 중국은 연일 사드배치 항의와 외교 압박을 거듭해 오고 있는 실정이다. 이러한 상황에서 한반도를 둘러싼 진보적 시각의 전문가들은 북한의 비핵화와 북미 평화수교 체제 조건을 '빅딜' 형식으로 합의하는 방안을 주문하고 있다.

한반도의 급격한 이러한 정세는 이제 단순히 남북한 당국만의 문제가 아니라, 미국과 중국간의 치열한 군사 대결의 대리적 양상이라는 축소판 대결구도를 보여주는 느낌도 있다. 물론 미국과 중국이 한반도의 전쟁을 원하지는 않지만, 남태평양과 환태평양을 둘러싼 양 대국의 힘겨루기가 한반도에서 집중되고 있는 양상을 떨칠 수 없다. 이러한 강대국 사이의 한반도는 여전히 북핵이라는 중요한 이슈로 말미암아 평화통일로 가는 길목에 가장 큰 커다란 장애를 안고 있다. 그러나 북한은 이제 핵무기 보유국으로서 비핵화의 의지도 없을 뿐만 아니라, 설령 있다 해도 자신들의 지위를 이용하여 비핵화로 가기 위해서는 엄청난 대가를 요구하고 있는 것도 사실이다.

이러한 복잡하고 난해한 한반도의 비핵화 평화 통일 문제를 우리는 과연 어떤 식으로 해결해 나가야 할 것인가? 외교적 전략도 필요하지만 우리는 냉정하게 과거의 역사를 되돌아보고 잘못된 부분이 무엇이었는지를 다시금 엄격히 반성해 보고 새로운 방향을 모색해야 할 것이다. 그 방향은 아직도 유효한 평화적 공존과 상생의 길 뿐이며, 그것은 오직 협상과 대화를 통한 화해의 전략이 필요한 것이다. 현 정부는 냉철하게 북한과의 직접적인 대화 재개를 시작해야 한다. 제재 일변도가 아니라, 정부가 주도하여 6자 회담과 한반도 평화협정을 추진해야 한다. 그리하여 동북아시아의 다자안보 협력을 구축해야 하는 것이다. 서독이 유럽 평화 공영에 이바지 하고 평화통일을 이루었듯이, 한국이 이제는 평화협상을 주도하는 외교적 실력을 보여 주어야 할 때다.

이 밖에도 한반도 평화체제와 그리고 평화통일에 대한 국민적 각성과 교육이 무엇보다 절실한 과제로 떠올랐다. 비록 짧은 시간에 효과를 거둘 수는 없지만 미래의 주역인 젊은이들에게 화해와 협의에 입각한 평화 통일 교육의 실천 또한 한반도 평화 통일로 가는 하나의 작은 모색이 될 것이라 생각된다. 이제 70년간이라는 긴 세월동안 한반도 통일을 이루어 내지 못했던 원인이 무엇이며 그것을 해결할 수 있는 작은 방법을 고찰하기 위해 지나간 2015년 남과 북의 정책 분석 및 통일논의와 함께, 다음 몇 가지 작금의 한반도 현안과 더불어 2016년의 상황을 전망해 보기로 하자.

II. 분단 70주년의 평화통일 논의 평가

1. 김정은 리더십 5년차 평가와 전망

국가 정보원 산하 국가 안보전략 연구원에서 발표한 '2015년 정세 평가와 2016년도 전망'이라는 보고서에 의하면, "2011년 권력을 잡은 김정은 국방위원회 제1위원장이 권력을 잡은 지 5년이 되는 2016년부터 외교에 주력해 고립을 탈피 할 것으로 분석된다."고 했다. 실제로 2016년에는 북-러, 북-중 외교 정상 회담 가능성도 예견되고 있다. 그것은 김정은 위원장이 외교적 고립 탈피를 시도하려는 것으로 분석된다. 미국의 북한 전문가인 'NK 리더십

워치'의 마이클 매든도 "김정은은 외교의 중요성을 아는 젊은 지도자"라고 분석하고 있고, 국내 전문가들도 2016년 5월의 7차당 대회를 앞두고 북한이 중국과의 관계 개선에 적극 나설 것으로 분석하고 있다. 이런 점을 감안해 보면 김정은 정권이 곧 붕괴될 것으로 전망했던 일부 북한 전문가들의 견해는 완전히 빗나간 셈이다.

특히 북한 탈북자 강명도 교수는 2014년 1월 20일에 "장성택 처형으로 본 김정은 체제의 전망"이라는 강연에서 "김정은 체제는 끝났다."라고 호언장담 했다.[1] 그 이유로 "김정은 주변에는 아무도 없다."는 것이다. 그러나 김정은 위원장은 집권 5년차를 맞이하고 있고, 경제도 발전하고 있다. 강명도는 또한 최룡해 마저도 1년을 넘기지 못할 것이라고 예견했다. 하지만 최근 대남 담당 비서인 김양건의 사망 이후 다시 고위 권력에 등장했다. 이처럼 현재의 북한 정세는 쉽게 체제가 붕괴되는 형태로 갈 것 같지는 않다. 오히려 평양 일대에는 고층 건물들이 대동강을 중심으로 대대적으로 빼곡히 들어서고 있다.

1) 김정은 정권의 지속성과 변화에 대한 성찰들

통일연구원에서는 '김정은 정권의 정치체제'에 대한 지속성과 변화에 대한 연구 분석을 최근에 내 놓았다.[2] 이것은 수령제 체제 하에서의 당, 정, 군 관계와 권력 엘리트의 지속성과 변화에 주목한 것이다. 2015년 12월에 간행된 연구 보고서인 만큼 현정부의 대북 정책을 위한 중요한 자료가 되고 있는 것이다. 이를 몇 가지로 분석하면 첫째, 김정일 시대의 이념으로서의 수령제는 혁명적 수령관과 사회 정치적 생명체론의 핵심 근간이었다. 이것은 수령과 후계자의 일체화론을 내세운 이른바 권력승계의 이념적 정당성 논리로 활용 되어 왔다. 즉 수령은 사회 정치적 생명체의 뇌수에 해당한다는 논리다. 둘째, 북한

---

1) 1994년 탈북한 경민대학교 북한학과 강명도 교수가 한국기독교 목회자 협의회에서 강연한 내용으로 '유투브' 자료를 참조하라.

2) 김갑식, 오경섭, 이기동, 김동엽 공저, 『김정은 정권의 정치체제: 수령제, 당·정·군 관계, 권력엘리트의 지속성과 변화』, (서울: 통일연구원, 2015).

정치체제에서 김정일 시대와 달리 김정은 시대는 당, 정, 군의 관계에 대한 변화가 있다. 김정일 시기에는 선군정치의 입장에서 군의 위상이 상대적으로 강화 되었지만, 김정은 시대에는 권력승계의 과정에서부터 당의 기능이 복원되고 당을 중심으로 삼대세습의 유일 영도체제의 리더십을 강화했다. 이것은 36년 만에 당 대회를 개최할 만큼 지방 기층 조직까지 장악력을 확보하는데 성공한 셈이다. 당의 위상 강화는 자연히 '경제 및 핵무력 건설 병진 노선'으로 나타나게 된 것이다. 셋째, 김정일 정권(2011년)과 김정은 정권(2015년)의 최상층 권력 엘리트들은 인구사회학적 배경과 사회, 직업적 기반에서 지속성과 변화를 보여주고 있다는 것이다. 예컨대 김정일 시대에는 최고 엘리트들의 인구분포가 남성지배체제와 고령화(72.39세), 특정지역 편중현상(평남, 함북, 함남·평양 출신이 전체 69.6%), 학벌중심(당 내각은 김일성 종합대학, 군은 김일성군사종합대학, 김일성 정치군사대학), 김일성 가계출신(11.3%)의 핵심역할, 권력의 대물림 등이었다면, 김정은 시대에는 권력 엘리트의 부분적인 변화가 나타났다. 평균나이가 70.9세로 낮아졌고, 특정지역 편중현상은 같아도 출신지역 순위가 변했다. 함경북도(7명), 함경남도(5명), 평안남도(4명), 평양(3명) 순위다. 또한 김일성 가계 출신(8.9%)도 크게 줄었다. 김정은 김여정을 제외하면 정치적 영향력도 거의 없는 셈이다. 특징적으로 나타나는 변화는 항일 빨치산 출신의 엘리트 비중이 지속적으로 줄고 자수성가형 신진관료(71.1%)가 증가하는 추세다.3)

　이러한 분석에 기초하여 대북 통일 정책에 대한 방향성으로 우선 2016년 5월에 개최될 제7차 당 대회에서 통치이념에 따른 당과 국가 조직 개편이 이루어질 것을 대비하여 남북관계 개선과 통일논의를 조정해야 할 것이라는 점이 전문가들의 분석이다. 특히 김정은 리더십의 미숙성과 경제적 저성장으로 인한 체제의 불안전성도 검토되어야 하며, 동시에 북한 체제를 지탱해주는 핵심 엘리트의 응집력과 김정은의 강력한 리더십이 어떻게 향후 지속적으로 발

---

3) ibid, pp.ix-xii.

휘 될 것인가 하는 연구가 필요하다는 것이다. 이러한 상황에서 지난 '수소폭탄' 실험은 김정은 리더십의 새로운 국면을 맞고 있는 것이다.

2) 김정은 체제의 정치 경제와 외교
(1) 정치경제적 측면: 신 핵 경제 병진 노선

김정은 체제의 정치 경제는 우선 당군 관계를 중심으로 한 정치군사의 체계에서 이해 할 수 있고, 독재 정권의 지속 요인에 대한 이해가 필요하며, 이 밖에 대 중국과의 교역에서 들어난 바와 같은 북·중 관계의 변수에 대한 이해가 필요하다. 2015년에 북한의 주요 동맹국인 쿠바는 미국과 수교를 맺었다. 그런데 북한은 여전히 미국과 정상적이 '평화협정'을 맺지 못하고 있다. 그것은 북미간의 여러 가지 복잡한 정치적 요인이 작용하고 있기 때문이다. 우선 본고에서 고려할 점은 북한의 당·군 관계의 특수성이다. 북한은 소련에 의한 점령국가임에도 불구하고 소련의 영향력을 떠나 독자적인 권력을 창출했다. 그런 점에서 소련의 영향 하에 있던 동구권과는 차별화 된다. 아델만(Jonathan R. Adelman)에 의하면, 북한 정권은 광범위한 혁명을 경험하지 못한 '동유럽권 유형'에 속하지만 군부가 강한 역할을 하고 있다는 점에서 차별성이 있다고 지적한다. 그것은 남북한 대치 상황이 가져다주는 특수성이라고 밝힌다.4) 이러한 해외 연구자들의 분석과 달리 군부가 지닌 영향력보다는 당을 강화하고 최고 지도자의 권력이 확대되면서 북한의 특수성이 확대되었고, 특히 당과 군의 지도력 사이에서 당 지도의 중요성이 더욱 확대되고 있는 것이 김정은 시대의 특징으로 이어지고 있는 것이다.

북한 정치 경제의 특징을 이루는 주요 변수 가운데 하나는 '핵·경제 병진 노선'이다. 즉 핵무기와 경제를 동시에 발전시키겠다는 정책이다. 이 노선은 이미 1962년에 시작되었다. 그것은 당시 소련의 케네디(J. F. Kennedy) 행

---

4) Jonathan R. Adelman, *Communist Armies in Politics*(Colorado: Westview Press, 1982), p.10.

정부에 대한 유화정책을 우려했기 때문이다. 그 후 2013년 3월에 김정은은 김일성이 50년 전에 마련한 '병진노선'의 슬로건을 다시 치켜든 것이다. 이것은 2012년 12월의 장거리 로켓발사와 2013년 2월의 제3차 핵실험에 이어진 연속성에 있다. 그러나 김정은 정책 노선에 반기를 든 일부 권력자와의 의견 차이로 권력다툼이 전개 되다가 몇 차례의 숙청이 이어지게 된다. 북한의 생산 시스템은 당과 군의 역할분담을 포함한 관료적 경쟁관계에 있다. 이것을 조정하기 위해 당과 군은 특권을 나누어 가지게 하였다. 핵 경제 병진 노선은 방위산업과 경제발전의 자원분배에 대한 정책 논쟁에 종지부를 찍게 해 준 정책 결정이지만, 동시에 당과 군 사이의 기득권을 분화시킨 셈이다. 조선인민군은 당의 지도라는 사회주의 원칙과 대량살상무기의 발전이라는 북한 고유의 방식을 선택한 것을 말한다. 북한의 군에 대한 당 우위 정책이 지속되면서 2012년 7월에 총참모장 리영호가 해임된 이후 2013년 중반까지 군부의 핵심보직이 빈번히 교체되었고 장성택 처형 등과 같은 공포정치는 최근까지도 지속되고 있다. 그러면서도 여전히 당은 경제 발전에 초점을 두면서 군부를 지도하지만 군림하지는 않는다는 원칙을 지키고 있다. 이것이 북한의 신(新) 핵·경제 병진노선이다.[5] 하지만 북한은 안정적인 경제 발전과 개혁을 위해서는 군 예산 삭감이 필요한데 오히려 경제 위기에도 불구하고 군사 경제 체제로 인해 민생 경제가 희생되고 있다.

(2) 1990년-2015년 사이의 북한 경제의 흐름
1990년대 이래 암시장의 확산이후 발전한 북한의 시장시스템은 2016년 현재까지 각각의 정치경제 시스템에 의해 위로부터의 명령과 아래로부터의 자유 시장질서, 그리고 중간 정도에서의 조율과 규제가 각 사회 경제의 활동에 직 간접적으로 영향을 미치고 있다. 이때 각 사회에서 시장시스템을 움직이는 3가지 핵심적인 주체는 일반주민, 정경유착 세력, 독재의 지배연합이

5) 박영자 외, 『전환기 쿠바와 북한비교: 정책적 함의』, (서울: 통일 교육원, 2015), pp.39-40.

다.6) 이러한 상황 속에서 북한 시장경제 시스템의 진화과정을 살펴볼 필요가 있다. 북한의 시장경제는 1980년대 계획경제 위기이후 1989년 평양축전의 과시적 우상화 사업, 코메콘(사회주의 경제상호 원조회의)의 붕괴 배급제 불안정, 외화벌이, 자력갱생 정책, 장마당 경제에 따른 주민 생존 방식의 진화, 국제 사회의 대북 제재와 지원, 북한 정권의 경제정책 등이 시장경제로의 진화과정 요인이 되고 있다. 특히 장마당의 활성화는 일반주민이 주체세력이 되고 있고, 부동산이나 건설 등의 기타 부분과 관련하여 정경유착이 밀착 되어 있으며, 거기서 발생하는 수익이 국가수입으로 환원되는 구조를 가진다. 따라서 독재의 지배 연합도 일반시민에서 중간 권력층을 거쳐 최고 권력자까지 총체적으로 수입의 순환구조가 연결되어 있다. 이상의 대내외적 경제 요인들이 독재 권력의 통치 자금으로 흘러들어가는 구조를 지니고 있다는 뜻이다. 참고로 1990년의 북한의 GDP 성장률은 -4.3이었고 점차 경제 사정이 조금씩 호전되어 2014년에는 1.0의 성장률을 보여 주었다. 반면에 한국의 GDP 성장률은 동년대비 9.8이던 것이 2014년에는 3.3으로 낮아졌다.7)

지난 25년의 북한경제는 점차 호전되기는 했지만 부침을 거듭하면서 성장한 기복이 심한 불안정한 구조였다. 하지만 2005년부터 2007년을 거치면서 자생적 시장경제가 정권에 의해 재구성 되면서 상승과 하락을 겪는데 이는 독재정권의 체제생존 방식과 관련된 문제였다. 25년간을 전문가들은 3단계로 구분하여 설명한다. 1990-1999년 사이의 제1국면이 아래로부터 일반주민들에 의해 형성된 시장시스템의 형성기였다면, 2000-2006년의 제2국면은 시장경제의 진화과정에서 나타난 정경유착 세력의 전진과정으로 볼 수 있다. 그 후 2007년-2015의 제3국면은 독제정치 지배연합의 시장시스템 주도시기로 본다. 제1국면 가운데서도 1990-1994년은 불안정한 배급제로 인한 암시장 확산기이며, 1995-1997년은 고난의 행군 시작과 함께 무질서한 생존 수탈적 시장경제

---

6) ibid, p.60.
7) 출처: 한국은행, "2004년 북한경제성장률 추정 결과 보도자료"(2015.7.17.), cf. 박영자, op, cit, p.73.

였다. 1998-1999년은 국가주도의 시장정비기로서 주요조치는 1998년의 김
정은 공식 집권과 관련 있는 해로서 암시장을 벗어난 장마당이 전면에 등장한
시기다. 이로써 계획경제와 시장경제의 공존체제가 모색된 것이다. 예컨대 시
장경제의 주체로써 무역회사와 돈주, 도소매 상인 및 소비자 계층이 형성된 것
이다. 반면에 시장과 무역활동에서 뇌물과 부패가 확산되었다. 이러한 하이브
리드 형태의 혼종형의 시장체제에서 2000년대에 와서 제2의 발전적 시장 진
화의 국면에 들어서게 된다. 특히 2000년에서 2004년은 북한 정권이 부분적
인 개혁 개방을 주도하면서 시장시스템이 활발하게 작동했다.

　이에 따라 북한 정권은 시장경제로의 유입에 의한 '비사회주의 만연'에 대
한 위기감을 느꼈고, 2006년에는 제1차 핵실험을 함으로써 또 다른 정국의
변화를 유도했는데, 2007년부터 2015년까지 이어지는 독재정치 지배연합의
시장시스템이 작동하고 있다. 2009년의 김장은 후계자 지정 직후 2차 핵실험
을 감행함으로써 대북 인도적 지원이 급감했고, 2010년에는 배급재개 정책
시도의 실패로 민심이 혼란해졌고, 주민 생계를 위한 지역별 시장 운영이 묵
인된 채 진행되었다. 2012년 김정은의 공식 집권이후 지금까지 시장 규제가
완화되고 활성화되기 시작했다. 특히 평양 등의 대도시에는 과시성 우상화 사
업이 확대 되었다. 하지만 쌀값과 환율이 상대적으로 안정되고 개방 특구를
설치하여 외자유치를 확보하고 노동력을 송출하여 외화벌이를 하는 등 국가
납부금과 충성자금이 주민대상으로 확대되었다.[8]

(3) 북한의 외교 노선

　김일성 시대의 대외 정책은 냉전시대였던 것만큼 중국이나 소련 등과 같은
공산당 진영의 '진영외교'를 펼쳤다. 1948년 북한의 건국 과정에 소련이 깊
숙이 개입했고, 중국이 한국전쟁에 참여한 만큼 북한으로서는 소련과 중국의
정치 군사 경제적 영향 하에 있을 수밖에 없었다. 하지만 소련의 해체이후

---

8) ibid, pp.73-79.

1995년 9월 러시아는 북한과 동맹관계 조약을 갱신하지 않겠다고 선언함으로써 양국관계의 동맹은 종식되었다. 따라서 북한은 중국과의 의존관계가 더욱 커질 수 밖에 없었다. 냉전시대가 지난 탈냉전 시대 북한의 대외 전략은 '생존외교' 혹은 '벼랑 끝 외교'로 설명된다. 동구권 몰락과 더불어 경제난 극복과 외교적 고립의 탈피를 목적으로 미국 일본을 포함한 경제 개방을 추진하였다.9) 하지만 이내 개혁 정책은 체제를 위협하는 요소라고 판단하고 다시 핵 카드를 이용하여 미국과의 관계 개선을 시도해 보려는 '벼랑 끝 외교'를 채택하게 된 것이다.

김일성이 1994년 7월에 갑자기 사망하자 북한의 대외 정책 기조는 '전방위 외교'와 '선군 외교' 노선이다. 새로 집권한 김정일은 취약한 권력 기반을 강화하기 위해 군을 우선시 하는 '선군정치'를 주장했다. 1999년 8월 제54차 유엔총회에서 북한 외무상 백남순은 20여개 국가와 외무장관 회담을 개최하는 등 체제의 생존과 발전을 위해 '전방위 외교'를 펼쳤다. 그 결과 호주, 필리핀 등과 수교를 맺고, 2000년에는 이탈리아와 프랑스 아일랜드를 제외한 모든 EU국가와 국교를 정상화 했다. 2001년에는 김정일이 중국 상하이의 개혁개방 현장을 방문하고 신의주 경제 특구를 지정하여 개방정책을 추진하기도 했다. 그러나 2001년 미국 부시 행정부가 북한을 '악의 축'으로 규정함으로써, 2002년 북한은 다시 핵 카드를 외교 도구로 활용하게 되면서 '선군외교' 전략으로 돌아선다.

김정일이 2011년 12월 사망하게 되자 권력을 계승한 김정은은 권력의 3대 세습이라는 약점을 극복하기 위해 '선군 외교'를 그대로 계승하면서 '핵-경제 병진 노선'이라는 목표를 설정하고 이의 실현을 위해, 대외정책도 중국과의 동맹관계를 유지하면서 일본과의 관계 개선을 시도하고 아세아와 제3세계 국가들 더 나아가서 유럽 국가들과의 관계 개선에도 적극 나서고 있다. 하지만

---

9) 김계동, "북한의 대미정책: 적대에서 협력관계로의 전환 모색," 『국제정치논총』, 34권 2호 (1994), pp.71-97.

2016년 1월에 다시 '수소폭탄' 실험을 계기로 국제 사회는 다시 북한에 대한 제자를 가하게 되었다. 특히 김정은이 2013년 11월 장성택 처형 이후의 공포 정치가 최근에까지 이어지고 있는 것으로 보면, 당과 군의 관계는 최고 지도 자의 정책적 결정에 따라 눈치보기식으로 움직일 수밖에 없고, 최고 권력자의 뜻에 따라 외교 방향이 정해 질 수밖에 없는 구도가 당분간 이어질 것으로 예 측된다. 하지만 김정은의 권력이 약화되는 경우 군과 당의 갈등은 커질 것이 고 그에 따른 정치적 불안정성은 대외적 외교 관계에도 영향을 미치게 될 것 이다.

2. 박근혜 정부의 통일 외교 정책

박근혜 정부의 통일 외교 정책은 지난 2011년 외교 관련 전문지(Foreign Affairs)에 기고한 글[10]에서 알려진 대로 '한반도 신뢰프로세스'에서 출발한 동북아 평화협력 구상과 유라시아 이니셔티브로 말할 수 있다. 신뢰프로세스 는 한반도를 갈등지역에서 신뢰지역으로 전환하고자 하는 발상에서 추진 된 것이고, 북한이 한국과 국제 사회와의 합의를 준수하는 것을 원칙으로 하며, 평화를 저해하는 행위에 대해서는 대가를 지급해야 한다는 원칙이 중시된 정 책이다. 이러한 원칙을 기반으로 하여 한반도 신뢰프로세스는 남북관계의 발 전과 한반도 평화정착, 통일 기반 구축이 목표였다.[11] 추진 원칙은 균형 있는 접근과 진화하는 대북정책, 국제사회와의 협력이었다. 추진 기조로서는 튼튼 한 안보에 기초한 정책 추진, 합의 이행을 통한 신뢰 쌓기, 북한의 '올바른' 선택의 여건 조성, 국민적 신뢰와 국제 사회의 신뢰에 기반 하는 것을 원칙으 로 세웠던 것이다. 물론 여기에는 국민적 신뢰와 국제 사회와의 신뢰 또한 중

---

10) Park Geun-Hye, "A New Kind of Korea: Building Trust Between Seoul and Pyongyang," *Foreign Affairs*, Vol. 90, no. 5 (2011), pp.13-18.
11) 현승수 외, 『동북아 평화협력구상과 유라시아 협력추진을 위한 다자주의적 접근』, (서울: 통일연구원, 2015), pp.121-122.

요한 것이었다.

박근혜 정부의 동북아 평화협력 구상은 핵안전, 기후변화, 사이버테러, 질병 등의 비 안보적 차원의 문제에서 대화를 추진하여 궁극적으로는 전통적 안보 협력 체제를 구축하자는 것이었다.[12] 이러한 동북아 평화협력 구상은 유라시아 이니셔티브 정책과 관련이 깊다. 역내 국가들과의 경제적 통합과 에너지 물류 등 인적 문화적 교류의 확대를 통해 갈등을 줄이고 공동체적 속성을 증진시키고자 한 것이었다. 세계 주요 국가들과의 유라시아 전략은 중국의 일대일로, 러시아의 신동방정책과 유라시아 경제연합, 미국의 신실크로드 전략, 일본의 중앙아시아+일본 다이얼로그, 인도의 중앙아시아 연계정책과 관련이 있다. 이들 상호 국가들과의 인적 물적 교류를 증진시킴으로써 한국의 미래 국가 발전을 도모하고 한반도 평화 정착을 이루고자 한 것이다. 특히 한반도는 유라시아 대륙의 동쪽 관문이며, 태평양과 유라시아 대륙을 연결하는 지정학적 위치의 우위를 점하고 있다.

이상과 같이 한반도 신뢰프로세스와 동북아 평화협력 구상 및 유라시아 이니셔티브는 박근혜 정부의 3대 외교 전략으로써, 한반도를 둘러싼 유라시아 대륙을 국제협력을 통해 평화의 벨트로 만들기 위한 구상이었다. 하지만 최근 북한의 4차 핵실험으로 인한 개성공단의 폐쇄로 인해 남북의 대화는 물론 유라시아의 통로를 개척하는 일까지 완전히 차단되고 말았다. 고려대 경영대 장하성 교수에 의하면, 최근의 남북 관계와 지난 8년간의 이명박, 박근혜 정부의 대북 정책 실패에 대해 신랄한 비판을 하고 있다. 새누리 당이 김대중 노무현 정부의 10년을 두고 "잃어버린 10년"이라고 비판했지만, 이명박 박근혜 정부의 8년은 김대중 노무현 정부의 집권기간에 비해 성장률이나 가계소득 등 경제나 살림 그 어느 것도 초라하기 짝이 없다는 것이다. 더 나아가서 남북 긴장은 어느 때 보다 높아졌고, 정치 사회 경제적 갈등 수위가 갈수록 심

---

12) 주철기 청와대 외교안보 수석, "동북아 평화와 한반도 신뢰프로세스 구축 방안"(현seo 경제연구원 조찬 강연, 2013.9.24.).

화되고 있고, 이대로 가다가는 "잊어버리고 싶은 10년"이 되고 말 것이라고 평가한다.13)

섣부른 북한체제의 붕괴를 기대해서도 안 되며, 북한이 요구하는 한반도 비핵화의 대가와 보상이 무엇인지를 직시하고 그들이 요구하는 북미 평화협정 체제 요구를 적극 수용하고 미국과의 설득에 나서야 한다. 이것은 한반도에 대한 국내외 전문가들 다수의 의견임을 현 정부는 수긍해야 한다. 한반도 정책에 관하여 남한 내부의 의견 분열로는 미국뿐 아니라 중국도 설득하기 어려운 실정이다. 좀 더 열린 소통과 화해의 정신으로 대승적 차원에서 남북관계를 추진해야 할 것이다. 그것이 한반도와 아시아의 화해와 평화로 가는 외교정책에도 맞물리는 것이기 때문이다.

Ⅲ. 2016년의 한반도 화해전략

1. 급변하는 동북아 정세, 위기를 기회로 잡아라.

변화는 언제나 위기와 동시에 기회를 가져다준다. 오늘의 한반도를 둘러싼 국제 정세는 한마디로 변화 그 자체다. 2016년 1월 1일 신년벽두에 나온 언론의 첫 뉴스는 한-중 국방부 장관들의 핫라인 통화였다. 한-미간의 공조와 한일 관계에 이은 세 번째 핫라인 연결이다. 이는 상호 군사적 신뢰를 기반으로 유사시 북한을 공동으로 견제한다는 의미도 있다. 현재 한반도를 둘러싼 주변국들의 이해관계에서 러시아만을 제외한 핫라인 개통이다. 언론에 의하면, 중국이 한국과 "직통전화의 개통을 결심한 것은 한국과 보다 긴밀한 관계를 유지하겠다는 의지의 표현"이라는 것이다. 이것은 한미 일변도의 동맹관계

---

13) 중앙일보, 2016. 3. 3일.

에서 한중과의 긴밀한 국방당국과의 밀월도 시작되었음을 알리는 신호탄이
다. 6.25전쟁 당시 남북한을 두고 서로 총부리를 겨누었던 미국과 중국이 이
제 한반도의 국제적인 정세 변화에 따라 상호 전략적 동맹의 관계로 발전하고
있는 것이다.

이러한 급변하는 변화의 시점에서 남북한 당국은 지금 어떠한 자세를 취하
고 있는가? 동북아시아를 둘러싼 미국 일본 러시아 중국의 이해관계는 지정
학적 입장에서 모두 태평양 진출이라는 새로운 경제와 무역의 활로를 찾고 있
다. 미국과 중국이 패권 경쟁을 하고 있는 남중국해의 분쟁이 그 대표적인 사
례다. 여기에 러시아의 태평양 진출을 위한 남진이 시도되고 있고, 일본도 만
만치 않게 대응하고 있으며 중국은 일대일로의 무역항로를 극동에서 출발하
고 있다. 동아시아가 이렇게 바다를 끼고 경제 활로를 찾으면서 한반도에도
변화의 기운이 불어오지만 정작 당국은 그 변화의 기운을 조종할만한 역량을
아직 키우지 못하고 있다는 것이 현 정부나 야당 지도자들의 한계다. 중앙일
보 김영희 대기자는 신년 칼럼에서 "김대중 노무현 정부의 대북정책 10년을
계승 발전시켜야 할 야당의 어느 한 사람도 북한과 평화와 통일을 진지하게
고민하는 사람이 없다."고 한탄한다. 상황이 이정도인데 여당은 더욱 말할 것
도 없다는 것이다. 그는 러시아를 활용할 줄 모르는 국회의원의 무지와 '원칙'
만 고집하고 남북한 고위급 회담을 융통성 있게 진전시키지 못하는 현 박근혜
정부에 대해 통렬한 비판을 던지고 있다. "통 크게 북한이 원하는 금강산 관
광을 재개해 놓고 북한에 이산가족 상봉의 정례화를 포함한 긴장완화에 필요
한 요구"를 왜 하지 못하느냐는 것이다. 실로 그렇다. 남한이 북한을 향하여
대승적 차원에서 화해의 물꼬를 트지 않는 한 남북한 교류와 평화 통일은 요
원하다.

한반도는 지금 북한의 4차 핵실험과 로켓발사를 통해 새로운 위기의 국면
에 접어들었다. 박근혜 정부는 개성공단 폐쇄와 사드 배치에 대한 결단을 내
렸고, 유엔안보리 또한 북한 제재에 나섰다. 이에 대해 한반도 정세의 미래에
대한 중앙일보의 좌담회에서 권만학 경희대 교수는 흡수통일 식의 정책이나

개성공단 폐쇄는 실효성이 없다고 하면서 비핵화와 평화체제를 동시에 추구하기를 주장했다. 반면에 최진욱 통일연구원장은 점진적 변화가 대북 정책의 기조이며, 사드의 배치는 중국 압박 효과가 있다고 주장하면서 대북 제재에 관한 초당적 지지를 호소했다. 이 가운데서도 권만학 교수는 3, 4월에 한미 연합 군사훈련, 5월 북한의 전당대회, 연말 미국 대선 등이 한반도 정세에 미칠 영향에 대해서, 남북 갈등과 미중 갈등이라는 이중의 위기가 올 것이라면서, 최진욱 통일 연구원장도 당분간 남북 관계의 경색이 더 심해질 것으로 전망했다. 하지만 지금의 위기에도 새로운 기회가 올 수 있다는 전망을 동시에 내어 놓았다. 위기를 기회로 잡기 위해서는 외교 안보팀의 역할도 중요하지만 그것보다 더 중요한 것은 대통령의 정책이다. 권교수는 위기일수록 대통령은 흥분하지 말고 냉정하게 신중한 정책을 펴라고 주문했다. 그 방법에서는 대통령 한 사람의 결정이 중요한 것이 아니며, 다수의 의견을 듣고 지혜를 모아야 하고, 종북으로 분위기를 몰아가서도 안 된다는 것이다. 또한 북한을 어떻게 제재할 것인가가 아니라, 어떻게 북한 문제를 근본적으로 풀어야 할지를 다시 질문해야 한다는 것이다. 그것은 북한의 비핵화만 논의했지, 그들이 주장하는 평화체제에 대해서는 논의를 하지 않았다는 것이다.14) 이제야말로 그러한 논의가 필요한 시점이라는 것이다. 이러한 주장의 대다수의 한반도 정세에 관한 전문가들이 이구동성으로 주장하는 내용이다. 대통령의 결단과 미국의 태도 변화가 중요한 관건이 될 것이다.

한반도의 평화와 통일을 위한 화해 전략은 동아시아 평화와 번영을 위한 역내 공동체들의 설립도 한 방편이 될 수 있다. 그것은 동아시아 경제 공동체나 안보 공동체를 세워나가는 것이다. 지금 한국은 갈등 과잉의 위기의 사회다. 이른바 '총체적 갈등 공화국'이라는 말도 공공연히 나오고 있다. 그것은 정치 경제 사회 문화 전 방위에 걸쳐서 일어나는 갈등이다. 한국의 사회 통합지수는 OECD 30개 회원국 중에서 24위로 나타났다. 사회 갈등 수준은 27개국

---

14) 중앙일보, 2016. 2. 26일자 오피니언, 좌담회, "한반도 정세 어디로 가나"

중 2번째로 심각하게 나타나있다. 이러한 갈등 양상의 특징은 분단체제에서 기인하는 것으로 더욱 두드러진다.15) 특히 북한과 통일을 지향하는 정책과 북한의 위협에 대비하는 안보정책이 상충할 때 국민적 합의도 어렵고 대립적 양상이 나타난다는 것이다. 분단이 지속될수록 남북 대결은 물론 남남갈등도 심해지기 때문에 그것은 한국 사회의 커다란 장애요소로 작용하고 있다는 것이다. 위기의 갈등하는 한국 사회를 구해내기 위해서라도 대통령은 평화체제 수립을 적극 검토 지원하고, 갈등을 완화시킬 수 있는 통 큰 리더십을 발휘해야 할 것이다.

2. '수소 폭탄' 실험 그 이후의 한반도 화해 전략

2015년에 북핵문제에 대한 대화와 해결책에는 아무런 진전이 없었다. 북한이 핵을 포기 할 의사도 없었지만, 비핵화의 조건으로 우선 한반도에서 주한 미군 연합군의 훈련 즉각 중단과 북미 평화 협정 체결을 대화의 전제 조건으로 내걸었던 것이다. 이에 대한 남한 당국과 미국은 북한의 제의를 거부했고 북한은 나름대로 핵보유국으로서의 지위를 확보하기 위한 노력을 계속해 왔다. 특히 2015년 5월에는 신형 잠수함 '고래' 탑재용 탄도 미사일 수중 사출 실험에 성공했고, 7월에는 장거리 미사일 신형 엔진 실험을 하였으며, 9월에는 위성관제 종합 지휘소 신설을 언론에 발표하기도 했다. 이러한 상황에서 중국도 북한의 핵실험에 대해 아무런 제재를 가하지 못했고 오히려 실효성 없는 6자회담의 개최의 필요성만 주장하고 나섰다. 특히 시진핑은 9월에 미국을 방문한 미중 정상회담에서도 한반도의 비핵화 보다는 평화와 안정을 더욱 강조하였을 뿐이다. 결국 2015년에 중국은 북한의 비핵화에 대한 전략적 변화를 추구하지 않았고 오히려 북한을 한반도에서 전략적 레버리지로 활용하려는 의도를 보인 것이라고 판단된다.16) 이러한 와중에서 한국과 미국은 국

---

15) 김용호 외, 『한반도 통일과 동아시아 평화 번영』, (서울: 형설출판사, 2015), pp.42-44.

제 공조를 통해 북핵문제에 대응하려고 노력해 왔다. 선제적 예방외교를 통해 대북 압박을 통해 핵을 억제하고자 했다. 하지만 북한의 사정은 달랐다.

2015년 12월 30일 북한 대남 담당 비서 김양건의 죽음 이후 얼마 되지 않아 북한은 수소 폭탄 실험이라는 전 지구적인 충격적인 뉴스를 발표한다. 김정은 위원장의 '수소 폭탄' 실험 기습 강행은 미국에 대한 핵 대화를 압박하기 위한 수단으로 여겨지기도 한다. 김정은은 2016년 신년사에서 1월 1일에 "통일을 바라는 사람과는 민족문제 통일문제를 허심탄회하게 논의하겠다."고 선언한바 있다. 그러나 불과 5일 후인 1월 6일에 그는 '수소 폭탄' 실험을 강행한 것이다. 실험을 강행한 또 다른 중요한 이유는 미국의 대북 적대시가 주요 원인이었다는 것이고, 이제 당당한 핵보유국이 되었음을 선언 함과 동시에 적대세력이 북한의 자주권을 침해하지 않으면, 핵무기를 먼저 사용하거나 핵기술을 수출하지 않을 것이라는 것도 밝혔다. 하지만 최근 2월 24일 중앙일보 언론 보도에 의하면, 북한군은 청와대를 선제타격 할도 있다고 협박했다. 그것은 3월로 예정된 한·미 연합훈련에 대응하여 북한 인민군 최고 사령부가 2월 23일에 발표한 중대 성명 내용이다. 1차 타격대상은 청와대이고 2차 타격대상은 미국본토라고 밝혔다. 이는 한·미 연합군이 북한 지휘부를 정밀 타격한다는 작전계획 5015개념과 맞물려 있다. 이러한 상황에서 한국의 통일부 관계자는 "대북 군사적 압박이 고조되자 '강대 강'으로 맞서겠다는 의지의 표현"이라고 설명했다. 이러한 강대강의 구도는 과거 한·미 연합군사 훈련과 관련한 비난의 수위보다 한층 높아진 것이다. 북한의 핵실험 이후 때 마다 번번이 충돌하는 남북과 혹은 북미간의 구도에서 벗어날 수 있는 방법은 없는 것일까?

전문가들의 분석에 따르면, 북한이 핵 실험을 강행한 이유에 대해 몇 가지로 설명된다. 첫째, 2013년 3차 핵실험 이후 축적된 기술을 확인하려는 것이

---

16) 연례 정세보고서 2015, 『통일환경 및 남북한 관계전망 2015-2016』, (서울: 통일연구원, 2015), p.30.

고, 둘째, 2016년 5월 개최될 제7차 당 대회를 앞두고 내부 결속을 다지는 정치적 의도, 셋째, 핵실험의 성과를 통해 미국의 전략적 관심을 전화시키려는 의도가 있다는 것이다. 이러한 핵실험 성공을 토대로 보면 2016년에는 과거보다 미국과 한국이 핵무기 위협을 더 많이 받게 된다는 것이고, 이에 따른 대북제재에 대한 국제적 동조가 더 많아지게 될 것이라는 전망이 나온다. 그러나 대북제재의 효과는 여전히 크게 기대하기 어려울 수도 있다. 중국의 태도가 큰 변수가 될 것이기 때문이다. 그리고 김정은 정권이 비핵화에 대한 의지가 없는 것이 분명히 드러난 이상 비핵화 논의는 상당기간 어려질 것으로 전망된다. 비핵화에 대한 대화를 진행한다고 해도 북한은 그 대가를 크게 요구할 것이다. 또한 이번 핵 실험을 이유로 남북관계는 당분간 화해를 위한 대화의 모색을 찾기 어려워질 전망이다. 특히 금강산 관광이나 5.24 조치 해제 같은 문제를 다시 논의할 수 있는 계기를 확보하기 어려워졌다는 것이다. 이러한 상황에서 북한은 핵 강압전략을 구사할 것으로 예상된다.17) 하지만 그것은 어디까지나 미국의 태도 변화를 유도하는 방향으로 진행될 것이다. 하지만 한국과 미국정부는 오히려 북핵 위협에 대한 억제력을 더욱 강화하는 방향으로 제재와 압박의 수위를 높여 갈 것이다. 그에 따른 미국의 고고도 미사일 방어체계인 사드의 도입을 적극 검토하고 추진할 것으로 예상 되지만, 최근 미국과 중국의 외교를 통한 유엔 안보리 제재에 합의를 이끌어 냄으로써 중국이 강력히 반대하는 사드 논의는 2월 29일 현재 일단 유보되고 있는 실정이다.

최근 박근혜 대통령의 사드 배치 결단 이후 미군의 한반도 진입과 관련해서 중국도 미국 본토를 겨냥한 대륙간 탄도 미사일 '동풍(東風) 31' 발사 장면을 공개했다. 과학문명이 그 어느 때 보다 발달한 21세기의 오늘날, 온갖 최첨단 무기가 한반도를 둘러싸고 오락을 즐기듯 불을 뿜으며 위험한 군사적 시위가 계속 되고 있다. 통계에 의하면 세계 군사력의 60%가 이곳 한반도 주위에 포진하고 있다. 이제 과거 재래식 무기와 싸우던 것과는 상황이 아주 달라졌다.

---

17) ibid, p.31.

이미 북한이 핵을 보유한 상태라는 것을 인정해야 하는 시점이고 보면, 핵전쟁보다는 '무장된 평화'가 낫다는 말이 공공연히 주장된다. 이러한 상황에서 국내외의 한반도 전문가들은 '핵문제 해결과 평화 협정을 맞바꾸자'는 북한의 요구를 진지하게 검토할 필요가 있다는 것이다.[18] 예컨대 중국과 북한의 핵이 미국의 핵우산과 대치하는 무장평화가 21세기 문명적 대 타협안이 라는 것이다. 과연 서울대 사회학과 송호근 교수의 지적대로 "냉전시대를 녹였던 화해의 씨앗들이 매서운 칼바람에 싹틔움을 멈춘" 지금, 다시 화해의 봄을 맞이할 수 있겠는가? 있다면 어떤 방법이 있을까? 필자 또한 북한이 제의하는 북미 평화협정의 수교를 미국이 진지하게 받아들여야 한다고 생각한다. 하지만 미국은 여전히 불신하고 있다. 이러한 상황에 한국 정부는 주체적 외교 역량을 발휘하여 대북관계 개선의 진지한 제안은 물론 미국을 설득하는 일에도 적극 앞장서야 한다고 본다. 그러기 위해서는 한·미 연합군사 훈련의 수위도 낮추면서 북한에도 인내하며 설득할 필요가 있다.

3. 북핵문제의 궁극적 해결 자는 누구인가?

미국 캘리포니아 대학 스테판 해거드 교수는 최근 언론에서 "북핵문제의 궁극적 해결 자는 중국이다."라고 밝혔다.[19] 그는 또 미국이 북한 핵실험에 대해 어떻게 대응해야 할 것인가 하는 문제를 놓고도 '관여정책'보다는 계속적인 '봉쇄 정책'으로 나갈 가능성을 예고하고 있다. 김정은은 2013년 4월에 이미 핵 경제 병진 노선을 밝힌바 있다. 이러한 상황에서 미국의 입장은 북한에 대한 제재 강화를 위해 한, 미 협력을 더욱 공고히 할 것이지만, 여전히 중국의 태도에 따라 그 효과가 달라질 것이 틀림없다. 문제는 북핵 문제에 대한 중국의 시각이다. 지금까지 중국은 북한에 대해 우선 두 가지 분리정책을 사

---

18) 중앙일보, 2016. 2. 23.
19) 중앙일보, 2016. 1. 9.

용해 왔다. 북핵과 북한 문제를 분리해서 접근해 왔다는 것이다. 북핵문제는 6자회담을 통해 해결하려 했고, 대북한 문제는 정상적인 경제 교류를 통해 정상적인 국가로 승인하고자 했던 것이다. 그것이 미국 등과 관계하는 중국의 입장에서 국가적으로 유리하다고 판단하고 있기 때문이다. 이러한 측면에서 중국은 북한에 대해 투 트랙을 사용한 것이다. 중국의 이러한 정책이 지속되는 한 국제사회의 대북 압박효과는 별반 크지 못한 것이다.

이제 북한의 4차 핵 실험으로 김정은의 의도는 분명해졌다. 내부 정치의 위기를 불식한다거나 흥정을 위한 지렛대 정도의 차원이 아니다. 정권 유지의 필수 항목으로 핵무기를 개발하여 다른 나라에 대한 억제정책을 펴겠다는 것이다. 이로써 미국의 북한에 대한 '전략적 인내' 정책에 대한 수정이 불가피하게 되었다. 북한 문제에 관하여 중국에 의존적이었던 한중관계도 새롭게 정립해야 할 시기에 왔다. 유엔 안보리가 실제적인 제재를 가하기 위한 단계에 들어섰다. 이러한 상황에서 '세컨더리 보이콧'(북한과 거래하는 제 3국 기관이나 업계에 대한 제재)과 같은 강력한 제재 수단도 필요하지만, 그렇다고 북한에 대해 제재 일변도로 강경 정책만 써서는 안 된다. 여전히 국제사회와의 원활한 공조와 함께 유연함을 잃지 않으면서 미중과 연합하여 끝내는 북한의 핵 포기로까지 유도해야 한다. 과연 중국과 미국의 역할이 어디까지인가? 그러기 위해서는 우리가 주도적으로 북미 협상의 물꼬를 트는 방향으로 나아가야 하고 한편으로는 중국과의 외교에서도 북핵의 포기가 중국에도 유리하다는 점을 적극적으로 설득해야 한다.[20] 감정적인 강경론은 위험하고 이성적으로 차분하게 북한을 대화의 길로 유도해야 한다.

---

20) 통일연구원의 분석에 따르면, 한반도 평화통일로 인한 중국의 편익은 크게 6가지다. 첫째, 동북아시아의 국제 정치적 안정. 둘째, 한반도 통일을 통한 경제 통합의 시너지 효과로 인한 동북 삼성의 발전. 셋째, 대만과의 통일 추진력을 얻는 효과. 넷째, 북핵 제거로 인한 안정. 다섯째, 북한 몰락시의 중국비용 절감. 여섯째, 국제적 평화추구의 룰 메이커 역할 감당이다. cf. 백우열, "대중국 통일 외교의 논리와 전략", 『통일외교 콘텐츠 개발』, (서울: 통일연구원, 2015), pp.44-45. 그러나 현실적으로 이러한 논리는 중국측에서 얼마든지 다른 형식으로 반박할 수 있는 여지가 있다. 예컨대 핵을 보유한 상태에서의 미국과의 힘의 균형 논리다.

2016년 3월 1일 현재 한반도를 바라보는 외국의 전문가들의 분석(중앙일보)에 의하면, 대북제재와 강경책이 필요하지만 결코 지나치게 강경해서는 안 된다고 일침을 가한다. 북한의 정권교체나 체제 붕괴를 거론해서는 안 된다는 이야기다. 북한이 '오버 플레이'를 한 것은 중대한 실수이지만 지나친 강경책은 오히려 역효과를 가져와서 한반도를 위기로 몰고 갈 수 있다는 것이다. 존 그레그 전 주미대사와 같은 이는 '정직한 중개자'를 통해 북미간의 진짜 대화를 주선한다면 협상의 가능성은 있다는 것이다. 힐러리 클린턴이 차기 대통령이 된다면 협상은 더욱 유리하게 될 것이라는 분석이다. 더구나 미국이라는 태양 외에 다시 중국이라는 새로운 태양이 떠 오른 이상 외교 관계는 더욱 복잡해졌다. 현재 싱가포르와 베트남은 이들 사이에 등거리 외교 전략을 잘 구사하고 있지만 한국과 일본은 그렇지 못하다는 비판이 일고 있다. 그런데 정작 중요한 것은 하버드대 아시아센터 시니어 펠로인 오버홀트 전 '아태정책센터' 소장의 말처럼, 한국의 진정한 위협은 북한이라기보다는 정치 경제적 양극화 현상이다. 또한 로욜라대 석좌교수 스티븐스도 한반도 문제의 특효약은 없지만, 분명한 것은 어떠한 경우에도 대화의 채널을 열어놓고 외교적 프로세스를 돌아가게 해야 한다는 점을 강조하는데 이것은 아주 중요한 지적이다.

4. 사드배치의 국제 전략적 함수관계

2016년 1월 6일 북한의 제4차 핵실험 1주일 이후 박근혜 대통령의 사드 도입발언은 한반도에 새로운 정국의 변화를 예고했다. 하지만 남한의 사드배치는 냉전체제 해체 이후 21세기 동북아에 새로운 냉전적 긴장을 초래하는 결과를 낳고 있다는 전문가들의 분석이다. 미중간의 세력전이 한반도에서 벌어지고 있다. 김흥규 아주대 중국정책 연구소 소장의 분석에 의하면, 미국의 아태 재균형 전략과 중국의 일대일로 전략이 부딪치고 있는 가운데 남북한 간의 세력전이가 가속화 되어 군사적 충돌의 가능성이 확대되고 있다는 것이다.[21] 한반도 문제는 남북한 당사자 간의 문제로만 국한 할 수 없는 상황이 되었다. 한반도 문제가 미중문제로 확대되는 이러한 세력 전이 현상은 갈수록 심화되고 있다. 이러한 와중에 중국은 한국이 미국에 편승하는 전략을 세우고 있다고 판단하고 북한의 전략적 존재감을 내세우기에 이르렀고, 환구시보를 통해 사드의 한국 배치가 현실화 되면 상응한 군사조치도 할 것이라고 공언하게 되었다. 그런데 이러한 사드 배치에 대해 중국이 강력히 반대하는 이유 중의 하나는 사드에 대한 정확한 이해 부족이고, 둘째는 사드 레이더 운용으로 인한 백두산 너머의 중국미사일 부대가 감시받을 수 있다는 것이고, 이 밖에도 사드는 미국이 점차 중국에 대한 견제 역할을 할 것이라는 점이다. 이러한 상황에서 한국의 입장이 문제가 된다. 현실적으로 우리 무역의 25%를 차지하고 있는 것만 해도 한중 관계를 결코 무시할 수 없다. 중국이 한국에 대한 경제 제재 조치를 실시할 우려도 있다는 것이다. 이른바 "빵과 대포에 대한 황금비율"을 고려해야 한다는 점이다.

유엔 안전보장이사회에서 3월 1일 강력한 대북 제재 결의안을 채택함에 따라 사드 배치의 논의가 가속화 되고 있다. 존 커버 미국무부 대변인도 지난 2월 29일 정례 브리핑에서 "사드의 한반도 배치와 유엔 안보리의 대북제재는 별개의 문제"라고 했다. 이에 따라 중국도 한국에 사드배치 반대에 대한 입장과 압박을 강화하고 있다. 중국이 안보리의 대북 제재 결의안에 동의한 만큼 사드 배치도 철회해 달라는 것이 중국의 요구다. 이러한 요구를 염두에 둔 한국은 일단 사드배치 논의를 잠정적으로 연기하고 유보하다가, 커티스 한미연합사령관이 사드 배치에 대한 공론화 이후 21개 월 만인 3월 4일 현재 한미 공동 실무단 약정에 서명함으로써, 다시 협의를 시작했다. 실무단은 배치 부지와 안정성, 환경문제 등을 고려하게 될 것이다. 이에 한미 양국 정부의 승인만 남겨두고 있는 셈이다. 문제는 북한의 위협이 줄어들 것이냐 아니냐의 여부에 따라 논의는 계속 될 것이다. 하지만 레이더의 강력한 전자파에 의한 우려가 크고, 중국의 반발도 여전히 크다. 사드가 중국의 속살을 들여다보게

---

21) 김흥규, "사드배치의 국제정치와 한국외교의 방향", 「IFES현안진단」, No.40(2016-02).

될 것이기 때문이다. 연세대 최종건 교수의 분석에 따르면, "대북제재에서 중국의 역할이 90% 이상"인 상황에서 "유엔 안보 결의안 채택 다음 날 약정 (TOR, Term of Reference)에 서명한 것도 문제지만, 사드 배치가 실제 진행 될 경우 중국이 대북제재 수위를 낮추거나 무역 분야에서 한국에 불이익을 주는 등 보복할 수 있다."고 했다.22) 한편 현재로서는 사드 배치를 둘러싸고 미·중간에 빅딜을 위한 물밑 작업도 진행될 전망이다.

사드 배치문제는 북핵 문제와 관련된 것인 만큼 중국이 바라보는 북핵 문제와도 아주 긴밀한 연관성이 있다. 중국의 주변 외교 전략과 대북 정책을 분석한 전문가들의 의견을 종합하면, 중국의 주변국 핵 정책에는 세 가지 특징이 있다. 첫째, 자국의 안보 및 전략적 이익을 기준으로 정책을 결정한다. 둘째, 책임 있는 대국으로서 비확산의 국제적 책임과 의무 강조, 셋째, 핵 군비 통제 및 군축 또한 일종의 전략적 게임이라는 점이다. 이러한 정책에 따라서 북핵 또한 자국에 대한 위협으로 본다는 것이며, 북핵 개발은 사드 논의의 빌미를 주게 됨으로 또한 반대의 입장이다. 그러면서도 미·중간의 패권 다툼에서 북핵을 전략적으로 이용할 수도 있다는 논리다. 따라서 중국은 북한의 비핵화가 아니라 현 수준의 핵동결을 주장할 가능성도 있다는 논리다.23) 사드 배치와 북핵 문제는 이들 강대국 간의 역학관계에 따라 언제든지 결정 될 수 있기에 지금의 한국의 입장과 외교적 화해의 역량이 무엇보다 시급한 때다.

5. 개성공단 폐쇄와 유엔의 대북 제재

김대중 정권이 추진했던 햇볕정책은 이명박 정권이후 현 정권까지 퇴색하다가 끝내 현 정권은 개성공단 폐쇄라는 극단적인 조치를 취함으로써, 남북간의 긴장은 더욱 고조되고 있다. 이제 그 긴장의 수위가 점점 높아져 가고

22) 중앙일보 2016. 3. 5.
23) 이기헌 외, 『중국의 주변외교 전략과 대북정책: 사례와 적용』, (서울: 통일 연구원, 2015), p.135.

있고, 한·미 연합군사 훈련이 실시될 즈음에는 더욱 심해질 것이다. 북한에 흘러 들어가는 돈줄을 끊고 압박과 제재를 가하는 것으로 과연 그 전략이 성공 할 수 있을지는 여러 가지로 의문이 남는다. 문제는 중국의 태도 때문이다. 중국도 북한의 미사일 발사에 대해서는 부정적인 시각을 가지고 있지만 경제 협력에 대해서는 여전히 '뒷문'을 열어 놓고 있다. 따라서 박근혜 정부의 개성공단 폐쇄를 놓고 찬반 논란이 일고 있다. 2월 11일자 중앙일보 사설은 "개성 공단 폐쇄 안타깝지만 북한의 자업자득이다"라고 한 반면에 같은 날 한겨레신문에서는 "개성 공단 폐쇄는 잘못이다"고 평가했다. 2004년 12월에 통일에 대한 부푼 꿈을 안고 첫 제품을 생산했던 개성 공단이 가동 된지 12년 만에 전면적으로 중단된 것에 대한 서로 다른 평가다. 물론 중앙일보도 대북제재 강화라는 정부의 입장을 이해하지만 실효성과 적절성에 대해서는 의문을 던지고 있다. 개성공단 연가 수익금 1억 달러가 사라진다고 핵과 미사일을 북한이 포기하지 않을 것을 생각한다면 실효성이 작다는 논리다. 더구나 124개의 민간 입주 기업은 얼마나 타격이 큰 것인가? 더 큰 일은 개성공단의 폐쇄로 인한 남북한 마지막 협상 카드도 사라졌다는 점이다. 박근혜 정부가 그동안 강조해 오던 한반도 신뢰프로세스는 스스로 철회한 셈이다. 이에 비해 개성공단 폐쇄에 대한 한겨레의 논조는 조금 더 비판적이다. 이 폐쇄 조치는 한반도 정세를 오히려 더 악화시킬 것이라는 전망이다. 더구나 사드의 한반도 배치를 결단함으로써 중국과 러시아와 큰 외교적 마찰을 일으키면서 국제적 공조의 길도 멀어지고 있는 실정이다. 중앙일보나 한겨레 모두 남북한 마지막 협상 카드인 개성공단 폐쇄 결정에는 부정적 시각이다. 남북한 대화 가능성을 차단할수록 한반도는 강대국의 이권에 휘둘리게 된다는 사실은 한국의 근세사가 입증해 주고 있는 사례다. 한반도 평화와 화해를 위한 새로운 전략이 시급하다.

개성공단 폐쇄는 "과정 없는 통일 정책의 결과"라는 비판의 눈길이 전면적으로 확산되고 있다. 정운찬 동방성장 연구소 이사장도 개성공단 폐쇄는 최선의 선택이 아니며, 여전히 개성공단은 경제적으로도 유용할 뿐만 아니라, 통일 비용을 줄이는 평화통일의 교두보가 된다는 사실을 기억해야 한다고 말한다. 안보적으로나 경제적으로나 크게 유익한 개성공단은 반드시 다시 살려내야 하며, 그러기 위해서는 정경 분리의 원칙이 서야 한다는 것이다. 이는 2013년 8월 14일에 남북한이 "어떠한 경우에도 정세의 영향을 받음 없이 공단의 정상적 운영을 보장"하기로 한 합의를 남한 정부가 스스로 깨뜨린 셈이다. 캘리포니아 석좌교수 스테판 해거드 또한 개성 공단 수입이 북에 큰돈이 되지만, 일방적으로 북한에 몽둥이를 휘두르기보다는 긴장 악화 이후를 생각해야하기 때문에 결국 협상으로 문제를 다시 해결해야 함을 강조했다.[24] 왜냐하면 북한은 스스로 핵을 포기하지는 않을 것이며, 중국 또한 북한의 붕괴를 원하지 않을 것이기 때문이다.

유엔안보리의 대북제재 결의안 채택 이후에 평소 북한이 요구해 온 평화협정 논의가 아주 끝난 것은 아니다. 케리 미 국무 장관은 지난 2월 23일 "북한이 테이블에 나와 비핵화를 협의하면, 궁극적으로 평화협정이 될 수 있다"고 말함으로써 협상의 여지가 남아 있음을 보여주었다. 이에 비해 중국의 입장을 대변하는 왕이는 "평화협정 없이 비핵화 못함"을 분명히 밝혔다. 결국 평화협정과 비핵화 문제는 동전의 양면과 같은 것으로 대등하게 합의 하는 큰 결단이 이뤄져야 할 것이다. 이것은 북미 관계의 정상화를 뜻하는 것으로 현재로서는 그것만이 유일한 길일 수도 있다. 4차 핵실험 이후 56일 만에 시작된 북한 봉쇄정책은 제재 대상이 32개 단체와 17명의 개인으로 리스트에 올랐다. 이것은 이란의 핵 제재 때의 121개 보다 적어 실효성에 대한 의문이 제기되기도 한다. 하지만 정부 당국자의 말에 의하면, "군사적 조치를 제외하고는 역대 유엔제재 중에 가장 강력하다"고 했다. 하지만 제재의 실질적인 이행과 북한 비핵화의 최종 목표 달성에는 아직 갈 길이 멀다는 전문가들의 해석이 많다. 또 한편으로는 북한이 갑자기 대화국면으로 대화재개 제안을 해올 경우에도 대비할 필요가 있다는 것이다. 허황한 북한 붕괴론 보다는 현재와 같은

24) 중앙일보 2016. 2. 29; 2. 20일 참조.

미국과 중국의 대북 정책 공조가 이어진다면 김정은도 대화의 카드를 들고 나올 것이라는 예상 때문이다.

6. 참된 통일 교육으로 화해의 기틀을 세우자

평화 통일은 대가 없이 그저 주어지는 것이 아니다. 전 국민의 통일 염원과 그에 따른 적절한 통일 준비 교육이 필요하다. 그동안에는 통일 교육이라 하면 주로 반공 교육을 우선한 안보 교육이 주종을 이루었다. 안보 교육만으로는 대결적 구도로 가기 때문에 통일 논의와 교육에 한계가 있다. 따라서 균형 잡힌 통일 교육이 필요하다. 현재 한국의 대학에서 '북한학과'가 여러 곳에 개설되어 있었지만, 취업난 문제로 동국대만을 제외하고는 북한학과의 간판을 내린 곳이 대부분이다. 고려대학교도 2016년에 외교 안보 전공으로 개편되고, 95년에 설립되었던 명지대 북한학과도 2010년에 정치외교학과로 통폐합되었고, 조선대는 98년에 세워졌지만 99년에 폐지되었다. 반면에 선문대는 98년에 세워졌으나 10년만인 2008년에 동북아학과로 개편 되었다. 관동대도 96년에 개설되었으나 10년만인 2006년에 폐지되기는 마찬가지다. 이와 같이 북한학과가 개설된 6개 대학 중에서 5개 대학이 통폐합 되거나 폐과 되었다. 이들 대부분이 1990년대 중후반에 세워졌으나 10년 이상을 버티지 못한 것이다. 그것은 남북한 관계의 경색과도 관련이 있다.

하지만 통일 교육 그 자체에 대한 필요와 열망이 줄어든 것은 아니다. 오히려 숭실대나 서울 신학대와 같은 대학은 평화통일 교육을 전교생 필수 교양과목으로 채택할 만큼 통일 교육의 열망은 일부에서 더욱 새롭게 부각하고 있다. 현재 통일부가 교육부와 함께 초, 중, 고등학교까지 통일 교육을 보급하려고 하지만, 정부 주도의 안보교육 중심의 보수적인 통일교육 방침과 참된 통일과 화해의 방안을 추구하는 진보적인 시도 교육감들의 시각 차이로 마찰을 빚으며 진정한 화합과 화해를 위한 평화통일 교육이 실시되고 있지 못하는 실정이다. 교육 현장 외에도 DMZ 이남의 경계선 주변에 설치된 고성 통일 전망대와 같은 통일 교육관에서도 통일관련 전시물은 없고 북한 술을 파기에 여념이 없는 관광지가 되거나 놀이 공원 등으로 전락하고 있다. 1988년에 시작된 고성의 통일 전망대 외에 전국 13개의 통일관은 지역 주민과 청소년들에게 북한의 현재 실상을 알리는 등의 통일 교육을 위해 세워졌으나 안보 교육이 주종을 이루고 있어 시대적인 변화와 조류에 따른 '화해와 상생'의 철학에 입각한 균형 잡힌 교육이 이루어지지 못하고 있다는 비판을 받고 있다.

평화 통일의 문제는 물론 정부의 책임만은 아니다. 그럼에도 불구하고 최고 통치자의 결단이 무엇보다 중요하다. 평화통일의 민족적 숙원을 어떻게 풀어갈 것인가 하는 것은 국민의 열망과 지지도 중요하지만, 통치자의 결단이 무엇보다 중요하다는 것이다. 통치자가 우유부단하여 결단을 내리지 못하고 있다면, 야당이라도 목소리를 높여야 하고, 야당도 무지하여 경각심을 갖지 못한다면 국민이 나서는 수밖에 없다. 하지만 국민은 시급한 관심이 아닐 경우에 집단적으로 잘 반응하지 않는다. 따라서 국민 대중에 대한 통일 교육이 우선한다. 통일 교육이 효과적으로 이루어지기 위해서는 초 중 고등학교부터 시작하여 대학 전반에 이르는 평화와 통일 교육이 필요하다. 하지만 현 정부에서 추진하는 통일 교육은 통일부와 교육부 사이에도 마찰이 있는 것처럼 보수와 진보의 시각차로 인해서 제대로 통일 교육이 이루어지지도 못하고 있는 실정이다. 그런 점에서 한국 기독교의 대표적인 신학교 가운데 하나인 서울신학대의 평화와 통일 교육의 필수 교양과목 이수는 통일 교육 운동의 아주 중요한 출발이 아닐 수 없다.

현재 진행되고 있는 통일교육은 진정한 의미에서 학생들에게 왜 평화가 필요하며, 통일을 어떻게 달성해야 하는가 하는 진지한 물음과 고민이 없이, 안보 교육에만 열을 올리고 있는 실정이다. 안보도 중요하지만 그에 못지않은 균형 잡힌 평화 통일 교육이 병행 되어야 한다는 것이다. 안보와 더불어 평화 통일을 위한 적극적인 화해의 전략이 더욱 중요하다는 것이다. 안보를 안보의 논리에서만 생각하면 늘 상대를 적으로 대할 수밖에 없다. 그러나 상대를 평화롭게 공존해야 할 가족이자 민족 공동체로 생각한다면, 화해의 손을 먼저 내밀어야 할 필요가 있다.

참고로 김정은 시대 북한의 교육 정책과 교육 과정을 분석한 통일 연구원의 자료에 의하면, 2013년 교육과정 개정으로 신설된 김정은 관련 과목은 초급 중학교에서 전 학년 매주 1시간씩 총102시간, 고급 중학교에서 전 학년 매주 1시간씩 총81시간에 걸쳐 그의 '혁명 활동'을 교육한다. 북한의 정치사상 교과목은 현 최고지도자와 그의 가계를 우상화하기 위한 것이지만 교과서의 내용전개는 세계적 표준에 이르고 있다는 평가가 있다. 특히 교육 과목에 관련하여 주목할 것은 북한의 외국어 교육인데, 김정일 집권기에 외국어 교육의 목적은 전쟁 준비보다는 과학기술 발전을 위한 해외국가와의 교류에 무게를 두고 있다는 것이다. 과거에는 러시아어와 영어가 외국어 과목이었지만, 이제는 러시아어가 전면 폐지되고 영어로만 선택과 집중을 하게 되었다. 그리하여 영국의 교육재료를 지원받고 있다. 이 밖에도 정보기술과 체험학습 위주의 교육으로 '기초 기술'과 '정보 기술' 분야를 집중 육성하고 있다. 이 또한 국제적인 흐름을 반영하고 활용하기 위한 교육이라 할 수 있다. 결국 북한은 지금 김정은 시대에 이르러 '정보산업시대', '지식경제시대'를 이끌어 갈 '창조형 인재' 양성으로 경제적 어려움을 극복하고 '사회주의강성국가' 건설을 목적으로 김정은 시대의 교육 전략을 실천하고 있다.25) 이러한 북한 교육의 변화의 추세는 기존의 교육 체제와는 완전히 탈바꿈하는 국제적 기류를 따르는 것인만큼 평화 통일 교육을 꿈꾸는 우리의 입장에서도 북한을 대하는 접근 방식이 새로워야 한다는 것이다. 예컨대, 북한과의 중장기적인 교육 교류와 협력을 통해 북한 사회의 변화를 유도하고 보다 더 화해와 평화적 분위기로 통일로 가는 길을 앞당겨야 할 것이다. 교육 분야의 교류는 정치적인 과목을 배제하고 영어 교육이나 과학기술 정보통신 교육 등의 교류가 성공 가능한 분야로 지목되고 있다. 이것은 어디까지나 남북 관계가 개선되고 난 다음의 문제이긴

25) 조정아 외, 『김정은 시대 북한의 교육정책, 교육과정, 교과서』(서울: 통일 교육원, 2015), pp.252-263.

하지만 교육 연구와 인적 물적 자원의 교환이야말로 남북의 평화와 통일을 앞 당기는 소중한 화해의 발걸음이 될 것이다.

Ⅳ. 결론과 전망

분단 70주년을 맞이했던 2015년의 한반도 정세는 빛과 그림자가 교체하는 한해였다. 적어도 한반도 평화통일 논의에서 비무장지대의 지뢰도발로 인한 남한병사의 부상에서 비롯된 일촉즉발의 전운이 감돌다가 우여곡절을 거치는 동안 가까스로 8.25합의를 이루어 내고 10월에는 제20차 남북 이산상봉이라 는 화해의 분위기도 잠시 있었지만, 2016년 초에 들어서면서 북한이 제4차 핵실험을 실시함으로써 다시 한 번 한반도는 급격히 냉전의 대립각을 세우게 되었고, 박근혜 정부는 개성공단 폐쇄라는 극단의 조치까지 취하게 되었다. 또한 유엔 안보리에서도 대북 제재 결의안을 통과시켰고, 북핵문제 해결을 위 한 미국과 중국의 외교 행보도 바빠지기 시작하면서 한반도에 사드 배치를 놓 고 미국과 중국 그리고 한국이 예민한 신경전을 벌이고 있는 중이다.

여전히 북한은 2015년 신년사에서 밝혔듯이 조국 해방과 당 창건 70돌을 맞아 '사회주의 수호전과 강성국가 건설'을 위한 사상 교양 강화를 통한 김정 은 체제의 안정을 도모하고 있고, 국방공업에서의 병진 노선을 중심으로 국방 력을 강화하겠다는 것이며, 과학기술을 통한 경제발전과 인민생활 향상을 목 표로 하고 조선 노동당을 중심으로 김정은이 '공포정치'를 불사하며 새로운 정치력을 보이고 있다. 이러한 정치적 과정에서 현영철 인민무력부장이 러시 아 방문 열흘만인 4월 30일에 처형되었던 것이다. 전문가들의 분석을 종합하 면, 2015년 북한의 정치과정을 평가할 때, 세 가지 특징이 따른다. 첫째, 당 을 통한 정치적 정당화로서, '당=3대 수령 김정은'이라는 등식을 제공하는 것 이다. 둘째, 장성택 행정부의 폐지 이후, 부문별 당 비서의 역할 조정이 있었

고, 셋째, 김정은 시대의 선군정치로 비대해진 군부를 김정은의 당으로 집결
시키기는 과정이 있었다. '폐쇄적 통치술'에 능했던 김정일에 비해 경험이 부족
한 김정은은 수령이 주도하는 노동당의 정책 결정 기능을 회복한 것이다. 그
러나 오히려 이러한 당 최고 권력자의 개인적 판단과 구조변동 과정에서 드러
난 갈등으로 '공포정치'의 분위기가 아직도 당분간 지속되고 있는 양상이다.

2016년의 북한 정세는 정치 경제 사회 그리고 대외 국제 관계의 다양한 방
식으로 전망해 볼 수 있다. 정치전망은 5월 초에 있을 제7차 당 대회다. 당
대회를 위해 북한은 대내적 정책 차원에서 김정은 체제 국축과 관련한 충성
맹세 등의 결의대회를 가질 것이다. 경제적으로 북한은 1990년대 이후 대체
로 회복세를 보인 이후 2010년 이후에는 확연히 좋아졌다. 그러나 지난해
2015년은 제로 성장 또는 소폭의 마이너스 성장을 기록한 것으로 집계되고
있다. 그러나 제4차 북핵 실험으로 인한 유엔제재로 북한 경제는 더욱 큰 타
격을 입을 수도 있다. 다만 그것도 중국의 제재와 압박의 수준에 달렸다. 개
성공단 폐쇄로 인한 수입도 중지된 상태이고, 중국에 있는 북한의 은행도 폐
쇄 되고 각종 단체의 무역이나 금융활동이 제한 받게 된다. 이러한 상황에서
북한의 핵·경제 병진 정책은 과연 포기 될 것인가 하는 의문은 여전히 남는
다. 문제는 북한이 생존의 위협을 느낄 정도가 아니면, 여전히 핵은 포기하지
않을 것이다. 따라서 북핵 문제를 해결하고자 하는 한, 미, 일, 중, 러 5개국
의 협력이 더욱 절실하다. 그러나 무엇보다도 끝내는 남북 간에 화해와 협상
을 통한 대화의 중요성이 간과되어서는 안 된다. 남북 화해와 평화 통일은 남
의 문제가 아니라 민족 당사자 간의 문제이기 때문이다.

한반도 평화 통일 논의는 분단 70주년을 맞이한 2015년에 화해와 평화 통
일에 대한 염원은 그 어느 때보다 컸지만, 결과는 그 어느 때보다 초라했다.
이제 평화 통일 방식에 대한 근원적인 접근을 다시 시작해야 할지도 모른다.
그것은 어쩌면 일찍이 한반도 통일 논의의 선구적인 논객인 강만길 교수의
'평화 지향적 통일 민족주의(peace-oriented reunification nationalism)'
이론이 토대가 되어야 한다고 생각한다. 그는 통일의 규범적인 중요성과 필요

성을 크게 강조하는데, 강교수에 의하면, 통일의 필요성은 무엇보다 오랜 세월동안 단일 문화권과 정치 속에서 혈통과 언어를 같이해온 우리 민족의 역사에서 찾을 수 있다는 것이다.26) 그런데 지금은 분열되어 너무나 소모적인 경쟁과 다툼을 하고 있는 것이 현실이다. 그러므로 이제는 오직 평화를 '무기'로 원래의 하나 된 국가로 통일을 이룩해야 한다는 것이다. 그 평화의 방식은 비단 우리 민족적인 차원에 국한해서가 아니라, 동아시아와 나아가서는 세계 평화로 나아가는 역사의 과정이 되어야 한다는 것이다.27) 평화야말로 역사 발전의 필연적인 과정이 되어야 하는 것 때문이다.

이러한 평화의 현실적 실현을 위해서 그동안 김대중 정부의 햇볕정책과 노무현 정부의 계승은 10년간 놀라운 남북화해의 진전을 보였지만 이명박 정부와 현 박근혜정부에 이어지는 8년은 대북 강경정책의 기조로 그 어느 때보다 더욱 골 깊은 긴장과 대결의 양상으로 치닫고 있다. 한마디로 대북 정책의 실패가 아닐 수 없다. 따라서 더 이상 정부 주도의 평화 통일 논의에서 멈추지 말고 민간과 교육 기관에서 평화통일 교육이 저변으로 확대 실시되어야 하고, 그러한 교육의 최전선인 대학에서의 평화통일 교육은 미래의 통일 한국을 짊어질 젊은이들에게 더 없는 소중한 교육이 아닐 수 없다. 이러한 차제에 한반도 평화통일과 선교한국을 바라보는 신학대학 가운데 서울신학대학교의 평화통일 연구원의 노력은 한국 기독교는 물론 장차 한반도의 화해와 통일 신학 그리고 선교 방향에도 중요한 역할을 할 것으로 기대해 본다.

끝으로 『시경(詩經)』 위풍(衛風)의 〈하광(河光)〉을 소개하면서 어서 삼팔선이 걷히고 남·북 간의 화해로 평화 통일이 오는 그날을 염원해 본다.

---

26) Park, Min-Cheol, "Thoughts on Reunification by a Historian of Praxis: Kang Man-Kil's 'Reunification Nationalism' and 'Theory of Equitable Reunification'", *S/N Korean Humanities*, (Seoul: IHU, 2015), Vol1, Issue 1. p.33.

27) 강만길, 『우리 통일 어떻게 할까요?』, (서울: 당대, 2006), p.55.

誰謂河廣 누가 황하를 넓다고 하나
一葦杭之 한 개의 갈대배로 건널 수 있다네
誰謂宋遠 누가 송나라를 멀다고 하나
跂予望之 발돋움 하면 나도 볼 수 있다네

誰謂河廣 누가 황하를 넓다고 하나
曾不容刀 조그만 배 하나도 띄우지 못 하네
誰謂宋遠 누가 송나라를 멀다고 하나
曾不崇朝 아침 먹기 전에도 닿을 수 있다네

주(注)_ 송나라는 위나라 남쪽으로 황하 강 건너편에 있다. 위나라와 송나라는 본래 하나의 주나라였다. 남북한도 원래 하나였지만 남북으로 갈라져 있음을 비유해 본 것이다. 황하의 남북이 먼 것이 아니라 마음이 부족한 것을 탓함에 남북의 삼팔선도 거리가 아니라 마음인 것을 비유함으로 논고를 끝맺는다.

■ 참고문헌

강만길, 『우리 통일 어떻게 할까요?』, (서울: 당대, 2006)

김갑식외, 『김정은 정권의 정치체제: 수령제, 당·정·군 관계, 권력엘리트의
    지속성과 변화』, (서울: 통일연구원, 2015)

김계동, "북한의 대미정책: 적대에서 협력관계로의 전환 모색," 『국제정치논
    총』, 34권 2호(1994)

김용호 외, 『한반도 통일과 동아시아 평화 번영』, (서울: 형설출판사, 2015)

김흥규, "사드배치의 국제정치와 한국외교의 방향", 「IFES현안진단」, No.40
    (2016-02)

박영자 외, 『전환기 쿠바와 북한비교: 정책적 함의』, (서울: 통일 교육원, 2015)

백우열, "대중국 통일 외교의 논리와 전략", 『통일외교 콘텐츠 개발』, (서울:
    통일연구원, 2015)

이기헌 외, 『중국의 주변외교 전략과 대북정책: 사례와 적용』, (서울: 통일 연
    구원, 2015)

연례 정세보고서 2015, 『통일환경 및 남북한 관계전망 2015-2016』, (서울:
    통일연구원, 2015)

조정아 외, 『김정은 시대 북한의 교육정책, 교육과정, 교과서』(서울: 통일 교
    육원, 2015)

주철기 청와대 외교안보 수석, "동북아 평화와 한반도 신뢰프로세스 구축 방
    안"(현seo 경제연구원 조찬 강연, 2013.9.24.)

한국은행, "2004년 북한경제성장률 추정 결과 보도자료"(2015.7.17.)

현승수 외, 『동북아 평화협력구상과 유라시아 협력추진을 위한 다자주의적
    접근』, (서울: 통일연구원, 2015)

Jonathan R. Adelman, *Communist Armies in Politics* (Colorado:
    Westview Press, 1982)

Park Geun-Hye, "A New Kind of Korea: Building Trust Between

Seoul and Pyongyang," *Foreign Affairs*, Vol. 90, no. 5 (2011)

Park, Min-Cheol, *S/N Korean Humanities*, Vol1, Issue 1. (Seoul: IHU, 2015)

An Evaluation for Peace Unification Debate on the 70th Year of Divided Nation and A Reconciliation Strategy of Korean Peninsular in 2016

Myung-Kwon Lee

(Dep. Chinese, Comparative Religion)

ABSTRACT

This research investigates how can we evaluate the discussion for the peace unification of Korean Peninsular and give a reconciliation strategy. For this purpose, I have suggested some ideas about reconciliation strategies. In addition, it has analyzed the debate of divided nation's unification, including the politics of North Korea focused on the era of Kim jong-un leadership. It is important to understand the political dynamics and change of Kim's regime. During this era, the purges of the high command have begun for consolidating his power. The Korean Institute for National Unification has reported about the 'political system of Kim's regime' recently. The policy of Kim's rule was focused on the two sides of nuclear and economy. This is one of the major characteristics of North Korea's policy as reported by the Seventh Party Congress in May. North Korea's economic situation was also surveyed in this paper over the period 1990-2015. During that time, the many economical factors have supported the ruling fund of Kim's dictatorship. Especially, the activation of 'Jang Madang(a kind of free market)' has changed the North Korea's economical structure for the benefit of national income. Foreign policy of North Korea was to have a strong relation with China and Russia based on the 'policy of nuclear-economy parallel line', while trying the improvement of relationship with Japan and Europe. However, after 'the experiment of hydrogen bomb' in the beginning 2016, international societies have started to imposed the sanctions on the North Korea. Nevertheless, the direction and composition of foreign policy is expected to follow the will of highest man of power. If the power of Kim has weaken, the conflict of military and the Party will be increased, therefore, the political instability also give an effect on the foreign policy. Nowadays, the situation of inter-Korean relation is seriously bad. It is because I am convinced that there are deep distrust each other for over 70 years. Inter-Korean relation get even worse after the North Korea has made nuclear experiment. Now the nuclear issue became the more important factors to solve the crisis of Korean peninsular. Therefore, it is necessary to cooperate with help of five countries such as Korea, America, Japan, China, Russia for solving the nuclear problem of North Korea. Nevertheless, it must not be passed unnoticed the importance of dialogue through the reconciliation and cooperation between North and South Korea. For the realization of this aim, we have to use 'the weapon of peace' for the unification of Korean Peninsular. The method of peace does not limited to our own national level, but includes the historical process of world peace. Only the peaceful dialogue based on reconciliation can solve the inter Korean issues. In addition to this peaceful dialogues, we need to carry out a plan of unification education which spread from the school to all the nation people.

KEY WORDS peace unification, reconciliation strategy, Kim Jong-un, Korean peninsular, peaceful dialogue, unification education

03

통일(統一)

유석성의 한반도 통일사상에 관한 소고
– 정의와 평화를 중심으로

박삼경
서울신학대학교, 기독교윤리학
미국 Drew University Religion and
Society (Ph. D.)

유석성의 한반도 통일사상에 관한 소고
- 정의와 평화를 중심으로

박삼경 교수 (신학과, 기독교윤리학)

국문요약

본 논문은 유석성의 통일사상을 알아본다. 특별히 그의 정의와 평화 사상을 중심으로 성찰한다. 그가 쓴 저작들을 통하여 정의와 평화의 개념을 분석함으로써 한반도의 남북통일을 조망해본다. 그에 의하면, 한반도 평화통일은 하나의 민족 공동체를 가능하게 하는 정의로운 평화(just peace)에 기반을 두어야 한다. 통일의 진정한 의미는 남한과 북한 모든 시민들이 정의를 기반으로 삼아 평화 안에서 살 수 있는 새로운 통일 공동체를 만들어가는 것에 있다. 남한과 북한이 같은 민족으로서 다시 하나의 공동체를 이루어야 하는 것은 당연한 것이며, 더 나아가 그 통일된 사회가 바로 정의로운 평화의 공동체가 되어야 하고, 평화통일은 가장 긴급하고 필요하고 꼭 해야 할 일이다. 통일이란 기독교적인 관점에서 다양성 가운데 일치를 추구하는 정의로운 한 공동체를 이루는 것임을 뜻한다. 통일에 관한 신학-윤리적인 성찰은 한국 통일을 위한 새로운 공동체를 형성하는 데 있어서 남한과 북한 모두가 주도적으로 통일을 이루어 가는 데 있어 참여의 동기를 부여해 줄 것으로 본다. 통일 공동체는 단지 정치적으로 남한과 북한을 하나의 나라로 통합하려는 것에 제한되지 않으며 보다 더 인간적인 정의롭고 평화로운 나라로 함께 서로가 공존할 수 있는 새로운 공동체를 건설하는 것을 추구한다. 본 논문은 진정한 연합과 일치의 정의로운 한 공동체를 이루는 것이 한국 통일의 의미에 있어서 중요한 목표가 되는 것을 살펴보면서, 이런 평화 통일을 위한 한국교회의 역할을 알아본다. 평화통일이라는 역사적 사명이 남북한 모두에게 시대적 과제로 남겨진 것을 볼 수 있다. 더 이상 분단으로 인한 고통과 슬픔이 없는 평화와 정의가 입맞춤 하는 그런 통일 공동체가 하늘에서 이루어 진 것처럼 이 땅에서도 이루어지기를 바래본다. 유석성은 통일의 그날을 상상한다. 한반도 평화통일의 종소리가 들리는 그날에 남북한 온 민족이 환희의 합창을 부르는 그 날을 그는 기도한다.

주제어 통일, 하나님 나라, 정의, 평화, 유석성

I. 들어가는 말

서울신학대학교 총장 유석성은 한반도의 평화통일은 한민족의 염원이요 이루어야 할 과제이며 반드시 성취해야 할 역사의 시대적 사명이라고 말한다.1) 한국 기독교인들에게 통일은 단지 정치적으로 하나가 되는 것에 그치지 않는다. 오히려 통일의 진정한 의미는 남한과 북한 모든 시민들이 정의를 기반으로 삼아 평화 안에서 살 수 있는 새로운 통일 공동체를 만들어가는 것에 있다. 남한과 북한이 같은 민족으로서 다시 하나의 공동체를 이루어야 하는 것은 당연한 것이며, 더 나아가 그 통일된 사회가 바로 정의로운 평화의 공동체가 되어야 하고, 평화통일은 가장 긴급하고 필요하고 꼭 해야 할 과제라고 유석성은 주장한다.2) 함석헌의 말처럼, "38선은 하나님이 이 민족을 시험하려고 낸 시험문제다."3) "아마 마지막 문제일는지 모른다. 이번에 급제하면 사는 것이고, 이번까지 낙제면 아마 영원히 망하고 말 것이다."4) 이 마지막 시험을 잘 보기 위해 통일신학은 평화신학에 근거하여 정립되어야 한다고 유석성은 주장한다.5) 한국의 통일은 미시적으로 동아시아의 평화에 거시적으로는 세계 평화에 기여하는 일이다. 분단된 한반도의 현실에서 통일을 이룩한다는 것은 피할 수 없는 우리의 과제이며, 이 땅에서 하나님의 평화를 찾아가는 것이다.

통일은 대박이라는 박근혜 대통령의 말처럼 남북한 통일이 정말 대박을 가져올 것인가? 아니면 커다란 경제적인 손실을 가져오는 쪽박의 통일이 될 것인가? 많은 사람들이 통일을 경제적인 측면만이 아니라 정치, 사회, 그리고 문화 등 여러 측면에서 이해하지만 기독교인이 통일을 어떻게 보고 접근해 가

1) 유석성, "평화와 통일" 서울신학대학교 평화통일연구원 공저. 『통일시대로 가는 평화의 길』 (서울: 열린서원, 2015) 7.
2) 위의 글, 9.
3) 함석헌, 『뜻으로 본 한국역사』 함석헌전집1 (서울: 한길사, 1990), 291.
4) 위의 책. 같은쪽.
5) 유석성, "본회퍼의 평화사상과 평화통일" 『기독교사상』(서울: 대한기독교서회, 2015, 5) 32.

야 할까? 본 논문은 한반도 남북통일의 진정한 의미를 유석성의 정의와 평화 사상을 중심으로 성찰한다. 특별히 그가 쓴 저작들 속에 나타난 정의와 평화의 개념을 분석함으로써 남북한 통일과 평화윤리를 조망해 본다. 평화통일이 담고 있는 사회-윤리학적인 요소들도 아울러 알아본다. 이를 위해 무엇보다 먼저 유석성의 신학사상을 형성한 그의 삶을 알아본 후에, 그의 정의와 평화 사상을 성찰한다. 그런 후에 한반도 통일의 의미가 정의로운 평화를 실현하는 것에 있음을 밝힌다. 이는 남북한이 더 인간답게 살 수 있는 평화의 공동체를 건설하는 것이다. 그에 의하면, 평화통일은 하나의 민족 공동체를 가능하게 하는 정의로운 평화(just peace)에 기반을 두고 있다.

II. 유석성의 신학과 윤리사상

유석성은 경기도 안성에서 기독교 가정의 3대째 성결 교인으로 태어났다. 그가 신학을 공부하기로 결심한 것은 고교 1학년 여름방학 부흥회 때였다. 그 집회에서 그는 하나님의 일을 하는 것이 바로 가장 인생의 가치 있는 일임을 깨달았다. 그리고 고교 3학년 때 학생회장을 맡아 열심히 교회활동을 하던 가운데 꿈속에서 "내 양을 먹이라"는 하나님의 음성을 듣고 서울신학대학에 입학하게 된다.6) 학부를 마치고 그는 한신대 대학원에서 라인홀드 니버에 관해 연구하고, 독일로 유학을 가서 본회퍼에 관해 박사논문을 쓴다.7) 그는 대리와 책임이 본회퍼 신학사상의 핵심개념이면서 평화사상을 이해하는 열쇠가 된다고 말한다. 그는 본회퍼를 통해 사회참여의 신앙 근거를 배웠고, 그의 스승 위르겐 몰트만 으로부터 사회비평적인 사고를 배우게 된다. 그리고 그는 사회

---

6) 『정경News』 2014 9월 통권 174호 53.
7) 유석성의 박사학위 논문 제목은 "Christologische Grundentscheidungen bei Dietrich Bonhoeffer"(본회퍼에 있어서 기독론적 최종근거) 이다.

비판을 넘어 이 땅에서 사회정의를 이루기 위해 실천하게 된다.

유석성은 신학과 윤리를 구분하지만 분리하지 않는다. 동전의 양면처럼 그의 신학과 윤리 사상은 항상 함께 어울려져 나타난다. 기독교의 사랑은 사회적 실천이라고 그는 주장한다. 그의 신학윤리는 백성들의 고통의 원인과 구조적인 악이 국가 분단이라는 사실을 인식함으로써, 또한 그 분단의 죄를 자백함으로써 시작한다. 만약 기독교가 분단으로 인해 고통 받고 억압받는 자들의 해방에 관여하지 않는다면, 예수 그리스도를 통한 신적인 구원의 의미를 잃고 있는 셈이다. 그는 한반도의 분단현실에서 신학과 윤리의 의미가 무엇인지를 자문한다. 한반도 분단으로 말미암은 증오와 갈등을 보면서, 과연 하나님의 평화가 어디에 있는 지를 질문하지 않을 수 없다. 분단으로 말미암은 조국의 아픔과 상처를 곳곳에서 보면서, 과연 하나님의 정의가 어디에 있는 지를 묻지 않을 수 없다. 하나님의 정의가 이 땅에 어떻게 구현되는 것일까? 분단으로 인해 고통 받는 수많은 사람들의 가슴속에는 하나님의 정의가 아직도 존재하고 있을까? 그의 신학과 윤리 사상은 이 땅의 역사 안에서 하나님의 정의가 어디에 있는 지를 추구하고 있다.

Ⅲ. 유석성의 정의사상

1. 십자가의 정의: 예수 그리스도를 따르는 것

유석성은 예수 그리스도를 따르는 것은 "기도하는 것과 정의를 행하는 것"이라는 본회퍼의 말을 인용한다.8) 오늘 우리가 기독교인이라는 것은 두 가지

---

8) 유석성, "디트리히 본회퍼의 신학 사상"『신학과 선교』18집 (부천: 서울신학대학교, 1993) 189.

존재방식에 의해서만 성립된다. "즉 기도하는 것과 인간 사이에서 정의를 행하는 것"9)이다. 본회퍼는 기도하는 동시에 정의를 위해 행동하는 신앙고백적인 삶을 산 사람이었다. 본회퍼에게서 기도의 신앙과 정의의 행위가 일치를 이룰 수 있었던 것은 예수 그리스도를 진심으로 따랐기 때문이다. 예수 그리스도를 뒤따르는 본회퍼의 마음 중심에는 십자가에 달린 그리스도가 있었다고 그는 말한다.10) 본회퍼의 공헌 중에서 가장 위대한 것은 정의와 평화를 위한 기독교인의 의무와 책임을 강조한 사실에 있다.11)

유석성은 예수 그리스도가 신앙의 총괄개념이라고 말한다.12) 그는 예수 그리스도의 십자가의 의미에 특별히 주목한다. 십자가는 이 세상 속에서 예수의 고난에 철저하게 참여하는 것이다.13) 예수가 십자가에 달린 것은 신의 고난에 동참함을 의미한다. 하나님을 고난 받는 하나님으로 본다. 고난 받는 약한 하나님만이 우리를 도울 수 있다는 본회퍼의 말에 그는 전적으로 동의한다. 참된 기독교인은 이 세상의 삶 속에서 하나님의 고난에 동참한다. 따라서 신앙은 그리스도 안에서 하나님의 고난에 참여하는 것이라고 그는 주장한다.14)

예수의 십자가와 연관하여 유석성은 원수 사랑에 관해 말한다. "원수사랑은 원수들을 위하여 십자가에 달리고 그들을 위해 십자가에서 기도한 예수 그리스도의 사랑이다."15) 이 사랑은 원수를 형제로 인식하고 원수들이 하나님의 사랑에 포함되어 있음을 보게 한다. 즉 우리를 미워하는 원수들이 원수가 아니라 우리 하늘 아버지의 자녀들이다. 이를 알고 행하는 것이 바로 더 나은

---

9) 디트리히 본회퍼, 『저항과 복종, 디트리히 본회퍼선집』 8. 손규태 정지련 옮김 (서울: 대한기독교서회, 2010), 556.
10) 유석성, 『현대사회의 사회윤리』(부천: 서울신학대학교 출판부, 1997) 76.
11) 유석성, "정의와 평화를 위한 기독교인의 책임" 『기독교사상』(서울: 대한기독교서회, 2006, 10) 84.
12) 유석성, "본회퍼의 중심과 중보자로서 예수 그리스도" 『신학과 선교』 23집 (부천: 서울신학대학교, 1998), 507.
13) 유석성, "본회퍼의 그리스도와 제자직" 『신학과 선교』 25집 (부천: 서울신학대학교, 2000) 292.
14) 유석성, "디트리히 본회퍼의 신학 사상" 187.
15) 유석성, "본회퍼의 그리스도와 제자직" 298.

의라고 말할 수 있다. 윤리적 고집이나 괴벽한 기독인의 생활방식이 아니라 예수의 십자가를 따라가는 행동이 정의로운 것이다. 이를 필자는 십자가의 정의라고 말하고 싶나. 십자가에서 보여준 하나님의 사랑이 그 누구를 막론하고 우선하고 있다는 것을 알고 악을 악으로 대하지 말고, 그 악을 십자가에 나타난 하나님의 사랑으로 악을 대해야 한다. 이것이 유석성이 말하는 정의라고 생각한다. 유석성은 하나님 나라를 정의와 샬롬이 지배하는 사회로 이해한다.16) 그의 하나님 나라 이해는 통일 공동체를 형성하는 과정에서 정의가 무엇보다 우선되어야 함을 보여준다. 그리고 이 땅에 하나님 나라를 위하여 그동안 축적된 아픔과 고통 그리고 원한을 어떻게 다루어야 하는지를 알려준다. 하나님 나라는 사회를 변혁하는 역동적인 힘이다. 하나님 나라는 정의와 평화 그리고 자유가 실현될 때에만 현실이 된다.17) 역동적인 하나님 나라 구현을 위해 유석성은 라인홀드 니버의 권력정치론을 생각한다. 정치적인 현실을 바로 파악하고, 같은 이해관계에 있는 사람들이 권력을 조직하여 그 조직된 권력을 분배함으로써 권력의 균형과 견제가 이루어질 때에만 사회정의가 실현될 수 있다.18) 이런 권력정치에는 도덕적 가치가 끝까지 뒷받침되어야 하는데 그것이 바로 기독교의 사랑이라고 그는 말한다. 그리고 권력정치의 최상의 방법을 그는 민주주의라고 생각한다.19) "정의를 위한 인간의 능력은 민주주의를 가능하게 한다. 그러나 부정의를 향한 인간의 경향성은 민주주의를 필요하게 한다."20)

유석성은 진정한 정의와 민주적인 사회 없이 통일은 불가능하다고 본다. 그에 의하면, 진정한 민주주의와 통일은 하나로서 같은 주제이다. 통일을 위해 노력하는 것과 남북한의 정의를 이루는 것이 별개가 아니라는 사실이다. 통일

---

16) 유석성, "위기의 현실과 희망의 불꽃 지피기" 『기독교사상』 42(12) 1998. 31.
17) 유석성, "본회퍼의 그리스도와 제자직" 296.
18) 유석성, "라인홀드 니버의 정의론" 그리스도교 철학연구소 편 『현대사회와 정의』(서울: 철학과 현실사, 1995) 129.
19) 위의 책, 135.
20) 위의 책, 148.

한다는 것은 분단 이전의 과거 상태로 회귀하는 것이 아니라 남북한이 모두 정의를 추구하는 새로운 미래 사회를 창출하는 것이다. 정의가 있는 곳에 새로운 미래의 통일 사회가 있다. 사회 정의란 단지 정치적인 통일을 이루는 것으로 제한하는 것이 아니라, 한 가족과 같은 새로운 공동체를 향하여 모두가 함께 참여하도록 이끌어주고, 다양함을 존중하면서 각 개인의 존엄성을 보호해주는 것을 목표로 나아가는 것을 뜻한다. 통일은 민주적이며 정의로운 사회로서의 기능을 담당하는 샬롬 공동체인 평화의 공동체를 이루는 것을 목적으로 한다. 평화, 평등, 자유, 그리고 정의는 국가 통일을 위한 진정한 길이다.

2. 사랑과 평화의 중간공리인 정의

유석성은 기독교윤리의 가치인 사랑과 정의 그리고 평화의 관계를 다음과 같이 표현한다. 사랑은 정의를 통해 구체화된다. 정의가 실현됨으로써 평화가 이루어진다. 사랑과 평화가 정의를 연결고리로 하여 삼각관계를 형성한다. 사랑과 정의 그리고 정의와 평화의 관계는 불가분의 관계를 맺고 있다. 사랑의 구체화된 모습은 사회 속에서 정의와 평화로 실현되는 것이다.21) 유석성의 이런 정의개념을 필자는 사랑과 평화를 이루는 중간공리의 정의 개념이라고 표현하고 싶다. 이는 그가 라인홀드 니버의 영향을 받은 결과라고 생각한다. 이때의 정의는 관계적인 용어로 볼 수 있다. 사랑과 평화 그리고 정의가 서로 관계를 이룬다. 유석성은 정의를 가리켜, 사회의 구조 속에 이루어지는 사랑의 구체화라고 말한다.22) 정의는 복잡한 인간관계에서 사랑을 구체화한다. 이웃사랑은 정의 없이 이루어질 수 없다. 그에 의하면 사랑은 정의를 요구하며 완성한다. "사랑은 정의뿐만 아니라 다른 모든 율법의 궁극적인 완전한 실현인 동시에 현실의 모든 상대적 실현을 부정한다. 이 경우 부정이란 현실의

21) 유석성, "정의와 평화의 실현을 위하여"『기독교사상』(서울: 대한기독교서회, 2013, 9) 10.
22) 유석성, "라인홀드 니버의 정의론" 125.

모든 상대적 정의 속에 있는 개인들이나 집단 등의 부당한 자기 이익의 요구, 즉 이기주의라는 죄의 요소를 드러내고 비판하는 것을 의미한다."23)

유석성은 정의가 내용이고 형식이 평화라고 설명한다. 그는 평화가 정의를 통해 구현된다고 말한다. 정의는 평화를 창조한다. 성경에는 정의의 열매가 평화라고 말한다(사32:17). 더 나아가 그는 한반도의 평화 통일을 정의가 실현되는 것으로 본다. 사회적으로 보면, 정의란 자유와 평등의 문제를 다루는 것이다. 남북통일이란 자유와 평등을 어떻게 정의롭게 이루어 가느냐가 관건이 된다. 사랑은 정의로써 구체화되고 정의가 실행함으로써 평화가 이루어진다고 그는 말한다. 궁극적으로 평화가 정의의 열매로서 평화를 말하고 있지만, 그 열매를 맺기까지 전 과정을 정의의 빛 아래에서 살펴보아야 한다고 그는 말한다. 궁극적인 열매를 이루기까지 그 동기가 사랑이었는지를 살펴보고 그 사랑을 이루는 방법과 수단이 바르게 되었는지를 알아보고, 또한 그런 실천을 정의의 관점에서 성찰해야 한다. 이런 면에서 그의 평화사상의 중심에는 정의가 주축을 이루고 있다.24) 그는 정의의 본질로서 통일을 생각한다. 정의 없이는 하나님 나라가 이 땅에서 불가능하다. 한 나라에 대한 비전과 다시 하나의 가족이 된다는 염원은 정의에 기초해야 한다. 남북한의 통일에서 볼 때, 정의는 결코 원한의 해결과 깊은 한의 상처의 치유 없이는 가능하지 않기 때문이다. 남북한의 통일은 바로 정의를 이루는 일임을 알 수 있다. 또한 그는 예수의 황금률에 정의와 평화사상이 함께 들어 있다고 말한다. 예수의 계명이 평화의 개념이라면, 사랑의 내용이 정의와 평화인 것이다.

---

23) 유석성, "라인홀드 니버의 정의론" 125-26.
24) 박삼경, "한반도 남북통일과 평화윤리- 덕산 유석성의 평화와 통일 사상을 중심으로" 『한국기독교신학논총』 총 98집 (서울: 대한기독교서회, 2015, 10), 220.

Ⅳ. 유석성의 평화사상

1. 평화의 복음

유석성은 기독교 복음은 평화의 복음이라고 말한다.[25] 예수 그리스도 자신이 평화요, 평화의 왕으로서 왔다(히7:2). 예수 그리스도는 하나님과 세상 그리고 하나님과 인간의 막힌 담을 헐고 평화를 가져 온 분이다. 예수 그리스도를 통하여 인간은 하나님과 평화를 누리게 되었다(롬5:1). 그리스도의 평화는 새로운 세계, 새 하늘과 새 땅에 대한 희망이요, 인간의 종말론적 구원을 의미한다. 예수 그리스도는 그리스도인들에게 평화를 만드는 자들이 되라고 말씀하심으로써 이 땅에 평화를 이룰 실천 사명을 주셨다고 그는 말한다. 즉 하나님의 자녀는 평화를 만드는 사람이 되어야 한다.[26] 이를 위해 서울신학대학교에서는 평화통일을 위한 피스메이커들(peacemakres)을 만드는 교육을 실시하고 있다. 전체 학생에게 '평화와 통일' 과목을 교양 필수로 수강하도록 하고 있다.

평화라는 말은 구약에서 히브리어로 샬롬(shalom)이며, 신약에서는 희랍어로 에이레네(eirene)이다. 유석성은 먼저 샬롬이라는 말을 우리말의 평화, 독일어의 Frieden, 영어의 Peace, 라틴어의 Pax와 단순히 일치시킬 수 없다고 말한다.[27] 그는 샬롬이란 개인적인 인간과 공동체인 가족, 국가 등이 손상되지 않고 온전하고 완전하게 그리고 안전하게 존재하는 것을 뜻한다고 말한다.[28] 구약성서의 평화 사상을 그는 세 가지로 설명한다. 첫째, 샬롬은 하나

---

25) 유석성 "정의와 평화의 실현을 위하여" 10.
26) 위의 책.
27) 유석성,"평화와 복음의 기쁨", 『가톨릭신학과 사상』(서울: 신학과 사상학회, 2014. 6) 123.
28) 박삼경, "한반도 남북통일과 평화윤리- 덕산 유석성의 평화와 통일 사상을 중심으로"『한국기독교신학논총』총 98집 (서울: 대한기독교서회, 2015, 10), 210.

님이 주는 선물이다. 둘째, 평화는 정의와 연결되어 있다. 즉 기독교의 평화는
정의로운 평화다. 셋째, 평화는 미래지향적인 기다림이며 메시야에 대한 종말
론적인 희망이다.29) 신약성서에서 평화를 의미하는 에이레네(eirene)는 전쟁
이 완전히 배제된 안정된 상태를 의미한다. 신약성서에서 평화는 화해와 연결
된다. 그리고 신약 성서에서 평화는 하나님의 구원의 은사이며 종말론적 구원
을 의미한다고 그는 말한다.30)

   유석성은 평화의 복음의 시각에서 한국 통일의 문제들을 성찰한다. 그는 한
국 분단 현실이 구조적으로 한국역사 안에서 하나님의 평화를 세우는 데에 걸
림돌이라고 본다.31) 남북통일의 목표는 하나의 한민족 공동체를 가능하게 하
는 정의로운 공동체이다. 한국 통일은 그 자체가 목적이 아니라 모든 한국 사
람들이 연합과 일치를 이루어 하나의 샬롬 공동체를 세우는 것이다. 이를 위
해 서로에 대한 불신과 적대감은 극복되어야 한다. 한쪽만의 승리는 하나의
온전한 공동체를 이루지 못한다. 오히려 통일의 목적은 이사야 32장 17절의
말씀처럼 정의의 열매로서 평화의 공동체를 만드는 것이다. 그의 평화사상은
정의를 기반으로 남북통일을 이루는 것으로 이어지는 것을 볼 수 있다. 그에
의하면 한반도 평화통일은 하나의 샬롬 공동체를 이루는 정의로운 평화통일
이다.

2. 정의로운 평화32)

   유석성은 기독교적 평화는 정의로운 평화(just peace)라고 주장한다. 기독
교적 평화는 평화의 소극적 개념33)과 적극적 개념을 연결하면서, 더 적극적

---

29) 위의 책., 123.
30) 위의 책., 124.
31) 한국기독교학회편,『전환기에선 한국교회와 신학』신앙과 신학 제3집 (서울: 양서각, 1988), 115.
32) 박삼경, "한반도 남북통일과 평화윤리- 덕산 유석성의 평화와 통일 사상을 중심으로"『한국기독교신학논총』총 98집 (서울: 대한기독교서회, 2015, 10) 209. 재인용

인 개념을 우선시하는 정의로운 평화이다.34) 사회정의가 실현되는 곳에 하나
님의 평화가 있고, 정의가 평화를 창조한다고 그는 말한다.35) 구약성서 이사
야서에 "정의의 열매는 평화(32:17)"라고 기록된 것처럼 기독교의 평화는 정
의와 밀접히 연관되어 있다. 기독교의 평화는 정의로운 평화이며, 주어진 상
태가 아니라 실현되어가는 과정이고, 소유가 아니라 공동의 길이다.36) 더 나
아가 그는 기독교적 평화를 하나님과 더불어, 다른 사람들과 더불어, 그리고
자연과 더불어 친교 안에서 누리는 삶이라고 말한다. 한마디로 그것은 샬롬
(shalom)이다.37)

유석성이 말하는 평화는 예레미야 8장 11절 말씀에 나타난 샬롬(Shalom)
사상에 기초한다. 그는 샬롬을 정신과 몸의 개인적인 건강함과 한 민족으로
연합할 수 있는 사회적 건강으로 정의한다. 이는 경제적으로 넉넉한 상태와
종교적으로 온전한 삶을 영위할 수 있는 상황을 포함한다.38) 진정한 샬롬은
유토피아가 아니라 하늘에서부터 내려오는 것이다. 샬롬은 평화의 삶을 실천
하는 사람들에 의하여 세워질 것이다. 하나님 나라는 사랑과 정의 그리고 평
화가 실현되는 곳이다. 한반도 남북통일을 통해 이루어야 할 사회는 사랑과

---

33) 노르웨이의 평화학자인 갈퉁(J. Galtung)은 평화 개념을 소극적 평화와 적극적 평화로 구
분하여 정의한다. 소극적 평화는 전쟁이 없는 상태를 말한다. 더 나아가 폭력, 불안 억압
이 없는 상태를 뜻한다. 이 소극적 평화는 군사력 우세를 통한 전쟁방지를 의미하지만 불
충분한 평화 개념이다. 적극적 평화는 사회정의가 행해지고 있는 상태를 말한다. 그리고
구조적 폭력이 없는 상태를 적극적 평화로 보았다. 적극적 평화란 삶을 위한 능력과 수단
이 균등하게 잘 분배되어 사회정의가 실현되는 것을 의미한다.
34) 유석성이 말하는 정의로운 평화는 비폭력 무저항이 아니라 비폭력 저항에 더 강조점이 있
다. 비폭력 무저항을 주장하는 대표적인 인물로는 톨스토이가 있고, 비폭력 저항을 주장하
는 대표적인 사람은 간디나 마르틴 루터 킹을 둘 수 있다. 평화와 비폭력저항에 관하여 다
음을 참고하라. 유석성, "평화와 복음의 기쁨", 『가톨릭신학과 사상』 73 (6) (서울: 신학과
사상학회, 2014), 129-132.
35) 유석성, "평화와 복음의 기쁨", 『가톨릭신학과 사상』 73 (6) (서울: 신학과 사상학회, 2014),
122.
36) J. Moltmann, *Gerechtigkeit schafft Zukunft*(Munch: Chr.Kaiser Verlag, 1989), 58.
37) 유석성, 『현대사회의 사회윤리』(부천: 서울신학대학교출판부, 1997), 14.
38) 유석성, "평화와 복음의 기쁨". 123-4.

정의가 이루어지는 샬롬 공동체다. 샬롬 공동체는 민주적인 사회를 의미하며, 사람을 사랑하며 인간 존중을 바탕으로 평화를 만들어 가는 것을 의미한다. 남북통일이란 정의로운 평화를 이루어 가는 과정임을 그는 역설한다.[39]

한반도 통일은 하나의 민족 화해공동체를 가능하게 하는 정의로운 평화(just peace)[40]에 기반을 두고 있어야 한다고 유석성은 말한다. 통일은 그 자체가 목적이 아니라 남북한 사람들이 마음의 치유와 일치를 이루면서 하나의 평화로운 공동체를 다시 세우는 것이다. 평화통일의 목표는 정의로운 평화공동체를 세우는 것이다. 이를 위해 불신과 적대감은 극복되어야 한다. 한쪽만의 승리는 하나의 온전한 공동체를 이루지 못한다. 남북통일을 실현해 가는 과정 안에서 사회정의를 이루어 감으로써 얻어지는 열매가 평화라고 그는 역설한다. 이를 위해 먼저 남한의 사회가 정의롭고 민주적인 사회가 될 수 있게 제도적으로 구축되어야 한다고 그는 말한다.[41] 정의로운 평화는 평화적인 방법으로 통일을 이루어 가는 것을 의미한다. 한반도 통일은 전쟁과 폭력이 아니라 비폭력과 정의의 실천을 통해 이루어야할 평화통일이어야 한다. 이런 사회 구조적인 정의를 만들어 감으로써 한반도 평화통일을 이루어야 한다고 그는 말한다. 이런 면에서 그의 평화사상은 정의의 사회적 실천이라고 필자는 보고 싶다.

3. 비폭력 저항과 저항권으로서의 평화

유석성의 평화개념은 이 땅의 평화를 이루기 위해 추상적 이론에 기대지 않

---

39) 박삼경, "한반도 남북통일과 평화윤리- 덕산 유석성의 평화와 통일 사상을 중심으로"『한국기독교신학논총』총 98집 (서울: 대한기독교서회, 2015, 10), 209-10.
40) 유석성은 정의로운 평화를 구약성서에서 가져온다. 구약성서의 평화 사상을 세 가지로 그는 설명한다. 첫째, 샬롬은 하나님이 주는 선물이다. 둘째, 평화는 정의와 연결되어 있다. 즉 정의로운 평화다. 셋째, 평화는 미래지향적인 기다림이며 메시야에 대한 종말론적인 희망이다. 유석성, "평화와 복음의 기쁨",『가톨릭신학과 사상』73 (6) (서울: 신학과 사상학회, 2014), 123.
41) 유석성, "본회퍼의 평화사상과 평화통일"『기독교사상』677 (5) (서울: 대한기독교서회, 2015), 34.

고 현실적인 비폭력 저항과 저항권을 강조한다. 평화는 평화스럽게 오지 않는
다. 평화를 이루기위해서는 무엇보다 평화의 적인 악한 자를 대적하지 말라는
예수의 말씀에 그는 주목한다. 여기서 악한 자를 대적하지 말라는 것은 폭력
적으로 대응하지 말라는 것을 의미한다. 이 말씀은 악에 대하여 대응하기 위
한 수단에 관한 말씀이다. 다시 말해 악에 대한 대응 방법에는 수동적 태도로
도피하는 것(flight)과 능동적으로 싸움하는 것(fight)이 있다. 그러나 예수의
이 말씀은 도피하는 것도 아니고, 그렇다고 싸우는 것도 아닌 제3의 길인 전
투적 비폭력을 제시한다. 다른 말로, 이것은 비폭력 저항이다.42)

유석성에 의하면 예수의 비폭력은 바로 비폭력 무저항이 아니라 비폭력저
항이다. 비폭력으로 악한 자에게 저항하는 것이다. 이는 폭력으로부터 자유로
운 것을 의미한다. 폭력을 사용할 수 있음에도 불구하고 사용하지 않고 비폭
력을 행사함으로써 폭력의 악순환을 끊는 것이다. 평화는 폭력이 아니라 비폭
력 방법으로 이루어야 한다. 더욱이 예수에 의하면 평화의 길에는 원수를 사
랑하는 것이 포함된다. 원수사랑은 결코 원수에게 굴복하는 것이 아니라 적대
감을 창조적이고 지혜롭게 극복하는 것이다. 비폭력의 목적은 수단의 선택에
서 모든 폭력을 포기할 때 가능하다. 여기서 비폭력은 적대자에게 파괴적인
감정이 없는 비폭력저항이다. 약자의 비폭력은 무기력이고, 용감한 자의 비폭
력은 폭력으로부터 자유로운 비폭력이다.43)

유석성은 비폭력 저항과 연관하여 시민불복종과 저항권의 문제를 말한다.
국가권력에 저항하는 방법에는 시민불복종44)과 저항권이 있다. 시민불복종은
일반적으로 비폭력적 방법을 사용하지만 저항권은 폭력적 방법을 사용한다.

42) 유석성, "함석헌의 비폭력저항과 종교적 평화주의,"『기독교사상』(서울: 대한기독교서회,
2008. 8) 56.
43) 위의 책 60.
44) 현대의 시민불복종은 미국의 헨리 데이비드 소로우에서 시작한다. 소로우는 시민불복종의
특징을 수동적이고 비폭력적이고 정중하고 시민적이라고 하였다. 헨리 데이빗 소로우
(Henry David Thoreau)『시민의 불복종: 야생사과』강승영 옮김 (서울: 도서출판 은행
나무, 2011)

시민불복종이 소극적 저항이라면, 저항권은 적극적 저항이다. 그는 공권력에 저항할 수 있는 최후의 비상 수단적 권리로서 저항권을 인정한다. 이런 저항권의 측면에서 그는 평화주의자 본회퍼가 히틀러 암살 음모에 가담한 이유를 해석한다.45) 서양에서는 폭군방벌론이 있었고 동양에서는 맹자의 역성혁명론이 있었다고 그는 말한다.

  본회퍼가 말하는 평화를 절대적 비폭력 저항의 평화라고 볼 때, 일반적으로 이것은 그가 히틀러 암살을 시도하였던 것과는 상치된다고 볼 수 있다. 유석성은 본회퍼가 평화주의를 포기한 것이 아니라 원칙적 평화주의에서 상황에 의존하는 상황적 평화주의를 선택한 것으로 설명한다. 다시 말해, 1930년대 초에 평화주의를 주장하였던 본회퍼가 1940년대 초에 히틀러 암살단에 가담한 것은 평화주의를 포기한 것이 아니라, 하나님의 구체적인 계명에 순종한 것을 의미한다. 본회퍼의 평화사상이 그의 삶속에서 전기와 후기의 단절이 아니라 일치속의 다양한 모습의 결단이었다고 그는 본다. 그리고 본회퍼의 평화주의는 비폭력 무저항이 아니라 비폭력 저항이다. 유석성은 비폭력 저항의 원칙적 평화주의와 더불어 최후의 수단으로 저항권을 인정하는 상황적 평화주의를 함께 보는 관점을 갖고 있다.46)

---

45) 저항권과 책임윤리라는 측면에서 본회퍼의 히틀러 암살모의에 가담한 행위에 관한 그의 글은 다음을 참고하라. 유석성 『현대사회의 사회윤리』 (부천: 서울신학대학교 출판부, 1997) 80-87.

46) 유석성, "본회퍼의 평화사상과 평화윤리", 한국기독교학회, 『한국기독교 신학논총』11권 (1994) 11. 222-226. 유석성, "정의와 평화를 위한 기독교의 책임-본회퍼의 평화사상" 『기독교사상』 50 (10) (서울: 대한기독교서회, 2006), 87-90. 본회퍼의 평화 개념이 전쟁과 폭력이 없는 소극적 평화보다 정의의 실현이라는 적극적 평화를 지향한다는 점도 본회퍼가 적극적이고 주체적인 저항투쟁으로 나가는 것을 이해하는데 어느 정도 도움을 준다.

V. 유석성의 통일사상

1. 통일은 역사의 필연적인 흐름이다

유석성은 특별히 오늘의 세계를 탈냉전과 탈이념으로 변화되는 역사적 대변혁기라고 말한다. 세계사의 물결 속에서 국제정치적, 이념적 변화는 탈냉전과 신 국제질서로 개편되었다. 그는 현 세계 변화의 화산이 폭발한 기점을 1989년으로 잡는다. 1989년 11월 9일은 동서냉전의 상징인 베를린 장벽이 무너진 해이다. 1989년 12월에 미국과 소련정상들이 '몰타'에서 정상회담을 열어 군사적인 대치상태를 청산하자는 탈이념, 탈냉전을 선언함으로써 화해와 협력의 새로운 국제질서 시대를 열게 된다. 그리고 1990년 10월 3일에는 독일 통일이 이루어진다. 그리고 1991년 8월 29일에는 소비에트 연방이 붕괴되었다. 동구권과 소련의 붕괴는 사회주의체제가 붕괴되고 탈냉전 시대에 돌입했음을 의미한다.[47] 남북한이 통일되어 탈냉전의 시대를 실질적으로 맞이하는 것이 역사의 커다란 흐름이라고 그는 보고 있다. 통일 시대를 맞이하기 위해 그는 총장으로서 서울신학대학교 교양과목 필수로서 평화와 통일이라는 과목을 전교생에게 실시하고 있다.

유석성은 2015년 춘계 국제학술대회의 기조연설에서 "평화와 통일"을 언급하면서, 특별히 한국 기독교의 역사적 사명은 평화통일을 이루는 것이라고 주장한다.[48] 한국 기독교는 하나님 나라를 바라보면서 이 땅에 하나님의 뜻을 펼쳐 왔다. 한국 기독교는 130년의 역사 속에서 조선말과 대한제국 시대

---

47) 박삼경, "한반도 남북통일과 평화윤리– 덕산 유석성의 평화와 통일 사상을 중심으로"『한국기독교신학논총』총 98집 (서울: 대한기독교서회, 2015, 10), 207. 유석성, "위기의 현실과 희망의 불꽃 지피기", 34.
48) 유석성, "평화와 통일",『2015년 춘계 국제학술대회 한반도의 통일과 동아시아의 평화』(부천: 서울신학대학교, 2015), 8.

에는 개화문명 운동을 주도하였고, 일제식민 시대에는 항일운동과 독립운동
을 펼쳤으며, 해방 후에는 민주화 운동에 큰 역할을 감낭해 왔다.[49] 역사적으
로 볼 때, 평화통일을 이루는 일이 하나님의 뜻이며 한국 기독교의 시대적 사
명이라고 그는 본다. 일제의 36년 동안의 잔혹한 식민지 지배 동안에도 한국
의 교회들이 해방의 염원을 포기하지 않은 점에 그는 주목한다. 지금 한국 교
회의 사명은 한반도 남북통일의 꿈을 포기하지 않고 평화를 만들어가는 것
(peace-making)이다. 그는 계속해서 21세기의 가치는 평화이며, 그 목적은
통일이라고 주장한다.

2. 통일은 정의를 이루는 일이다.

유석성은 한국 분단의 무거운 짐으로 인해 민중이 억눌려 고통 받는 비명
소리와 함께 통일이 시작되었다고 강조한다. 분단으로 인한 고통과 억압을 받
는 사람들의 소리에 귀 기울이는 것을 그는 중요하게 생각한다. 이런 들음이
야말로 상호간의 진정한 소통과 정의를 이루는 일이고, 상호성(mutuality)의
공동선을 향한 중요한 첫 걸음이라고 그는 본다. 통일은 바로 이런 상호 신뢰
를 증진하는 일이며, 또한 서로를 품을 수 있는 과정이 된다. 통일은 분단 가
족들의 슬픔을 씻어내는 것을 포함한다. 그가 주장하는 통일은 남북한이 분단
으로 인해 고통과 아픔을 더 이상 경험하지 않도록 정의로운 사회 구조들을
만듦과 더불어 서로 연합된 모습으로 상호 일치를 추구해 가는 것을 의미한
다. 이를 위해 남북한의 상호 정시방문과 수시방문은 통일 공동체의 형성을
위해 회복되어야 할 시급한 과제이다. 남북한 사람들이 서로를 알아가야만 한
몸의 공동체는 이루어진다. 개인적인 접촉이 자주 이루어질 때, 서로의 불신
과 의심을 극복해갈 수 있다. 상호 신뢰성이 이루어질 때만 함께 더불어 통일

---

49) Suk-Sung Yu, "The Reunification of Korea and Peace in East Asia" in 『World
    Christianity and the Fourfold Gospel』(Seoul Theological University Press,
    2015), 5.

의 공동체로 나아갈 수 있다. 이러한 과정은 분단으로 축척된 민족의 한을 풀어 가는 것이라고 볼 수 있다. 이런 면에서 남북한 통일은 바로 하나님의 정의를 이루는 것이다.

통일을 위해 노력하는 것과 남한의 정의를 이루는 것이 별개가 아니다. 통일한다는 것은 분단 이전의 과거 상태로 회귀하는 것이 아니라, 남북한이 모두 정의가 실현되는 새로운 미래 사회를 창출하는 것이다. 정의가 있는 곳에 새로운 사회가 있다. 유석성은 평화는 정의와 일치와 자유의 모습으로 구체화된다고 말한다. "평화는 인권이 보장되고 인간이 인간답게 사는 정치적 민주화, 경제적인 사회정의의 실현, 문화적 소외감의 극복, 자연과의 화해와 조화, 하나님 나라를 지향하는 교회 속에서 구체화된다."50) 구체적으로 불평화의 구조를 만들어내는 분단의 담을 헐고 통일이 되도록 먼저 통일 환경을 만들고 통일을 이루어야 한다.51) 그는 성서의 희년의 시각으로 남북통일을 내다본다. 희년은 구약성서 레위기 25장 8-10절에 나오는 대로 안식년의 일곱 번 되풀이 되는 해의 그 다음 해를 말한다. 희년의 해에 잃어버린 영토가 회복되고 종들이 해방을 맞이한다. 이는 하나님의 정의를 기반으로 해방 공동체를 다시 실현하는 것이다. 남북통일은 성서적인 희년처럼 국가적인 해방을 목표로 한다. 그것은 민주적인 사회 정의를 이루는 것이고, 평화의 계약 공동체를 회복하는 것이다.

3. 통일은 평화를 만드는 것이다

예수 그리스도는 그리스도인들에게 평화를 만드는 자들이 되라고 말씀하였다. "화평케 하는 자는 복이 있나니 그들이 하나님의 아들이라 일컬음을 받을 것임이요"(마태 5장9절) 라고 성서는 말한다. 여기서 화평하게 하는 자의 원

---

50) 유석성, "본회퍼의 평화사상과 평화윤리", 227.
51) 유석성, "평화의 이념과 평화윤리", 『교수논총』 제3집 (부천: 서울신학대학교, 1992), 81.

문은 '에이레노포이오이'(eirevopoioi)이며, 원래의 뜻은 평화를 만드는 사람들이다. 이 말은 평화를 지키는 사람들(peacekeepers)의 수준을 넘어 평화를 만드는 사람들(peacemakers)이 되라는 뜻이다. 왜냐하면 평화는 본래 주어진 상태가 아니라 실현되어 가는 과정이기 때문이다.52) 평화를 만드는 사람들이라는 원문은 복수형이다. 복수형을 사용하는 것은 평화가 혼자서 가는 길이 아니라 공동의 길임을 뜻한다. 따라서 평화의 길은 서로가 연대하여 함께 공동으로 가는 길임을 유석성은 강조한다.53)

유석성은 평화만들기, 즉 화해의 평화운동을 제안한다.54) 이러한 제안은 통일의 신학-윤리를 더 정교하게 하려는 시도이다. 그리스도는 중보자로서 화해를 만드는 사제이다.55) 만약 화해가 없다면, 즉 이 세상의 분리된 것이 치유되지 않는다면, 거기에는 정의가 있을 수 없다. 화해의 일은 미래를 함께 세워가는 일에 헌신하도록 결속력 있는 공동체를 만들어가는 투쟁에서 가장 중요한 과정이다. 그러므로 화해와 연대감은 공동체의 정의를 위한 일에서 중요한 요소들이다. 나누어진 공동체와 사람들이 있는 한, 참다운 화해는 이루어질 수 없다.

유석성은 소통과 대화는 화해의 실천이라고 주장한다. 통일은 주어진 상태가 아니라 만들어가는 과정이다.56) 아름다운 평화 통일을 이루기 위해서는 어떠한 일이 있더라도 남북 대화는 이어져야 한다. 남북 대화는 서로의 협상을 통해 갈등을 해결하는 일이다. 이로 인해 서로를 이해하고 서로의 관계를 더욱 풍요롭게 할 수 있다. 남북한의 계속적인 대화를 통해 인도적 지원이나 사회 문화교류나 경제협력이 더욱 공고하게 이루어져한다. 그리고 더 나아가 군축과 평화체제 구축을 위한 대화의 물꼬가 이어져야 한다. 지금은 무엇보다

---

52) 유석성, "〈신앙과 윤리〉 평화를 만드는 사람들", 『한국성결신문』 2008년 8월 20일
53) 박삼경, "한반도 남북통일과 평화윤리- 덕산 유석성의 평화와 통일 사상을 중심으로"『한국기독교신학논총』 총 98집 (서울: 대한기독교서회, 2015, 10), 210.
54) 유석성, "본회퍼의 평화사상과 평화통일" 34.
55) 유석성 "본회퍼의 중심과 중보자로서 예수 그리스도"『신학과 선교』 23권 1998. 519.
56) 유석성, "본회퍼의 평화사상과 평화통일" 34.

한반도에서 전쟁을 방지하도록 정전 체제를 평화 체제로 전환하면서 동북아 평화 체제를 구축해 가는 것이 남북의 화해를 발전시켜 나아가는 길이다.

유석성은 동아시아에 있는 다양한 평화의 전통을, 동아시아의 평화실현에 원용해야 한다고 제안한다. 한, 일, 중 3국은 유교, 불교, 도교, 및 묵가, 법가, 그리고 도가의 영향 속에서 살았고, 그들에게는 각각의 고유한 평화사상이 있다. 예를 들어, 한국에는 신라 원효의 화쟁57) 사상이 있고, 안중근의 동양평화론58)도 있다. 무엇보다 동아시아의 평화를 위해서 동아시아 국가들은 책임과 연대의 정신을 가지고 평화를 실천하는 길에 협력해야 한다고 그는 주장한다.59) 그는 동아시아의 평화는 한반도 평화통일이 없이는 가능하지 않다고 주장한다. 이를 다시 거꾸로 보면, 통일한국은 동아시아의 평화뿐만 아니라 세계평화에 기여할 수 있을 것이라고 그는 예견한다.60)

4. 평화통일을 위한 한국교회의 역할

1950년대 한국의 기독교인들은 비참한 경험을 겪었다. 한국전쟁 동안 교회의 많은 지도자들이 북한 공산정부로부터 처형을 받았다. 이러한 경험은 남한에 반공 사상(anti-communism)을 세우는 데 크게 기여하였다. 1961년에 군사 쿠테타를 일으켜 정권을 잡은 박정희의 정책은 경제 건설이 첫 번째요, 통일은 두 번째였다. 박정희 정권 아래에서 대부분 남한 교회들은 반공정책에 따라 통일에 대한 관심을 갖지 않았다. 정부의 경제 성장 정책에 따라서 남한 교회들은 교회성장에 우선 관심을 기울였다. 1970년대에 대부분 한국 교회들

---

57) "화쟁이란 불교 신앙 안에서 다양한 경향의 경전이나 여러 종파의 상호 대립하는 가르침들 사이의 다툼과 갈등을 화해 융합시키는 원효 특유의 해석학적 방법을 말한다." 신옥희, 『일심과 실존, 원효와 야스퍼스의 철학적 대화』(서울: 이화여자대학교 출판부, 2000), 240
58) 신용하 엮음, 『안중근 유고집』(서울: 역민사, 1995), 169-180.
59) 유석성, "본회퍼의 평화사상" 정원범 엮음 『평화운동과 평화선교』(서울: 한들출판사, 2009), 154-159.
60) 박삼경, "한반도 남북통일과 평화윤리- 덕산 유석성의 평화와 통일 사상을 중심으로" 『한국기독교신학논총』 총 98집 (서울: 대한기독교서회, 2015, 10), 218-19.

은 보수적이었고, 개인구원에만 관심을 갖고 통일에 대해서는 정부의 반공정책에 편승해 갔다. 그 반면에 진보적인 교회들은 한국사회의 문제점에 깊은 관심을 갖게 되었고, 주요관심은 남한의 민주화와 인권에 쏠려있었다. 또한 남북한 관계에서 공존과 화해를 추구하는 통일운동에도 관심을 기울였다.

유석성은 분단된 한반도의 남과 북을 화해시키는 위한 교량으로서 한국 교회의 역할을 강조한다.[61] 한국교회는 남북한의 신뢰구축을 위한 통일 환경을 조성하도록 노력해야 한다고 그는 말한다. 이를 위해 통일교육과 평화교육을 실시해야 하며, 이런 면에서 교회가 서로 연합하여 함께 나가야 한다고 그는 힘주어 말한다.[62] 그리고 "한반도 통일신학은 평화신학에 근거해야 한다."[63]고 그는 주장하면서, 통일은 평화적 방법으로 되어야 하고, 통일은 평화를 실천하는 한 과정이라고 말한다. 이런 면에서 남북한은 서로 존중과 믿음을 기초로 하는 관계가 되어야 한다. 신뢰 그리고 협력을 증진시키기 위해서는 남북한 서로의 관계가 가장 중요하다고 본다. 남북한 관계의 진전 없이는 평화가 결코 이루어질 수 없다. 통일하려는 뜻이 있는 곳에 길이 있다고 한다. 그리고 한국교회에게 평화와 통일을 위하여 일하라고 그는 촉구한다. 평화와 통일을 위한 일은 바로 하나님의 명령이라고 그는 힘주어 강조한다. 그러므로 교회는 하나님의 이런 명령을 수행할 의무가 있다.

VI. 나가는 말

유석성은 한반도의 통일은 평화통일이어야 한다고 주장한다. 왜 한반도의

---

61) 위의 글, 261-265.
62) 박삼경, "한반도 남북통일과 평화윤리- 덕산 유석성의 평화와 통일 사상을 중심으로" 『한국기독교신학논총』 총 98집 (서울: 대한기독교서회, 2015, 10), 217.
63) 유석성, "본회퍼의 평화사상과 평화통일", 32.

통일은 이루어져야 하는가? 분단으로 말미암아 초래된 남북한의 이질화 현상을 극복하고 한민족의 동질성을 회복하기 위해 통일을 이루어야 한다고 그는 말한다. 더 나아가 한민족의 번영을 위해 통일을 이루어야 한다고 말하면서, 그는 분단 때문에 생긴 이산가족들의 고통을 해결하기 위해 인도주의적인 측면에서도 통일은 필요하다고 역설한다. 그리고 한반도의 통일은 동아시아평화뿐만 아니라 세계평화에도 이바지할 것이다. "분단된 한민족에게 오늘의 복음은 무엇이겠는가?" 라고 긴박한 물음을 던지면서, 그는 기쁜 소식은 바로 평화통일이라고 답변한다. 그에 의하면 한반도의 평화통일은 한민족의 염원이면서 동시에 우리 민족이 실현해야 할 긴급하고 필요한 과제이고, 우리 민족에게 주어진 역사의 시대적 사명이다. 신앙적 차원에서 보면, 한반도의 평화통일은 하나님의 계명이고, 예수님의 평화 명령을 실천하는 일이다.

지금까지 우리는 21세기의 평화통일을 위해 유석성의 정의와 평화를 중심으로 한반도의 통일사상을 알아보았다. 그가 말하는 평화통일은 단지 정치적으로 남한과 북한을 하나의 공동체로 통합하려는 것이 아니라 사랑과 정의 그리고 서로 존중하는 공동체로 새롭게 만들어가야 하는 과정임을 의미한다. 그것은 사회정의를 기반으로 더 평화로운 나라를 그리고 공정하고 공평한 사회를 건설하는 것이다. 그의 이러한 신학-윤리적인 성찰은 한 민족의 통일 공동체를 형성하는 일에서 무엇보다 정의와 평화가 본질적인 주된 요소라는 것을 보여준다.

유석성의 평화 만들기 패러다임은 구체적이고 실질적인 화해의 적용을 선사한다고 본다. 반세기 넘게 분단으로 인해 그동안 쌓였던 남북한의 적대감, 불신, 그리고 맺힌 마음의 한은 화해를 통해 해결되어야 한다. 특별히 화해는 예수 그리스도의 십자가 사건을 근거한다. 예수 그리스도의 십자가 사건은 갈등과 분쟁을 넘어 용서와 치유로 이끄는 새로운 화해의 가능성을 제시해 준다고 그는 본다. 예수 그리스도의 십자가 사랑은 원수 간이 진정한 화해를 가능하게 한다. 남북한의 통일을 이루기 위해 기독교인들이 따라가고 추구할 것은 바로 원수도 포용하는 십자가의 아름다운 사랑이다.

본래 같은 하늘 아래 같은 민족으로서 하나의 평화 공동체를 이루어야 하는 시대적 사명이 남북한 모두에게 숙제로 남겨져 있다. 같은 하늘 아래 사는 남북한 모든 사람들이 진정 평화통일을 위해 헌신해야 할 것이다. 에스겔 37장 15절-26절을 보면, 통일을 원하시는 하나님을 볼 수 있다. 에스겔서 37장은 이스라엘의 분열이 하나님의 뜻에 반대되는 것이라고 한다. 하나님은 남 유다와 북 이스라엘이 하나가 되기를 바라신다. "그들로 한 나라를 이루어서 한 임금이 모두 다스리게 하리니 그들이 다시는 두 민족이 되지 아니하며 두 나라로 나누이지 아니 할지라(에스겔 37장 22절). 분단으로 인한 고통과 슬픔이 더 이상 존재하지 않고 평화와 정의가 입맞춤 하는 하나님 나라의 샬롬 공동체가 하늘에서 이루어진 것처럼 이 땅에서도 이루어지기를 소원한다. 온 국민이 즐겨 불렀던 통일의 노래로 결론 부분을 마치려고 한다.

우리의 소원은 통일 꿈에도 소원은 통일
이정성 다해서 통일 통일을 이루자
이겨레 살리는 통일 이나라 살리는 통일
통일이여 어서 오라 통일이여 오라

■ 참고문헌

〔Books〕

서울신학대학교 평화통일연구원 공저. 『통일시대로 가는 평화의 길』 서울: 열린서원, 2015.

유석성 옮김. 『디트리히 본회퍼 선집』 V. 4. 그리스도론 서울: 대한기독교서회, 2010.

손규태 정지련 옮김 디트리회 본회퍼 선집 Ⅷ 서울: 대한기독교서회, 2010.

유석성. 『현대사회의 사회윤리』 부천: 서울신학대학교 출판부, 1997.

그리스도교 철학연구소편 『현대사회와 정의』 철학과 현실사, 1995.

함석헌 뜻으로 본 한국역사 함석헌전집 1 서울: 한길사 1990.

신용하 엮음. 『안중근 유고집』, 서울: 역민사, 1995.

〔Articles〕

유석성, "평화와 통일" 『2015년 춘계 국제학술대회 한반도의 통일과 동아시아의 평화』 부천: 서울신학대학교, 2015. 8-10.

유석성, "본회퍼의 평화사상과 평화통일" 『기독교사상』(5) 서울: 대한기독교서회, 2015. 28-35.

유석성, "평화와 복음의 기쁨" 『카톨릭신학과 사상』 73 (6) 서울: 신학과 사상학회, 2014. 118-140.

유석성, "정의와 평화의 실현을 위하여" 대한기독교서회 『기독교사상』 657. 2013.9. 8-10.

유석성, "본회퍼의 평화사상과 동아시아의 평화" 2014년 10월 제 29회 성결포럼 미국 L.A. 강연집. 1-18.

유석성, "함석헌의 평화사상 -예수·간디·함석헌의 비폭력저항" 씨알사상연구소 편 『생각하는 백성이라야 산다』 서울: 나눔, 2010. 438-463.

유석성. "본회퍼의 평화사상" 정원범 엮음 『평화운동과 평화선교』 서울: 한들출판사, 2009. 154-159.

유석성, "함석헌과 본회퍼의 평화사상" 서울신학대학교 기독교신학연구소.
『신학과 선교』 33권. 부천: 서울신학대학교, 2007. 1-20.

유석성, "정의와 평화를 위한 기독교의 책임: 본회퍼의 평화사상" 대한기독교
서회. 『기독교 사상』 50. 2006. 10. 84-93.

유석성, "디트리히 본회퍼" 『현대신학을 이해하기 위해 꼭 알아야 할 신학자
28인』 서울: 대한기독교서회, 2001. 200-214.

유석성, "책임은 하나님의 명령에 대한 복종이다" 대한기독교서회 『기독교사
상』 44. 2000.4. 238-241.

유석성, "본회퍼의 그리스도 현실의 신학" 조성노 편 『현대신학개관』 성남:
카리스마, 1999. 305-338.

유석성, "위기의 현실과 희망의 불꽃 지피기 대한기독교서회 『기독교사상』
42. 1998. 12. 29-42.

유석성, "분단의식과 평화통일 지향적 가치체계" 대한기독교서회 『기독교사상』
39. 1995. 6. 30-40.

유석성, "본회퍼의 평화사상과 평화윤리" 한국기독교학회, 『21세기 한국신학
의 과제』 〈한국기독교 신학논총〉 11권. 1994. 203-228.

유석성, "평화의 이념과 평화윤리" 『교수논총』 제3집 부천: 서울신학대학교, 1992.

박삼경, "이데올로기를 넘어서 화해의 윤리공동체를 향하여" 『한국기독교신
학논총』 91(2014) 185-207

박삼경, "한반도 남북통일과 평화윤리- 덕산 유석성의 평화와 통일 사상을 중
심으로" 『한국기독교신학논총』 98(2015) 203-224.

『정경News』 2015 6월 통권 183호.

『정경News』 2014년 9월 통권 174호.

Isasi-Diaz, Ada Maria. "Reconciliation: a Religious, social, and Civic
virtue" *Journal of Hispanic/ Latino Theology* (May, 2001) 5-36.

J. Moltmann, *Gerechtigkeit schafft Zukunft*. Munch: Chr.Kaiser Verlag,
1989.

In the Study of the Korean Reunification of Suk-Sung Yu
- Justice and Peace in his Thought

Sam Kyung Park

(Assistant Professor, Seoul Theological University)

ABSTRACT

This paper is a study on the Korean reunification of Suk-Sung Yu. This paper is examined on the his thoughts of Korean reunification in order to construct a new society in which all people will live together in peace and justice. I work with the notion of peace and justice in Suk-Sung Yu, a president of Seoul Theological University. In doing this, this study asserts that he claims that Korean reunification must be achieved by peace and justice. He also posits that reunification has to involve the Korean churches and its focus must be the creation of one peaceful and national community. The primary task of this study is to examine his books, materials and resources for the Korean reunification. In particular, he focuses on peace and justics as a new praxis in the divided Korea. For him, peace is the central theme of the biblical proclamation of the gospel. The Christian gospel is a gospel of peace(Ephesians 6:15). It makes clear that the purpose of reunification is to seek the construction of a new society between the South and the North in which all people will live together in a peaceful and just society. In order to accomplish the Korean reunification, Christian must focus on reunification that is not limited to political reunification, but aims to protect the dignity of every person and to contribute to the full participation of all Koreans in one just community.

KEY WORDS Reunification, The Kingdom of God, Justice, Peace, Suk-Sung Yu

한반도 통일의 전제와 방안에 관한 연구
- 영세중립국화 방안을 중심으로

남태욱
서울신학대학교, 기독교윤리학
서울신학대학교 대학원 (Ph. D)

한반도 통일의 전제와 방안에 관한 연구
– 영세중립국화 방안을 중심으로

남태욱 박사 (기독교윤리학)

국문요약

과거 70여 년간 남북한 정부는 분단을 극복하려는 노력보다는 분단을 고착시키는 안보에 집중했다. 작금 우리는 분단의 현실을 직시하지 못하고 갈등과 대립을 반복함으로써 파괴적이고 비극적인 신냉전의 위기를 맞고 있다. 국민의 정부와 참여정부가 추진한 햇볕정책은 이명박 정부와 박근혜 정부에 이르러 사실상 실패한 정책으로 규정되었고 폐기된 것이나 다름없다. 그리고 평화적 통일방안보다는 북한의 자체 붕괴를 통한 흡수통일이나 전쟁을 통해 북한을 접수하려는 속내를 드러내고 있다. 지금까지 우리는 감상적으로 통일문제에 집중했다. 본 연구는 한반도 통일 방안에 관한 것이다. 이를 위해 필자는 첫째, 한반도 분단에 관한 남북한 모두의 공통된 인식에 이르고자 분단의 역사적 배경 및 원인을 규명할 것이다. 분단의 원인을 알아야 극복을 위한 과정과 그 방안을 찾을 수 있기 때문이다. 둘째, 분단 극복을 위한 실천적인 전제들을 찾고자 한다. 이는 통일 이전에 제거되어야 할 장애와 극복해야 할 과제를 인식하기 위함이다. 셋째, 남북한 정부 간 합의한 선언들을 분석하여 통일의 대원칙을 재차 확인할 것이다. 왜냐하면 이러한 노력들은 분단을 극복하는 신념이며, 통일에 이르는 역사적 토대인 동시에 과정이기 때문이다. 마지막으로 이를 토대로 타당하고 현실적인 통일방안을 모색함으로써 통일의 민족적 비전을 제시하는 것을 본 연구의 최종적인 목적으로 한다.

주제어 한반도 통일과 전제, 영세중립화, 평화, 자주, 민족대통합

I. 서 론

"통일은 대박이다." 2014년 1월 7일 박근혜 대통령은 신년 기자회견에서 피력한 것이다. 그 내용은 대한민국이 더 도약하기 위해서는 통일이 필수적이라는 것과 함께 북한에 대한 인도적 지원 강화와 민간교류를 확대할 것과 이산가족 상봉이었다. 그리고 향후 비무장지대(DMZ) 평화공원 조성과 유라시아철도건설도 추진하겠다는 것이다.[1] 그 후 정확히 2년에서 하루가 모자라는 1월 6일 오전 10시 북한은 4차 핵실험[2]을 단행했고, 이어 2월 7일 오전 9시 30분 장거리 로켓을 이용해 위성 광명성 4호를 발사했다. 우리 정부와 미국, 일본은 유엔 안전보장이사회에 북한 제재안을 상정했다. 이어 한국 정부는 개성공단을 전면 철수를 단행했고 곧 바로 북한은 개성공단 폐쇄와 자산 동결, 그리고 타 지역으로의 이전을 발표했으며, 대한민국과 미국에 전쟁 불사를 전격적으로 선포했다. 이어 한국과 미국 정부는 고고도미사일방어체계, 사드(THAAD) 배치 논의를 시작했으나 중국은 이를 적극 반대하면서 북한 핵문제와 한반도 평화협정체결을 연계할 것을 제의하여 2월 24일 상당한 합의에 이르렀으며, 3월 3일 새벽 0시 유엔 안전보장이사회는 유례없이 초강력 대북제재안 2270호를 만장일치로 채택했다.[3] 이미 한국 정부와 미국, 그리고 일본

---

[1] http://news.naver.com/main/read.nhn?mode=LPOD&mid=tvh&oid=449&aid=0000004268. "박근혜 대통령 통일은 대박…설 이상가족 상봉 제의"

[2] 유엔(UN) 안전보장이사회는 북한의 2006년 1차 핵실험에 대한 1718호, 2009년 2차 핵실험과 1874호, 2013년 3차 핵실험에는 2087호 대북제재결의안을 채택한 바 있다.

[3] http://www.yonhapnews.co.kr/bulletin/2016/02/25/0200000000AKR20160225086952071.HTML?input=1195m rhd@yna.co.kr "미중, 유엔 대북제재결의안 초안 합의…안보리 내일 논의 착수"
http://news.heraldcorp.com/view.php?ud=20160112000709&md=201601150041 21_BL "그레그 전 주한대사 오바마 대북정책 총체적 실패…핵실험으로 북과 대화 필요성 증가" onlinenews@heraldcorp.com 지난 1월 12일 그레그 전 주한대사는 북한의 제4차 핵실험과 관련해 북한과 대화할 필요성이 더욱 증가했다고 진단하면서 "오바마 정부의 대북정책, '전략적 인내'를 '총체적 실패'로 규정했다. 그는 미국의 대북정책 실패에 대해 미국의

은 독자 제재에 나섰으며 중국도 동참했다. 이 같은 조치만 본다면 '통일 대박론'은 온데간데없어지고 오히려 '통일 쪽박론'을 지나 남은 쪽박마저 깨려는 것이 아닌가 하는 '통일 대박론'에 대한 우려와 불안이 교차한다.

대북관계는 국민의 정부와 참여정부 10년 간 햇볕정책으로 성과를 보는 듯했으나, 이후 이명박 정부는 2008년 박왕자씨 사건으로 '금강산관광'을 금지했으며, 2010 3월 26일 천안함 사건에 의한 5·24 조치를 발표했고 현 박근혜 정부는 2월 10일 개성공단 철수를 결정했다. 이명박·박근혜 두 정부는 지난 10년을 잃어버린 10년으로 규정하고 '햇볕정책'을 무단 폐기했다. 현 정부는 북한의 붕괴를 통한 흡수통일을 염두고 있으며, 그것이 어떤 방식이든 이는 한반도에서 또 다시 한반도에서 무력사용의 가능성을 열어 놓는 것이다. 이런 암담한 상황 속에서 우리는 통일 논의의 불씨를 어떻게 다시 살려낼 수 있을까? 하는 것이 본 연구의 동기이며, 지난 10년간의 햇볕정책을 계승하여 분단 극복의 희망과 한반도 통일의 민족적 비전을 제시하는 것이 본 연구의 목적이다. 즉 한반도 분단의 상황과 원인을 분석하여 평화로운 통일을 위해

북한의 제4차 핵실험을 예측하지 못한 점과 핵 문제에 집중한 나머지 대화의 시기를 놓쳤다는 점, 끝으로 지금까지 미국의 대북정책은 실효를 거두지 못했다고 주장하면서 오히려 김정은이 제4차 핵실험을 통해 북한식 '전략적 인내'를 보여주는 것이라고 해석했다. 그리고 그는 제재보다 대화와 접촉이 오히려 핵문제 해결에 효과적인 전략이라는 헨리 키신저 전 국무장관의 견해에 전적으로 동의하였다. http://blog.naver.com/parkhs43?Redirect= Log&logNo=220622097207 "유엔, 안보리 대북제제 10년 사실상 실패 시인" 북한의 핵·미사일 개발을 막기 위해 유엔 안전보장이사회가 취해온 대북(對北) 제재가 사실상 실패했다는 유엔 보고서가 나왔다고 AFP통신이 8일(현지시간) 보도했다. AFP가 입수한 약 300쪽 분량의 기밀 보고서에 따르면 유엔 전문가 패널은 "북한에 대한 안보리의 현 제재에 과연 효과가 있는지에 대해 심각한 의문이 있다"라며 지난 10년간 안보리가 취해온 대북제재를 사실상 실패했다고 평가했다. 안보리는 지난 7일 북한의 장거리 로켓(미사일) 발사시험 직후 소집된 긴급회의에서 북한의 이번 행위가 '안보리 결의 위반'이란 결론을 내리고 추가 제재를 위한 논의에 착수한 상태다. 안보리는 2006년 북한의 제1차 핵실험 이후 4차례 대북 제재 결의안을 채택하면서 북한을 압박해왔다. 유엔 전문가 패널의 이번 보고서는 "10년 동안 4번의 대북 제재 결의가 있었으나 현재까지도 북한은 핵·미사일 프로그램을 폐기할 어떤 의사도, 징후도 보이지 않고 있다"고 지적했다. 보고서는 또 "그간의 안보리 제재 조치는 계속 강해지고 있는 북한의 핵·미사일 위협을 예방하는 데 어떤 역할도 하지 못했을 뿐 아니라, 아프리카 등 다른 국가들이 결의안을 이행토록 하는 데도 실패했다"고 밝혔다.

선행되어야 할 실천적인 전제를 규명하여 보다 합리적이고 현실적인 통일을 위한 방안을 제안하고자 한다. 첫째, 한반도 분단에 관한 남북한 모두의 공통된 인식을 갖는 것이다. 둘째, 이를 토대로 분단 극복을 위한 실천적인 전제를 성찰하고자 한다. 셋째, 분단 극복의 다양한 방안, 폭력과 전쟁에 의한 통일, 흡수통일, 영세중립화 방안 등을 검토하여 평화롭고 자주적인 민족대단결의 원칙에 근거한 방안을 찾고자 한다.

Ⅱ. 한반도 분단 이해

1. 분단의 역사적·정치적 배경

19세기 말, 조선 정부는 동학농민혁명을 빌미로 파병된 청일 양국군의 철군을 요구하였다. 양국은 이에 응하지 않고 충돌 위기를 맞자, 영국 외상 킴벌리(Kimberley)는 남부조선은 일본이, 북부조선은 청나라가 점령할 것을 제안하였다.[4] 이 제안은 청일 양국에 의해 거절되었고 급기야 1894년 동학농민혁명을 빌미로 청일전쟁이 촉발되었으며, 이로 인해 1895년 4월 17일 시모노세키조약으로 청나라는 조선의 종주권 포기하였다. 그리고 1902년 1월 30일 영일동맹이 체결됨으로써 일본은 한반도에 대한 입지를 강화했다. 1904년 러일전쟁에서 일본의 승리 그리고 1905년 7월 29일 미국과 일본의 가쯔라·태프트 밀약(Katusa-Taft Secret Agreement)이 체결되었다.[5] 이는 필리핀에 대한 미국의 지배권을 인정해준 대가로 조선에 대한 일본의 지배권을 상호묵인 내지 승인하여 미국은 일본의 조선지배권을 시인한 것이다.[6] 급

---

4) 趙鏞河, "韓半島 분단의 역사적인 원인과 책임(1)," 「北韓」(1993년 6월호), 90.
5) 김병오, 『민족분단과 통일문제』(서울: 한울, 1990), 19.
6) 이영희, 『전환시대의 논리』(서울: 형성사, 1982), 236-7.

기야 일본은 1905년 11월 을사늑약을 거쳐 1910년 8월 조선을 병탄하였다. 한반도가 일본의 식민지로 전락한 중요한 원인은 조선의 국력약화와 국민들의 분열, 주변 국가들의 조선 침략과 미국의 조선에 대한 일본의 우월권 인정 등이 복합적으로 작용한 결과였다.[7] 즉 19세기 말 세계열강들의 국제적 이해관계 속에서 발생한 일본 제국주의의 산물이었다.

1945년 8월 해방 전, 1943년 3월 미국 루즈벨트(Franklin D. Roosevelt) 대통령과 헐(Cordell Hull) 국무장관, 영국의 이든(Anthony Eden)과의 워싱턴 회담, 1943년 11월 27일 미·중·일 3국의 카이로 선언, 1943년 11월 28일 미·영·소 3국의 포츠담 회담, 1945년 2월 8일 미·영·소 3국의 얄타 비밀 회담, 그리고 1945년 7월 26일 포츠담 선언을 거쳐 한반도의 분할은 확정되었다. 38도선 분할점령안은 트루먼(Harry S. Truman)의 일반명령 제1호의 승인으로 영·중·소에 전달되었다.[8] 일반명령 제1호는 9월 2일 일본 항복의 공식서명과 함께 맥아더(D. MacArthur)에 의해 포고되었으며, 한반도 38도선 이북 일본군의 무장해제는 소련이 이남은 미군이 담당하여 미·소 양군의 한반도 분할점령을 공식화했다. 이와 같이 한반도 분단은 미·소의 군사적 편의주의에 입각한 임시 조치로서 이루어졌다. 결국 이 군사분계선은 한반도에 2대강국의 군정을 초래했으며, 잠정적이기를 바랐던 38도선은 군사적 의미 이상의 복잡성을 띠면서 사실상 하나의 정치적 분계선, 나아가서 한반도의 분단선이 되었다. 이처럼 한반도는 1차 1945년 8월 15일 '국토분단', 2차 1948년 8월 15일 남한과 9월 9일 북한의 정부수립으로 인한 '정치적 분단', 3차 1950년 6월 25일 한국전쟁의 발발과 1953년 7월 27일 정전과 함께 '민족분단'이 고착되어 지금에 이르고 있다.[9] 한반도는 2차 세계대전 이후, 재편

---

7) 강종일, "한반도 평화와 통일을 위한 남북 영세중립화방안 연구," 「시민정치학회보」(2000년 제3권), 34.

8) 洪淳鎬, "제10장 한반도 분단문제 및 중립화론의 역사적 변천과정: 조선왕조시대부터 한국전쟁 휴전까지(1392-1953)," 하영선, 『한국외교사와 국제정치학』(서울: 성신여자대학교출판부, 2005), 254. 재인용. 얄타회담에서 루즈벨트는 러일전쟁에서 상실했던 한반도에서 있어서의 러시아의 권리를 회복시키는 문서에 서명했다.

된 세계질서, 미국과 소련 양국의 헤게모니를 지키기 위한 냉전체제의 첫 희생물이 되었다. 마땅히 일본에서 분단이 발생했어야함에도 불구하고, 일본의 제국주의 침략과 미국과 소련의 정치적 이해관계 및 편의에 의해 결국 한반도 분단은 불편부당한 현실이 되었다.

2. 분단 요인과 유형

2차 세계대전(1939-1945) 종전 이후 분단을 극복하고 통일을 성취한 국가로는 오스트리아(1955), 베트남(1975), 예멘(1990) 그리고 독일(1990)이 있다. 오스트리아는 패전국의 일원으로 미·영·프·소에 의해 분할 점령되었다. 그러나 오스트리아는 온건 사회주의자인 칼 레너(Karl Renner) 주도 하에 피점 3개월 전에 이미 통합 임시정부를 수립할 수 있었고 이를 토대로 단일 행정구역을 10년 간 유지하다가 최종적인 통일에 이르렀다. 베트남은 장기간에 걸친 전쟁을 끝내고 1975년 무력에 의한 사회주의 통일을 이뤘다. 서로 다른 체제를 가진 북예멘과 남예멘은 1990년 권력 배분을 조건으로 통일에 합의하였으나, 끊임없이 대립하여 결국 두 달에 걸친 내전을 통해 1994년 재통일에 이르렀다. 반면에, 독일은 민주적이고 평화적인 방법으로 동독을 경제적으로 흡수하여 분단을 극복했다. 1990년 10월 3일 전격적으로 신속히 이루어진 독일 통일은 2차 세계대전 이후 국제정치사의 기념비적인 사건이자 상징이 되었다.10) 2차 세계대전 후 분단국가의 출현은 대전 중에 논의된 전

---

9) 김경호, "한반도문제와 평화번영정책의 실천적 과제," 「통일전략」 제4권 제2호(2004. 12), 38-40. 한반도 분단의 과정에 있어서도 이 보다 더 세분화해서 김경호는 영토분단(1945), 정치분단(1948), 민족사회분단(1950 한국전쟁), 한반도의 2차 분단(한국전쟁 정전 1953). 분단의 현재(1953년 이후)의 다섯 과정으로 분석하는 입장도 있다.

10) 동서독은 분할과 점령군 통치기(1945-1949), 동서독 정부 수립(1949), 대립과 경쟁기(1950-1961), 과도기(1960s), 공존과 협력기(1970s-1980s)를 거쳐 통일에 이르렀다. 남태욱, "한반도 평화통일에 대비한 시민교육: 독일 통일과 한국 교회를 중심으로," 장정애·Anja Besand 외, 『통일과 민주주의』 (부산: 한국디지털도서관포럼, 2000), 196-8.

후처리 과정 및 냉전이라는 시대적 배경과 정치 외교적 조건하에 분단된 국가들을 지칭한다. 따라서 동·서독, 남·북한, 사회주의 통일 이전의 월남, 중국 등 4개국에 한정된다.11) 국제정치적 측면에서 월남과 중국은 '내쟁형 분단국가'라는 특수성에 기인하지만 동서독과 남북한은 '국제형 분단국가'이며 동서독은 '안전형', 남북한은 '불안정형'이라는 차이가 있다.12) 즉 한반도 분단 유형은 '국제형·불안정형 분단'이다.

한반도의 분단은 외견상, 38선을 경계로 하여 미국과 소련의 분할점령(1945)에서 기인되어, 남북한 두 개의 정부가 각각 수립(1948)되면서 확정되었고, 한국전쟁(1950-3)을 통하여 고착화 된 것으로 단순화시킬 수 있지만, 분단에 이르기까지 많은 내외적인 요인과 사건들이 개입되었다. 그리고 그 분단이 확정 및 고착화되기까지의 과정에는 한반도를 자국의 이익에 맞게 질서 지우려는 외세의 작용과 함께 우리의 자주적 의지의 결집에 실패하여 반식민, 민족자주의 방향으로 민족 내부의 역량을 모으지 못한 우리의 과오를 부정할 수 없다. 분단의 원인을 분석함에 있어서 외부책임론(미국과 소련)과 내부책임론, 양자에 대한 객관적이고 냉정한 사고와 판단이 이루어져야 한다. "민족분단의 원인을 외세의 작용에서만 찾는 일은 비주체적 역사인식이 될 수 있으며, 분단자체가 민족적 역량으로 막을 수 없었던 불가항력적인 것이 될 수 있다. 따라서 분단불가피론 나아가 분단 당연론에 빠질 수 있다. 그리고 그것은 또 통일문제에 있어서도 외세결정론으로 갈 수도 있다."13) 요컨대, 한반도 분단은 미국과 소련의 냉전체제의 시작과 함께 발생되었으며, 일제 강점의 결과로 인한 것임과 동시에 당시 한국 사회의 분열된 의식이 초래한 비극이었다.

---

11) 洪淳鎬, "제10장 한반도 분단문제 및 중립화론의 역사적 변천과정: 조선왕조시대부터 한국 전쟁 휴전까지(1392-1953)," 250.
12) 洪淳鎬, "제10장 한반도 분단문제 및 중립화론의 역사적 변천과정: 조선왕조시대부터 한국 전쟁 휴전까지(1392-1953)," 252.
13) 강만길, 『한국현대사』(서울: 창작과 비평사, 1984), 163.

3. 분단 극복을 위한 원칙

필자는 남북한 정부가 공식적으로 합의한 1972년 7·4 남북공동성명, 1991년 기본합의서, 2000년 6·15 공동선언과 2007년 10·4 선언을 중심으로 한반도 통일 원칙을 재고하고자 한다. 첫째, 1972년 7월 4일 남북공동성명의 성립에는 60년대 이래 미소간의 긴장완화 정책과 미국과 중국과의 관계개선으로 인한 긴장 완화(detente)가 배경으로 작용했다. 중미 관계는 미국 대통령 닉슨(R. M. Nixon)의 중국 방문으로 시작된 핑퐁외교로 불리 우는 닉슨 독트린(Nixon Doctrine)과 덩샤오핑(Deng Xiaoping, 鄧小平)의 흑묘백묘론(黑猫白猫論)의 화답을 통해 문호와 시장개방 정책에 따라 진전된 관계는 남북한 간의 관계개선에 영향을 주었다. 이에 남북한 정부는 한반도 문제를 강대국의 이해관계가 아니라, 공동대처에 대한 인식을 공유하게 되었다.14) 7·4 남북공동성명에서 통일 삼대원칙, "민족자주의 원칙, 평화통일 원칙, 민족 대단결의 원칙"이 천명되었다. 이는 남북한 간의 만남과 대화의 길을 열었고, 통일을 위한 대원칙을 세움으로써 그 이후에 진행될 민족통일의 초석을 놓았다는데 그 의의가 있다. 이는 또한 우리는 물론 북한의 입장도 바뀌었음을 알 수 있는 것이었다.15) 이런 북측의 태도 변화는 과거와 달리 계급문제가 후퇴하고 민족공동체의 문제가 논의의 전면에 등장했다는 것이다.

둘째, 1991년 남북기본합의서16)는 남북한 정부가 1991년 유엔에 동시 가

---

14) M. Y. Cho, "Eine Bestandaufnahme der koreanisch-koreanischen Beziehungen vor dem Hintergrund der amerikanisch-chinesischen Detente," in Du-Yul Song(Hg.), *Wachstum, Diktatur und Ideologie in Korea*(Bochum, 1980), 72; J. Kleiner, *Korea, Betrachtungen über ein fernliegenedes Land*, R. G. Fischer Verl. (Frankfurt/M., 1980), 261.

15) 김일성, 『조국통일을 위하여』(평양, 1991), 14. 하나의 핏줄을 이은 같은 민족끼리 사상과 제도가 다르다고 하여 단결하고 합작하지 못할 조건이 없습니다. 공산주의를 신봉하는가, 민족주의를 신봉하는가, 자본주의를 신봉하는가 하는 것은 민족대단결을 이룩하는데 장애로 될 수 없습니다.

16) 기본합의서의 정식명칭은 "남북사이의 화해와 불가침 및 교류·협력에 관한 합의서"이다.

입하고 3개월 후인 12월에 이루어졌다. 이는 1986년 미국 레이건(R. Reagan) 대통령과 소련 고르바초프(M. Gorbachev) 사이에 이데올로기 종식에 합의한 후, 즉 동서 냉전의 종식은 국제정치에 있어서 탈냉전적 분위기를 반영한 것이다. 이러한 분위기에 편승하여 1989년 베를린 장벽의 해체에 이어 1990년 동독과 서독은 통일에 이르렀다. 동북아시아에서 남한이 1990년 9월 러시아와 수교하였고, 1990년 11월 중국에도 무역대표부를 설치하였다. 반면에 소련과 중국은 북한에 대한 경화결재를 요구하며 구상무역을 중단하였다. 북한의 교역량은 격감하고 경제적 타격이 심각한 상황이었다. 더욱이 소련과 중국은 한국의 유엔 가입에 대하여 거부권을 행사하지 않기로 하고 북한도 남한과 함께 유엔 가입을 강력히 권고하였다.17) 기본합의서는 7·4 남북공동성명에서 천명한 "조국통일 삼대원칙"을 재확인하였다. 기본합의서 제1조 "남과 북은 서로 상대방의 체제를 존중한다." 제2조 "남과 북은 상대방의 내부문제에 간섭하지 아니한다."고 밝히고 있다. 그리고 남과 북의 관계가 나라와 나라 사이의 관계가 아닌 통일을 지향하는 과정상의 "특수관계"라고 했지만, 유엔의 동시 가입은 국제적으로 두 개의 독립된 국가임을 표명한 것이다. 이것은 그 동안 북한이 주장해 온 '하나의 조선'과 '두 체제 연방제 통일'방식에 대한 전면적 수정을 의미하는 것이었다. 이에 따라 남북한은 분단의 현실을 인정하고 분단의 극복을 위해 쌍방은 평화공존을 통해 점진적이고 단계적인 통일과정에 대한 진일보한 진전을 이룬 것이다. 그러므로 남북기본합의서는 민족자결의 천명이요 우리 민족의 자존심의 상징이다.18)

셋째, 2000년 6·15 공동선언19)은 2000년 6월 13일부터 15일까지 평양에

1991년 12월 13일 남측 대표로는 정원식 국무총리와 북측의 정무원 연형묵 총리 사이에 전문 25조, 제1장 남북화해, 제2장 남북불가침, 제3장 남북교류협력에 관한 내용을 담고 있다.

17) 임동원, "제1차 남북정상회담의 성사 과정과 향후 과제," 이정복 엮음, 『북핵문제의 해법과 전망』(서울: 중앙M & B, 2003), 48-50.

18) 李長熙, "南北基本合意書의 法的 性格과 實踐方案," 「國際法學會論叢」 第43卷 第1號 通卷83號(1998. 6), 227-8

서 대한민국 김대중 대통령과 조선민주주의인민공화국 김정일 국방위원장 사이의 남북정상회담의 결과에 의한 것이었다. 6·15 공동선언의 의미는 분단 역사상 최초의 남북정상회담이라는 것이었다. 이를 계기로 서로의 이해를 증진시키고 남북관계를 발전시키며 평화통일을 실현하는데 중대한 의미를 갖는다. 특히, 이 선언에서 통일문제에 보다 진전된 합의였다는 것에 큰 의의가 있다. 제1항에서 자주적인 통일, 제2항, 연합제와 낮은 단계의 연방제의 공통점을 인정하여 통일국가의 정치체제에 대한 불필요하고 소모적인 논쟁에 종지부를 찍었다. 제5항에서는 당국 사이의 대화를 빠른 시일 안에 개최하기로 합의함에 따라 지금까지의 비정치적 교류에서 당국 간 대화의 길을 열었다는 의미를 갖는다. 다시 말해서, 이 선언은 남북한 간의 교류를 위한 합법적·제도적 장치의 길을 연 것이다.

끝으로 2007년 10·4 선언이다. 이것은 2007년 10월 2일부터 4일까지 노무현 대통령이 국가원수로는 분단 후 최초로 육로를 통해 평양을 방문하여 김정일 국방위원장, 남북한 정상 간의 회담이라는데 큰 의의가 있었다. 6·15공동선언 발표이후 7년의 성과와 6자회담이 순조롭게 진행 되는 과정에서 역사적인 2차 남북정상회담이 이루어졌다. 10·4 선언은 6·15 공동선언을 더욱 발전시켜 '자주적 평화통일'을 실현하기 위한 실질적이고 구체적인 조치들을 담고 있다. 6·15 공동선언의 우리민족끼리 정신에 민족의 이익을 중시하는 관점을 새롭게 합의함으로써 통일 추진과 대외정책, 남북교류협력사업이 더욱 구체화되었다. 이 회담에서는 6·15공동선언의 정신을 재확인하고 남북관

---

19) 임동원, "제1차 남북정상회담의 성사 과정과 향후 과제," 54-66. 1. 남과 북은 나라의 통일 문제를 그 주인인 우리 민족끼리 서로 힘을 합쳐 자주적으로 해결해 나가기로 하였다. 2. 남과 북은 나라의 통일을 위한 남측의 연합제 안과 북측의 낮은 단계의 연방제 안이 서로 공통성이 있다고 인정하고 앞으로 이 방향에서 통일을 지향시켜 나가기로 하였다. 3. 남과 북은 올해 8·15에 즈음하여 가족, 친척, 방문단을 교환하며, 비전향장기수 문제를 해결하는 등 인도적 문제를 조속히 풀어 나가기로 하였다. 4. 남과 북은 경제협력을 통하여 민족경제를 균형적으로 발전시키고, 사회, 문화, 체육, 보건, 환경 등 제반분야의 협력과 교류를 활성화하여 서로의 신뢰를 다져 나가기로 하였다. 5. 남과 북은 이상과 같은 합의사항을 조속히 실천에 옮기기 위하여 빠른 시일 안에 당국 사이의 대화를 개최하기로 하였다.

계발전과 한반도 평화, 민족 공동의 번영과 통일을 실현하는데 따른 제반 문제를 협의하여 쌍방은 우리 민족끼리 뜻과 힘을 합치면 민족번영의 시대, 자주통일의 새 시대를 열어 나갈 수 있다는 확신을 표명하면서 6·15공동선언에 기초하여 남북관계를 확대·발전시켜 나갈 것을 총8개항에 걸쳐 선언하였다. 10·4 선언은 지난 2000년 6·15 공동선언을 보다 구체적으로 실현하기 위한 조항들을 사업별로 세부적으로 규정하고 있다. 다시 말해서, 10·4 선언은 6·15 공동선언의 구체적 실현과정을 명시함으로써 평화통일에 한 걸음 더 다가가는 진전된 합의였다.

요컨대, 지금까지 남북한 정부는 적대적 의존관계(antagonistic interdependence), 내지 적대적 공생관계(antagonistic co-existence)를 통해 분단을 고착시켰다. 다시 말해서, 이는 협력적 의존관계(cooperative interdependence) 혹은 평화적 상생관계(peaceful co-existence)로의 변화를 이뤄내지 못했다. 한반도 분단을 초래한 1953년 7월 27일 '정전협정(Armistice Agreement)'에서 제도적으로 한걸음도 나아가지 못했다. 이미 원칙적 차원에서 자주·평화·민족대통합에 합의했음에도 불구하고, 정전협정 당사자인 미국과 중국, 그리고 북한 간의 종전(Ending the War) 합의와 동시에 한반도 평화협정으로 전환되어야 한다는 한반도 평화정착, 곧 한반도 통일을 위한 과정에 있어서 실제적인 진전이 없었다는 것이다. 따라서 이를 해소하기 위한 선결과제, 즉 분단 극복을 위한 실천적 전제들을 규명하고자 한다.

Ⅲ. 분단 극복을 위한 전제

1. 용서와 화해를 위한 죄책고백

이것은 한국 교회의 몫이다. 한반도의 평화로운 통일은 한민족이 주체적으로 해결해야할 책임일 뿐만 아니라, 이 같은 역사적 책임을 일깨워줄 예언자적 사명과 역할이 교회에 있기 때문이다. 지금까지 통일에 대하여 한국 교회가 지향했던 지배적인 인식과 태도는 진정한 평화에 반하는 것이었다. 한국 교회는 반공이데올로기에 편승하여 반공이 곧 민주주의라는 인식하에 늘 평화통일의 반대편에 있었다. 과거 군사 및 독재정권의 대북관을 그대로 수용하는 입장에 서 있었음을 부인할 수 없다. 이러한 인식이 한국 교회를 평화통일에 대한 논의에 있어서 항상 이선 내지 삼선에, 소극적이고 부정적인 입장에 서 있게 했다. 현재도 이런 선입관과 편견이 교회가 통일운동의 전면에 나서는 것을 방해한다.

한민족이 분단을 극복하기 위해서는 우선 분단에 관한 죄책고백이 있어야 한다. 한반도의 분단은 미·소 양국뿐만 아니라, 이북의 극좌와 이남의 극우에게도 책임이 있다. 한국 교회는 극우의 편에 서서 분단의 고착화에 적극적으로 일조하였다. 이것은 명백히 성서가 가르치는 화해의 정신에 위배된 입장으로써 이를 철저히 회개해야 한다. 과거의 잘못을 뉘우치는 의미에서라도 한국 교회는 십자가를 지는 것과 같은 고난을 각오하고 민족과 교회의 화해를 위한 작업에 앞장서야 한다. 분단체제하에서 교회가 평화의 왕으로 오신 그리스도보다 전쟁과 폭력 문화, 힘의 논리에 의존했던 불신앙을 참회해야 한다. 이것들과의 결별을 선언해야 한다. 조이제는 한국 교회가 극복해야 할 죄책들로 반공주의와 친미의식, 그리고 국가보안법의 청산을 제시하였다.20) 이와 같은 죄책고백은 일부 교회에 한정되거나 제한되어서는 안 되고 진보와 보수 진영의 한국 교회와 북한 교회를 포함해야 하며, 더 나아가서 분단의 직접적인 책임이 있는 미국과 구소련(러시아) 교회들이 함께 참여한다면, 한국 교회는 북한주민과의 화해를 위한 구심점으로서의 역할을 본격적으로 시작할 수 있을 것이다.21) 이는 내용적으로 한국 교회가 그 동안 분단으로 인한 민족의 고통

---

20) 조이제, "민주화 시대 이후의 한국교회: 통일운동과 민족자주화운동을 중심으로," 「기독교사상」 통권 제568호(2006. 4), 198-206.
21) 한국기독교교회협의회 통일위원회 편, 『남북교회의 만남과 평화통일신학』 (서울: 한국기독교사회문제연구원, 1988), 232.

에 대해 무지하거나 무관심했음을 반영하는 것이어야 한다. 그 다음 과거에 대한 죄책고백을 통해 한국 교회는 불행하고 치욕스런 과거를 반복하지 않기 위해서 적극적으로 화해와 협력을 위한 운동을 전개해야 한다. 특히, 교회 차원에서 구체적으로 전쟁과 폭력을 방지하는 일과 전쟁과 폭력을 유발하는 증오심의 억제와 화해의지의 고취, 그리고 평등하고 정의로운 사회의 건설을 위해 상호 공존하는 정신을 확산하는 평화운동에 모든 역량을 집중해야 한다.

용서와 화해의 사례는 역사적 경험을 통해서도 확인할 수 있다. 예컨대, 2차 세계대전 이후 유대인들이 나치 독일을 용서한 것과 서독과 동독의 통일과정에서 보여준 화해이다. 이는 민족과 민족, 국가와 국가 간에도 용서로서의 사랑이 정치적인 영역에서 작용할 수 있음을 보여주는 역사적 실례이다.22) 또한, 남아프리카공화국의 넬슨 만델라(Nelson Mandela)와 흑인들이 과거 야만적인 인종차별정책을 주도한 백인들을 용서하고 인종 간 화해를 통해 사회통합을 이뤄낸 아름다운 역사적 사례를 기억한다. 물론 이와 같은 사회적·인종적·민족적 용서와 화해의 조건은 반드시 진실에 근거해야 한다. 한반도 분단 극복의 결정적인 장애는 동족상잔의 전쟁에 의한 상처이다. 같은 민족이 서로의 가슴에 총부리를 겨누고 싸웠다는 증오와 적대감이 해결되어야 한다. 그러기 위해서는 서로의 과오와 잘못을 뉘우치는 고백과 함께 용서가 선행되어야 한다.

2. 민족 동질성 회복을 위한 일본 제국주의 청산

한반도 분단의 요인 중의 하나는 일본 제국주의 침탈과 그 연장선상에서 미국과 구소련의 모호한 결정이었다. 한반도가 일본의 식민지로 전락한 중요한 원인은 조선의 국력약화와 국민들의 분열, 주변 국가들의 조선 침략과 미국의 조선에 대한 일본의 우월권을 인정 등이 복합적으로 작용한 결과였다.23) 분

---

22) 남태욱, 『라인홀드 니버와 사회정의』(서울: 국제교육문화원, 2006), 222.
23) 강종일, "한반도 평화와 통일을 위한 남북 영세중립화방안 연구," 34.

단에 대한 일차적인 요인과 책임은 먼저 미국이고 다음 구소련이며, 그 빌미를 제공한 것은 일본 제국주의 침략과 강점이기 때문에 남북한주민이 통합을 위해 극복해야 할 과제는 일제에 의한 식민주의 청산과 제국주의 극복이다. 이는 일제 강점기 일제에 의해 훼손된 민족적이고 문화적인 동질성과 민족정기를 회복하는 것이며, 완고하고 편협한 민족주의를 극복하고 21세기 변화된 국제 환경과 통일 후 보편적 인권과 다양한 민족과 인종을 창조적으로 수용하기 위함이다. 일제 강점기 친일·부일 진영에서 활동했던 세력은 한반도에서 냉전을 강화시켜서 분단을 고착시킨 주역의 하나라고 할 수 있다. 이들은 계급적으로는 지주·자본가 계층이었으며, 친일관료와 경찰들이 포함되어 있다. 이들 친일세력은 마땅히 해방 이후 민족국가 대한민국 건설과정에서, 2차 세계대전 전후 청산과정에서 프랑스의 드골 대통령이 보여준 민족반역자 숙청24)과 현재까지 독일이 공소시효까지 없애가며 나치전범들을 체포하여 법정에 세우고 있는 것과 같이 제거·청산됐어야 마땅하지만, 미군정과 이승만 정권에 의해 다시 보호되면서 해방정국에서 극우세력으로 결집되었고, 민족분단을 조장하는 역할을 하였다.25) 친일파들은 정국을 민족 대 반민족의 구도를 공산주의 대 반공주의의 구도로 바꿈으로써 활로를 찾았다. 그들은 국제적 냉전을 한반도에 끌어들이고자 적극 노력하였으며, 좌익을 '반민족'으로 규정하면서 좌우 대립을 적극 조장하였다.26)

민족의식이란 밖으로는 다른 민족과 자기 민족을 구분하여 민족단위의 자주성을 추구하고 안으로는 동족 성원들에 대하여 동질의식과 공동운명체의식

---

24) 드골은 2차 세계대전시 나치에 협력한 프랑스인을 숙청하였다. 150만 명에서 200만 명이 체포되어 조사받았으며, 숙청재판에서 6,766명이 사형선고를 받고 782명이 사형에 처해졌다. 50만 명 이상이 처벌을 받았고 시민권을 박탈당했다. 그리고 그 가족들까지 계산하면 족히 200만 명에서 300만 명에 이른다. 나치에 협력한 민족반역자를 숙청한 후 드골은 대국민 연설에서 "프랑스가 또 다시 외세의 지배를 받게 될지라도 민족반역자가 다시는 나오지 않을 것이다."고 역설했다.

25) 강만길, 『한국민족운동사론』(서울: 한길사, 1985), 92.

26) 정영훈, "한반도 분단의 민족 내적 원인," 「정신문화연구」 통권 71호(1998), 145.

을 갖는 것으로써 기본적으로 자주독립정신과 함께 동포애나 희생정신 같은
윤리적 지향을 수반하기 마련이다. 민족의식은 밖으로 자주독립의지로 나타
나고 안으로는 민족 내부의 이질성과 이해관계 차이를 초극하는 힘으로 작용
하여 민족 집단을 하나의 운명공동체로 만들어 내는 접착제 내지 매개기제로
서 기능한다.27) 그러나 한민족은 근대사회 민족국가의 개념을 확립하기도 전
에 일제에 의해 근대적 민족주의 형성과 성장을 방해받았다. 이제라도 한민족
은 일제에 의해 훼손된 민족주의 및 민족의식, 그리고 민족사를 재정립하는
것을 통일과 통합을 위한 과제로 인식해야 한다. 또한, 이는 근대사회, 민족국
가의 민족주의에 의한 제국주의적 오용과 악용, 그리고 한계를 인식하고 비판
해야 하기 때문에 시급히 해결해야 할 중요한 사회적 과제이다. 오늘날 세계
사회는 편협한 민족주의와 근대의 산물인 국민국가(nation state)의 한계를
인식하고 이를 넘어서 보다 보편적인 인간의 가치를 구현할 수 있는 세계화를
열망하고 있기 때문이다.28) 21세기는 세계사회의 인적·물적 교류가 활발해

---

27) 임지현, 『민족주의는 반역이다』(서울: 소나무, 1999), 52, 67; 한비야 외, 『21세기를 꿈꾸
는 상상력』(서울: 한겨레신문사, 2005), 125-33; 황호덕, 『근대 네이션과 그 표상들』(서
울: 소명, 2005), 15-20. 우리 사회에서 민족주의는 역사의 명령이었고 한국사회의 규범
이었다. 민족주의는 한국 사람이라면 누구나 희생을 감수하고서라도 지켜야 할 최고의 시
민적 덕성이었으며, 한국 사람이라면 누구도 뿌리칠 수 없는 역사의 힘이었다. 우리 민족
주의는 자기중심적·감상적 민족주의라고 할 수 있다. 이는 우리 민족이 압박과 설움을 이
기고 세계에 자랑할 만한 역사를 만들었다는 자기도취에 빠지게 만든다. 결국 자기 민족은
물론 타 민족의 장단점을 객관적으로 평가할 수 없게 만든다. 자기중심적·감상적인 민족
주의에 대하여, 임지현은 '반역'으로 박노자와 한비야는 '마약'으로 해석한다. 그리고 황호
덕은 민족주의를 '근대종교'로 보면서 오늘날 한국의 민족주의는 변한 세상에서 새로운 문
제제기를 가로막는 굴레가 되었다고 설명한다. 엘리 케두리(Elie Kedouri)는 모든 것을
하나로 통합하는 민족주의 이데올로기(Minjok as a totalizing discourse)가 갖는 위험
성에 대하여 다음과 같이 지적한다. 민족주의적 해석틀이 지나치게 강하게 작용하면 신의
의사를 수행하기 위해 싸우는 신앙인도, 학문적 진리를 위해 일하는 사람도, 왕조에 대한
충성심으로 움직이는 사람도, 심지어는 외부의 공격에 맞서 순전히 자기 개인 이익을 위해
싸운 사람들까지도 모두 다 갑자기 특정민족의 우수성을 보여주기 위해 활동한 것으로 해
석된다. 정수복, 『한국인의 문화적 문법』(서울: 생각의 나무, 2007), 158. 재인용.
28) Benedict Anderson, *Imagined Communities: Reflections on the Origin and Spread
of Nationalism*, 윤형숙 역, 『상상의 공동체: 민족주의의 기원과 전파에 대한 성찰』(서울:
나남출판, 2002); 권혁범, 『국민으로부터의 탈퇴』(서울: 도서출판 삼인, 2004).

지는 세계화의 시대를 맞고 있다. 우리 사회도 이미 국내에는 외국인 근로자
가 백만 명을 넘어서고 있다. 국가의 경계가 모호해지고 있으며, 세계는 인
종·문화적으로 다원화 되고 있는 상황이다. 우리는 통일 이후의 민족주의에
대해서도 대비해야 한다.29) 이는 통일 이후 과거 서구 열강과 일본과 같은 제
국주의적 역사적 오류를 반복하지 않기 위함이다.

　우리 정부의 한반도 통일원칙중 하나는 민족 스스로의 자주적인 노력에 의
한 통일이다. 다른 원칙과 함께 민족주의에 입각한 자주적인 통일이라는 원
칙, 특히 민족주의의 원칙, 민족대통합의 원칙은 반드시 반영되어야 한다. 이
같은 원칙은 이미 7·4 공동성명에 최초 반영되어 그 후 남북기본합의서, 6·
15 공동선언, 10·4 선언에서 거듭 확인된 것이다. 이는 통일문제가 한반도를
둘러싼 주변 열강에 의존하던 방식에서 한반도 분단 극복이 우리 민족문제라
는 인식으로의 변화이다. 더 이상 외세에 휘둘리거나 의존하는 방식의 통일은
철저히 배제되어야 한다.

3. 사회통합을 위한 이데올로기 비판과 냉전체제의 종식

　한반도 통일을 모색하기 위해서는 분단의 원인분석과 함께 분단의 원인인

---

29) Gregory Baum, *Nationalism, Religion and Ethics*(Montreal and London: McGill
-Queen's University Press, 2001), 107. 캐나다에서 퀘벡 민족주의를 연구하는 쟈끄
그랑메죵(Jacques Grand'Maison)은 정의롭고 정당한 민족주의 형성을 위한 기준들을 다
음과 같이 제시한다. ① 민족주의가 문화적이고 인간적인 갱신으로 인도하는 역할을 하는
가? ② 민족주의가 억압에 대한 저항으로써 발전되었는가 아니면 상당 기간 동안 기본적
인 인권을 저해하는 소외를 유발하였는가? ③ 인간의 평등과 부의 재분배에 관심을 두는
가? ④ 건전한 경제발전과 인간의 삶을 안정적인 상태로 도달시키는데 도움이 되는가?
⑤ 나라가 다른 문화들이나 전체 인류와 더욱 개선된 관계를 갖도록 인도하고 있는가?
⑥ 소수 민족들에게 전체로서의 나라에 참여하라고 요청하면서 동시에 그들의 권리를 존
중하고 있는가? ⑦ 민주주의와 그 대표성의 규범을 존중하면서 민족공동체 안에 존재하는
집단들의 정당한 자율성을 인정하는가? ⑧ 이민자들에게도 평등과 개발을 위한 기회를 제
공하면서 전체 사회에 통합할 수 있도록 하는가? ⑨ 인간의 소명이 개발될 수 있는 토대와
맥락을 조성하면서 권위 있는 진정한 통합적 문화를 창조할 수 있을 것인가?

이데올로기를 해소할 방안이 있어야 한다. 그러나 기존의 통일방안들은 이데올로기 차원의 통합은 무시된 채 절차문제와 기능문제에만 집착했다. 따라서 이데올로기 문제만 합의되면 기능과 절차의 문제해결은 그리 어렵지 않을 것이다.30) 한반도에서 발생한 분단이라는 구조악은 20세기 미·소 냉전체제의 마지막 남은 유물이다. 한국전쟁 연구가들은 한국전쟁이 해방 이후 증폭된 한반도의 제 세력 간의 증오와 불신이 냉전이라는 국제정세 속에서 극단적 대결로 표출된 내전이었음을 지적하고 있다.31) 우리 내부에 있는 가장 극복하기 어려운 적은 편협한 공산주의와 완고한 반공주의라는 사실이다. 냉전의 망령에 의해 지배당하는 한, 한반도의 평화로운 통일은 요원한 바람 일뿐이다.

이데올로기를 생산하는 것은 인간이다. 그러나 유감스럽게도 인간은 자신이 만든 이념에 종속되고 그 어리석은 경험을 지극히 당연한 것으로 받아들이며, 그것을 비판하는 것을 두려워할 뿐만 아니라, 오히려 그것을 강화한다. 전 세계를 지배하고 통제하는 다양한 사회이념은 인간 지성의 산물이기 때문에, 세계 어디서도 인간의 인간됨을 정확히 반영하고 해석하는 이데올로기는 존재하지 않는다. 왜냐하면 인간의 인식의 오류와 한계 때문이다. 예컨대, 근대사회의 이데올로기인 민족국가 혹은 국민국가(nation sate) 역시 인간의 보편성을 전체적으로 담아내기 부족한 개념이다. 하물며 2차 세계대전 이후 냉전이 종식되기까지 세계를 실제적으로 지배·통제했던 동·서 이데올로기는 후기 근대사회의 시민 개념을 포용하기에 역부족이다. 다시 말해서, 지상에 완전하고 절대적인 이데올로기란 존재하지 않는다. 세상에 존재하는 모든 종류의 이데올로기는 상대적 개념이다. 그러므로 모든 이데올로기는 오류와 한계를 시정하기 위한 비판의 대상이다. 현재 우리는 냉전이 종식된 탈냉전시대를 살고 있으며, 근대사회 이후 진행되고 있는 후기 근대사회를 살아가고 있기 때문에 과거 냉전 이데올로기로는 오늘의 삶을 설명할 수도 없으며, 장차 통

---

30) 金碩培, "韓半島 統一을 圍繞한 中·露·美·日의 立場,"「동북아연구」 95-1(1995), 20.
31) Peter Lowe, *The Origins of Korean War*(London: Longman, 1986), 215.

일을 대비한 삶을 이룰 수도 없다. 지금까지 우리 사회는 반공을 민주주의와
동일시하는 오류를 범했다. 따라서 우리 사회에 만연된 반공이데올로기를 철
저하게 비판하고 반성하는 것이 화해와 협력의 길을 여는 첩경이다. 이는 서
로를 적대시 하는 입장과 태도를 포기하고 한민족의 동질성을 회복할 수 있는
길이기도 하다. 자칫 오해하면 민주주의체제를 부정하는 위험한 주장처럼 보
이지만, 오히려 민주주의체제와 체질을 강화하는 것이다. 역사적 사례로 서독
의 경우가 이를 증명한다.32) 다시 말해서, 자기비판 능력을 강화하여 자신의
체제를 보다 건강한 체질로 성숙시키려는 노력을 의미한다. 이것이 민주주의
체제가 갖는 장점이자 강점이라고 필자는 확신한다. 이상에서 논의를 토대로
한반도 분단 극복을 위한 방안에 대하여 고찰하고자 한다.

---

32) Deutscher Bundestag Referat Oeffentlichkeitsarbeit (Hrsg.), *Fragen an die
deutsche Geschichte: Ideen, Kraefte, Entstehungen von 1800 - bis zur
Gegenwart*, 372-87. 자본주의와 민주주의체제로 동독을 성공적으로 흡수 통일한 서독의
경우, 분단 이후 1949년 아데나워(Konrad Adenauer, 1876-1967)의 서방정책(West-
politik)을 통해 14년 간 서독의 완전한 주권 회복과 서방과의 결속(Westintegration)을
이루어냈다. 구체적으로 아데나워 정권은 1955년 5월 소련과 수교하여 적대 관계를 청산하
였고, 1957년 3월 유럽경제공동체(Europaeiche Wirtschaftsgemeinschaft)에 가입하였
으며, 1963년 견원지간이었던 프랑스와 우호조약을 체결하였다. 경제적으로는 에르하르트
(Ludwig Erhart, 1897-1977)의 시장경제정책으로 자본주의에 입각한 '라인강의 기적'으
로 불리는 고도성장을 이룩하여 성장과 안정을 이루었다. 정치적으로는 의회민주주의를 실
현시켜 서독을 자유민주주의 국가로 정착시켰다. 서독인들은 나치시대의 잔재를 청산하는
한편, 민족에 대한 충성 요구를 자유, 평등, 인권, 민주주의, 복지 등을 근간으로 하는 서독
의 헌법인 '기본법(Grundgesetz)'에의 충성 요구로 대체하였다. 과거에 대한 반성과 새로
운 정체성의 형성이 민주적 '법치국가'의 발전을 가져옴에 따라 서독은 경제적 번영과 안정
적으로 작동하는 민주적 정치질서, 그리고 높은 수준의 사회복지를 두루 갖춘 사회로서 발
전하였다. 이로써 서독은 동독에 비해 정치·경제적 안정 및 우위를 확보하여 통일을 위한
유리한 위상을 확보하였다. 반면에 동독사회는 첫째, 공산주의 이데올로기가 미래의 비전으
로 매력 상실. 둘째, 인민들의 정치적 참여 차단. 셋째, 중앙계획경제로 인한 경제성장의
침체로 인민들의 불만 고조와 같은 이유로 서독에 의한 흡수 통일에 동의하였다. 이와 같은
동독인들의 서독 정치체제에 대한 동경심과 기대감은 서독이 동독을 흡수할 수 있었던 결정
적인 내부 동인으로 작용하였다.

Ⅳ. 한반도 영세중립화 방안

과거 남북한 정부에 의해 공동으로 합의된 7·4 공동성명, 남북기본합의서, 6·15 공동선언과 10·4 선언에 명시된 한반도 통일 원칙은 "자주·평화·민족 대통합"의 삼대원칙이었음을 거듭 확인할 수 있었다. 필자는 통일의 현실적인 사례인 과거 분단국가들에 대하여 한반도 통일 삼대원칙을 토대로 통일방안을 검토하고자 한다. 2차 세계대전 이후 분단을 극복한 베트남과 예멘은 이념과 체제의 상이성에도 불구하고, 전쟁과 같은 폭력적 방법으로 분단을 극복했다. 필자는 이런 방식에는 동의할 수 없다. 왜냐하면 이는 우리의 통일 삼대원칙 중 평화의 원칙에 어긋나기 때문이다. 그리고 독일의 경우 평화적으로 통일을 성취했음에도 불구하고, 이 역시 필자는 전적으로 수용할 수 없다. 왜냐하면 독일 통일은 경제적인 흡수 방식을 취했기 때문이다. 어느 한쪽의 우위를 바탕으로 하는, 그것이 정치적, 이념적, 경제적, 군사적, 사회·문화적 우위이던 간에, 통합 또는 통일의 방식에는 동의할 수 없다. 왜냐하면 남북한의 자주적이고 민족대통합 원칙에 부합하지 않기 때문이다.

더욱이 한반도 통일은 동서독의 통일과 같은 어느 한쪽의 붕괴를 통한 흡수 통일이 되어서는 안 된다. 그것이 정치적이던 경제적 요인에 의해서이던 간에 흡수통일 방식은 독일 통일의 사례에서 볼 수 있듯이 사회적 혼란과 갈등을 초래할 뿐이다.33) 우리의 경우, 상이한 이데올로기, 경제적 불균형, 사회·문화적 이질성, 전쟁으로 인한 감정적 적대감과 불신 등 다양한 갈등 요소들이 산재해 있다. 그리고 통일 프로세스에서 있어서도 북한의 내부 붕괴로 인한 갑작스런 흡수 통일을 고려해서는 안 되는 이유는 북한 붕괴 시 대한민국 정부가 개입할 수 있는 여지가 거의 없기 때문이다. 우선, 전쟁 당사자가 미국

---

33) Werner J. Patzelt, "분단국가의 통일: 독일 사례로부터 얻을 수 있는 교훈," 장정애·Anja Besand 외, 『통일과 민주주의: 통일에 대비한 민주시민교육』, 118-128.

(UN), 중국, 북한이기 때문에 이들의 요청에 의하지 않고는 우리가 붕괴된 북한 문제에 개입할 수 없다. 그리고 이러한 상황은 한반도에서 또 다른 분단 상황을 초래할 수 있으며, 통일은 다시 요원한 것이 될 수 있다. 우리는 결단코 어느 한쪽의 일방적인 흡수통일 방식을 고려해서는 안 된다. 그러므로 우리사회는 북한의 전쟁에 의한 적화 통일 방안과 붕괴로 인한 흡수통일에 의한 혼란과 갈등, 그리고 외세의 의존하는 통일 방식을 철저히 배제하고 남북한 간의 자주적이고 대등한 민족대통합의 평화로운 원칙에 의한 통일방안을 고려해야 한다. 필자가 '자주·평화·민족대통합'의 삼대원칙에 부합하는 중립화 방안에 집중하는 이유와 확신이다.

1. 한반도 중립화론의 역사적 배경

1) 구한말에서 해방 전까지

한반도에서 중립화 문제가 최초로 거론된 것은 1882년 임오군란으로 조선에서 중국의 세력에 의해 축출된 일본이 이를 만회하기 위해 열강에 한반도의 중립을 제의한 것으로서 이는 조선의 안전보장보다는 한반도에서 중국의 영향력을 견제하기 위한 전략[34]이였기 때문에 설득력을 잃었다. 주조선 독일 부영사 부들러(Hermann Budler)는 1885년 3월 스위스와 같이 한반도의 영세중립화 방안을 김윤식을 통해 고종 정부에 문서로 건의하였다. 그가 건의한 중립화론의 주요 내용은 "조선이 차제에 영세국의 중립을 선언함으로써 인접 대국 간의 갈등을 방지하고, 전쟁의 화(禍)를 면할 수 있기 때문에 실로 얻는 바가 많을 것이다"라고 설명했다. 그러나 이 제안은 고종의 거절로 실현되지 못했다.[35] 이와 비슷한 시기에 유길준의 한반도 중립론이 출간되었다. 그의

---

34) 김갑철, 『강대국과 한반도: 4강 체제와 한국통일』(서울: 일신사, 1979), 271; 진단학회 편, 『한국사 최근세 편』(서울: 진단학회, 1961), 697-8.
35) 강종일, "한반도 평화와 통일을 위한 남북 영세중립화방안 연구," 「시민정치학회보」 제3권 (2000), 50.

이론은 전시중립과 영세중립으로 구분하고, 한반도의 중립은 벨기에와 같은 영세중립국이 되어야 한다는 것이다. 그는 한반도의 중립 목적에 대해 "조선의 중립은 러시아의 남진 정책을 지지하는 중요한 계기가 될 것이며, 또한 한반도가 아시아 강대국들의 안전을 보장받는 정략이 될 것"이라는 견해를 피력하고 있다. 실천방안으로 "중국의 주도 하에 영국, 불란서, 일본 등이 보장하는 조약에 기초하여야 한다."는 것이다.36) 이 역시 실현되지 못했다.

대한제국 정부에 의해 최초로 제기된 중립화안은 고종에 의해 선언된 국외중립선언(1900. 6-1904. 1. 23)이었다. 이는 1900년 6월 고종에 의해 대한제국 법률고문관으로 부임한 크레마지(Laurent Crémazy)의 권고에 따라 "의화단사변에 대한 대한제국의 중립선언"으로 시작되었으나, 일본의 극심한 방해와 열강의 관망으로 자위적 방편으로 선언된 이 중립선언은 실효를 거두지 못했고 이는 "경성중립(京城中立)"으로 재차 시도했으나, 러일전쟁으로 이역시 좌절되었다.37) 결국 한반도는 19세기 중반 이래 침략의 대상이 되어 전략상 중요한 지정학적 위치에서 열강에 의한 국토 분할론이나 중립화론으로 시련을 겪었고, 우리 독자적인 중립정책과 선언, 그리고 평화보장책도 결과적으로 모두 효과를 거두지 못하고, 1910년 8월 29일 일제의 식민지가 되었다. 이는 이념이 배제된 힘의 우위를 토대로 자국의 이익에 집중한 세계열강과 일본 제국주의에 의해 제기된 문제였다.

---

36) 유길준전서 편찬위원회 편, 『유길준 전서 IV권』(서울: 일조각, 1971), 319-28.
37) 洪淳鎬, "제10장 韓半島 分斷問題 및 中立化論의 歷史的 변천과정: 朝鮮王朝時代부터 韓國 戰爭 休戰까지(1392-1953)," 273, 조선 정부의 제1차 중립화 시도는 일본에 파견된 조병식 특사가 1900년 8월 일본 정계의 중진 고에이(近衛)에게 조선의 중립화 필요성을 강조하면서 일본이 조선을 대신하여 열강 국가들에게 조선의 중립을 제의해 줄 것을 요구했다. 이에 대해 고에이는 조선의 중립국 준비 부족을 지적하면서 "국방은 일본에 위임하고, 조선은 내치에 전념하라."는 요구와 함께 거절되었으며 2차 시도는 고종의 밀사로 일본을 방문한 현영운으로 하여금 1903년 9월 고에이를 통해 조병식이 제출한 것과 동일한 내용의 조선 중립안을 일본 정부에 다시 제출했으나 거절되었다.

2) 2차 세계대전 전후 한반도 문제[38]

유감스럽게도 전시 연합국 수뇌회담에서 전후 한국의 해방과 독립은 약속되었어도 한반도의 분할에 대해서는 아무런 논의나 합의가 없었다는 것이다.[39] 흔히 얄타회담에서 한반도의 분할이 밀약된 것으로 전해지고 있으나, 이 회담의 공식문서에는 분할에 관한 언급이 전혀 없으며, 신탁통치에 관한 루즈벨트(Franklin D. Roosevelt)와 스탈린(Joseph Stalin) 사이의 짧은 대화가 한반도 문제에 관한 참석자들의 증언의 전부다. 카이로 선언을 재확인한 대전 중의 마지막 연합국 수뇌회담에서도 한반도의 분할에 관해서는 전혀 언급 없이 신탁통치문제에 관한 짧은 대화가 있었을 뿐이었다.[40] 단, 얄타회담에서 미국의 루즈벨트가 소련의 극동전 참가의 전제조건으로 만주에서의 소련의 권리(러일전쟁 이전의 상태)를 인정함으로써 소련의 공식협약에 의한 제약이 없는 한, 한반도 문제에 대한 자국의 역사적 이익을 주장하고 나설 수 있는 근거를 주었으며, 제정 러시아 때부터 추구해 오던 전통적인 남진정책의 야심을 굳히게 하는 결과를 초래했다.[41] 이제 한반도 문제가 한민족 스스로가 해결할 수 있었던 국내문제에서 불가역적 국제문제로 전개된 것이다. 그 결과 소련은 일본의 항복을 불과 7일 앞둔 1945년 8월 8일 대일 선전포고를 하고 8월 12일 한반도에 상륙함으로써 한반도의 북반부를 차지하는 길을 열었다. 반면에, 미국은 다른 연합국과 상의 없이 단독으로 한반도 분할을 네 차례 구상했다. 1945년 2월 16일 미전쟁성 작전국이 입안한 미·영·중·소 4

대국 분할안, 1945년 5월 8일 미합동정보처가 입안한 신의주-함흥을 잇는
분할안, 포츠담 회담 시 논의했던 38도선에 가까운 분할안, 비슷한 시기 미국
의 합동전쟁계획위원회가 건의한 4개국에 의한 3단계 공동 점령안이다. 그러
나 1945년 8월, 38도선에서의 분단은 이러한 기존의 구상과 별개로 갑자기
내려졌다. 이는 소련의 신속한 선전포고와 북한 상륙 때문에 이루어진 미국의
군사적 편의에 의해 결정된 조치였다.[42] 루즈벨트가 얄타회담에서 신탁통치
하의 잠정정부의 성격과 한반도의 군사점령기간을 명확히 했다면, 6개월 후
한반도 분할은 피할 수 있었다. 결정적으로 미·소 간의 상충되는 국가이익이
한국문제 해결에 지배적인 요소가 되었다는 점이다.[43]

3) 해방 이후 한반도 중립화론

한반도 중립화론은 1953년 7월 한국전쟁 휴전 이전, 미국 정부가 한반도의
중립화 방안을 검토한 이후 1960년 4·19혁명으로 탄생한 장면 정부 시절 학
자, 정치가, 정당 및 해외 교포들에 의해 활발하게 논의되었다. 그러나 1961
년 5·16군사 쿠데타(coup d'Etat, stroke of state, blow of state)로 인해
중립화 통일론자들은 군사정부의 통제를 받았다. 특히, 제3공화국은 사회단체
와 개인들, 한반도 중립화통일을 주장하는 민족주의자들을 용공분자로 투옥
하거나 규제하였다.[44] 따라서 국내에서의 한반도 중립화 논의와 연구는 부진
한 실정이었다. 다만 한반도의 중립화에 관한 학술적 연구는 재외 동포들에
의해 그 명맥을 유지해 왔다. 1952년 재미교포 김용중은 남한과 북한의 당국

---

42) 趙鏞河, "韓半島 분단의 역사적인 원인과 책임(2)," 127-9. 이는 첫째, 미국의 사활적 이해
　　가 걸린 일본에 대한 소련의 공동 점령 요구를 전면 부인하고 자신의 단독점령을 점령을
　　성취하기 위한 조치였다. 즉 미국이 일본에 관한 전후 모든 권리를 한반도 분할로 맞바꾼
　　셈이다. 둘째, 일본이 급격히 항복했을 경우 소련군이 한반도 전체를 군사 점령할 것으로
　　판단하고 한반도의 절반이라도 건져야겠다는 생각 때문이었다. 종합하면 한반도 분할은
　　전적으로 미국에 의한 결정이며 그 다음 소련의 자국의 이익이 초래한 비극이라고 할 수
　　있다.
43) 전득주, 『분단국통일의 재인식』(서울: 대왕사, 1989), 411.
44) 라종일, 『준비, 새로운 천년을 위하여』(서울: 남지, 1999), 94.

자들과 유엔에 보내는 공개적인 서한을 통해 한반도 중립화 통일방안을 발표
했다.[45] 1951년 8월 김삼규는 제1공화국의 부정을 폭로하고 한반도 중립통
일을 주장했다는 이유로 추방당해 일본으로 망명하여 중립통일론을 일본의
잡지에 발표하였다.[46] 1955년 8월 재일교포 이영근은 한반도 통일과 관련된
논문을 일본 저널 「세계」에 한반도 통일에 있어서 가장 큰 문제점으로 통일을
위한 선거감시와 외국군의 철수문제라고 지적하고 주한 유엔군을 한국전쟁에
참가하지 않은 군대로 교체하고 한국문제를 제네바 국제회의에 회부하고 상
기 국제회의는 한국전에 참가하지 않은 국가의 국민으로 '국제선거감시단'을
구성하고 남북한 총선거 실시를 위한 세부규정을 조정하여 이들은 통일 한국
의 평화적 발전과 비군사기지화 및 내정 불간섭 원칙을 보장해야 한다고 주장
했다.[47]

  1961년 4월 중립화의 과정에서 용공성향이 개재되지 말아야 한다는 전제
로 언론인 김석길은 한반도 중립화 통일방안을 발표했다. 그 역시 총선거와
외국군 철수를 중립화 방안으로 제안했다.[48] 한반도 중립통일론을 원천적으

---

45) 김학준, "제2공화국시대의 통일논의," 「국제정치논총」 제15호, 331; 김낙중·노중선, 『현
   단계 제 통일방안』(서울: 한백사, 1989), 35. 첫째, 한국은 지정학적으로 강대국에 포위되
   어 있음으로 중립국으로 통일되어야 한다. 둘째, 비동맹 국가로 구성된 '중립국 위원단'을
   임시 국가기관으로 하여 인구비례에 의한 남북한 자유선거 실시를 감시케 하고 선출된 대
   표들이 헌법을 만들 것이며, 단일정부를 구성한다. 셋째, 공정한 선거 분위기를 위해 총선
   거 전 남북한 정부는 해체되어야 한다. 끝으로 한국이 중립국으로 통일된 후 외국군은 철
   수한다.
46) 김갑철, 『강대국과 한반도: 4강체제와 한국통일』, 275-80; 김삼규, "통일독립 공화국에의
   길," 「사상계」(1960년 9월), 99-105; 김삼규, "중립화 통한론을 해부한다," 「새벽」(1960
   년 12월), 86-95; 김삼규, "이승만과 김일성의 비극," 「새벽」 제24권 제8호(1960),
   106-17. 1960c, 106-117. 첫째, 한반도가 어느 진영에 편입되면 그 진영에 유리하고,
   다른 쪽에는 불리하기 때문에 국제적 동의하에 중립국이 되어야 한다. 둘째, 남북한 정부
   는 대립적인 미·소 양국에 의해서 수립되었음으로 해체되어야 하며, 중공이 가입한 UN의
   감시 하에 남북한 총선거가 실시하여야 한다. 셋째, 한반도의 모든 정당과 지역 대표들로
   구성된 '한국중립화위원회'가 주동이 되어 통일정부가 출현할 때까지 한반도를 관리, 감족
   하여야 한다. 끝으로 통일 한국에 대한 UN결의는 한반도의 중립화가 전제되어야 한다.
47) 김갑철, 『강대국과 한반도: 4강체제와 한국통일』, 279-80.
48) 김석길, 『민주 중립화통한의 신방안』(서울: 국제경경연구소, 1961), 137-204. 첫째, 중립

로 규제한 이승만 정권이 4·19혁명으로 붕괴되고, 장면 정부가 수립됨으로서 정당·사회단체가 연계된 혁신단체들은 중립통일운동을 전개하였다. 이들은 1960년 미국 상원의원 맨스필드(Mike Mansfield)의 한반도 중립화 필요성에 고무되었다. 대표적인 조직은 '민족자주통일중앙협의회(민자통)'와 '중립화조국통일총연맹(조통연)' 등으로 그들의 주요 중립통일론은 영세중립화통일안을 채택했다.49) 1970년대 재미교포 황인관은 한반도 '중립과 통일'을 동시에 달성해야 한다고 주장하면서, 중립통일의 방법으로 남북한의 입장과 외세의 입장에서 접근하고 있다.50) 그리고 남북한 정치 지도자 간의 중립화 논의도 있었다. 우선, 김대중 당시 신민당 대통령후보는 1971년 3월 24일 연두 기자회견에서 한반도 안보는 미·일·중·소 4개국의 보장을 받아야 한다고 피력하였고 1989년 6월 3일 광주교육대학에서 가진 시국강연에서 "한반도는 통일 후 오스트리아식 영세중립국으로 가게 될 것51)이라고 전망했다. 그리고 북한의 김일성은 1980년 10월 10일 조선 노동당 제6차 대회에서 '고려민주연방공화국창설안'을 발표하면서 중립화 필요성을 주장했으며, 1985년 10월 17일 평양에서 가진 장세동 안기부장과의 대담에서 한반도의 중립화 필요성에 대해 우리가 진정한 중립이 되어 어느 블록에도 가담하지 말고, 두 정부를 인

국 대표로 구성된 선거위원단이 남북 총선거를 주관하고, UN의 감시 하에 한반도의 중립을 전제로 선거를 실시한다. 둘째, 남북한 현행헌법의 존폐와 개정 및 새로운 제도 수립 등의 문제는 장차 통일 국회의 권한으로 한다. 셋째, 한국의 중립화 통일은 오스트리아 식으로 하고, 통일 후 주한 외국군은 철수하며, 한국과 외국과의 군사협장도 폐기한다.

49) 김갑철, 『강대국과 한반도: 4강체제와 한국통일』, 282-284.

50) 황인관·홍정표 역, 『평화 통일을 위한 남북한 공영방안: 중립화 통일론』(서울: 신구문화사, 1988), 136-7. 우선, 남북한 입장의 접근방법으로 남북은 '공동통일연구위원회'를 제3국에 설치하고 동위원회는 남북통일협상위원회를 설치하여 영세중립통일의 전제조건과 중립화에 기초를 둔 통일이념을 창안하고, 중립화를 위한 남북연방을 수립하며, 남북의 합의된 협정과 정책을 이행하기 위한 '합동위원회'를 구성한다. 다음, 외세 입장의 접근방법으로 미국의 주도하에 한반도 중립화협정을 보장케 하고, 영세중립의 지속과 유지를 위한 통제기구를 별도로 설치하며, 중립에 관련한 위반사항을 심판할 수 있는 특별재판소 설치, 주안미군의 단계적 철수, 미국의 지원 하에 주한 다국적군을 일시적으로 주둔시킬 것을 제의하고 있다.

51) 김대중, 『나의 길 나의 사상』(서울: 한길사, 1994), 362.

정하면서 상호 감군 후 통일을 달성하자고 강조하면서 남북 중립의 필요성을
다섯 번이나 강조했다.52)

　한반도 분단에 있어서 가장 책임적인 입장에 있는 미국의 중립화론은 1953
년 6월 한국전쟁의 휴전 후 한반도 정책을 위한 방안의 하나로서, 미 국무성
은 최초로 한국의 중립화 방안, "중립과 한국의 안보"라는 제목으로 덜레스
(John F. Dullers) 국무장관의 재가를 받아 국가안보회의(NSC)에 제출하였
다. 이는 두 가지 제안, 대한민국을 미국의 안보체제에 묶어두고 군사 동맹
국으로 발전시키기 위해서는 '한국의 무한정한(Indefinite period) 분단'과
'대한민국의 체제로의 통일되고 중립화 된 한국' 방안 중 하나였으나, 이들 모
두는 미 합동참모본부에 의해 거부되었다.53) 그러나 미국 정부의 견해와는 달
리 1947년 7월 웨드마이어(Albert Wedemyer) 장군은 트루먼 대통령에게
"한국의 영세중립을 보장할 것"을 건의하였고, 이승만 대통령의 개인 비서, 올
리버(Robert T. Oliver)는 1952년 "한국의 중요한 역할은 완충국"이라고 전
제하면서 미국 정부에 한국의 중립화를 건의한 바 있다. 1953년 7월 의회에
서, 노랜드(William F. Knowland) 상원의원이, 1960년 10월 상원 외교위원
회에서 맨스필드 상원의원이, 그리고 1976년 카터(James E. Carter) 대통령
이 한국의 중립화 문제를 검토할 것을 지시했다. 학계에서는 1961년 3월 스
칼라피노(Robert A. Scalapino), 1972년 브레진스키(Zbigniew Brezinski),
1976년 라이샤워(Edwin Reischauer), 1983년 영(Oran R. Young) 등에
의해 한국의 중립화 필요성이 제기되었다.54) 끝으로 남북한과 한반도 주변 4
강이 아닌, 노르웨이 출신 평화학자, 요한 갈퉁(Johan Galtung)은 1989년
"한국통일의 중립화 접근"이란 글에서 한반도의 중립화는 통일을 전제로 하는

52) 최보식, "장세동(안기부장): 김일성 비밀회담의 생생한 대화록," 「월간 조선」 제19권 9호
(1998), 201-224.
53) In-kwan, Hwang, "The 1953 U.S. Initiative for Korean Neutralization," *Korea
and Wolrd Affairs: A Quarterly Review. vol. 10, no. 4*(Winter 1986), 798-800.
54) 강종일, "한반도 평화와 통일을 위한 남북 영세중립화방안 연구," 56.

것으로 4대강국의 협조와 유엔의 지원을 받아야 할 것이며, 여기에는 외국군의 철수와 비도발적인 국방력의 창안이 수반되어야 함을 강조하고 있다. 이를 위한 한국은 스위스로부터 중립화의 과정을, 오스트리아로부터 강대국과의 중립협상 기술을, 스웨덴으로부터 비동맹국방정책을, 핀란드로부터 폐쇄적 사회와의 우호 관계유지 방법 등을 배워야 하며, 유엔으로부터는 지원을 받아야 한다는 것을 강조하고 있다.55)

2. 영세중립화의 개념과 조건

'중립(neutrality)'이란 개념은 주로 전쟁의 역사와 함께 사용되기 시작했다. 즉, 전쟁 발생 시 당사국이 아닌 제3국은 전쟁 당사국의 어느 편에도 가담하지 않고, 무력을 지원하지 않으며, 편의를 제공하지도 말아야 하는 행위를 내포하고 있다. 그러나 전시 국제법상으로 통용되던 중립의 개념은 2차 세계대전 후 냉전체제하에서 전시와 평시를 엄격히 구분하기 어렵게 됨에 따라 오직 국제적 분쟁에 개입하지 않는 것으로 불명확 개념이 되고 있다.56) 그럼에도 불구하고, '중립화(neutralization)'의 전통적 정의는 특정지역에 있는 특정한 국가의 행동을 침해하는 것을 규제하기 위하여 고안된 하나의 특별한 국제적 지위이다.57) 여기서 한 걸음 더 나아가서, '영세중립(permanent neutrality)'이란 중립화된 국가와 다른 관련 국가들이 조약을 통하여 일시적인 중립의 권리와 의무를 영구화하는 것을 말한다. 통상 중립은 주로 전시에 적용된데 반해, 영세중립은 전시와 평시에 공히 적용된다. 즉 중립화된 국가와 다른 관련 국가들과의 협정에 의해 영구적으로 중립국의 보장을 받는 국제

55) Johan Galtung, "The Neutralization Approach to Korean Reunification," in Michael Haas, ed., *Korean Reunification*(New York: Praeger, 1989), 14-5.
56) 오기평, "개항백년: 한반도 '중립화'안의 역사적 논거의 분석," 「한국정치학회보」 제10집 (1976), 277.
57) Cyril E. Black, Richard A. Falk, Oran R. Young, *Neutralization and World Politics*(New Jersey: Princeton University Press, 1968), xi.

법상의 지위이다. 황인관에 의하면 중립화란 이해관계가 있는 당사국 간의 협정에 따라 중립화 대상 국가의 영토, 수로 등에 부여하는 국제적 행위이다. 또한, 영세중립에서 유래하는 대상 주권국가에 부여하는 국제정치학의 한 원리이다.58)

영세중립화는 몇 가지 조건을 충족시켜야 한다. 일반적으로 주관적 조건, 객관적 조건, 국제적 조건으로 분류한다.59) 필자는 이를 내부적인 조건, 지정학적 조건, 외부적인 조건으로 구분하고자 한다. 첫째, 내부적인 조건은 한 국가가 중립화를 지향하는데 제일 중요한 조건으로써, 중립화를 추구하는 국가의 국민들이 얼마나 적극성을 보이느냐의 척도이다. 중립화 국가의 실현을 목표로 하는 국민들의 의지 속에는 또한 중립화가 실현된 후에 그에 따른 제반 국내적이고 국제적인 규정을 준수하고자 하는 국민들의 의지도 적극 반영되어야 한다. 이는 중립을 지향하는 국가가 진정한 의미에서 정치적, 경제적, 외교적으로 독립국가의 지위를 유지하면서 중립화의 제반 의무규정을 충실히 이행할 수 있는 능력과 의지를 전제로 하기 때문이다. 이를 위해서는 남북한 시민과 인민의 여론을 수렴하여 대통합의 원칙에 부합하는 합의에 도달해야 한다. 이는 통일에 관한 논의가 7·4 남북공동성명 이후 변화된 분위기와 함께 남북한 정상들 간의 합의를 통해 시작되어야 한다는 것을 의미한다. 특히, 6·15 남북공동선언을 근거로 국가연합제나 또는 낮은 단계의 연방제의 공통점을 인정함으로써 남과 북은 통일의 전 단계로 연합제 또는 연방제로의 이행 가능성이 있다. 여기서 분명히 지적해야 하는 사실은 2차 세계대전의 종전과 함께 초래된 한반도 분단체제는 남북한 주민들의 의사와 의지와는 무관하게 한반도에서 현실이 되었다는 것이다. 한민족은 단 한반도 분단체제, 즉 냉전체제에 동의한 바 없다. 민주주의와 자본주의, 사회주의와 공산주의 이념을

---

58) 황인관, 『평화 통일을 위한 남북한 공영방안: 중립화 통일론』, 7.
59) 김갑철, 『강대국과 한반도: 4강체제와 한국통일』, 318; 오기평, "개항백년: 한반도 '중립화'안의 역사적 논거의 분석," 279; 강종일, "한반도 평화와 통일을 위한 남북 영세중립화 방안 연구," 39.

충분히 학습하고 실험하여 선택할 수 있는 시간도 충분치 않았으며, 의지적인 합의나 동의가 없었다. 실제로 한반도 분단은 미국과 구소련에 의해 갑자기 일방적으로 강제된 결정에 의한 것이었다. 따라서 주변 4강의 이해관계에 의해 좌우되는 비극은 더 이상 반복되어서는 안 된다. 이제 남북한 정부는 '자주'와 '민족대통합'의 원칙을 근거로 한반도의 현실과 한민족의 정서에 부합하는 국가 및 사회이념을 적극적으로 모색해야 한다.

둘째, 중립화는 지리적 조건을 그 대상으로 한다. 중립화를 필요로 하는 국가로는 신생 약소국가, 분단된 독립국가, 주변 강대국의 경쟁적 간섭을 받거나 받을 가능성이 있는 국가, 지리적으로 강대국과 강대국을 연결하고 있는 교량적 역할을 하고 있는 국가가 우선적으로 중립국의 대상이 된다.60) 블랙(Cyril E. Black)의 중립화 이론에 따르면 한반도는 중립화가 되어야 할 가장 합당한 조건을 갖춘 지역이다. 한반도는 역사적으로 주변 강대국들의 침략과 지배의 대상이었고, 19세기 말, 20세기 초부터 세계 4대강국의 헤게모니 각축장이 되었으며, 100여 년이 지난 현재까지 이러한 국제적 대립현상은 지속되고 있다. 한반도는 지정학적 위치로 인해 대륙세력과 해양세력 간의 격전장이라는 평가는 이미 역사적, 국제정치학적으로 더 이상 상론의 여지가 없다.61) 이는 한반도가 갖고 있는 '지정학적 특수성' 때문에 발생한 비극이다. 아직도 한반도를 둘러싼 주변 4강의 입장은 분단을 고착시켜 영속적으로 자국의 안보와 이익을 확보하는 것이기 때문에 힘의 균형이 깨진다면 한반도는 언제든지 한국전쟁과 같은 주변국의 이해관계에 의한 전쟁터가 될 수 있는 반복되는 운명에 처해 있다. 이는 비극적이고 항구적인 악순환, 즉 분단의 영속

---

60) Cyril E. Black, Richard A. Falk, Oran R. Young, *Neutralization and World Politics*, 68-9.
61) 역사적으로 한반도는 무려 700회나 외국의 침략을 받았으며, 다섯 차례나 주변 강대국들의 전쟁터가 되기도 하였다. Jong-il Kang, "A Power Politics Analysis of Korea's Loss of Autonomy: Korean Internal and External Relations with the United States, 1871-1905." *Ph. D. dissertation*. The University of Hawaii, 1997; 이선근, 『한민족의 국난 극복사』(서울: 휘문출판사, 1987).

화를 의미한다. 이를 항구적으로 극복하기 위한 적합하고 현실적인 선택지는 영세중립화 방안이다. 이는 영세중립화의 필요조건인 동시에 우리에게는 전쟁 가능성을 제거하고 항구적 평화를 이룰 수 있는 절박한 당위성이다.

셋째, 한민족끼리의 자주적인 대통합을 통한 내부적인 조건과 지정학적 특수성과 같은 지리적 조건이 인정되더라도 한 나라가 영세중립국가로서의 국제적 지위를 인정받기 위해서는 주변 관련 국가들로부터 협정에 의한 보장을 받아야 한다. 즉 내부적인 조건만으로는 자체 중립은 실현할 수 있으나, 영세중립화는 유지할 수 없다. 남북한이 영세중립국이 되기 위한 국제적 조건으로는 미국을 비롯한 중국, 일본, 러시아와의 협정을 통한 국제법상 유엔의 보장을 받아야 한다. 한반도 분단의 유형이 '내쟁형'과 '국제형'이 모호하게 결합된 혼합형 분단이기 때문이다. 이 보다 앞서, 북한은 미국과 일본과의 수교를 통한 국교를 정상화하고 신뢰관계를 회복해야 한다. 그 다음, 한국전쟁 정전 당사국인 미국과 중국, 그리고 북한이 종전에 합의해야 한다. 가능하다면 동시에 한반도 평화협정이 체결되어야만 영세중립화를 위한 초소한의 토대를 마련할 수 있다. 이러한 과정 없이 영세중립화 방안은 현실성 없는 공허한 감상적 구상으로 끝날 수 있음을 명심해야 한다.

3. 한반도 영세중립화의 과제

1) 민족적 과제

한반도 영세중립화에 도달하기 위해서는 화해를 위한 죄책고백, 일제 식민지 청산, 이데올로기 비판과 같은 전제들과 함께 남북한의 통일 삼대원칙(자주·평화·민족대통합)을 반드시 고려해야 한다. 이 모두가 한반도 통일을 위해 우리가 풀어야 할 민족적 과제이다. 또한 이는 그 어느 하나도 쉬운 것이 없음을 명심해야 한다. 이런 의미에서 우리는 아직까지 통일에 관한 논의에 진정한 노력을 경주하지 못했음을 반성해야 한다. 이는 주변 4강의 힘에 편승하거나 의존하는 방식에 집중한 결과이다. 따라서 한반도 통일을 위해 가장 시급하고 우선적인 과제는 남과 북이 서로 다른 이념과 체제를 통합할 수 있는 제3의 길을 찾는 것이다. 다시 말해서, 인식론적 문제를 해결해야 한다.

첫째, 중립화를 통해 상대적인 자기 인식의 절대화를 폭로 혹은 비판하는 논리적 장치를 마련하는 것이다. 지금까지 남북한은 각자의 이념과 체제의 우월성과 절대성을 토대로 나름의 통일논리를 주장하고 있다. 구미와 동구권이 이미 이데올로기의 종언에 합의했음에도 불구하고, 여전히 이데올로기의 대립과 긴장이 해소되지 않은 유일한 지역이 한반도이다.[62] 한반도의 이데올로기적 대립과 갈등을 풀 수 있는 지혜, 제3의 방안으로서 중립화 개념이 평화롭고 자주적이며 민족대통합에 기여할 수 있다. 지상의 불완전한 이데올로기적 인식에 도달하는 것이다. 역사적인 상대적 현실 속에서 절대적인 인식을 주장한다는 것은 분명한 허구요 거짓이며 우상숭배의 오류에 떨어질 수밖에 없다. 즉 중립화는 남북한 이데올로기의 허구적 이념의 한계를 폭로하여 비판할 수 있는 도구이다. 둘째, 중립화는 상호간 혹은 다자간 자신의 상대적 인식과 논리를 해체시키는 논리이다. 필자가 이미 통일의 원칙과 전제에서도 밝혔듯이 통일의 방식은 남과 북의 어느 쪽의 방식도 아닌 제3의 방식에 의해 이루어져야 한다. 이러한 결과에 도달하기 위해 남북한은 자신의 논리를 해체해야 한다. 나의 논리도 너의 논리도 아닌, 중립적인 관점과 시각에서 해체되어야 한다. 자기중심적 절대화의 허구적 의식에서 자유로울 때, 우리는 평화로운 통일의 길에 이를 수 있다. 셋째, 중립화를 통해 각자가 자신의 인식의 상대성을 인정하게 되면 역지사지의 인식에 이를 수 있고 새로운 인식의 가능성을 열게 된다. 결국 나도 너도 아닌 중립적 입장에서 통합적 인식에 합의할

---

62) 강종일, "한반도 평화와 통일을 위한 남북 영세중립화방안 연구," 66. 남과 북이 독립된 연방제 형식의 정치적 체제하에서 스위스와 같은 영세중립국으로서의 국제적 보장을 받은 후 남북 간 수평적 경제성장과 평화적 공존 속에서 민족통합을 이룩할 경우, 한반도의 통일 문제는 용이하게 접근할 수 있을 것으로 전망된다. 국제적으로 널리 인정받고 있는 영세중립국은 외세의 간섭과 영향력에서 벗어나 자주적 독립과 안정된 평화를 달성할 수 있는 바람직한 방법이 될 수 있다 이유는 남과 북이 영세중립국으로서의 국가 형태를 유지하는 것은 북한의 적화통일이나, 남한의 흡수통일을 배제하는 통일의 전제가 될 수 있기 때문이다.

수 있다. 남한은 자유민주주의의 이념적 우월성을 중심으로 북한을 흡수하려 하고 북한은 조선민주주의인민공화국의 사회주의적 이념으로 남한을 자기 방식으로 통합하려고 하는 대립적인 상황 속에서 중립화는 남한과 북한 간의 자기 절대화, 이념과 체제의 대립과 갈등, 상호불신 및 상호모순을 극복하고 통일을 위한 평화적 합의에 도달할 수 있는 인식론적 토대를 마련할 수 있다. 이는 한반도 통일의 삼대원칙과도 부합되는 것이기 때문에, 필연적으로 해결해야 할 절체절명의 민족적 과제이다.

2) 국제적 과제

영세중립화를 위해서는 필수적으로 주변 4강의 승인과 유엔의 보장이 있어야 가능하다. 이는 이미 상론한바 중립화의 개념 및 정의는 물론이고 역사적으로 스위스와 오스트리아의 사례에서 확인할 수 있다.[63) 한반도를 둘러싼 주변 4강의 입장은 상이하다. 중국은 북한의 핵개발과 관련하여 미국의 강경 대응 입장에 대해 남북한의 긴장사태를 반대했을 뿐만 아니라, 핵무기 개발 자체에도 부정적인 반응을 시사했고 쌍무회담이나 다자회담을 통해 한반도의

---

63) 정지웅, "한반도 중립화 통일의 긍정적, 부정적 요인 분석," 「북한연구학회보」 제9권 제2호, 184; http://www3.assembly.go.kr/file/101000182000100610255.htm, Koreascope, "네 분단국 통일유형(1997)" 스위스는 자치권을 가진 13개 주가 1436년부터 각기 영토 확장을 목적으로 치열한 내전을 함으로써 극심한 내전에 빠졌고, 설상가상 1515년 프랑스의 침략을 받아 마리그나노(Marignano) 전투에서 대패함으로써 국가의 존망이 어려웠다. 스위스 연방정부는 각 주간의 전쟁과 갈등을 중지시키고, 외국의 침략을 방지할 수 있는 고육책의 대안으로 1536년 중립화 정책을 선포하고, 1815년 비엔나 회의에서 연합국의 승인을 받아 영세중립국이 되었다. 오스트리아는 패전국의 일원으로 미국, 영국, 프랑스, 소련 등 4강국에 의해 분할 점령되었다. 그러나 오스트리아는 온건 사회주의자인 칼 레너 주도 하에 피점 3개월 전에 이미 통합 임시정부를 수립할 수 있었고 이것을 토대로 이 나라는 단일 행정구역을 10년 간 유지하다가 최종적인 통일에 이르렀다. 오스트리아는 4강과의 끈질긴 협상 끝에 1955년 5월 독립적이고 민주적인 오스트리아 재건을 위한 조약을 체결, 영세 중립국으로 통일정부의 지위를 부여받았다. 오스트리아의 통일 독립정부 수립은 민족내부의 단결과 그것을 바탕으로 한 중립적인 외교노선을 통해 성취될 수 있었다. 오스트리아는 2차 세계대전 말 분단된 국가로서 민족의 단합과 슬기로써 외압을 뿌리치고 중립화를 내세워 통일독립정부를 수립한 첫 케이스로 기록된다.

문제를 평화적 해결을 지지한다. 또한 남북 간의 여러 문제들을 중국이 직접 개입하는 입장보다는 제3자의 위치에서 남북 당사자의 민족문제로 보는 것이 중국의 외교정책이다.64) 즉 중국은 한반도의 문제는 당사자의 문제로 보면서 미·일 등의 개입을 저지함으로써 현상유지를 원하는 입장이다. 러시아의 경우 외교정책에 있어서 국익차원의 다원주의를 추구한다. 러시아의 대한반도 정책은 하나의 한국과 하나의 조선정책으로 당분간 한국과의 경협과 북한의 관계유지를 모두 필요로 하는 실정이다.65) 미국의 동북아정책을 살펴보면 동아시아 중시정책에서 과거 클린턴 행정부는 북한의 핵문제와 중·일 등 지역세력 간 패권경쟁 가능성 등 냉전 이후시대 동아시아의 새로운 위험요인에 대응하면서 아·태지역에서의 자국의 경제이익 정책을 추구하며, 기존의 양자간 (한·미, 미·일) 안보체제의 유지와 아·태지역에서 다자간 안보체제를 수용하고 있다. 또한 미국은 동북아지역 안정적 역할을 지속적으로 추진할 것이다.66) 일본의 경우 미국 보다는 소극적인 입장이나 한반도 통일이 자국에 미치는 영향을 분석하면 얻는 것보다는 불편한 점이 더 클 것이라는 분석과 함께 한반도가 중·러의 완충지대로 남는 것이 편리하다는 생각에서 일본은 한반도 통일을 외형적으로는 찬성의 입장이나 내적으로는 매우 소극적이

---

64) 권기수·김봉석, "1990년대 중국의 대한반도 정책,"「한국정치학회보」제30집 제1호 (1996), 415-429; 김소중, "중국의 외교정책," 구본학 외,『세계외교정책론』(서울: 을유문화사, 1995), 338-401; 마이클 옥센버그, "중국의 대한반도 정책,"「계간 사상」(1997 가을호), 235-67.

65) 김광진, "러시아의 한반도 정책,"「한국과 국제정치」제13권 제2호(1997 가을/겨울), 301-30.

66) 미국국익위원회, "미국의 국익,"「국가전략」제3권 제2호(1997 가을/겨울), 306. 탈냉전기 '미국국익위원회(Commission in America's National Interest)'는 미국의 사활적 국익을 다섯 가지로 파악하고 있다. ① 미국에 대한 핵, 생물, 화학 무기 공격의 위협을 방지, 저지, 그리고 축소하는 것, ② 유럽 혹은 아시아에서 적대적인 패전국의 출현을 방지하는 것, ③ 미국의 국경 혹은 미국이 통제하는 해양에서 적대적인 주요 강대국의 출현을 방지하는 것, ④ 주요 세계체제(무역, 금융시장, 에너지 공급 그리고 환경)의 파국적 붕괴를 방지하는 것, ⑤ 미국 동맹국들의 생존을 보장하는 것. 외교정책에 대해서는 유찬열, "미국의 외교정책,"『세계외교정책론』, 251-95; 권용립, "미국의 외교정책," 이상우·하영선 공편,『현대국제정치학』(서울: 나남, 1994), 455-488; 이삼성,『현대미국외교와 국제정치』(서울: 한길사, 1993) 참조.

다.[67] 요컨대, 주변 4강은 자국의 이익(national interest)과 안보(security)'를 위해 통일보다는 분단을 관리하는 '현상유지'를 공통적으로 한반도 기본정책으로 삼고 있다고 종합할 수 있다. 이를 다시 집약하면, 궁극적으로 자국의 이익이라고 할 수 있다. '국가이익'은 국제정치에서 배제할 수 없는 가장 중요한 요소이기 때문에 세계 어느 나라도 자국의 이익에 관하여 결코 자유로울 수 없으며 국제정치 영역에서 가장 모순 없이 표현된다.[68]

한반도는 지정학적으로 주변 4강의 이해관계가 교차하는 지역이다. 우리는 분단체제를 관리하는 것보다는 영세중립화 통일체제가 궁극적으로 주변 4강의 자국의 이익과 안보에 유익함을 설득하면서 승인과 보장을 이끌어 내야 할 것이다. 향후 한반도의 통일은 제로섬게임(Zero-Sum Game)이 아닌 원원정책(Win-Win Policy)이라는 사실을 주변 4강에게 주지시켜야 한다.[69] 예컨대, 미국은 주한 미군의 주둔비가 국내 재정문제로 대두되고 있기 때문에 한

---

67) 신희석, "일본의 대한반도 정책," 「외교」 제36호(1995. 12), 36. 일본의 기본정책은 다음과 같다. ①한반도의 평화와 안전은 일본에게 중요하지만 한반도 문제는 일차적으로 남북 당사자 간의 대화와 타협으로 해결되어야 한다. ②한국과의 우호협력관계를 유지하되 북한과의 국교정상화를 위한 외교적 협력을 경주한다. ③북일 간의 수교 교섭은 한국과의 사전협의 하에 추진하며, 그 결과가 한일 우호협력 관계를 저해하지 않도록 노력한다.

68) Reinhold Niebuhr, *The Nature and Destiny of Man: A Christian Interpretation*, *vol. 1, Human Nature*(New York: Charles Scribner's Sons, 1941), 208-9.

69) 김영윤 외, 『통일독일의 분야별 실태연구』(서울: 민족통일연구원, 1992), 109. 1990년 7월 휴스턴에서 열린 서방 7개국 회담에서 독일은 미국의 양해 하에 30억 달러의 대소지원을 결정하였다. 곧 이어 콜 서독수상은 소련을 방문하여 동독에 주둔해 있는 바르샤바조약기구의 38만 소련군을 철수시키는 필요한 경비와 소련으로 이주한 후 군과 그 가족을 위한 주택까지 포함한 모든 경비를 제공할 것을 약속하였다. 이 금액은 정확한 수치로 산출되지 않았지만 적어도 300억 마르크(약 14조원)를 넘을 것으로 추정되며, 그 외 소련 경제의 회복을 위해 막대한 경제 원조를 약속하였다. 이런 약속은 고르바초프가 소련 내 군부나 보수파의 동독에서의 소련군 철수반대를 무마시키는데 큰 도움을 주었다. 90년 7월 1일을 기해 동서독 간의 '경제 통화 사회통합에 관한 조약'이 발효됨으로써 동독은 경제적 주권을 사실상 서독에 완전히 이양하였다. 또한, 서독 마르크를 전체 독일의 법정통화로 사용하도록 하고 동시에 일정 한도 내에서 동독 마르크를 서독 마르크와 1:1로 교환하여 주었다. 통일 직전 암거래 시장에서 서독 마르크의 실질적인 가치가 동독 마르크 6배의 가치를 갖고 있었음에도 불구하고, 정치적인 고려에서 서독의 콜 정부가 지원한 독일연합은 선거공약으로써 동서독 마르크의 1:1 등가교환을 약속하였고 이처럼 정확한 교환이 이루어졌다. 이로 인해 서독 정부는 약 250억 마르크(약 10조 7천억 원)를 교환해 주었다.

반도가 영세중립국으로 통일된다면 이 부담으로부터 자유로울 수 있으며, 한반도에서의 중국과 러시아와의 불필요하고 소모적인 긴장과 대립을 해소하고 제한적이지만 한반도에서 영향력을 행사할 수 있을 것이다. 중국은 경제적인 실익보다는 안보적으로 미국의 견제와 패권 경쟁으로부터 벗어나 한반도에서 미국의 군사적 위협을 해소할 수 있을 것이다. 러시아는 군사적 문제보다는 오히려 경제적 이익에 집중할 수 있다. 예를 들어, 한반도 횡단철도에서 연계되는 '철의 실크로드' 혹은 '랜드브리지'를 통해 해양과 대륙을 연결하는 국제적인 인프라를 통해 경제적 이익을 극대화할 수 있을 것이다. 끝으로 일본은 남북한 영세중립화 통일이 이루어진다면 군사적 위협이라는 불안 요소가 제거될 것이며, 경제적으로도 자칫 대륙세력에 의해 고립될 수 있는 지리적 환경 속에서 한반도를 통한 교류를 통해 만성적인 경제적 침체에서 벗어날 수 있을 것이다. 결국 남북한 정부와 한민족은 모든 역량을 집중시켜 본격적으로 현재 한반도 주변 4강을 설득해서 한반도 영세중립화 통일을 위한 동의와 승인, 그리고 국제적 보장을 이끌어내야 할 것이다.

V. 결 론

이상에서 상론한 바에 의해, 필자는 변화무쌍한 상황에 따라 일희일비했던 남북문제, 즉 통일에 대한 복잡한 상념과 번민으로부터 최소한 심적이고 지적인 평화를 얻을 수 있었다. 그것은 다름 아닌, 이미 과거 남북한 정부 간 대화를 검토한 결과, 최소한의 통일의 원칙에 대한 합의가 있었다는 사실을 새삼 확인했기 때문이다. 다시 말해서, 이미 통일을 위한 기초와 토대는 마련되었다는 사실을 정작 우리는 잊고 있었다는 사실 확인과 동시에 그것에 대한 확신이었다. 과거 7·4 남북공동선언, 남북기본합의서, 6·15 공동선언, 10·4 선언을 전면 부정하지 않는다면, 첫째, 우리는 이를 단초로 하여 북한의 4차 핵실험과 미사일 발사로 인해 경직된 통일 논의를 다시 시작할 수 있다. 둘째, 통일문제를 이제 본격적으로 남북한 당사자, 우리의 문제로 인식하고 당당하게 추진할 수 있다. 셋째, 한반도 통일문제는 남북한 정부와 한민족 모두의 의지의 문제라는 사실이다. 마지막으로, 이미 천명된 '자주·평화·민족대통합'의 대원칙에 부합되는 한반도 방안에 대한 논의가 구체적으로 논의될 수 있는 최소한의 환경이 마련되었다는 것이다. 다행스럽게도 조선일보가 1994년 서울대학교 학생들을 대상으로 설문 조사를 한 결과에 의하면, 다수의 응답자들이 통일 한반도의 사회체제로 남한과 북한의 체제를 수렴한 사회민주주의체제를 선호하는 것으로 나타났다.70) 이러한 결과는 한편, 한국전쟁을 경험한 세대에게는 젊은 세대의 철없는 생각이라고 폄훼될 수 있지만, 다른 한편, 변화된 시대와 국제정치 현실을 반영한 결과이라고 해석할 수 있다. 그리고 한해 뒤, 1995년 국내외 한반도 전문가 50명을 대상으로 실시한 설문 조사에서도 다수의 응답자들이 통일 한반도의 모델로 스웨덴형 복지국가를 원하는 것으로 드러났다.71) 이는 남한과 북한 간의 합의를 통해서 두 체제의 장점을 상호보완적으로 수렴할 수 있는 통일이 바람직하면서도 실현 가능성이 높다는 뜻으로 해석할 수 있다. 이러한 결과는 이제 세계사회가 이념적 편향성에서 벗어나보다 인간다운 삶, 보편적인 인권을 포용할 수 있는 사회이념 및 체제에 대한 현실적 염원이 반영된 것으로 이해할 수 있다. 현대사회에서 '사회민주주의'와 '복지국가'로의 공통적 지향성은 과거 동서 양 진영에 속해 있는 모든 국가들이 현실적이고 실제적이고도 지배적으로 추구하는 대안적 체제이며 방향성이다. 다시 말해서, 향후 미래사회는 경직된 이념적 편향성 보다는 인간의 인간됨에 최대한 부합하는 더 나은 이념과 체제를 희구하고 있다. 예컨대, 러시아와 동구권, 그리고 동북아시아에서 중국 역시 이미 부정할 수 없는 현실적인 요구가 반영된 국가들이다. 따라서 필자는 한반도 통일에 있어서 중립화 방안에 대한 논의가 한반도에서 본격적으로 시작되어야 한다고 생각한다.

---

70) 「조선일보」, 1994년 4월 19일.
71) 이영선, "통일 한국 모델은 스웨덴형 복지 국가," 「신동아」 (1995년 5월호), 450-9.

▪ 참고문헌

강만길. 『한국현대사』. 서울: 창작과 비평사, 1984.

_____. 『한국민족운동사론』. 서울: 한길사, 1985.

강종일. "한반도 평화와 통일을 위한 남북 영세중립화방안 연구," 「시민정치
학회보」 제3권 (2000년).

구본학 외, 『세계외교정책론』(서울: 을유문화사, 1995).

권기수·김봉석. "1990년대 중국의 대한반도 정책," 「한국정치학회보」 제30집
제1호(1996).

권혁범. 『국민으로부터의 탈퇴』. 서울: 도서출판 삼인, 2004.

김갑철. 『강대국과 한반도: 4강 체제와 한국통일』. 서울: 일신사, 1979.

김경호. "한반도문제와 평화번영정책의 실천적 과제," 「통일전략」 제4권 제2
호(2004. 12).

김낙중·노중선. 『현 단계 제 통일방안』. 서울: 한백사, 1989.

김대중. 『나의 길 나의 사상』. 서울: 한길사, 1994.

김병오. 『민족분단과 통일문제』. 서울: 한울, 1990.

김삼규. "통일독립 공화국에의 길," 「사상계」 (1960년 9월).

_____. "중립화 통한론을 해부한다," 「새벽」 (1960년 12월).

_____. "이승만과 김일성의 비극," 「새벽」 제24권 제8호(1960).

김석길. 『민주 중립화통한의 신방안』. 서울: 국제정경연구소, 1961.

金碩培. "韓半島 統一을 圍繞한 中·露·美·日의 立場," 「동북아연구」 95-1(1995).

김영윤 외. 『통일독일의 분야별 실태연구』. 서울: 민족통일연구원, 1992.

김일성. 『조국통일을 위하여』. 평양, 1991.

金學俊. 『韓國問題와 國際政治』. 서울: 博英社, 1987.

_____. "제2공화국시대의 통일논의," 한국국제정치학회 편, 「국제정치논총」
제15호: 331

남태욱. 『라인홀드 니버와 사회정의』. 서울: 국제교육문화원, 2006.

라종일. 『준비, 새로운 천년을 위하여』. 서울: 남지, 1999.

오기평. "개항백년: 한반도 '중립화'안의 역사적 논거의 분석," 「한국정치학회보」 제10집(1976).

옥센버그, 마이클. "중국의 대한반도 정책," 「계간 사상」 (1997 가을호).

유길준전서 편찬위원회 편. 『유길준 전서 Ⅳ권』. 서울: 일조각, 1971.

이선근. 『한민족의 국난 극복사』. 서울: 휘문출판사, 1987.

이영선. "통일 한국 모델은 스웨덴형 복지 국가," 「신동아」 (1995년 5월호)

이영희. 『전환시대의 논리』. 서울: 형성사, 1982.

이장희. "동서독 통행협정에 관한 연구," 『통일문제연구』 제2권 1호(1990년 봄).

_____. "南北基本合意書의 法的 性格과 實踐方案," 「國際法學論叢」 第43卷 第1號 通卷83號(1998. 6).

이정복 엮음. 『북핵문제의 해법과 전망』. 서울: 중앙M & B, 2003.

임지현. 『민족주의는 반역이다』. 서울: 소나무, 1999.

전득주. 『분단국통일의 재인식』. 서울: 대왕사, 1989.

장정애·Anja Besand 외. 『통일과 민주주의』. 부산: 한국디지틀도서관포럼, 2000.

정수복. 『한국인의 문화적 문법』. 서울: 생각의 나무, 2007.

정영훈. "한반도 분단의 민족 내적 원인," 「정신문화연구」 통권 71호(1998).

정지웅. "한반도 중립화 통일의 긍정적, 부정적 요인 분석," 「북한연구학회보」 제9권 제2호.

趙鏞河. "韓半島 분단의 역사적인 원인과 책임(1)," 「北韓」(1993년 6월호).

_____. "韓半島 분단의 역사적인 원인과 책임(2)," 「北韓」(1993년 7월호)

조이제. "민주화 시대 이후의 한국교회: 통일운동과 민족자주화운동을 중심으로," 「기독교 사상」 통권 제568호(2006. 4).

진단학회 편. 『한국사 최근세 편』. 서울: 진단학회, 1961.

최보식. "장세동(안기부장): 김일성 비밀회담의 생생한 대화록," 「월간 조선」

제19권 9호(1998).

하영선. 『한국외교사와 국제정치학』. 서울: 성신여자대학교출판부, 2005.

한국기독교교회협의회 통일위원회 편. 『남북교회의 만남과 평화통일신학』. 서울: 한국기독교사회문제연구원, 1988.

한비야 외. 『21세기를 꿈꾸는 상상력』. 서울: 한겨레신문사, 2005.

황인관·홍정표 역. 『평화 통일을 위한 남북한 공영방안: 중립화 통일론』. 서울: 신구문화사, 1988.

황호덕. 『근대 네이션과 그 표상들』. 서울: 소명, 2005.

Anderson, Benedict. *Imagined Communities: Reflections on the Origin and Spread of Nationalism*. 윤형숙 역. 『상상의 공동체: 민족주의의 기원과 전파에 대한 성찰』. 서울: 나남출판, 2002.

Baum, Gregory. *Nationalism, Religion and Ethics*. Montreal and London: McGill-Queen's University Press, 2001.

Black, Cyril E, Richard A. Falk, Oran R. Young. *Neutralization and World Politics*. New Jersey: Princeton University Press, 1968.

Deutscher Bundestag Referat Oeffentlichkeitsarbeit (Hrsg.). *Fragen an die deutsche Geschichte: Ideen, Kraefte, Entstehungen von 1800 - bis zur Gegenwart*.

Haas, Michael. ed. *Korean Reunification*. New York: Praeger, 1989.

Hwang, In-kwan. "The 1953 U.S. Initiative for Korean Neutralization," *Korea and World Affairs: A Quarterly Review. vol. 10, no. 4*(Winter 1986).

Kang, Jong-il. "A Power Politics Analysis of Korea's Loss of Autonomy: Korean Internal and External Relations with the United States, 1871-1905." *Ph. D. Dissertation*. The University of Hawaii, 1997

Kleiner, J. *Korea, Betrachtungen über ein fernliegenedes Land, R. G.*

Fischer Verl. Frankfurt/M. 1980.

Lowe, Peter. *The Origins of Korean War.* London: Longman, 1986.

Niebuhr, Reinhold. *The Nature and Destiny of Man: A Christian Interpretation. vol. 1. Human Nature.* New York: Charles Scribner's Sons, 1941.

Song, Du-Yul. (Hg.). *Wachstum, Diktatur und Ideologie in Korea.* Bochum, 1980.

「조선일보」 1991년 7월 1일.

「조선일보」 1994년 4월 19일.

http://news.naver.com/main/read.nhn?mode=LPOD&mid=tvh&oid=4 49&aid=0000004268 "박근혜 대통령 통일은 대박…설 이산가족 상봉 제의"

http://www.yonhapnews.co.kr/bulletin/2016/02/25/0200000000AKR 20160225086952071.HTML?input=1195m. rhd@yna.co.kr "미중, 유엔 대북제재결의안 초한 합의…안보리 내일 논의 착수"

http://www3.assembly.go.kr/file/1001000182000100610255.htm, Koreascope "네 분단국 통일유형" (1997)

http://news.heraldcorp.com/view.php?ud=20160112000709&md=20 160115004121_BL "그레그 전 주한대사 오바마 대북정책 총체적 실 패…핵실험으로 북과 대화 필요성 증가"

http://blog.naver.com/parkhs43?Redirect=Log&logNo=22062209720 7 "유엔, 안보리 대북제제 10년 사실상 실패 시인"

A Study on the Premise and Method for Unification in the Korean Peninsula
- Focusing on the Permanent Neutralization

Tae-Wook Nam
(Lecturer, Christian Ethics)

ABSTRACT

During the past 70 years, the two rival governments of South and North Korea have focused on divisive national security escalation rather than on efforts to resolve and overcome the division separating the Korean peninsula. Reoccurring conflicts and confrontations continue to culminate into a destabilizing neo-cold war due to misconceived perceptions of the realities surrounding the division. The democratically developed Sunshine Policy was considered a failure by the Lee, Myung-pak and Park, Geun-hye administrations and has been practically abolished. As such, the current South Korean government believes that instead of a peaceful transition, unification will either occur through a collapse of the North Korean regime or war. The division and possible unification of Korea have always been emotional issues. This research paper will explore the issue of unification through a thorough analysis of several important factors. First, it will analyze the historical contexts and the root causes that led to the separation of the South and North, as these reasons are important in developing the appropriate course of action. The next step seeks practical arguments for overcoming division in order to identify, assess and resolve potential barriers prior to unification. Once these have been analyzed, the principles surrounding unification will be reassessed alongside the historical declarations asserted by both governments. These declarations are important as they show the levels of conviction in favour of overcoming the divide, which in turn provide historical context towards framing the process of unification. The final step seeks to find realistic and reasonable approaches to achieving unification. By appealing to the relevant biases and desires of those within the two nations, there is greater hope towards unification. Ultimately, that is the purpose of this research.

KEY WORDS Unification in Korean Peninsular, Permanent Neutralization, Peace, Self-reliance, National Integration

기독교 통일교육의 새로운 모형과 과제

유재덕
서울신학대학교, 기독교교육
연세대학교 대학원 (Ph. D.)

기독교 통일교육의 새로운 모형과 과제

유재덕 교수 (기독교교육과, 기독교교육)

국문요약

역사적으로 통일에 관한 논의는 국내외적 요인들에 따라서 활발해지거나 제한을 받는 사례가 적지 않았다. 교육의 분야 역시 이와 크게 상이하지 않아서 통일에 관한 정부의 정책이나 국제 정치적 변화 추세의 영향으로부터 비교적 자유롭지 못한 게 사실이었다. 현 정부나 이전 정부가 일관되게 견지하고 있는 북한에 대한 보수적 접근과 북한의 핵실험 및 장거리 미사일 발사에 따른 국제적 제재가 대표적인 경우라고 할 수 있다. 남북통일이나, 그것에 기여하는 통일교육이 직면한 산적한 난제들에도 불구하고 남북의 평화통일을 가능하게 하는 해법을 일차적으로 교육 적 행위에서 찾아야 한다고 주장하는 이 글은 기독교 통일교육의 새로운 모형을 제안하는 것을 목적으로 삼고 있다. 이를 위해서 먼저 전통적인 통일교육 모형들의 변천과 그 전개 과정을 역 사적으로 개관한다. 그와 같은 논의를 통해서 전통적인 통일교육 모형들, 예컨대 반공교육, 안 보교육, 통일교육 등이 극복하지 못한 한계들과 역사적 의의를 구체적으로 확인할 수 있다. 계 속해서 전통적인 통일교육 모형들을 전반적으로 보완하고 대체할 수 있는 것으로 간주되고 있 는 비교적 최근의 대안적 모형들인 다문화주의, 신패러다임 통일교육, 그리고 평화교육을 차례 로 살펴본다. 그리고 끝으로, 논의된 내용을 전체적으로 고려해서 기독교 통일교육 모형을 개략 적으로 구성한다.

주제어 통일교육 모형, 다문화주의, 신패러다임 통일교육, 평화교육, 기독교 통일교육 모형

I. 서 론

역사적으로 1980년대 후반부터 전 세계가 탈냉전시대에 접어들고, 서독과 동독의 통일이 성사되면서 남한에서의 통일에 관한 논의나 통일교육은 일방적인 관주도형에서 민간의 참여를 전반적으로 허용하는 체제로 전환되기 시작했다. 이후로 정부가 일방적으로 주도해온 통일교육은 남북 간 이념 대결이나 안보의 시각에서 통일과 화해, 그리고 북한에 대한 합리적 이해를 강조하고 추구하는 형태로 적지 않은 변화를 겪었다. 남북한의 상호체제 인정과 교류를 합의한 '남북기본합의서'의 채택(1991)이나 시민 간의 통일의식을 고양하고 활성화할 목적으로 제정된 '통일교육지원법'(1999)의 영향은 괄목할 만했다. 특히 통일교육지원법의 제정은 정부 중심의 공교육 체계에 통일교육 관련 주제의 비중을 강화하였고, 사회교육 차원에서는 통일교육원이나 통일교육협의회 같은 기관들의 역할이 강화되는 계기가 되었다.[1]

탈 관주도적 통일교육의 논의 역시 더불어 활발해지면서 통일교육에 관한 담론과 모형이 다양하게 제기되었다. 남북한의 분단으로 초래된 시민의식과 함께 그들의 정서까지 동시에 성찰이 가능한 안목을 배양해야 할 필요성을 제기한 권혁범의 '탈분단 교육론'이 일차적으로 관심을 끌었다.[2] 계속해서 오기성의 경우에는 기존의 전통적 주장과 달리 무엇보다 내재적 관점에서 통일의 대상인 북한을 객관적으로 이해한 이후에 인간의 존엄성이나 평등, 다양성과 평화, 복지와 같은 인류의 보편적 가치들과 민족 화해와 번영, 분단에 따른 부정적 요소와 그 결과의 제거가 가능하도록 윤리적 판단을 강화할 필요가 있다는 소위 '민족화해론'을 제시했다.[3]

한편, 남북한 주민들 간의 동일한 언어구사에 초점을 맞추어서 행위나 사

---

1) 진희관, "통일교육은 한반도의 미래교육," 「통일한국」 17(3), 19.
2) 권혁범, "통일에서 탈분단으로," 「통일문제연구」 22(2000), 9-12
3) 오기성, 『통일교육론: 사회문화적 접근』(파주: 양서원, 2005).

건, 인물에 대해서 동일한 판단을 내릴 수 있는 교육이 필요하다고 간주하는 유영옥의 '한민족 교육론'이 있고,4) 고정식 등이 함께 주장한 바 있는 '평화 공존 통일교육론'은 통일교육의 방향을 기존의 안보나 체제 우위 중심으로부터 평화나 화해, 또는 협력을 추구하는 방향으로 근본적인 성격의 전환을 강조했다. 이를 위해서 '평화공존 통일론'은 전통적으로 추구되어온 정치 및 제도의 통합을 추구하는 통일에서 사회문화적 통합을 강조하는 방향으로 통일 교육의 형태를 전반적으로 전환하도록 제안하였다.5)

이상의 통일교육 모형들과는 부분적으로 성격을 달리하면서도 통일과 평화의 개념을 상호 연계함으로써 통일과 관련된 문제들을 교육적 차원에서 해결하려고 시도하는 평화교육 모형들 역시 새롭게 제기되었다. 평화교육에 초점을 맞춘 교육 모형들은 북한 이해교육이나 일방적인 통일정책의 홍보, 그리고 안보교육에서 탈피하지 못한 전통적인 관주도형식의 통일교육을 비판하면서 보다 의미 있는 통일교육을 실시하려면 정책적 수준에서 논의되어온 소극적 차원의 평화교육의 개념을 평화 문화의 확산과 더불어서 평화교육과 통일교육을 결합해서 고유의 역동성이 발현될 수 있도록 노력할 필요가 있다고 전반적으로 주장한다. 이런 평화교육에 대한 이해는 대체로 학습자들의 평화 능력을 배양하는 데 초점을 맞추었다.6)

이와 같은 통일교육을 주제로 한 다양한 논의에도 불구하고 통일교육 환경에 급격한 변화를 초래한 국내외적인 요인들은 기존의 통일 담론을 축소내지 제한하는 결과를 가져왔다. 국내적 요인으로는 정부들 간의 통일문제에 관한 일관되지 못한 정책을 꼽을 수 있다. 특히 이명박 정부의 경우에는 변화하지 않는 북한의 태도를 문제 삼아서 정권을 마칠 때까지 기존 정부의 통일 정책과 의도적으로 일정한 거리를 유지했다. 박근혜 정부 역시 출범 초기에는 한반도 신뢰 프로세스와 통일대박론 등 다양한 정치적 선언과 정책을 과감하게

---

4) 유영옥, 『남북교육론』(서울: 학문사, 2002).
5) 고정식 외 6인 공저, 『통일지향교육 패러다임 정립과 추진 방안』(서울: 통일교육원, 2004).
6) 이동기·송영훈, 『평화·통일교육 추진전략 연구』(서울: 유네스코한국위원회, 2014), 24.

제시하기도 했으나 역시 북한의 태도를 근거로 삼아서 직전 정부의 통일정책 기조를 그대로 계승해서 유지하고 있다는 평가를 받고 있다.[7] 국외적으로는 거듭되는 북한의 핵실험과 장거리 미사일 발사와 그에 따른 유엔안보리의 대북제재 결의, 국제적인 공조에 대한 북한의 거듭된 반발 등이 통일교육에 관한 논의를 한층 더 어렵게 만들고 있다.

현재 남북통일이나, 그것이 가능하도록 기여하게 될 통일교육이 직면한 다양한 난제들에도 불구하고 남북의 평화통일을 가능하게 하는 해법을 기본적으로 교육에서 찾아야 한다고 주장하는 이 글은 기독교 통일교육의 새로운 모형을 제안하는 것을 목적으로 삼고 있다. 이를 위해서 일차적으로는 전통적인 통일교육 모형들의 변천과 그 전개 과정을 역사적으로 개관한다(2장). 그와 같은 논의를 통해서 전통적인 통일교육 모형들(반공교육, 안보교육, 통일교육)이 갖는 한계와 역사적 의의를 구체적으로 확인할 수 있다. 계속해서 전통적인 통일교육 모형을 보완하고 대체할 수 있는 것으로 간주되고 있는 비교적 최근의 대안적 모형들(다문화주의, 신패러다임, 평화교육)을 차례로 살펴본다(3장). 그리고 끝으로, 논의된 내용을 전체적으로 고려해서 기독교 통일교육 모형을 개략적으로 구성한다(4장).

II. 통일교육 모형의 역사적 변천 과정

1. 반공교육 모형

전통적 통일교육 모형의 변천에 관한 논의는 관점과 교육 대상에 따라서 다양하다.[8] 통일교육의 관점, 즉 통일교육 모형을 근거로 분류하면 반공교육과

---

7) 유재덕, "한반도 통일문제와 기독교교육," 「한국신학논총」 14호(2010), 70.

안보교육과 통일교육, 또는 반공교육과 승공통일교육, 안보교육과 통일·안보
교육, 통일교육으로 구분하는 게 일반적이다.9) 그리고 통일교육의 대상을 전
제하면 또다시 공교육 체계를 통한 통일교육에 해당하는 학교통일교육과 시
민사회 단체 중심의 사회통일교육으로 유형화할 수 있다. 이 글은 주로 통일
교육의 관점이 명확하게 드러나는 통일교육 모형을 근거로 삼아서 논의를 전
개한다.

　통일교육의 전통적 모형 가운데 반공교육 모형의 역사적 배경은 미군정부
터 제5공화국까지(1945-1987)로 국한된다. 이 시기의 대체적인 교육목표는
"공산주의의 침략을 격멸함으로써 통일을 이룩"하는 것이었다.10) 해방 이후
시작된 미군정 시기에는 반공이나 반공교육에 대한 구체적인 방향이나 의지
를 확인할 수 없었다. 이종태에 따르면, 당시 반공을 전면에 제기할 경우에는
필요 이상으로 소련을 자극할 여지가 있어서 미군정은 '일반명령'(제4호)을
발표하는 동시에 민주시민교육을 실시함으로써 반공의 가치를 강화하는 우회
전략을 구사했다.11)

　제1공화국(1948-1960) 역시 미군정 시기의 반공 정책을 동일하게 계승했
을 뿐 아니라 북한의 실체를 부정했다. 이승만 정부는 반공교육으로 북진통일
론을 정당화하는 한편, 북한에 대한 적개심을 강화하는데 중점을 두었다. 그
런 측면에서 볼 때 이승만 정부의 소위 북진통일론은 남한에서의 통일에 관한
논의를 억압함으로써 권력기반을 강화하려는 정권적 차원에서의 전략적 측면

---

8) 통일교육의 변천과정에 대한 역사적 구분에 관한 논의는 정희태, "학교 통일교육의 변천과
　정과 방향," 「통일전략」 10(2), 37-92 볼 것.
9) 교육부는 반공교육, 통일·안보교육, 통일교육의 순으로 구분한다. 반면에 박찬석의 경우에
　는 반공교육, 승공·통일교육, 통일·이념교육, 통일·안보교육, 통일교육 순으로 세분화하기
　도 한다. 이근철 등은 반공교육, 승공통일교육, 안보교육, 통일·안보교육, 통일교육으로 구
　분한다. 박찬석, "학교 통일교육의 변천과 그 대안에 관한 연구," 「시민교육연구」 제34권 1
　호(2002), 141; 이근철·오기상, 「통일교육론」(서울: 엑스퍼트월드, 2000), 9.
10) 한용원, 「통일정책·교육론」(서울: 오름, 2002), 140.
11) 이종태, 「분단시대의 학교교육 2」(서울: 푸른나무, 1990), 32. 아울러서 추병완, "통일대
　비 학교 통일교육의 방법 모형 개발," 「'97 신진연구자 북한 및 통일 관련 논문집」, 1997
　볼 것.

이 강했다고 평가할 수 있다.12)

4·19혁명 이후에 집권한 장면 정부(1960-1961)는 학생 운동권과 진보 세력을 중심으로 진행되는 통일에 관한 다양한 논의에 이전 정부와는 달리 별다른 제재를 가하지 않았다. 하지만 제2공화국 역시 반공 및 보수적 성향이 강해서 과거의 통일정책을 반복했다. 당시 북한에 비해서 국가 역량이 수세적이다 보니 다양한 통일 논의에 효과적으로 대응하거나 수용할 수 있는 체제 능력이 상당히 부족했다.13) 이런 사정으로 이승만 정권의 북진통일론을 철회하는 동시에 통일에 관해서 다양하게 전개되던 논의들을 회피하기에 급급했다.

제3공화국은 당시 사회적 혼란을 극복하려고 반공을 국시로 반공의식을 고취하고 반공에 기초한 '통일역량배양 정책'을 1960년대 말까지 추진했다. 70년대 들어서면서 이런 분위기가 반전되었는데, 남북한의 긍정적인 체제경쟁을 촉구하는 평화통일구상 선언(1970)과 함께 '남북공동성명'(1972)이 발표되면서 남북관계는 급격한 변화를 거쳤다. 박정희 정부의 통일에 관한 기조는 북한의 적화통일 추구의 포기를 요구하는 한편, 점진적이고 단계적인 평화통일을 위한 남북 간 노력에 있었다. 계속해서 제4공화국(1972-1981)의 통일정책은 평화와 통일 간의 관계 설정이 불분명할 뿐 아니라 이전에 비해서 안보 중심의 통일정책에는 특별한 변화가 없었다.

박정희 정부를 대신한 제5공화국(1981-1987)은 국민정신교육을 강화하고 공산주의의 도전을 극복하는 사상적 역량을 강화하는데 주력했다. 남한의 국력이 북한에 비해서 우위를 점유하고 있음을 확인하자 과거의 적대적 반공교육이나 승공교육을 부분적으로 수정한 이데올로기 비판교육이나 통일이념교육으로의 전환을 시도한 것도 이 무렵이었다.

이상을 근거로 이승만부터 전두환 정부의 교육과정(제1차부터 제4차)을 평가해보면 일관되게 반공과 반북적이었음을 알 수 있다. 반공이나 반북 개념이

---

12) 하영선(편), 『한국 전쟁의 새로운 접근: 전통주의와 수정주의를 넘어서』(서울: 나남, 1990), 331-332.
13) 정희태, "학교 통일교육의 변천과정과 방향," 통일전략 10(2) (2010), 55.

교육과정에 최초로 도입된 것은 한국전쟁 발발 이후였고, 교육정책에 반영된 것은 박정희 정부가 주도한 제2차 교육과정(1963-1973)부터 제4차 교육과정까지였다.14) 1960년대 이데올로기 중심의 통일교육을 추진하게 된 계기는 한국전쟁이었지만, 전쟁을 경험하지 못한 세대에게 공산주의의 실상을 교육하고, 북한의 대남전략 강화에 대응하면서 남한 내 사회갈등을 해결하려는 의도가 있었다.15)

유신체제와 함께 시작된 제3차 교육과정(1973-1982) 역시 이전 교육과정들과 동일하게 승공과 반공을 강조한 이데올로기 중심 통일교육이었다. 평화통일을 지향하는 통일교육을 목표로 삼았으나 실제로는 남북한의 화해와 상호이해, 평화구축 등은 정치적 구호에 불과했다. 교육내용은 반공과 이데올로기의 무장 강화에 집중했다. 하지만 정치·경제적으로 안정화되던 당시 사회 분위기와 제한적인 남북교류의 영향으로 북한의 대남적화 전략을 명기하면서도 평화통일이라는 개념을 최초로 도입한 것은 긍정적이다.16) 이것은 이후에 있을 통일교육의 방향전환을 일부 예고한 것이라고 평가할 수 있다.

제5공화국의 제4차 교육과정(1982-1987)은 국민정신교육을 강화하는 한편, 공산주의의 도전을 극복해낼 사상적 역량을 강화해서 민주적 평화통일의 신념을 갖게 하는 데 초점을 맞추었다.17) 남한의 절대 우위가 확인되자 이전의 적대적 반공교육이나 승공통일에서 이데올로기 비판교육을 지향하는 통일이념 교육으로 전환하였다. 이는 당시 국내의 급진 사상의 확산을 예방하면서 정권의 정당성을 확보하려는 정책적 의도가 고려된 것이기도 하였다.

---

14) 김지수, "통일교육의 연장선에서 본 평화교육의 의의와 한계," 「교육비평」 제19호(2005 가을), 232-233.
15) 한만길, "학교통일교육의 사회과학적 접근모색," 167.
16) 양정훈, "통일교육의 변천과정과 발전적 과제," 379.
17) 민족통일연구원·한국교육개발원, 『통일교육의 새로운 방향과 실천과제: 통일 대비 태세 확립을 위한 교육프로그램 개발을 중심으로』(서울: 민족통일연구원·한국교육개발원, 1997), 10.

2. 안보교육 모형

1970년대 중반에 들어서시 이미 부분적으로 변화를 거친 바 있는 반공 이데올로기 중심의 통일교육은 1980년대에 들어서면서 반공과 통일 논리의 상호 조화를 시도하였을 뿐 아니라 1990년대부터는 급변하는 정치상황에 따라서 구조적으로 급격한 변화를 거치게 되었다. 전 세계적으로 극단적인 냉전체제가 종식되고 있는 상황에서 북한에 대한 일방적인 적대감과 경계심을 조성하는 전통적인 반공교육은 통일을 강조하는데 따른 당위성이나 장기적 통일 정책을 교육하는데 있어서 일정한 한계를 가질 수밖에 없다는 판단에 따른 것이었다.18)

안보교육 모형에 해당하는 통일교육은 노태우 정부가 주도한 제5차 교육과정(1987-1992)과 그 이후 김영삼 정부에 의해서 추진된 제6차 교육과정(1992-1997)을 꼽을 수 있다. 특히 노태우 정부는 국가 주도적 반공교육이 통일에 대한 의지나 그 여건 조성이 미흡하다는 비판을 받았다. 따라서 노태우 정부는 북한을 통일의 상대로 간주하면서도 일정한 기간까지는 경계하고 조심해야 할 체제경쟁 상대라는 것을 고려해서 그 명칭을 '통일안보교육'으로 변경하였다. 명칭의 개정을 가능하게 만들었던 또 다른 이유로는 (1) 반공교육이 지닌 이데올로기적 편향성에 대한 비판 제거, (2) '통일안보'라는 용어를 통해 북한을 동포 혹은 결합의 대상으로 보려는 인식의 전환, (3) 남북한 각각의 역할 요구, (4) '통일안보' 개념이 지닌 포괄적인 의미에 따른 장점 활용 등을 꼽을 수 있다.19) 아울러서 일반 학교와 사회교육에서 실시하는 통일안보교육을 구성하는 하위 교육내용에 이데올로기의 비판교육, 북한의 실상을 적극적으로 소개하는 비판교육, 국방 및 대공안보교육, 통일교육을 포함시켰다.

일반 학교에서 실시되어온 반공교육이라는 명칭이 실제 교육의 분야에서

---

18) 유재덕, "한반도 문제와 기독교 평화교육," 「기독교교육논총」 제37권(2014), 157.
19) 보다 구체적인 내용은 송병순, "남북한 통일교육의 현실과 과제," 「한국교육연구」 제1권(1994), 24-46 볼 것.

공식적으로 사라지고 노골적인 반공 이데올로기 중심의 교육내용이 본격적으로 배제된 것은 '문민정부'라고 불리는 김영삼 정부(1993-1998)가 마련한 제6차 교육과정의 두드러진 특징이었다. 동서 간 냉전구조가 전격적으로 해소되고, 남한이 주도적으로 한반도를 둘러싼 주변 국가들을 상대로 연속적으로 정치·외교 관계를 개선하는 것은 물론, 남북한 UN 동시 가입이나 남북합의서 체결 같은 일련의 변화가 초래된 데 따른 결과라고 할 수 있다.

국가가 주도하는 통일교육의 기본 영역에는 민주시민교육, 자주와 평화 및 민주교육, 민족통합교육이 포함되었고, 남북한의 통일을 가능하게 하는 과제로는 '민족동질성 회복'과 '상호신뢰구축' 등이 제시되었다. 통일교육의 목표 역시 "통일과정에서 발생하는 문제를 해결하고 난관을 극복할 수 있는 체제역량을 강화하며…남북한이 단계적인 통합과정을 거치면서 제시될 갈등과 마찰을 해소하는 체제융합 기능까지도 할 수 있는 교육"으로 규정하였다.[20] 도덕교육 중심의 통일교육은 기존의 통일교육보다는 내용이 비교적 구체적이었지만, 북한의 체제변화나 붕괴 없이는 통일이 불가능하다는 의식을 반영하고 있었다.

3. 통일교육 모형

1990년대 이후 남북한 간의 관계 진전과 국제정세의 변화는 통일교육에 새로운 변화를 초래했다. 대체로 통일교육은 반공과 안보보다 남북 간 평화공존을 지향했으나, 정부의 성향에 따라서 추구하는 방향은 상이했다. '남북기본합의서' 채택(1991)과 동구권 몰락에 따른 냉전체제의 해체는 '한민족공동체 통일방안'(1989)과 민족통합을 강조한 김영삼 정부의 대북정책에 적잖게 영향을 미쳤다. 제6차 교육과정(1992-1997)으로 실체화된 통일교육 역시 통일정책이나 북한의 실상만을 반영하지 않고, 통일을 대비하는 시민교육으로까

---

20) 한만길, "학교통일교육의 사회과학적 접근모색," 169-170.

지 확대되었다. 그렇지만 김영삼 정부의 일관되지 못한 대북정책으로 남북한
의 상호이해나 평화공존 노력이 별다른 실효를 거두지 못하였다.[21]

김대중과 노무현 정부는 과거 정부들과 달리 냉전적 사고를 본격적으로 탈
피하려고 노력했다. 특히 1998년에 출범한 김대중 정부는 (1) 평화를 파괴하
는 일체의 무력 도발을 용납하지 않고, (2) 북한을 해치거나 흡수통일을 기도
하지 않으며, (3) 북한이 개방과 변화의 길로 나올 수 있도록 남북기본합의서
에 따라 남북 간의 화해와 협력을 적극 추진하겠다는 통일의 3대 원칙을 천
명하면서 통일교육의 방향을 새롭게 제시했다. 새로운 통일교육은 "통일의 결
과보다는 과정을 중시하고, 하나의 민족공동체를 이루는 것보다는 남북 간의
서로 다른 문화와 생활방식을 이해하고 존중하며 평화롭게 공존하는 것을 중
심에 두며, 교육자 중심이기보다는 교육의 수요자를 중심에 두는" 교육이었
다.[22]

김대중 정부(1998-2003)는 새로운 형태의 통일교육을 지원할 목적으로 통
일교육지원법(1999)을 제정·발효했고, 2001년에는 '통일교육지원법시행령'
을 공포하여 시행에 착수했다. 아울러서 2003년에는 통일교육에 필요한 국민
적 차원의 구체적 역량을 강화할 목적으로 '통일교육기본계획(2004-2006)'
을 수립했을 뿐 아니라 통일교육 인프라 정비 및 확대, 민간통일교육의 역량
강화 및 활성화, 통일교육의 정보화 확대 등을 규정하고 새로운 통일교육을
시작했다.[23] 이 시기에 만들어진 제7차 교육과정(1998-2007)은 민족공동체
의식을 함양하는 동시에 북한에 대한 부정적인 관점에서 객관적 실상을 제시
하는 교육으로 전환했다.

---

21) 김영삼 정부가 1994년 발표한 민족공동체 '3단계 통일방안'이 대표적이라고 할 수 있다.
   화해와 협력의 단계를 거쳐서 1민족 1국가의 통일조국을 완성하는 것을 목표로 삼았던 통
   일방안이지만, 자유민주주의의 승리라는 기본 전제 하에 일방적인 흡수통일을 강조함으로
   써 오히려 기존의 통일 방안을 후퇴시켰다는 비판적인 평가를 받았다. 권혁범 외, 『한반도
   와 통일문제』(서울: 대왕사, 2002), 65.
22) 조정아, "통일교육의 쟁점과 과제," 「통일정책연구」 16(2007), 291.
23) 박광기 외, 『신패러다임 통일교육 구현방안』(서울: 통일연구원, 2005), 355-356.

이상의 통일교육은 정부의 지원에도 불구하고 법적 및 제도적 차원, 학교와 사회의 통일교육 차원에서 한계를 노정했다는 평가를 받았다.24) 법적인 차원에서는 유동적인 정치상황과 남북 간 상황에 제대로 대응하지 못하는 통일교육 관련 법규의 후진성, 제도적 차원에서는 중앙정부 중심 통일교육의 비효율성이 장애로 작용했다. 학교통일교육에서는 체계적이지 못한 통일교육과 반공교육의 잔재를 청산하지 못한 것과 함께 사회통일교육에서는 국민적 합의가 제대로 이루어지지 못한 게 문제였다.

이명박 정부(2008-2013)는 김대중·노무현 정부와 달리 북한의 비핵과 개방을 전제한 통일교육을 실시했다. 아울러서 북한의 핵무기 개발이나 보유가 남북화해를 가로막는 결정적인 장애로 간주했다.25) 통일교육의 내용은 "객관적이고 중립적인 통일 환경과 안보 현실, 북한 실상 등을 사실 그대로 교육하고" 이념 지향성에 따른 오해의 소지를 배제하는 방향으로 재구성했다.26) "최근 10년간 통일교육은…북한의 긍정적인 변화 측면 등을 강조하여 왔으나…북한의 핵문제, 인권문제…등에 대한 심층 교육이 미흡"해서 "대북 정책에 대한 국민적 합의를 재정립할 필요"가 있다는 통일부의 '통일추진 현황 및 계획'(2008)은 통일교육에서 안보교육으로의 전환을 알리는 신호가 되었다.27)

박근혜 정부 역시 출범 당시부터 한반도 신뢰프로세스와 통일대박론, 드레스덴선언구상, 통일준비위원회 출범 등을 제안했지만, 이명박 정부의 통일정책 기조를 전반적으로 계승하고 있다는 평가를 받고 있다. 통일교육의 방향 역시 안보교육과 북한이해 교육을 강조하고 있다.28) 현 정부가 발행한 『2013 통일교육지침서』는 직전의 정부들과 기본적으로 성격을 달리하는 통일

---

24) 박광기 외, 『신패러다임 통일교육 구현방안』, 356.
25) 통일부 통일교육원, 『북한 이해』(서울: 통일부 통일교육원, 2013), 86.
26) 정지웅, "기독교 학교에서의 통일교육," 「2011년 한국기독교교육학회 하계학술대회 자료집」(2011), 150.
27) 조정아, "이명박 정부의 통일교육 정책과 통일교육 활성화를 위한 정책 방안," 「통문협논단」 제1·2호(2008), 214-215.
28) 이동기·송영훈, 『평화·통일교육 추진전략 연구』, 70-71.

교육의 주안점을 다음과 같이 여섯 가지로 정리해서 제시한 바 있다. 즉, (1) 통일문제에 대한 관심 제고 및 통일의지의 확립, (2) 통일준비 역량강화, (3) 자유민주주의 가치에 대한 확신 및 민주시민 의식 함양, (4) 민족공동체를 형성하기 위한 노력, (5) 국가안보의 중요성 인식, (6) 북한실상에 대한 올바른 이해.

전통적으로 정부가 주도한 통일교육은 초기 반공 및 승공교육에서 통일안보교육을 거쳐서 평화공존을 강조하는 방향으로 변모를 거듭했다. 그 과정에서 탈 분단교육이나 남한사회의 다문화추세를 고려한 다문화기반교육, 그리고 남북한 분단 이후 지금까지 상이한 경로로 사회의 발전을 이룩한 남북한 간의 갈등을 해소하는 데 초점을 맞춘 갈등해결교육 등이 새로운 통일교육을 위한 담론들로 등장하기도 하였다. 이와 같은 통일교육의 다양화 및 다극화 추세에도 불구하고 5년마다 변경되는 통일정책은 통일교육의 방향을 일관되게 유지하는데 혼선을 초래한다는 비판을 받고 있다.[29]

Ⅲ. 통일교육의 대안적 모형들

1. 다문화주의와 통일교육

다문화주의를 주제로 국내에서 진행된 연구의 역사는 비교적 그리 오래지 않았다.[30] 다문화주의에 관한 관심은 인구와 초국적 자본의 국경을 초월한 이동, 정보의 본격적 순환에 따른 당연한 결과이다. 2012년에 여성가족부가 주도적으로 전국 단위로 실시한 바 있는 '전국 다문화가족 실태조사'에 따르면 특히 인구의 이동, 즉 외국인들의 유입 비율이 특히 두드러졌다. 예컨대,

---

29) 양정훈, "통일교육의 변천과 발전적 과제," 386.
30) 설동훈, "외국인 노동자 문제의 배경,"「실천문학」74호(2004), 220.

2012년을 기준으로 볼 때 외국계 주민은 전체 주민등록 인구의 2.8퍼센트를 기록했다.[31] 이 같은 증가 추세를 전체 인구와 대조하면 유의미한 수준이 아닐 수도 있겠으나, 2011년에 조사된 외국인들의 숫자가 126만 명에서 11.4퍼센트가 증가한 것까지 고려하면 결코 낮지 않은 비율이라고 할 수 있다. 아울러서 이 통계에 다문화가정 출신 자녀들까지 포함하게 되면 한국 사회의 다문화화 추세는 한층 더 강화된다. 실제로 교육부가 발표한 통계에 의하면 2012년 현재 국제결혼이나 외국인 가정 출신으로서 국내의 초중고에 재학하는 학생들은 총 4만6954명이다.[32]

이상과 같은 다문화의 추세는 과거부터 단일 민족사회를 지향해온 우리 사회에 통일문제와 관련해서 간단하지 않은 과제를 제시하고 있다. 그것들을 개략적으로 정리해보면 (1) 우리 사회의 급격한 다문화 추세를 적극 반영한 기존 통일론의 재구성, (2) 일관된 통일정책의 추진을 위한 사회통합의 문제, (3) 학습자들의 다문화적 배경 고려를 꼽을 수 있다.[33] 먼저, 통일론의 재개념화를 적극적으로 고려할 필요가 있다. 남한 사회는 폐쇄적인 북한에 비해서 정치 및 경제와 문화 모두 인종적 차원의 변화를 겪고 있는 중이다. 이런 상황을 고려한 현안 가운데 하나는 다문화 추세를 반영한 통일론의 재구성이라고 할 수 있다. 기존의 통일론은 전통적으로 단일 민족의 회복에 초점을 맞추었지만, 다문화 중심 사회에서는 배타적 성격을 지닌 단일 민족이라는 개념만으로는 별다른 설득력을 가질 수 없다. 이와 같은 관점에서 볼 때 2010년 이명박 정부가 『통일교육 지침서』에 활용한 바 있는 '열린 민족주의'는 다문화화 추세가 강화되고 있는 현재 상황에서 또 다른 대안이 될 수 있다.[34]

---

31) 여성가족부, 『2012년 전국 다문화가족 실태조사 연구』(서울: 여성가족부 다문화가족정책과, 2013), viii.
32) 조선일보. 2012. 9. 18. 여기에 소개한 자료를 2011년에 실시한 조사결과와 다시 비교하면 21퍼센트, 또 다문화 배경의 재학생 현황을 국내 사상 처음으로 조사한 바 있는 2006년에 비해서는 5배가 증가했다는 것을 알 수 있다.
33) 유재덕, "기독교 통일교육의 새로운 모색: 다문화주의를 중심으로," 「기독교교육논총」 제42집(2015), 252-254.

다문화 추세를 고려할 경우에 기존의 통일론이 직면한 또 다른 문제로는 사회통합의 성격 변화가 있다. 다문화주의를 사회적인 추세로 감안할 경우에는 기본적으로 인종상 이질적인 구성원들의 사회통합 방향에 관심을 갖게 된다. 이렇게 볼 때 한편으로는 차이를 인정하면서 동시에 공존의 구조를 만들어내는 게 다문화주의가 담당한 역할이라고 한다면, 현재 일반 학교와 사회교육에서 실시하는 통일교육은 단일 민족 개념에 기반을 둔 가치와 규범을 학습하고 동화되도록 유도하는 수준을 벗어나지 못하고 있다. 멀지 않은 미래에 직면하게 될 다문화 사회의 갈등, 환언하자면 다문화적 상황과 민족주의 성향의 동화주의적 정서 사이에서 빚어질 가능성이 있는 충돌을 적극 대비할 필요가 있다.35)

아울러서 통일교육에 참여하고 있는 학습자들의 다문화적 배경 역시 통일론과 통일교육을 구성할 때 일차적으로 고려하지 않으면 안 된다. 한국 사회가 이미 다문화 사회에 접어든 것을 인정하지 않을 수 없다고 한다면 과거 통일교육에서 배제된 노동이민자, 결혼이주여성, 다문화 가정 자녀, 귀화 한국인 등을 비롯해서 북한이탈주민, 해외에 거주하는 재일조선인, 재중조선족, 재러고려인을 상대로 체계적인 교육을 실시해야 한다.36) 뿐만 아니라 이런 통일교육의 새로운 대상자들은 민족의 정체성과 관련된 공통점이 존재하지 않는다는 것 역시 함께 고려할 필요가 있다.

2. 신패러다임 통일교육

남북한 정상 간 회담(2000)이 성사된 이후 극적으로 변화된 통일교육 환경은 경제 및 사회, 문화적인 차원에서 다양한 논의를 가능하게 하는 동시에 기

---

34) 통일부 통일교육원, 『통일교육지침서』(서울: 통일부 통일교육원, 2010), 17-18
35) 박명규, "다문화주의와 남북관계: 이론적 쟁점과 현실," 「국제이해교육연구」 4(2) (2009), 21-23.
36) 유재덕, "기독교 통일교육의 새로운 모색: 다문화주의를 중심으로," 252.

존 통일 담론의 한계를 비판적으로 성찰하는 계기가 되었다. 과거 통일에 관한 논의들이 극복하지 못한 한계로 지적되는 내용들을 정리해보면 다음과 같다. (1) 통일 담론들이 주로 정치구조나 체제이념 중심으로 진행되었다. 따라서 철저하게 정치체제가 논의를 좌우했고, 기타 하위체제는 부수적인 것에 지나지 않았다. (2) 과거 통일에 관한 논의는 남북한 간의 관계를 제로섬 게임으로 간주했다. 남북한 당국이 추구한 통일 방향이 화해를 언급하면서도 기본적으로는 일방적인 흡수 통일이었다. (3) 기존의 통일에 관한 논의의 주요 주제는 체제와 구조였다. 인적자원이 중요함에도 불구하고 통일 담론은 언제나 제도와 체제에 관심을 집중했고, 통일 이후 남북한 주민들의 생활과 향유하게 될 문화를 거의 거론하지 않았다. (4) 통일을 주제로 한 담론은 합리적 사고보다는 변화가 심한 정서적 당위에 근거하는 경우가 적지 않았다.37)

일관되게 보수적 성격을 유지하던 이전 정부들과 달리 김대중·노무현 정부는 통일 문제에 접근하면서 냉전적 사고를 적극 탈피하려고 노력했다. 특히 김대중 정부는 1998년에 출범하면서 평화를 파괴하는 일체의 무력 도발을 용납하지 않고, 북을 해치거나 흡수통일을 기도하지 않으며, 북한이 개방과 변화의 길로 나올 수 있도록 '남북기본합의서'(1991)의 내용을 근거로 남북한의 화해와 협력을 적극 추진하는 통일의 3대 원칙을 공개적으로 천명했다. 아울러서 통일교육의 차원에서는 그런 원칙을 바탕으로 삼아서 이른바 '신패러다임 통일교육'을 새롭게 제시했다.38) 신패러다임 통일교육은 "통일의 결과보다는 과정을 중시하고, 하나의 민족공동체를 이루는 것보다는 남북 간의 서로 다른 문화와 생활방식을 이해하고 존중하며 평화롭게 공존하는 것을 중심에 두며, 교육자 중심이기보다는 교육의 수요자를 중심에 두는" 과거의 반공 및 안보교육과는 성격이 상이한 통일교육이었다.39)

이런 신패러다임 통일교육을 법적으로 지원할 목적으로 통일교육지원법이

---

37) 조정아, "통일교육의 쟁점과 과제," 「통일정책연구」 16(2007).
38) 양정훈, "통일교육의 변천과정과 발전적 과제," 「통일문제연구」 48(2007).
39) 조정아, "통일교육의 쟁점과 과제," 285.

제정·발효되었고(1999), 계속해서 2001년에는 통일교육지원법시행령을 공포하여 시행에 들어갔다. 더 나가서 김대중 정부는 2003년 12월 전체 국민을 대상으로 하는 통일교육을 강화하기 위해서 '통일교육기본계획(2004-2006)'을 수립했다. 신패러다임 통일교육을 뒷받침할 목적으로 마련된 계획에는 일차적으로 통일교육의 인프라 정비 및 확대, 민간 통일교육의 역량 강화 및 활성화, 그리고 통일교육의 정보화 확대에 관한 규정 등이 포함되었다.40) 동일한 시기에 등장한 제7차 교육과정은 북한의 객관적인 실체를 소개하는 성격으로 통일교육 내용이 변경되었을 뿐만 아니라 민족공동체 의식을 함양하는 프로그램이 본격적으로 활용되었다.

　김대중 정부가 주도한 신패러다임 통일교육은 적극적인 지원과 후원에도 불구하고 법적 및 제도적 차원과 일반 학교교육 및 사회교육 수준에서 각각 한계를 노정했다.41) 법적 차원의 문제점으로는 불확실한 대내외 정치 상황과 남북 간 관계 변화에 적절하게 대응하지 못한 후진적인 관련 법규가, 제도의 차원에서는 중앙 정부 부처 중심으로 거의 일방적으로 실시되던 통일교육의 비효율성이 문제로 지적되었다. 학교에서 실시된 통일교육은 체계적이지 못한 통일교육과 더불어서 이데올로기 중심의 과거 반공교육의 잔재를 제대로 극복하지 못했다는 것, 그리고 사회통일교육의 차원에서는 국민적 합의를 충분히 반영하지 못했다는 평가를 받았다.

3. 평화교육

　1980년대에 시작된 평화교육에 관한 국내의 연구는 초창기에는 주로 유네스코를 중심으로 진행된 국제이해교육을 비롯해서 일부 교육학자의 관심에 따라서 부분적으로 소개하는 수준에 불과했다. 80년대 후반부터 국내외 정세

---

40) 박광기 외, 『신패러다임 통일교육 구현방안』(서울: 통일연구원, 2005), 355-356.
41) 박광기 외, 『신패러다임 통일교육 구현방안』, 357.

가 급격하게 변화하고, 그에 따라서 남북한 간의 교류가 본격화되면서 연구의
양과 질적 차원에서 비약적으로 발전했다. 시기적으로는 통일교육의 주제와
내용에 있어서 전통적인 이데올로기 중심 교육을 탈피해서 다양화가 진행되
기 시작한 시기와 거의 일치한다. 1990년대에 들어서면서부터 평화교육과 통
일교육이 본격적으로 접목되었지만, 평화교육과 관련된 내용은 대부분 서구
의 것을 별다른 성찰 없이 도입한 수준에 지나지 않았다. 본격적으로 통일교
육의 내용에 평화교육 모형이 활용된 것은 두 차례에 걸쳐 진행된 남북정상회
담에 따른 정치 및 문화 환경의 변화가 결정적인 계기가 되었다.[42]

통일교육의 관점에서 평화교육 모형에 접근할 경우에는 다음 세 가지의 유
형, 즉 (1) 유네스코가 주도하는 국제이해교육, (2) 비판적 평화교육, 그리고
(3) 제3세계의 평화교육으로 구분이 가능하다.[43] 먼저, 전통적인 평화교육으
로 분류되는 국제이해교육은 주로 적대감과 공격성을 감소시키는데 주력한
다. 이대훈의 주장에 따르면, 국제이해교육은 "적대국간의 친선우호 관계를
중시하고 서로의 적대감과 공격성을 줄이는 데 중점을 둠으로써 국제간의 이
해 증진과 갈등 및 공격성의 제거에 관한 교육에 초점을 두고 있다. 즉, 전쟁
당사국 간, 전쟁의 가능성이 있는 국가 간, 나아가 세계대전으로의 발발을 예
방하려는 편견의 극복을 통한 상호이해 증진에 중점을 두고 있는 것이다."[44]

계속해서 비판적 평화교육은 주로 개인의 변화를 강조하는 유네스코의 평
화교육이 갖는 한계를 극복하려는 노력에서 비롯되었다. 여기서 말하는 비판
적 평화교육은 개인적 차원보다는 구조적 폭력과 부정의에 주목하는 동시에
사회적 연대와 행동으로 구조적 문제를 확인하면서 이를 해결하기 위한 정치
적 노력까지 동반하도록 요청한다. 이것을 달리 말하면, 평화를 구현하는 교
육은 폭력적인 구조를 변화시키는 교육이 되어야 한다는 것이다. 비판적 평화
교육은 과학화되고 문명화된 사회에서 평화를 성취하려면 계층 갈등과 구조

42) 박보영, 『2006 평화교육 활동백서』(서울: 서울YMCA, 2007), 212-213.
43) 고병헌, 『평화교육사상』(서울: 학지사, 2003), 75.
44) 이대훈, "지난 반세기의 평화교육에서 찾는 시사점," 「경기교육」 191(2012), 22.

적 폭력의 통제를 전제로, 무엇보다 협동적 정체성과 다양화된 정체성, 사회
적 약자들과 공존하는 문화를 조성하는데 평화교육이 적극 기여하지 않으면
안 된다고 강조한다.

끝으로 1970년대 이후에 등장한 제3세계 평화교육은 일차적으로 지구적
차원의 남북문제를 구조적으로 접근하고, 식민지 유산으로부터 물려받은 비
민주적인 정치적 권위주의를 청산하고, 그러한 권위주의의 결과로 초래된 현
격한 빈부 격차 문제를 긍정적으로 해소할 수 있는 새로운 공동체 교육이면서
동시에 비폭력을 추구하는 감수성 교육, 세계적 문해(literacy)교육이라고 할
수 있다.[45] 평화교육보다는 해방교육이나 인권교육이라는 용어로 광범위하게
알려진 제3세계 평화교육은 서구 사회를 모형으로 삼고 있는 평화교육에 대
해서 한층 더 비판적 태도를 견지하면서 지역에 기반을 둔 독자적인 문화에
적합한 평화교육을 실시하도록 강력하게 주장한다.

세 가지 유형의 평화교육이 제시하고 있는 기본적인 원리들을 개략적으로
정리해보면 다음과 같다. (1) 평화를 위한 교육을 실시하고자 한다면 평화의
올바른 개념, 즉 역사적으로 정당하고 시대적, 사회적 맥락에 부합하는 약자
와 타자를 변호하는 평화개념을 스스로의 힘으로 구명할 수 있는 능력과 의지
를 가져야 한다. (2) 평화를 위한 교육은 정치교육 뿐 아니라 가치교육적인 성
격을 갖는다. (3) 평화는 삶의 다양한 모습과 내용을 통합하는 관점으로서, 인
간 사이의 관계나 국가 간의 관계뿐 아니라, 자연과의 관계, 그리고 다른 생
명체와의 관계에도 적용되는 개념이라고 할 수 있다. (4) 평화는 그것을 자신
의 삶과 연결 짓는 방식이 아니고서는 결코 교육되어질 수 없다.[46]

이상의 평화교육을 통일교육과 연계할 경우에는 통일교육에 참여하는 학습
자들이 이상적 가치로 인정받는 민주주의와 인권, 자유와 평등, 그리고 더 나
가서 복지까지 골고루 보장하는 사회를 형성하는 민주시민으로서의 능력과

---

45) 고병헌, 『평화교육사상』, 76.
46) 고병헌 외, 『평화교육의 개념과 내용체계에 관한 연구』(서울: 통일부 통일교육원, 2007),
    31-32.

자질을 배양하는데 적지 않은 도움이 될 수 있다는 평가를 받고 있다. 그렇지만 평화교육은 기존의 통일교육 모형들과 달리 교육의 방향과 내용을 구상하는 데 있어서 모호하다는 비판이 제기되고 있다. 달리 말하자면, 평화교육에 관한 활발한 논의에도 불구하고 통일교육과 평화교육, 통일교육과 민주시민교육, 그리고 더 나가서 통일교육과 평화교육을 어느 정도 수준에서 상호 연계할 것인지에 관해서는 충분한 합의가 이루어지지 않고 있다.

Ⅳ. 결론: 기독교 통일교육의 새로운 모형

지금껏 이 글은 통일 문제를 해결할 수 있는 결정적 단서를 교육학적 차원에서 확인할 뿐 아니라 그것을 기초로 삼아서 기독교 통일교육을 위한 모형을 새롭게 구성할 목적으로 전통적인 통일교육의 모형들을 비판적으로 성찰했다. 계속해서 전통적인 모형들의 한계를 극복할 수 있는 것으로 간주되는 대안적 모형을 검토함으로써 그 한계와 의의를 확인할 수 있었다. 이상의 논의를 전반적으로 고려하면서 기독교 통일교육의 모형을 구성하는데 있어서 다문화주의와 새로운 패러다임, 그리고 평화교육의 모형들이 함의한 시사점을 (1) 목적, (2) 내용, (3) 교수학습 과정으로 구분해서 개략적으로 검토하면 다음과 같다.

1. 기독교 통일교육의 목적

기독교 통일교육의 새로운 방향은 일차적으로 혈연이나 인종, 출신지역 등과 같은 선험적 기준에 근거한 동질 또는 단일 주체보다는 다중적 성격을 갖고 있는 주체, 또는 학습자를 전제하지 않으면 안 된다. 우리 사회의 급격한 다문화 추세를 고려할 경우에는 기존의 인종 중심의 단일 민족주의가 구체적

인 대안이 될 수 없다는 게 점차 확실해지고 있다. 이런 측면에서 향후 기독
교 통일교육은 우리 사회를 다양하게 구성하고 있는 주체들이 통일을 대비하
거나 통일을 추진하는 과정에서 별다른 차별 없이 동등하게 참여할 수 있는
능력을 배양하도록 도움을 제공하는 게 무엇보다 중요하다. 이런 교육이 가능
하기 위해서는 기독교교육적 차원에서 기존의 민족이나 민족주의라는 개념을
이념의 차원, 화합의 차원, 시민사회의 차원, 그리고 다문화적 차원에서 보다
적극적으로 해석할 필요가 있다.47)

먼저 이념의 차원에서는 혈연과 지역에 바탕을 두고 있는 단일 민족주의로
부터 열린 민족주의에로 통일 문제에 접근하는 방식의 전면적이면서도 신속
한 전환이 요청된다. 분단 이후 남북한 모두 민족의 고유한 문화와 전통이 급
격하게 이질화를 겪고 있는 탓에 통일의 이념과 담론에서 지금까지 당연하게
간주되어온 단일민족, 또는 단일민족주의이라는 가치는 그 기초부터 흔들리
고 있는 실정이다. 여기에 남한 사회를 중심으로 본격화 되고 있는 다문화 추
세까지 고려하자면 폐쇄적인 단일 민족주의보다는 보다 더 개방적인 열린 민
족주의가 현실적인 선택에 근접해 있다.48)

계속해서 화합의 차원에서 볼 때 기존의 단일 민족주의라는 통일교육을 위
한 준거의 틀은 현재 한국 사회 내부에서 진행되는 다양한 갈등을 해소하는
통일교육의 목표나 방향으로는 일정한 한계를 가질 수밖에 없다는 게 일반적
인 평가이다. 북한과의 미묘하고 복잡한 정치 및 군사 관계를 일단 배제하더
라도 진보와 보수 세력 간의 이념 문제, 계층과 세대 간 갈등, 그리고 지역 갈
등과 이주민들이 유입한 이질적 문화와 기존 문화의 갈등이 점차 심화되고 있
다.49) 저항과 무시보다는 설득과 이해라는 가치를 추구하는 개방성과 책임성
에 근거하는 열린 민족주의로의 전환이 본격적으로 요구되는 것도 이런 이유
때문이라고 할 수 있다.

---

47) 유재덕, "기독교 통일교육의 새로운 모색: 다문화주의를 중심으로," 260-262.
48) 유재덕, "기독교 통일교육의 새로운 모색: 다문화주의를 중심으로," 260.
49) 유재덕, "기독교 통일교육의 새로운 모색: 다문화주의를 중심으로," 261.

시민사회의 차원에서는 단일 민족주의를 교육이념으로 강조하는 전통적 통일 담론은 반공이나 안보와 같은 냉전 시대의 잔재인 이데올로기 중심 논쟁에 치중함으로써 시민사회의 정치와 문화 전반에 걸쳐서 자율성을 충분히 담보해내지 못한 게 사실이다.50) 우리 남한 사회가 다중화된 주체들을 강조하는 다문화시대에 접어들었다는 사실을 부정할 수 없고, 동시에 시민사회가 그 가운데 한 축을 담당하고 있다는 것을 부정할 수 없다면 정부가 주도하는 단일 민족주의적 접근보다는 정부와 시민사회의 균형을 유지하는 한편, 민주주의와 통일 문제를 직접 연계하여 민족과 민족주의를 재개념화 하지 않으면 안 된다.

아울러서 다문화적 차원에서는 현재 남한 사회의 구성원으로 본격 유입되고 있는 북한이탈주민과 이주노동자, 그리고 결혼이주여성 및 해외에 거주하고 있는 재외 동포와의 우호적인 관계를 적극적으로 형성할 수 있는 이론적 근거로서 민족이나 민족주의의 개념을 새롭게 정의하고 해석할 필요가 있다. 이때 남한사회에 유입된 집단과 통일 문제를 주제로 한 소통과 참여를 보장하는 내부적 관계는 물론이고, 재외 한국인들에게 한층 더 익숙한 열린 민족의식과 세계적인 보편성이라는 주제를 중심으로 그들과의 외부적 관계를 형성하는 것까지 함께 고려하는 것 역시 중요하다.51)

2. 기독교 통일교육의 내용

기독교 통일교육은 교육에 참여하는 개인이나 집단이 문화와 정체성, 그리고 공동체 안에서 사고의 제한이나 고립이 발생하지 않도록 언제나 조심스럽게 접근할 필요가 있다.52) 이를 위해서는 기독교교육이 추구하는 통일교육은

---

50) 이범웅, "학교 통일교육의 실태 분석을 통한 개선 방안에 관한 일고," 「도덕윤리과교육」 40(2013), 122.
51) 유재덕, "기독교 통일교육의 새로운 모색: 다문화주의를 중심으로," 261-262.
52) Marco Martiniello, 『현대 사회와 다문화주의』, 윤진역(파주: 한울아카데미, 2008).

기독교가 과거부터 중시하는 여러 가지 교훈과 가치 가운데 평화와 인권, 사랑과 배려처럼 무엇보다 사회의 다양한 구성원들과 관계가 깊은 핵심적인 가치를 보나 석극적으로 개발해서 기독교 통일교육을 위한 교육과정의 구성에 전폭적으로 반영하는 노력이 요구된다. 그 가운데 앞서 거론한 바 있는 평화라는 주제를 다문화적 상황에 근거한 기독교 통일교육의 내용에 포함시킬 경우에 다음과 같이 대략 네 가지 정도의 효과를 거둘 수 있다.53)

첫째, 통일교육의 역동성이 회복된다. 냉전시대의 대표적 유산인 반공이념의 경우처럼 거의 일방적으로 가치편향적인 인습적 방식을 추구하는 통일교육으로는 남북 간의 화해와 협력을 강조하고 실천하는데 있어서 어느 정도의 한계를 가질 수밖에 없다. 그런 통일교육으로는 분단과 그 이후의 전개과정에서 형성되고 고착된 남북 간의 전반적인 다름과 차이를 존중하고 수용해서 관용과 공존을 실천할 가능성 역시 높지 않다. 반면에 다양한 정체성의 인정과 함께 상호 이질적인 요소들을 있는 그대로 인정하고 수용하도록 강조하는 평화의 개념을 기독교 통일교육과 연계하면 기독교 통일교육의 활력을 되찾을 수 있다.

둘째, 평화라는 주제는 기독교 통일교육의 교수학습 과정 참여자들이 지구적 관점을 회복하는데 유용할 수 있다. 한반도의 통일은 남한과 북한은 물론이고 주변 국가들과의 역학관계를 배제하고서는 해결이 불가능하다. 따라서 단일 민족주의나 국수적 민족주의와 같은 보수적이고 전통적인 민족개념은 통일문제에 접근하는 데 제한적일 수밖에 없다. 민족적 특수성 대신 보편적인 인류애를 바탕으로 국제사회의 평화와 화해와 협력을 구현해나가는 게 평화의 지구적 가치라고 한다면, 평화를 통일교육의 내용에 포함시킬 경우에는 학습자들이 한국인이면서 아시아인, 더나가서 세계인이라는 다중화된 정체성을 학습하여 지구적 관점에서 개방적이고 보편적인 민족주의로 진전할 수 있는

---

53) 유재덕, "한반도 문제와 기독교 평화교육," 163; 유재덕, "기독교 통일교육의 새로운 모색: 다문화주의를 중심으로," 262-264.

능력을 갖게 된다.

셋째, 사고의 유연화와 일상의 행복이 회복될 수 있다. 역사를 돌아보면 반
공이념과 반북의식으로 요약되는 북한에 대한 적대적인 태도는 남북관계의
이해, 더 나가서 남한 사회 구성원들의 일상적인 생활에까지 상당한 영향을
미쳐온 게 사실이다. 남북 간의 관계 역시 상호신뢰의 축적과 정서적, 문화적
소통이나 교류를 가능하게 하는 토대가 되는 평화의 실천이 없는 분단 상황의
해결 가능성은 낮을 수밖에 없다. 더 나가서 동서독의 통일 추진 과정에서 이
미 확인된 바처럼 평화를 바탕으로 사회문화적 통합이 완성되지 않는다면 통
일이 성취되어도 남북 주민 간의 가치와 정서와 문화적 차이로 혼란과 파국이
초래될 수 있다.54) 이런 측면에서 볼 때 다문화적 상황에서 평화의 실천은 구
성원들로 하여금 유연한 사고를 가능하게 한다.

넷째, 남남 간의 대화가 확산될 수 있다. 분단 이후 남한 사회 내부에서는
북한의 이해나 통일에 대한 현격한 시각차로 인해서 다양하게 갈등이 빚어졌
다. 예컨대, 김대중·노무현 정부의 대북 경제지원, 남북한 당국자 간 논의에
필수적으로 등장하는 주한미군의 주둔 문제, 진보진영이 주로 관심을 갖는 국
가보안법 철폐 문제, 보수진영의 북한인권법 제정문제, 그리고 대북 경제지원
과 연계해서 거론되는 북한의 비핵화 등이 갈등의 대표적인 쟁점이다. 이런
갈등은 각자 선호하는 진영의 논리에 따라서 한층 강화되고 있다. 기독교 통
일교육의 내용에 평화의 주제를 포함시킬 경우에는 평화를 수립하기 위한 노
력의 일환으로서 남한 사회의 쟁점이 되는 현안들에 관한 논의가 가능할 수
있다.

3. 기독교 통일교육의 교수학습 과정

기독교 통일교육은 개인과 사회집단을 대상으로 일정한 성찰과 소통할 수

---

54) 이범웅, "학교 통일교육의 실태 분석을 통한 개선 방안에 관한 일고," 126.

있는 능력을 배양해서 통일의 관점에서 사회 통합에 기여하게 할 수 있어야
한다. 개인들이 특정 집단 안에서 고립되거나 사회집단들끼리 대립해서 폐쇄
적으로 형성되는 것은 통일을 대비하고, 추진하는 역량을 갖추는데 있어서 결
코 바람직하지 않다. 북한과의 관계는 물론, 우리 사회에서 흔히 목격되는 사
회 집단 간의 갈등을 피하려면 인종, 문화, 종교, 국적 등에 관계없이 통일의
추진 과정에서 평등하게 책임과 권리를 갖고 있음을 성찰할 수 있는 능력을
갖추고 있어야 한다. 이를 위해서 기독교 통일교육은 스스로를 성찰하면서 정
체성을 지속적으로 재구성할 수 있는 새로운 주체, 그리고 개방적 주체를 길
러낼 수 있어야 한다. 이런 관점에서 기독교 통일교육의 교수학습 과정을 구
성하는데 활용할 수 있는 원리는 다음과 같다.55)

    (1) 성서 및 신학과 다문화 배경: 기독교 통일교육을 담당는 교사들은 학습자들
       에게 기독교적 관점에서 통일교육을 실시할 때 성서 및 신학적 내용과
       다문화적 배경을 상호 연계할 수 있는 충분한 기초 지식을 확보하는 게
       무엇보다 중요하다. 이것은 소위 '문화감응교육'(Culturally Responsible
       Pedagogy, CRP)이 강조하는 방식을 기독교 통일교육에 전용한 것이
       다.56) 이른바 CRP는 교사들로 하여금 학습자들이 속한 문화와 역사를
       현재의 상황과 상호 연계해서 가르치도록 요구한다. 기독교 통일교육에서
       는 통일이라는 주제를 중심으로 기독교의 전통과 다문화 배경을 서로 연계
       시킨다. 이스라엘의 출애굽과 한민족의 해방, 또는 이스라엘의 남북 왕조
       분열 과정과 남북한의 분단을 상호 비교하는 방법이 한 가지 사례가 될
       수 있다.
    (2) 이중 문화와 다중적 정체성: 기독교 통일교육의 교수학습 과정을 설계하

---

55) 유재덕, "기독교 통일교육의 새로운 모색: 다문화주의를 중심으로," 264-266.
56) D. Bainer & P. Jeffrey, Effective Teaching and Multicultural Religious Education,
    in B. Wilkerson(ed.), *Multicultural Religious Education*(Birmingham: REP, 1997),
    303.

고 주도하는 교사는 이중적 문화에 속한 학습자들이 다중적 정체성을 획득하도록 통일교육 학습에 적극 참여하도록 배려하고 이끌어주어야 한다. 그것이 가능하기 위해서는 무엇보다 교사들이 학습자들에게 조심스럽게 구조화된 과제를 부여하고, 각각의 학습자들을 충분히 배려해서 배치하고, 지속적으로 학습자들의 성취 수준을 점검하는 소규모의 그룹을 구성하는 게 효과적이다. 학습이 진행되는 과정에서 소그룹은 저마다 부과된 과제의 성격에 따라서 긴밀하게 서로 정보를 공유하면서 학습을 수행할 수 있다. 이런 소그룹 방식의 학습은 학습자들의 출신 배경이 다양하거나 취급하는 과제의 성격이 상이할 경우에 특히 효과적이다.

⑶ 학습자와 교수학습과정: 기독교 통일교육에 참여하는 학습자들의 학습 효과를 강화하기 위해서는 처음부터 그들의 문화적 다양성을 인정하는 동시에 교수학습 과정에 보다 적극적으로 참여할 수 있는 기회를 공유하는 것 역시 도움이 될 수 있다. 우리 사회의 다문화적 추세를 고려해서 보다 폭넓은 인간관계와 교육환경을 구성하려고 하면 학습자들 이외에도 그들의 부모와 사회집단이 함께 어울려서 교육에 참여하는 것도 적절한 교육방법이 될 수 있다. 그와 같은 차원에서 문화적 배경과 개인적 경험을 고려하는 기독교 통일교육의 교육내용과 교수학습과정을 구성하는 단계부터 학습자들은 물론이고 직접 관계된 부모와 사회집단의 의견이 적극 반영될 수 있는 기회를 제공해야 한다.

■ 참고문헌

Bainer, D. & Jeffrey, P. Effective Teaching and Multicultural Religious Education. *Multicultural Religious Education.* Birmingham: REP, 1997. 294-323.

Martiniello, Marco. 『현대사회와 다문화주의』. 파주시: 한울아카데미, 2008.

고상두 외. "다문화주의와 역동성: 연구 동향 및 쟁점". 「정치정보연구」. 제14권 1호(2011), 217-240.

고유환. "민족공동체 통일방안의 평가와 계승 발전방안". 「한국국제정치학회 학술대회 발표논문집」(2014), 31-44.

고정식 외. 『통일지향교육 패러다임의 정립과 추진 방안』. 서울: 통일교육원, 2004.

권혁범 외. 『한반도와 통일문제』. 서울: 대왕사, 2002.

권혁범, "통일에서 탈분단으로," 「통일문제연구」 22(2000), 9-12

김기환. "진단: 민족공동체 통일방안 어떤 것인가-향후 통일정책 추진의 밑그림". 「통일한국」. 12(9) (1994), 48-51.

김정수. "해외 평화교육 사례와 통일교육에의 적용 전망." 「여성과 평화」 2(2002), 165-189.

김정환. 『현대의 비판적 교육이론』. 서울: 박영사, 1988.

김지수. "통일교육의 연장선에서 본 평화교육의 의의와 한계." 「교육비평」 19(2005), 228-244.

김창근. 『다문화주의와 만난 한반도 통일론』. 서울: 교육과학사, 2013.

민족통일연구원·한국교육개발원. 『통일교육의 새로운 방향과 실천과제: 통일 대비 태세 확립을 위한 교육프로그램 개발을 중심으로』. 서울: 한국교육 개발원, 1997.

박광기 외. 『신패러다임 통일교육 구현방안』. 서울: 통일연구원, 2005.

박명규. "다문화주의와 남북관계: 이론적 쟁점과 현실." 「국제이해교육연구」.

4(2) (2009), 5-32.

박보영. 『2006 평화교육 활동백서』. 서울: 서울YMCA, 2007.

박찬석. "국내와 통일환경의 혼돈 속에서 통일교육의 방향과 과제." 「아시아 교육연구」 제2권 2호(2001), 41-64.

박찬석. 『통일교육』. 서울: 인간사랑, 2003.

설동훈. "외국인 노동자 문제의 배경." 「실천문학」 74호(2004), 220-230.

송병순. "남북한 통일교육의 현실과 과제." 「한국교육연구」 제1권(1994), 24-46.

송정호. "남남갈등 해소를 위한 국민합의의 민주적 제도-참여적 의사결정을 중심으로." 「정치정보연구」 제12권 1호(2009), 203-223.

양정훈. "통일교육의 변천과정과 발전적 과제." 『통일문제연구』 48(2007), 373-401.

여성가족부. 『2012년 전국 다문화가족 실태조사 연구』. 서울: 여성가족부 다문화가족정책과, 2013.

오기성 외. 『통일교육지침체계 재정립에 관한 연구』. 서울: 통일부, 2003.

우평균. "21세기 통일교육의 방향성: 현행 체제에 대한 평가와 지향." 「평화학연구」 제12권 3호(2011), 99-120.

유영옥, 『남북교육론』(서울: 학문사, 2002).

유재덕, "한반도 통일문제와 기독교교육." 「한국신학논총」 14호(2010), 70. 63-86.

유재덕. "한반도 문제와 기독교 평화교육." 「기독교교육논총」 제37집(2014), 145-166.

유재덕, "기독교 통일교육의 새로운 모색: 다문화주의를 중심으로," 「기독교교육논총」 제42집(2015), 241-270.

윤응진. "기독교 평화통일 교육을 위한 이론정립의 방향 모색." 「한국기독교신학논총」 12(1) (1995), 204-244.

이근철·오기성. 『통일교육론』. 서울: 액스퍼트, 2000.

이대훈. "지난 반세기의 평화교육에서 찾는 시사점."「경기교육」191(2012), 21-30.

이동기·송영훈.『평화·통일교육 추진전략 연구』. 서울: 유네스코한국위원회, 2014.

이범웅. "학교 통일교육의 실태 분석을 통한 개선 방안에 관한 일고."「도덕윤리과교육」40(2013), 105-140.

이삼열.『평화의 철학과 통일의 기초』. 서울: 햇빛출판사, 1991.

이진영. "한국의 민족 정체성과 통일을 위한 '열린 민족' 개념에 관한 연구."「통일연구」제5권 1호(2001), 211-237.

이홍구. "한민족공동체 어디로 가고 있나."「중앙일보」2013년 12월 30일.

전효관. "소프트해진 통일교육, 그 쟁점과 위상."「현대북한연구」6(2003), 189-220.

정경호. "1980년대 한국기독교의 평화통일이해에 대한 연구."「신학과 목회」제38집(2012), 65-99.

정세구.『초·중·고등학교 국민윤리교육』. 서울: 교육과학사, 1983.

정영수. "평화교육의 과제와 전망."「교육학연구」31(5)(1993), 173-193.

정천구. "평화의 두 가지 개념에 대한 논쟁: 적극적 평화와 소극적 평화."「서석사회과학논총」vol. 4, no.1(2011), 39-69.

정현백. "통일교육으로서의 평화교육 재정립 방안."「민주평통자문회의 제62차 교육위원회 자료집」(2007), 1-20.

정현백·김정수.『평화지향적 통일교육의 이해』. 서울: 통일부 통일교육원, 2007.

조정아. "이명박 정부의 통일교육 정책과 통일교육 활성화를 위한 정책 방안."「통문협논단」제1·2호(2008), 213-224.

조정아. "통일교육의 쟁점과 과제."「통일정책연구」16(2007), 285-306.

주재용.『기독교의 본질과 역사』. 서울: 전망사, 1983.

진희관, "통일교육은 한반도의 미래교육,"「통일한국」17(3), 19. 19-23

통일부 통일교육원.『통일교육 지침서』. 서울: 통일부 통일교육원, 2010.

통일부 통일교육원. 『북한 이해』. 서울: 통일부 통일교육원, 2013.

통일부 통일교육원. 『통일 문제 이해』. 서울: 통일부 통일교육원, 2013.

통일부 통일교육원. 『통일교육 지침서』. 서울: 통일부통일교육원, 2010.

통일연구원. 『통일연구원 학술회의: 통일 준비를 위한 통합의 과제』. 서울: 통일연구원, 2014.

한만길 외. 『통일교육의 실태조사 및 성과 분석』. 서울: 통일연구원, 2003.

한만길. "평화와 통일을 지향하는 교육의 접근 방향과 과제." 「한국정치학회 춘계학술회의 자료집」(2000), 1-23.

_____. "학교통일교육의 사회과학적 접근모색." 「통일문제연구」 22(1994), 164-187.

함택영 외. 『한반도 평화체제 거버넌스 활성화 방안』. 서울: 통일연구원, 2007.

허영식. "민주시민교육과 통일교육의 균형적 발전방향." 「민주시민교육논총」 vol. 5. no. 1(2000), 111-139.

A New Model of Christian Education
for Reunification

Jae Deog Yu

(Assistant Professor, Christian Education)

ABSTRACT

Historically, there have been so many ups and downs in policies and discussions concerning Korean peninsular reunification for a long time. Conservatives espouse the rapid collapse of the North Korean regime whereas progressives remain pessimistic, while the South Korean government's political policy stirs the conflict. Internationally, the UN imposes sanctions against North Korea to prevent the proliferation of nuclear, as well as transactions involving technology, material or financial resources connected to its weapons of mass destruction(WMD) and missile programmes. Considering recent double dilemmas of Korean peninsular, this paper aims to reconstruct a new model of Christian education for reunification. To this end, several past educational models for reunification(anticommunist education, security education, reunification education) are examined respectively. After that, more recent alternative models(multiculturalism, new paradigm reunification education, peace education) are also reviewed. And finally this study presents a new model of Christian education for reunification.

KEY WORDS reunification, Christian education model for reunification, multi-culturalism, new paradigm model, peace education

선교적 관점에서 본 남북통일

전석재
서울신학대학교, 선교학
미국 감리교연합신학대학원 (Ph. D.)

선교적 관점에서 본 남북통일

전석재 박사 (선교학)

국문요약

본 연구는 한국 교회와 기독교인들이 통일을 바라보는 시각에 대하여 논의하였다. 한국교회는 에큐메니칼(Ecumenical)입장과 복음주의(Evangelical)의 입장에서 북한 선교와 통일을 다루었는데, 거기에는 차이가 있다. 복음주의 입장에서의 선교는 북한의 복음화에 집중하고, 반면에 에큐메니칼 입장은 하나님의 선교라는 관점에서 통일자체를 선교라고 본다. 이러한 두 진영의 차이에도 남북 간의 통일에 대한 문제는 선교신학적 차이를 넘어서서 민족적인 문제이며, 한국교회의 선교적인 책무이다.

본 연구는 통일에 대한 관점을 통전적인 시각으로 전개하였다. 선교적인 관점에서 남북 통일 문제는 에큐메니칼 입장이나 복음주의 입장, 어느 한쪽의 입장에 치우치지 않고 총체적이고, 통전적인 관점에서 다루고자 한다. 본 연구는 통일을 향한 선교신학적인 관점으로서 북한 선교를 어떻게 바라보아야 할지를 다루었고, 통일에 대한 선교역사적인 관점을 설명하였다. 또한 남북 간의 통일에 대한 인식의 차이를 이해하면서, 통일에 대한 한국교회와 기독교인의 입장에서 접근과 제언을 시도하면서 한국교회의 과제를 논의하였다. 현재 남한에서는 통일에 대한 논의가 정치적, 경제적, 그리고 사회적 측면에서 논의가 계속 되어 왔다. 하지만 본 논문에서는 기독교 선교적 관점에서 북한선교와 통일을 다루었다.

남북통일은 하나님께서 이 시대에 한국교회와 기독교인들에게 부여하신 주님의 명령이며, 사명이며, 중요한 과제이다. 남북통일을 이루어 가는 길은 샬롬의 평화를 성취하는 것이다. 또한 기독교인의 시각에서 남북통일은 북한의 복음화와 하나님의 정의를 실천 하는 길이며, 하나님의 선교를 이루는 것이다.

주제어 북한선교, 통일, 에큐메니칼, 복음주의, 통전적 선교

I. 들어가는 말

남북 분단이 시작된 지도 70년이 흘렀다. 2016년 새해가 되자마자 북한은 1월 6일 수소탄 핵실험, 그리고 2월 7일 장거리 핵미사일 광명성 4호 발사, 급기야 우리 남한의 2월 12일 개성공단 폐쇄, 또한 사드 배치 논의, 북한의 포 발사, GPS 전파 교란, 북한 조국평화통일위원회의 정부(박대통령)를 향한 막말등으로 인하여 남북관계가 갈등과 악화로 변하여 지금 대치 국면으로 전쟁에 대한 위협 가운데 놓여 있다. 이러한 상황에서 남북 간의 문제는 국제적인 관계에서 이슈와 문제가 되고 있으며, 남한 정부의 깊은 고민이 아닐 수 없다. 또한 한국교회가 깊이 생각하며 고민해야 할 중대한 과제이다. 남북통일에 대한 논의는 국제적이고, 남한 정부적인 차원을 넘어서서 한국교회의 선교적 관점에서도 중요한 과제이다. 그러므로 남한교회와 기독교인들은 남북관계에 대한 변화추이에 관심을 갖고, 통일의 대한 인식의 전환이 요청된다. 이러한 남북관계에서 기독교인과 교회가 어떻게 참여할 수 있는가? 기독교의 관점에서 북한을 선교현장으로 생각한다면, 남한 기독교인들은 북한에 대한 인식이 선행되어야 한다. 따라서 남한 기독교인들이 북한선교를 준비를 위해서 인식의 틀과 함께 북한선교를 논의해야 한다.

한국 교회가 통일을 바라보는 시각은 에큐메니칼(Ecumenical)입장과 복음주의(Evangelical)의 입장에 차이가 있다. 복음주의 입장에서는 선교라는 관점에서 북한의 복음화에 집중하고 있다. 반면에 에큐메니칼 입장은 하나님의 선교라는 개념에서 통일자체를 선교[1]라는 전제로 삼고 통일 문제를 인식하고 있다. 에큐메니칼 입장과 복음주의 입장에 차이가 있음에도 불구하고, 남북 간의 통일문제는 특정한 선교신학적 차이를 넘어서서 민족적인 문제이고, 한

---

[1] 에큐메니칼의 관점에서 "통일자체를 선교"라고 보는 이유는 통일선교가 사회정의를 실현하는 것으로 인식하고, 분단을 극복하고 민족통일을 이루는 것 자체가 선교라는 관점으로 이해한 것이다.

국교회가 함께 머리를 맞대고 풀어가야 할 선교적인 책무이다.

이러한 관점에서 통일에 대한 문제는 통전적인 시각에서 바라보아야 한다. 본 논문은 선교적 관점에서 남북의 통일 문제를 설명함에 있어서 에큐메니칼 입장이나 복음주의 입장, 어느 한쪽의 입장에 치우치지 않고 총체적이고, 통전적인 관점에서 다루고자 한다. 본 연구는 통일을 향한 선교신학적인 관점으로서 북한 선교를 어떻게 접근해야 할지를 다루며, 통일에 대한 한국선교역사적인 관점을 설명하고, 남북 간의 통일에 대한 인식의 차이를 이해하면서, 통일에 대한 한국교회와 기독교인의 입장에서 신중한 접근과 전략을 시도하는 것이 본 논문의 목적이며 필요성이다.

본 연구의 내용을 전개하는 데 있어서 중요하게 고려한 점은 다음과 같다. 먼저 통일에 대한 에큐메니칼 입장과 복음주의 입장의 차이를 정리하고, 통합적으로 바라보는 관점에서 논의 할 것이다. 에큐메니칼의 하나님의 선교에서 통일 자체가 선교라고 보는 입장과 복음주의 입장에서 북한의 복음화를 중요한 과제를 어떻게 통전적 선교(wholistic Mission)의 관점에서 통일을 볼 것인가는 매우 중요하다. 둘째, 역사적인 관점에서 북한선교와 통일에 대한 한국교회의 활동과 사역의 내용을 다루어 보고자 한다. 남한교회가 역사적으로 북한 선교를 지금까지 해 왔는데, 이것이 통일과 어떤 연관 관계가 있는지를 살펴 볼 것이다.

셋째, 선교적 관점에서 남한교회와 기독교가 어떻게 통일을 준비해야 하는지를 살펴보면서, 통일을 향한 우리의 자세와 태도를 언급하고자 한다. 또한 통일을 위한 북한 선교를 실천적인 내용과 관점에서 살펴보고, 통일을 위한 한국교회의 선교적 제언과 과제를 설명해 보고자 한다.

본 연구의 방법은 기독교적 시각에서 남북문제와 북한 전문가들의 저서, 논문을 중심으로 문헌연구를 할 것이다. 사실 남북통일을 다루는 데는 여러 가지 관점과 차원이 있다. 학계에서는 통일에 대한 국제적, 정치적, 사회적, 교육적, 문화적인 차원에서 논의가 계속 되어 왔다. 하지만 본 연구에서는 여러 측면의 관점을 다루기보다는 기독교인 관점에서 선교적 입장에서 북한선교와 통일을 다루고 자 한다.

Ⅱ. 한국교회가 바라보는 북한선교와 통일

한국교회가 통일을 준비하는 관점은 에큐메니칼 입장의 교회와 복음주의적인 교회 입장에서 나누어서 생각해 볼 수 있다. 복음주의 입장은 복음전도, 교회개척과 성장, 개인의 구원, 성령의 역사와 능력, 회심과 복음화에 초점을 두고 있다. 이러한 강조에 따라 복음주의적 교회는 교회의 선교라는 관점에서 북한선교를 북한의 복음화, 북한교회회복과 재건을 주장하고 있다. 또한 복음주의 입장의 교회는 대북한원조 역시 복음화, 영혼구원, 그리고 회심을 위한 통로로 생각한다. 에큐메니칼 입장의 교회는 하나님의 선교라는 개념과, 통일은 선교라는 전제를 기초로 한 관점을 가지고 통일에 대하여 접근해 왔다. 그러나 통일문제나 남북교회 교류문제는 특정한 교단의 목표가 아니라 민족적인 문제이고, 남한교회 모두의 선교의 핵심적인 과제이다. 남한교회가 교파의 경계와 신학적 차이를 초월한 교류를 확대하고 서로 협력하여 북한선교 사역을 함께 준비하고, 남북통일을 이루는 데 교파와 교단을 초월하여 한국교회가 함께해야 할 선교적 과제로 놓여있다.

또한 통일을 향한 선교사역은 점진적으로 발전시켜야만 한다. 그리고 그것을 이루기 위해 모든 가능한 방법을 동원해야 할 것이다. 직접적인 선교사역이 허용되지 않는 북한에 간접적인 방법을 사용해야 한다. 그런 간접적인 선교는 장기적 계획의 부분으로 그 자체의 효율성을 갖고 있다. 한국교회는 통일을 향한 다양한 방법의 선교적인 방법과 전략을 발전시켜 나가야 한다.2) 본 장에서는 북한은 선교의 대상인지를 밝히고, 복음주의 시각의 교회의 선교로서 복음화와 에큐메니칼 선교에서의 통일은 선교라는 관점과 사회봉사적인 차원에서의 북한 선교를 논의해 보겠다.

---

2) 조은식, "남한교회의 통일운동 연구: 해방이후부터 문민정부까지" 『선교와 신학』 제15집 (2005): 14-38.

1. 북한은 선교의 대상인가?

복음주의 시각에서 한국교회가 북한의 복음화를 이루는 것이 중요한 목표이다. 실제적으로 교회 선교의 관점에서 보면, 현실적으로 많은 장애가 있지만 궁극적으로 북한에 교회를 세우고, 전도자를 세워서 그들로 하여금 최종적으로 북한의 복음화를 이루어 가는 과정과 목표이다.

하지만 사실상 북한은 김일성, 김정일, 김정은 체제로 넘어오면서 주체사상이 그들의 삶의 기준과 정신적인 지주로 교육받으며 살아왔다. 그것이 곧 북한의 이데올로기, 문화요, 종교인 셈이다. 북한은 사회주의 체제 속에서 70년 동안 발전해 왔다. 주체사상이 뿌리 깊게 자리 잡은 북한의 세계관을 이해하는 것이 중요하다.3)

북한은 선교대상인가? 라는 관점에서 박영환은 남한 기독교와 교회는 북한에 복음을 증거 하려는 동일한 시각으로 선교현장을 바라보아야 한다. 북한은 선교의 대상이다. 2007년까지 북한 선교를 보는 시각이 다양해 졌다. 북한 선교는 북한 복음화를 말한다. 복음화란 다시 오실 예수 그리스도를 증언하며, 보여주는 삶의 고백이며, 선언이다. 선교대상은 북한 전역이다.4)

남한 기독교와 교회는 약 2천 5백만명이 되는 북한 사람들에게 복음을 전하는 것이 중요한 사명이라고 할 수 있다. 북한 사람과 북한 전 지역이 선교의 대상이자 선교의 사역임에 틀림이 없다. 복음 증거 앞에서는 누구든지 예외는 있을 수 없다. 북한은 북한 선교와 동시에 통일 한국을 향한, 그리고 국제정세가 긴밀하게 교차되는 장소이기에 선교의 다양성과 총체성을 살려야 되는 곳이다. 북한동표들에게 구원을 알리는 구원의 중재와 선포, 그리고 넓은 의미에서 봉사와 섬김, 복음의 증인과 해방, 이 모든 것이 함께 공존하는 것이 북한선교의 타당한 이유가 된다고 할 수 있다.5)

---

3) 박영환, "한반도 통일과 북한선교," 『통일시대로 가는 평화의 길』 (서울: 열린서원, 2015), 290.
4) Ibid., 291-2.

복음증거의 영역으로 북한을 바라보아야 한다. 어떻게 선교사역을 할 것인가? 이것은 가가자의 신앙고백과 성격, 선교단체의 북한 선교를 위해서 유형과 형태가 다를 수 있지만, 하지만 어느 누구도 북한 선교의 서로 다른 점을 비난 하거나 비판하는 것을 주의해야 한다. 그것은 하나님께서 일하고 계심을 믿기 때문이다. 단지 남한 교회는 그 일에 어떻게 순종하고 있느냐가 중요한 문제이다.6)

2. 한국교회의 북한선교와 통일에 대한 입장

복음주의 입장에서 남한 기독교와 교회는 북한 사람들에게 복음을 전하여 그들을 복음화 하는 것이 중요한 역할이라고 할 수 있다. 북한 동포를 복음화를 이루는 것이 중요한 선교의 과제이며, 선교의 사역으로서 막중하다. 마태복음 28장 18-20절의 말씀처럼 "모든 족속으로 제자를 삼아라" 말씀에 근거하여 복음 증거 앞에서는 누구든지 예외는 있을 수 없다. 복음주의 입장에서 북한 복음화와 더불어 북한 교회의 회복과 재건을 하는 것이 중요한 선교의 목표이다.7)

에큐메니칼 입장에서 하나님의 선교에서 통일은 선교의 전제라고 하는 기초에서 통일을 논의하고 접근하였다. 그렇다면 하나님의 선교적인 관점에서 남북한의 통일을 통한 북한 선교를 이루어야 한다는 점이다. 실제적으로 진보적인 교단과 선교단체는 통일을 위하여 많은 노력을 해 왔다. 이를 위해서 간접적인 북한 동포 돕기 운동, 의료지원, 농산물지원, 건축등 북한을 위해 다양한 사회봉사적인 방법으로 섬김과 봉사를 해오고 있다. 임희모는 에큐메니칼의 입장에서 북한 선교를 논의하였는데, 이는 북한선교의 방향을 사회복지 선교로 제시하였다. 또한 대북지원 활동을 통한 북한 선교정책을 재조명

5) Ibid., 293.
6) 박영환, 『북한 선교의 이해와 사역』 (고양: 올리브나무, 2010), 89-90.
7) 박영환, "한반도 통일과 북한선교," 293.

‍‍

하였다.8)

사실 상 NCCK를 중심으로 한 진보 진영의 통일론과 한기총을 중심으로 하는 보수 진영의 '선 북한선교 후 통일론'9)으로 서로 간의 갈등과 때로는 대립의 형태를 가져왔다. 이러한 갈등 속에서도 남한 교회는 에큐메니칼입장과 복음주의 입장을 넘어서 에큐메니칼의 사회운동 기반과 보수 진영의 신앙과 열정으로 물적 자원으로 1993년 진보수연합운동, '평화와 통일을 위한 남북나눔 운동'을 발족시켰다. 10) 에큐메니칼과 복음주의 입장이 서로 다른 형태와 유형 북한 동포 돕기 운동을 하고 있다. 통일로 본 북한선교는 중요한 과제를 가지고 있다. 이것에 대하여 박영환은 다음과 같이 설명하고 있다.11) 첫째는 남한 교회의 공산주의 이해와 월남한 성도와 한국전쟁으로 인해 상처 받은 성도와 유가족이다. 둘째는 남한 교회와 기독교의 대표성 논쟁이다. 즉 NCCK와 한기총, 그리고 통일인가? 북한 선교인가? 하는 논쟁도 끊임없이 논의 되고 있다. 셋째는 개체적 통일안(개교회주의, 개인주의, 교파주의, 이념주의, 방법 개발주의등)이 통합적 통일안보다 우위개념으로 북한선교와 통일운동을 주도해 가고 있다. 그 결과 교파 혹은 각 교회의 중심의 선별적 북한 지원사역과 독점적 운영형태는 남한 교회의 갈등과 대립을 불러 일으키고 있다. 또한 교파간, 개교회간의 서로간의 비난도 가져오고 있다.12)

그러므로 남한교회는 북한 선교를 통한 통일을 어떻게 준비하며 나아가야 할 것인가? 첫째, 북한선교를 위한 북한 지원 사역이 북한 교회와 북한 사회를 만나는 첩경이며, 신뢰와 화해를 만들어 나가는 기초이다.13) 둘째, 북한선

8) 임희모, "한국교회의 북한 사회복지 선교," 한민족선교정책연구소, 『한국교회북한선교정책』(서울: 한민족과 선교, 2001). 임희모는 북한 선교를 생명 통전적 선교로서 사회복지선교 시각에서 논의하였다.
9) 정성한, 『한국기독통일운동사』(서울: 그리심, 2006), 240.
10) 박영환, 『북한 선교의 이해와 사역』, 109.
11) 박영환, "한반도 통일과 북한선교," 311-12.
12) 박영환, 『북한 선교의 이해와 사역』, 109-110.

교는 통일의 준비운동으로서 남한 기독교의 통일정책과 방향성에 대한 연구
와 실험이 필요하나. 특별히 한국에 와 있는 새터민을 중심으로 북한선교를
연구해 볼 수 있는 중요한 대상이며, 북한 선교의 통로이다. 새터민을 통일
이후 북한 선교사로 교육하고 훈련하여 양성해 한다.14) 셋째, 북한선교는 세
계 교회의 협력을 얻어 내는 중요한 통로이며, 연결 고리이다. 통일은 세계
정치 경제와 맞물려 있기에 남한 교회는 세계교회협의회와 국제 복음주의 협
의회의 기독교 그룹과 연대와 협력이 절실히 요청되고 있다.15) 북한 선교와
통일운동은 세계 모든 교단과 교회의 과제요, 선교적 사명이라고 생각한다.
그러기에 남한 교회가 북한 선교와 통일을 위하여서 세계 교회와 함께 연대의
식을 가져야 한다. 그렇다면 한국 교회가 통일에 대하여 역사적으로 어떤 과
정을 겪어 왔는지를 살펴보고자 한다.

Ⅲ. 한국교회의 역사적 관점에 본 통일

먼저 남한교회가 통일논의에 대하여 접근하는 태도를 시기별로 간략하게
살펴보고자 한다. 남한교회의 역사적인 관점에서 논의 해 보면, 역사적인 상
황과 시대적 배경에 따라 통일 논의에 대한 쟁점과 이슈가 다르게 나타나는
것을 알 수 있다.

13) 주도홍, 『통일로 향하는 교회의 길』 (서울: CLC, 2015), 279-281. 박영환, "한반도 통일
과 북한선교," 312. 주도홍은 동서독 통일은 주요한 핵심 키워드는 "디아코니아"라고 설명
하면서 찾아가는 교회로서 '봉사와 섬김'으로 동독 사람들에게 찾아가서 예수님의 사랑을
증언하고 실천하였다. 실제적으로 북한 지원 사업은 남한 교회가 총 역량을 모아 행하여야
하는 통일을 준비하는 중요한 과정이다.
14) 전석재, 『21세기 복지와 선교』 (서울: 대서, 2008). 206-8. 전석재는 기독교인 탈북자(새
터민)을 육성하여 훈련시키고 신학교육 이후에 북한 선교와 통일 이후의 선교사로 양성 할
것을 강조했다.
15) 박영환, 『북한 선교의 이해와 사역』, 111.

1. 1945년 해방이후 – 1953년 (6.25사변)의 시기

1945년 한국 해방이후, 남한 교회에서는 통일의 무제에 있어서 크게 세가지 입장을 취해 왔다. 첫째, 김창준이 조직한 기독교 민주동맹으로 미군정과 남한의 단독 정부를 반대했다. 1946년에는 통일된 정부를 수립하려고 시도하였다. 김창준은 경제적인 평등을 강조했고, 사회주의자가 되었다.[16] 기독교 민주 동맹의 대부분의 구성원들은 이 입장을 지지했지만, 이 운동은 붕괴되었고, 김창준은 월북하였다.[17]

둘째, 공산주의자들이 신앙을 가질 권리와 종교의 자유를 인정한다면, 그들과 함께 통일된 민주 정부를 세우려는 움직임이 있었다. 김재준은 1945년 8월 내적으로는 민족주의와 민주주의를 유지하면서 대외적으로는 한국이 영세중립국을 선포하는 내용의 정책을 제안했다.[18]

셋째, 북에서 월남한 사람들과 신앙적으로 보수적이고 정치적으로는 극우파인 조선 민주당의 일부 구성원들로 형성되었다. 이들은 공산주의자들을 적그리스도 집단으로 보았고, 그들과의 투쟁을 루시퍼와 가브리엘 사이의 형이상학적인 투쟁으로 보았다.[19]

한국 전쟁 시기에는(1950-1953), 북에 있는 많은 기독교인들과 기독교 지도자들이 공산주의자들의 박해를 피해 월남하였다. 한국 전쟁기간 동안 계획의 부분으로 그 자체의 효율성을 갖고 있다.[20] 한국 전쟁은 남한에 강한 반공사상을 가져왔다. 반공은 특히 남한 교회와 기독교에 큰 영향을 미쳤다. 한국

---

16) 김흥수, "한국교회의 통일운동 역사에 대한 재 검토," 『희년신학과 통일 희년운동』 (서울: 한국신학연구소, 1995), 424-5.
17) 조은식, 『선교와 통일』 (서울: 숭실대 출판부, 2014), 113-4.
18) Ibid., 114.
19) 조은식, "남북한 통일정책 비교연구" 『생명봉사적 통전 선교이해와 전망』 (서울: 케노시스, 2015), 207-208.
20) 조은식, "남한교회의 통일운동 연구: 해방이후부터 문민정부까지" 『선교와 신학』 제15집, 17-18.

전쟁 이후 남한 교회는 더 보수적이고 묵시적인 경향을 띄게 되었다. 대부분의 남한 기독교는 정치적으로는 보수적이고 반공적이었다.[21]

2. 반공교회와 정체된 교회시기(1960-1970)

1960년대에 이르러서는 이승만의 장기 집권에 대항하는 학생 혁명이 일어났다. 대부분의 사람들은 이 운동에 참여했다. 학생운동으로 이승만은 대통령직을 사임하고, 자유당은 붕괴되었다. 이때부터 5.16 쿠테타가 발생한 1961년까지의 기간에 대한 남한 기독교내의 경향은 강한 반공주의 흐름으로 특징지어진다. 이것은 대학생들이 통일논의에 앞장서는 동안 한국교회내서는 분명한 통일 논의가 없었던 이유이다. 남한 교회는 사회를 이끌어 갈 동력을 잃었고, 오히려 학생운동이 더욱 주도적으로 기독교인들과 교회를 일깨웠다.[22]

1961년 성공적인 군사 정변과 경제 발전의 시기인데, 1960년대에 남한 기독교와 교회는 정치와 소원하게 되었다. 남한교회는 반공을 토대로 하여 선건설 후 후 통일정책과 같은 태도를 선택하였다. 남한 기독교는 정치권력의 이익과 냉전 제도에 대해서 비판적이지 않았다.[23]

한일 국교관계가 정상화 회담이 1965년 열렸다. 남한교회는 전체적으로 국교관계를 수립하는 것에 반대하였다. 이 사건은 박정희 정권과 남한 교회 상이의 대립을 만들었다. 그 결과 박정희 정권은 종교 등록법, 성직자 소득세, 기독학교 성경과목을 인정하지 않으므로 기독교를 압박했다. 이러한 갈등은 논리적으로 해결될 수 없었으나 일부 기독교인들은 박정희 정권에 대해 타협적인 태도를 취하기도 하였다. 그들은 친정부적인 성향을 갖게 되었다.[24] 이

---

21) 조은식, "남북한 통일정책 비교연구"『생명봉사적 통전 선교이해와 전망』, 209-210.
22) 조은식, "남한교회의 통일운동 연구: 해방이후부터 문민정부까지"『선교와 신학』제15집, 18.
23) 허문영, "기독교통일운동,"『민족통일과 한국기독교』(서울: IVP, 1994), 125.
24) 김용복, "민족분단 40년과 기독교,"『한국사회연구』(서울: 한길사, 1985), 123-4.

러한 상황 속에서 경제적인 불평등과 사회적 갈등, 정치적 억압등과 같은 사회적 부조리와 이슈들이 기독교의 선교적 영역에 포함 되었다. 이 시기부터 일부 진보적인 기독교와 교회 지도자들이 점차 빈민선교와 농민선교, 그리고 산업선교에 참여하기 시작하였다.[25]

1960년대의 개신교 사회참여운동은 1965년 한일 국교정상화에 대한 개신교 성명서 발표, 1967년 7월 6.8 부정선거 규탄 성명서 발표, 1969년 3선 개헌을 반대하는 개헌문제와 양심자유 선언 발표등 주로 정치적인 이슈에 도덕적인 입장을 표명하는 방식 이였다. 학생과 지식인 운동의 특징이 점차 변하여서 노동자와 도시빈민, 그리고 농민 등 기층민의 인권문제를 중심으로 사회운동과 통일 논의로 전환되었다.[26]

이러한 상황 가운데 남한 교회는 통일 논의에 대하여 반공노선을 따랐고, 수동적이었다. 하지만 한국기독교협의회 총무 김관석은 1970년 12월호 『기독교사상』의 "교회와 한국통일"이라는 글에서 남한교회가 통일 신학을 제시해야 한다고 주장하였다. 김관석은 통일은 잃어버린 땅의 회복 그 이상의 것이라는 인식과 함께 시작되어야 한다는 것을 역설했다. 통일은 땅의 통합뿐만 아니라 갈라진 사람들의 통일이어야 한다. 그것이 바로 화해라는 것이다.[27] 김관석은 '민족의 통일'이라는 차원을 처음으로 분명하게 제시했다. 또한 김관석은 통일 논의가 화해와 평화라는 중요한 주제와 이슈를 남한교회에게 제시하였다.

3. 반공과 통일에 대한 논의가 활발히 일어났던 시기(1970-1979)

이 시기에는 남한교회는 두 개의 서로 다른 시각을 가지고 있었다. 첫째,

---

25) Ibid., 124.
26) 윤은주, 『한국교회와 북한 인권운동』 (서울: CLC, 2015), 86.
27) 손규태, "평화를 위한 통일의 신학," 『기독교사상』 (1990.1), 51-52. 조은식, 『선교와 통일』, 115.

반공에 초점을 두었고, 둘째, 민주주의와 사회정의에 초점을 맞추었다. 복음주의적인 교회는 반공에 초섬을 두었고, 에큐메니칼 교회들은 자유, 인권과 사회정의를 포함하는 민주화 운동에 앞장섰다. 복음주의 교단과 교회는 정부를 직관접적으로 도왔고, 에큐메니칼 교회는 군사정권과 갈등을 가졌다.[28]

남북 정부에 의한 1972년 "7·4 공동 성명서"를 채택한 이후에도 한국 교회들은 1950년대에서 1960년대에 걸쳐 갖고 있던 냉전적 태도를 유지했다. 한국 개신교회들은 어느 정도 보수적인 입장을 취했고 남북 대화의 적극적인 추진을 미심쩍게 지켜보았다. 이 시기에 통일에 대한 한국 교회의 열망은 차단되었다. 통일에 대한 이루지 못한 열망이 두 가지의 다른 현상으로 나타났다. 보수적인 대다수의 기독교인들에게 있어서 통일은 가장 대중적인 기도 제목으로 떠오르게 된 반면, 진보적인 소수의 개신교회에서는 사회운동 참여라는 적극적 방법이 증가하게 되었다. 전자는 종교적인 차원에서 통일에 대한 열망이 표출된 것이었고, 후자는 선교 운동의 하나로서 통일을 위한 민주주의와 사회정의를 건설하려는 것이었다.[29]

함석헌은 이 시기에 통일의 대한 논의에 대하여 설명하기를, 체제를 초월하여 민중들이 중심이 되는 통일을 추구해야 한다고 주장했다. 1972년 7.4 남북 공동성명이 발표되기 전 6월 20일 강연에서 남북의 민중들이 주체가 된 만남이야 말로 참된 만남이며, 민족 전체를 아우르는 통일운동이 이루어 질 수 있다고 보았다.[30]

1970년대 한국교회가 통일운동에 대한 논의는 1972년 7.4남북공동 성명과 1973년 6월 23일 '평화통일 외교정책선언'을 통해서 조국통일 3대 원칙과 조국통일 5대 강령을 제시하였다. 이후 남북조절위위원회와 남북적십자회

28) 조은식, "남한교회의 통일운동 연구: 해방이후부터 문민정부까지," 20.
29) 이원설, "한반도 분단에 대한 역사적 고찰," 『성숙한 교회와 통일교육』, 대한예수교장로회 총회교육부 편 (서울: 대한예수교장로회총회출판국, 1989), 235-236.
30) 통일노력 60년 발간위원회, 『하늘길 땅길 바닷길 열어 통일로』 (서울: 도서출판 다해, 2005), 126-7.

담 등 남북교류가 이루어져 국민적 통일 열망이 고조되었다. 그러나 1972년 10월 비상계엄선포에 이어 11월 21일 유신헌법이 통과되고, 북한에서도 12월 사회주의 헌법이 등장하면서 남북관계가 급속히 냉각되었다. 이러한 통일 운동을 적극적으로 펼쳤던 NCCK 인권위원회와 기독교사회운동 연합등 진보적인 단체들은 1973년 반독재 민주화, 민족 통일등을 내용으로 하는 '1973년 한국 그리스도 선언'을 발표하게 되었다.[31] 그 당시 정부에 대한 진정성 있는 통일 정책 실행을 요구한 최초의 성명서 였다. 이 시기에 북한 선교를 위한 최초의 선교 단체는 1977년 4월 29일 예수교 장로회 통합측의 '기독교 북한선교회'였다.[32] 1970년대 이시기에는 복음주의적인 교회의 반공주의와 에큐메니칼의 통일논의와 민주화 운동이 함께 공존하였던 시기이다.

4. 자각의 시기(1980-1989)

이 시기는 통일에 대한 논의가 활발히 일어났던 시기이다. 1980년 5월 광주 민주화 운동을 기점으로 남한 교회는 통일을 우선 과제로 보기 시작했다. 진보적인 교회 지도자들은 한국 기독교 교회협의회를 중심으로 통일 운동에 앞장서는 동안, 복음주의 교회들은 북한 선교의 관점에서 통일을 다루었고 선교 단체를 조직하기 시작했다. 일부 선교 단체들은 1970년대에 이미 존재해 있었다. 대한예수교장로회(통합)의 북한선교대책위원회(1971), 사단법인 기독교북한선교회(1974), 세계 체육인선교(1976), 북한 선교원(1977), 아주문화센터(1979) 등이 조직되었다.[33]

남한 기독교와 북한 기독교와의 만남이 구체적으로 실현된 것은 1986년 스위스 글리온 회의 였고, 남한에서는 1988년 NCCK 37차 총회에서 북한을 광범위한 선교대상으로 보았으나 복음적 선교활동을 찾아보기는 어려웠다.[34]

---

31) 윤은주, 『한국교회와 북한 인권운동』, 107-108.
32) 박영환, "한반도 통일과 북한선교," 294.
33) 조은식, "남한교회의 통일운동 연구: 해방이후부터 문민정부까지," 23.

하지만 1980년대에 통일을 위하여 각 교단과 선교단체들의 움직임이 태동하여 활발히 진행되었다. 공산권선교연구위원회(고신, 1980), 모퉁이돌 선교회, 중국 선교회(1982), 한국기독교장로회의 북한선교위원회(1984), 북한선교통일훈련원(1984), 국제기독교공동선교회 한국지부(1984), 생명의 강 선교회(1984), 땅 끝까지 선교회(1984), 여의도순복음교회 공산권선교회(1985), 한국기독교남북문제대책협의회(1985), 러시아 선교회(1985), 지하(UMA) 선교회(1985), 감리교 북한선교회(1987), 북한 사회과학 연구원(1988), 민족 선교학회(1989), 루터교 대북선교회 등이다.35) 이들의 주요 목적중의 하나는 북한에서의 선교 사역이었다. 그 사역에는 성경 배포, 전도지, 선교 목적의 안내서, 잡지 발간, 기도모임과 세미나 개최, 선교사역 지원 등이 포함되었다. 이러한 노력의 대부분은 비정치적인 활동으로 제한되었다. 왜냐하면 북한 선교는 매우 제한되고 간접적인 방법 안에서만 가능하였고, 선교 단체들은 대부분 보수적이었기 때문이었다. 그들의 선교사역은 매우 조용히 이루어졌기 때문에, 그들의 활동은 남한 교회와 사회에는 널리 알려지지 못했다.36)

5. 통일을 구비하는 시기(1990-1999)

이 시기에는 복음주의 교회들은 북한의 이슈를 민족의 문제로 접근하기 보다는 선교의 관37)점에서 접근하며, 통일운동에 참여하기 시작하였다. 복음주의 교회에게는 진보적인 교회의 경험과 전략이 필요하였고, 에큐메니칼 교회들은 복음주의적인 신앙의 열정과 헌신이 필요하였다. 1993년 4월에 형성된 평화와 통일을 위한 남북 나눔 운동은 이러한 복음주의와 에큐메니칼 진영의 협력의 한 사례이다. 1994년 12월 120개 교단이 모여 북한동포돕기운동

---

34) 박영환, 『북한 선교의 이해와 사역』, 92.
35) 조은식, "남한교회의 통일운동 연구: 해방이후부터 문민정부까지," 24.
36) 조은식, 『선교와 통일』, 117.
37) Ibid., 119.

과 북한 교회 재건운동을 목표로 '한국기독교 평화통일 추진위원회"를 구성하여 구체화하였다. 이 시기가 남한교회가 북한 선교와 통일운동을 구체화하여 활발히 진행한 시기로 볼 수 있다.38)

1994년 6월에 일본 도쿄에서 제4차 조국의 평화통일과 선교에 관한 리더십회의가 개최되었다. 이 컨퍼런스에는 북한의 조선 기독교연맹의 대표자들, 남한 교회의 다섯 개 교단의 대표자들, 에큐메니칼 및 복음주의 지도자들, 재일 한국기독교회, 그리고 그 외에 평신도 대표들이 참여하였다.39) 1996년 6월 5-7일까지 제5차 조국의 평화통일과 북한선교에 고나한 기도리더십 회의가 일본에서 개최되었는데, 여기에서도 남한과 북한의 교회 대표자들 분만 아니라 호주, 독일, 스위스, 그리고 미국에 잇는 목회자, 그리고 선교단체의 지도자들이 참석했다. 이러한 회의에서 에큐메니칼 교회와 복음주의 교회의 지도자들이 함께 모여 평화통일을 논의하였다.40)

1990년 이후 복음주의적인 교회들은 북한 문제를 북한 선교의 관점에서 접근하기 시작했다. 그러면서 복음주의 교회들과 에큐메니칼 교회들은 북한을 위한 인도주의적 구호사업에 관여하였다. 마침내, 에큐메니칼 지도자들과 복음적인 지도자들이 통일에 관련된 회의에 함께 참여하며 통일 문제에 대해서 협력하기 시작했다. 또한 북한 주민을 돕는 인도주의적인 구제 사업에 에큐메니칼과 복음주의 지도자가 함께 연대의식을 가지고 협력하게 되었다. 이때부터 사회활동의 중심의 통일운동이 구제사업 또는 인도주의적인 차원으로 방향을 전환하게 되었다.41)

---

38) 박영환, 『북한 선교의 이해와 사역』, 92-93.
39) 『한국교회공보』, 1994년 6월 25일.
40) 조은식, "남한교회의 통일운동 연구: 해방이후부터 문민정부까지," 34.
41) 조은식, 『선교와 통일』, 119-120.

6. 북한 교회 회복과 재건운동

1993년 8월 30일 한기총 남북교회 협력위원회가 발표한 북한 교회를 위한 재건운동 중 5가지 중요한 강령을 주목 할 수 있다. 첫째는 남북통일과 북한 교회 재건이 하나님의 뜻임을 깨달아 최선을 다한다. 둘째는 남한교회가 '범 교단적으로 북한교회재건위원회"를 구성한다.세째는 물량주의를 지양하며, 북한에 단일 교단을 세운다. 넷째는 북한교회의 재건을 위해 가능한 현존하는 북한 교회를 강화한다. 황폐화된 북한 교회의 남은자들을 찾아...그들로 하여금 북한 교회의 재건을 돕는다. 다섯째는 북한 교회 재건에 필요한 재정 모금 운동을 적극적으로 전개한다.[42]

한기총이 1993년 8월, 한국전쟁 전 북한에 존재했던 교회를 재건축하기 위해 북한교회재건위원회가 형성되었다. 북한 교회 재건 위원회는 개신교 47개 교단과 13개 기독교 단체로 구성되었다. 첫 번째 계획의 하나는 한국분단 이전 북한에 존재했던 2천여개의 교회에 대한 확실한 정보수집이다. 북한교회재건위원회는 북한교회재건 자료집 "무너진 제단을 세운다" 발간하면서 황해도에 542개, 평안북도에 336개, 평양시에 272개, 평안남도에 247개, 함경북도에 177개 등 2천69개의 교회가 존재했었다고 밝혔다. 그 후 8백26개 교회가 추가로 발견되었다. 황해도 355개, 평안북도 104개, 평안남도 101개, 함경남도 95개, 강원도 78개, 함경북도 60개, 경기도 32개, 개성직할시 1개 등이다.[43] 다음으로 남한에 있는 교회, 선교기관, 개인의 영적 및 재정지원으로 명단에 있는 교회를 재건하는 사역이다.[44]

재건 위원회는 북한교회재건에 대한 세 가지 원칙을 천명하였다: 첫째, 단

---

42) 주도홍, 『통일로 향하는 교회의 길』(서울: CLC, 2015), 271-2. 조은식, "평화통일 선교에 대한 통전적 접근"『평화와 통일신학 2』(서울: 평화와 선교), 158-63.

43) 『조선일보』 1996년 5월12일, 19; 『들소리 신문』 1996년 7월 28일

44) Stan Guthrie, "North Korea: if and when the doors open," *Evangelical Missions Quarterly* 32, no. 2 (April 1996): 202-03.

일창구를 형성할 것; 둘째, 단일교단을 만들 것; 셋째, 궁극적으로 북한에 재건할 교회는 독립적이고 자립적으로 해야 한다.[45]

북한교회재건에 대해 고려해야 할 사항은 다음과 같다. 첫째, 북한은 새로운 선교지이기 때문에 통일이 되면 선교경쟁이 치열할 것으로 예상된다. 남한의 많은 교회는 통일 첫날부터 북한에 그들의 교회를 세우려고 할 것이 우려되고 있다. 남한교회는 그들의 경제적 부와 선교적 열정을 바탕으로 북한에 지역교회를 세우려는 유혹을 받을 수 있다. 만일 남한교회가 자기들의 개인적인 이익을 희생하지 않고 경쟁적인 개별 선교사역을 경솔하게 강행한다면, 그들의 선교활동은 치열한 경쟁과 혼란을 야기할 것이다. 치열한 경쟁은 효과적인 복음화를 가져오지 않는다. 오히려 북한주민들에게 부정적인 영향을 줄 것이다. 그것 때문에 그들은 복음 그 자체를 의심할 수도 있을 것이다. 무질서한 선교사역은 효과가 없다는 것을 알아야 한다. 한국교회는 이런 점에 주의해야 한다.[46]

다음으로는, 북한의 교회는 교파적 교회가 되지 말아야하고, 연합교회의 형태가 되는 것이 좋을 것이다.[47] 한국기독교 역사를 보면 단일 기독교단을 세우려고 했던 모델들이 있다. 초기 개신교 선교사들은 공의회를 형성하여 협조적이고 효과적인 선교를 위해 한국이라는 선교지를 분할하였다. 북미연합장로교와 호주 빅토리아장로교는 1889년 연합선교 공의회를 결성하였다. 이것이 한국에서의 첫 연합협의체가 되었다. 1905년 장로교의 네 개의 선교부와 감리교의 두 개의 선교부가 한국복음주의선교회 연합공의회를 조직하였다. 이 공의회의 목적은 선교협력뿐만이 아니라 한국에 하나의 복음적 교회를 세우는 것이었다. 이 공의회는 장로교나 감리교라는 명칭 대신 "대한예수교회"라는 명칭을 사용하였고, 캐나다 연합교회로부터 교리를 가져왔다. 불행하게

---

45) 『크리스찬 저널』 1995년 8월27일, 2.
46) 조은식, "평화통일 선교에 대한 통전적 접근" 『평화와 통일신학 2』, 158-159.
47) 박종화, "한국교회 통일운동에 관한 신학적 반성과 미래 전망," 『교회와 사회』 (1992) 7-9월, 8, 6-9.

도 이런 시도들은 이루어지지 못했고, 공의회는 1910년에 해체되었다. 비록 이 공의회가 연합교회로서 대한예수교회를 형성하지 못했을지라도 그것은 최초의 에큐메니칼 노력이었다.[48] 북한을 위한 단일기독교단의 목적을 이루기 위해 장로교 연합선교 공의회나 한국복음선교회 연합공의회 또는 캐나다 연합교회의 모델을 따르는 것도 좋을 것이다. 이것을 이루기 위해 한국교회들은 북한선교협의회나 연합체를 조직하여야 하고, 다른 교파의 선교에 선교사역 일부를 지정하여 주어야 한다. 그러나 필요한 공동과제나 사회사업에는 협력하도록 해야 한다.[49]

무엇보다 북한에 독립적이고 자립적인 교회를 세울 필요가 있다. 분명한 것은 북한교회 재건은 북한교회의 주도로 이루어져야 한다는 것이다. 남한교회는 북한교회를 지배하려고 하지 말아야 하고, 북한교회는 남한교회에 의지하려고 하지 말아야 한다. 남과 북에 있는 교회들이 서로 존중하고 협력해야 할 것이다.

주도홍은 북한 교회 회복에 대하여 다음과 같이 설명하고 있다. "남한교회는 먼저 통일 후 북한 교회 재건에 대한 잘못된 환상을 버려야 한다. 통일 후 많은 돈을 들여 멋있는 예배당을 북한 땅에 짓고, 잘 교육된 목회자들을 파송하면, 북한 교회 재건이 쉽게 되리라고 생각한다면 오산이다."[50] 북한에 자립적이고 독립적인 교회를 세우고, 북한교회가 그 일에 앞장 서서 실행 할 수 있도록, 남한교회는 지지하고 협력과 연대해야 한다.

48) 한국기독교사연구회, 『한국 기독교의 역사 I』(서울: 기독교문사, 1989), 208-211.
49) 조은식, "평화통일 선교에 대한 통전적 접근," 160-161.
50) 주도홍, 『통일로 향하는 교회의 길』, 281-2.

Ⅳ. 선교적 관점에서의 남북통일의 제언과 과제

지금까지 남북통일의 중요성과 복음주의와 에큐메니칼이 주장한 통일의 대한 관점을 살펴보았다. 또한 남북통일을 위한 교회의 역사적 관점을 설명하였다. 이제 선교적 관점에서 남북통일을 향한 제언과 과제를 설명하고자 한다.

첫째, 남북통일에 대한 남한 교회의 인식적인 전환과 전문성을 가지고 다양한 준비를 해야 한다.[51] 확고한 복음에 선 남한교회는 사랑의 봉사를 통해 왜곡되고 잘못된 교회에 대한 북한 사람들의 인식과 선입견을 먼저 극복하고, 영적으로 무장하여 북한교회와 북한사람들과 어떻게 소통하며, 받아들이고 하나 될 지에 대한 진지한 고민을 해야 한다.

둘째, 에큐메니칼 입장과 복음주의적인 입장의 차이가 있다고 하나 통일을 향하여 서로 존중하면서 각각의 교파, 교단, 개교회의 신학적인 차이를 넘어서야 한다. 하나님의 선교의 관점에서 서로 협력하고 연대하여 통일의 과제를 한국교회가 함께 풀어 나가야 한다. 통일의 문제는 특정한 교파나 특정한 선교단체의 목표가 아니다. 이것은 민족적인 이슈이고, 세계적인 관심사요, 더 나아가서 하나님께서 한국교회에게 부여하신 과업이요, 사명이라고 생각한다.

셋째, 교파별, 개교회별, 또는 선교단체별 특성화 사역이 중요하다. 북한사역을 하는 단체들은 나와 다른 다양한 사역을 인정하고 서로의 사역을 존중해야 한다. 다른 대북단체에서 하는 사역과 중복되지 않게 배려하는 일이 필요하다. 이것은 중복지원 또는 중복투자의 낭비를 사전에 방비할 수 있고 불필요한 자원의 낭비를 줄일 수 있기 때문이다.[52]

넷째, 통일을 위한 새터민(탈북자) 선교사의 양성과 파송이다. 한국과 세계에 체류해 있는 탈북자들을 선교의 대상으로 삼아서 효과적으로 북한 선교와

---

51) Ibid., 283.
52) 조은식, "평화통일 선교에 대한 통전적 접근," 162-163.

통일을 준비하는 중요한 자원과 역군으로 삼아야 한다. 새터민은 남한사회와 교회에서 양육하여 실제적으로 통일 후 북한 교회의 회복과 재건운동을 할 수 있는 가장 좋은 지원이다. 한국교회는 새터민에 대한 구체적인 경제적인 지원과 재적응교육, 그리고 선교를 위한 접촉점을 가질 수 있도록 말씀 훈련과 세계관의 변혁을 통하여 전도자와 선교사로 양성해야 한다.53)

다섯째, 인도주의적인 대북지원과 북한 동포의 인권 문제에도 깊은 관심을 갖고 대처해 나가야 한다.54) 현재 '북한의 핵무기 개발'이라는 이름 아래, 이명박 정권과 박근혜 정권에서는 정부 차원의 대북지원이 차단되었고, 민간단체의 대북지원도 어렵게 되었다. 하지만 한국교회와 기독교NGO는 여러 방법을 동원하여 대북지원을 계속해야 된다고 생각한다. 기독교의 정신은 화해와 용서, 그리고 평화의 정신이기 때문이다. 또한 김일성, 김정일, 김정은으로 이어진 3대의 세습정권은 정권 유지를 위해 북한 동포의 인권을 유린하고 있다. 이러한 북한의 인권 유린에 대한 남한교회는 세계교회와 연대하고 세계 나라와 UN연대하여 이러한 북한의 인권문제에 깊은 관심을 갖고 참여해야 한다. 한국교회와 기독교인들은 북한이 수용한 인권 관련 권고안을 중심으로 북한의 인권을 위한 창의적이고 선제적인 제안에 노력을 해야 한다.

여섯째, 한국교회는 지역교회, 지방회와 노회, 총회 차원에서 통일교육과 통일 캠프를 열어 기독교인의 통일에 대한 관점과 당위성을 교육하여 올바른 성경적인 통일관을 갖도록 한다. 무엇보다 기독교 세계관을 가진 통일 지도자를 양성하여 통일 교육을 시행하며, 한국교회에서 통일을 위한 프로그램 개발하고, 통일 인재를 양성해야 한다.

---

53) 전석재, 『21세기 복지와 선교』, 207-208.
54) 정종훈, "생명봉사적 통전선교와 한반도 평화통일의 과제," 『생명봉사적 통전선교 이해와 전망』, 330-332.

V. 나오는 말

본고에서는 남북통일에 대한 에큐메니칼 입장과 복음주의 입장의 차이를 정리하였고, 남북통일을 통합적인 관점에서 논의 하였다. 에큐메니칼 입장에서 통일 자체가 선교라고 보는 관점과 복음주의 입장에서 북한의 복음화와 북한교회의 회복과 재건운동이라는 관점을 어떻게 함께 통합적 선교(wholistic Mission)로 이해해야 되는지를 설명하였다. 또한 역사적인 관점에서 북한선교와 통일에 대한 남한교회의 활동과 사역의 내용을 1945년부터 2000년까지 다루었다. 본고에서는 2000-2016년 사이의 통일에 대한 논의는 다루지 않았으며, 후속작업으로 남겨놓았다. 남한교회가 역사적으로 북한 선교를 지금까지 어떻게 해왔는지, 이것이 통일과 어떤 관계성이 있는지 역설하였다. 그리고 선교적 관점에서 남한교회와 기독교가 어떻게 통일을 준비해야 하는 지를 살펴보았고, 또한 북한 재건운동에 대해서도 논의하였다.

남북통일의 최종적인 목표는 한 민족 한 국가를 이루는 것이다. 남북통일은 우리 민족을 위한 통일이어야 한다. 땅의 통일도 중요하고 정치, 경제의 통일도 중요하다. 그러나 무엇보다 민족이 화해, 평화와 일치를 이루는 통일이어야 한다. 남북한이 서로의 적대감, 불신, 오해, 이념, 사상을 초월하여 서로 화해하고 동질성을 회복하여, 평화적 민족 통일을 이루는 것이 한국교회의 과제이다. 통일은 한반도의 평화를 의미하고, 이산가족들이 형제애를 가지고 결합 하고, 민족동질성을 회복시키고, 민족번영을 가져오는 민족자존의 길이다.[55] 또한 이것은 하나님께서 이 시대에 한국교회와 기독교인들에게 부여하신 사명이며, 중요한 과업이다. 남북통일을 이루어 가는 길은 샬롬의 평화를 이루어 가는 길이다. 무엇보다 북한의 복음화와 하나님의 정의를 실현해 가는 중요한 과정이며, 하나님의 선교이다.

---

55) 조은식, "평화통일 선교에 대한 통전적 접근," 163.

■ **참고문헌**

기독교통일연구소. 『성경으로 읽는 북한 선교』. 고양: 올리브나무, 2013.

김영욱. 『복음주의 입장에서 본 북한 선교』. 양평: 아세아연합신학대학교, 2012.

김영한. 『개혁주의평화통일신학』. 서울: 숭실대출판부, 2012.

김흥수. "한국교회의 통일운동 역사에 대한 재검토," 『희년신학과 통일 희년 운동』. 서울: 한국신학연구소, 1995.

남태욱. 『한반도통일과 기독교현실주의』. 서울: 나눔사, 2012.

노정선. 『통일신학을 향하여』. 서울: 한울아카데미, 2007.

모퉁이돌선교회. 『김정일 이후의 북한 선교』. 서울: 예영, 2008.

박영신외. 『통일, 사회통합, 하나님나라』. 서울: 대한기독교서회, 2010.

박영환. 『북한 선교의 이해와 사역』. 고양: 올리브나무, 2010.

박영환. 『개성공업지구와 북한선교』. 인천: 바울, 2008.

박종화. "한국교회 통일운동에 관한 신학적 반성과 미래 전망," 『교회와 사회』. 1992.

배희숙. 『평화통일 신학』. 서울: 장로회신학대학교, 2015.

서울신학대학 평화통일연구원. 『통일시대로 가는 평화의 길』. 서울: 열린서원, 2015.

유경동. 『남북한 통일과 기독교의 평화』. 서울: 나눔사, 2012.

유석렬. 『김정일정권 와해와 북한선교』. 서울: 문광서원, 2011.

유석성. "본회퍼의 평화사상과 평화 통일," 『기독교사상』. 서울: 대한기독교 서회, 2015.

윤은주. 『한국교회와 북한 인권운동』. 서울: CLC, 2015.

이만열. 『한국기독교와 한민족 통일운동』. 서울: 한국역사연구소, 2001.

이원설. "한반도 분단에 대한 역사적 고찰," 『성숙한 교회와 통일교육』. 서울: 대한예수교장로회총회출판국, 1989.

임헌만. 『마음치유를 통한 북한선교』. 부산: 두날개, 2012.

임희모. 『한반도 평화와 통일선교』. 서울: 다산글방, 2007.

임희모. 『생명봉사적 통전선교 이해와 전망』. 서울: 케노시스, 2015.

임희모. "한국교회의 북한 사회복지 선교,"『한국교회북한선교정책』. 서울: 한민족과 선교, 2001.

전석재. 『21세기 복지와 선교』. 서울: 대서, 2008.

전석재. 『변화하는 현대선교전략』. 서울: 대한기독교서회, 2014.

정성한. 『한국기독통일운동사』. 서울: 그리심, 2006.

정일웅. 『한국교회의 통일노력』. 서울: 범지출판사, 2015.

정원범. 『평화운동과 평화선교』. 서울: 한들출판사, 2009.

정종훈. "생명봉사적 통전선교와 한반도 평화통일의 과제,"『생명봉사적 통전 선교 이해와 전망』. 서울: 케노시스, 2015.

조요셉. 『북한선교의 마중물 탈북자』. 부산: 두날개, 2013.

조은식. 『삶에서 찾는 문화선교』. 서울: 숭실대 출판부, 2009.

조은식. 『선교와 통일』. 서울: 숭실대 출판부, 2014.

조은식. "남한교회의 통일운동 연구: 해방이후부터 문민정부까지"『선교와 신 학』. 제15집, 2005.

주도홍. 『통일, 그 이후』. 서울: IVP, 2008.

주도홍. 『통일로 향하는 교회의 길』. 서울: CLC, 2015.

통일노력 60년 발간위원회. 『하늘길 땅길 바닷길 열어 통일로』. 서울: 도서출 판 다해, 2005.

한국기독교통일연구소. 『손에 잡히는 통일 선교캠프』. 서울: 포앤북스, 2015.

한국기독교사연구회. 『한국 기독교의 역사 I』. 서울: 기독교문사, 1989.

한기양. 『한반도 통일과 기독교』. 서울: 열린출판사, 2011.

허문영. "기독교통일운동,"『민족통일과 한국기독교』. 서울: IVP, 1994.

허성업. "남북관계에서 본 북한 선교정책전망,"『선교신학』제 39집, 2015.

허호익. 『통일을 위한 기독교신학의 모색』. 서울: 동연, 2010.

Guthrie, Stan. "North Korea: if and when the doors open," Evangelical
    Missions Quarterly 32, no. 2 1996.
『들소리 신문』. 1996년 7월 28일.
『조선일보』. 1996년 5월 12일.
『크리스찬 저널』. 1995년 8월 27일.
『한국교회공보』. 1994년 6월 25일.

South and North Korea Unification on the Missional Perspective

Seok Jae Jeon
(Lecturer, Mission Theology)

ABSTRACT

This study focuses on unification of North and South Korea in Korea churches and Christian. Korea Churches deal with Ecumenical stance and Evangelical position about Unification and North Korea Mission, so they have different perspectives. The mission of Evangelism concentrate on preaching of gospel, however ecumenical mission focus on its unification about North Korea Mission.

We realize that between ecumenical and evangelical opinion in missional difference, we should be work north and south unification, because it is task of mission work. The South and North Korea is to accomplish national reconciliation and peaceful unification of true meaning. We have understanding these areas must be a prerequisite for North Korea missions.

In this article on approach and principles of an effective mission strategy through understanding the history and status of North Korea missions, I would present a way to bring together concepts of North Korea mission which are to pursue with the evangelical and ecumenical perspectives of the South Korean church.

Korea churches are an important mission task toward North Korea missions and Unification, not only from the point of view of the Great Commission of Jesus Christ, but also achieve peace of shalom in North and South Korea. Above all we should understood that North Korea missions is the evangelization in North Korea and justice of God. Also, we should composed of mission of God in North and South Korea.

KEY WORDS North Korea Mission, Unification, Ecumenical, Evangelism, Wholistic Mission

평화통일연구원 『평화와 통일』 논문 투고규정

제1조(목적)

본 규정은 서울신학대학교 평화통일연구원이 발행하는 학술지 「평화와 통일」에 투고 하는 논문에 관한 투고규정 및 투고자격 등에 관한 사항들을 규정함을 목적으로 한다.

제2조(공고)

논문의 게재공고는 3개월 전에 기독교계 신문에 광고를 내며, 본 연구소의 Homepage나, 본 연구소에 등록되어 있는 기관에 공문을 보낸다. 자유 주제 논문의 경우 년 간 계속해서 투고 할 수 있다.

제3조(투고자격)

기독교신학분야에서 박사학위를 취득한 자이면 논문을 투고할 수 있다.

(위 사항에 해당되지 않는 경우도 편집위원회의 허락을 득하여 투고할 수 있다.)

제4조(창의성)

투고 논문은 한반도의 평화통일에 관한 모든 영역을 우선적으로 하며 기독교신학의 발전과 각 목회, 선교현장과 연계할 수 있는 논문으로서 독창성이 인정되어야 한다. 국내외 타 학술지에 투고하여 심사 중이거나 게재되었던 논문이나 학술대회에 제출된 것은 투고할 수 없고 자신의 글이라 할지라도 이미 출판된 글의 일부 또는 전부가 아니어야 된다.

제5조(논문작성)

투고 논문은 본 연구소가 규정하는 학술지 「평화와 통일」『투고 논문 작성규정』에 따라야 하며 「투고논문의뢰 및 확인서」[표준양식]을 작성하여 논문 투고 시 함께 제출한다.

제6조(연구윤리규정 준수)

편집위원장이 논문의 저자로부터 「논문투고의뢰서」를 받은 날부터 논문의 심사는 개시된다. 『연구윤리규정에』 맞지 않는 논문은 언제라도 심사나 발간을 취소한다.

제7조(작성언어)

투고논문은 흔글로 작성된 것이어야 하며 한국어, 영어, 독일어로 작성하는 것을 원칙으로 한다.

제8조(제출서류구비조건)

논문 투고 시 제출해야 할 서류는 다음과 같다.

1. 투고규정에 따라 작성된 심사용 논문 1부.(E-Mail로 제출 가능)
2. '흔글'로 작성된 논문을 담은 디스켓 또는 CD 1부.(E-Mail로 제출 가능)
3. 제5조에 해당하는 내용을 본 연구소의 「논문게재의뢰확인서」 양식에 의거 작성한다. (#첨부)
4. 본인을 확인 할 수 있는 재직증명서 1부, 최종학교 성적증명서(학위로 대체) 1부, 주민등록등본 1부.(주민증으로 대체)

제9조(제출방식)

논문 투고자는 제 8조의 모든 구성 요소를 온전히 작성 준비하여 연구소의 전자우편(E-Mail)으로 발송하거나, 디스켓(CD) 등을 우편으로 발송한다.

제10조(접수)

제출구비요건이 충족되지 않은 논문은 접수되지 않는다.

제11조(내용)

투고하는 논문은 아래와 같은 7가지 요소를 갖추어야 한다.

1. 논문
2. 참고문헌 목록
3. 외국어 요약문(초록), 외국어 논문일 경우 국문 초록
4. 한국어 및 동일한 뜻의 외국어의 주제어를 4~7단어 내외로 작성한다.
5. 국. 영문 논문제목 및 필자 성명
6. 투고자의 근무처, 직위 및 전공분야
7. 연락처(주소, 전화번호, FAX NO, E-Mail)

제12조(원고의 분량)

투고논문(본문 10p; 각주 9p; 바탕체)은 구성요건을 모두 합하여 A4용지 15매 이내여야 한다.

제13조(게재논문의 제한)

연간 게재 논문의 수는 단독저자일 경우 한 사람당 1편미만을 원칙으로 한다.

제14조(교정의 의무)

모든 논문 원고는 한글 맞춤법에 맞게 기술하여 교정이 필요치 않도록 충분히 검토해야 한다.

제15조(결과통보)

심사된 논문은 접수 후 3개월 이내에 투고논문의 학술지 게재 여부를 본 연구원의

「투고논문심사결과통고서」[표준양식]에 의해 결과를 통보 받는다.

1. 수정 없이 게재 : 수정 없이 게재가 가능한 논문
2. 수정 후 게재 : 논문의 내용 또는 체계의 부분적 미흡한 점이 있어서 수정이 권고되는 논문, 본 연구소에서 발송된 「투고논문에 대한 수정요구서」[표준양식]에 의거 본 연구소에 발송(당일소인)시키면 수정 후 게재할 수 있는 논문
3. 보류 : 동일한 전공영역의 논문이 여러 편 이어서 차기 간행 학술지에 게재 가능하거나 논문의 내용 또는 체계에 상당히 미흡한 점이 있어서 수정 후 다음호에 재심사가 가능한 논문
4. 게재불가
    1) 타인의 글을 표절한 논문
    2) 본인이 작성한 논문이지만 그 전부나 일부가 이미 출판된 논문
    3) 주제의 선정과 내용 전개 및 경론 제시 및 연구방법에 있어서 독창성, 전문성이 전혀 결여된 논문
    4) 논문의 내용과 맞지 않은 부적절한 주제어의 사용과 중요한 자료들이 내용 전개와 맞지 않게 사용된 논문
    5) 논문이 목적과 전혀 맞지 않거나 미흡하게 결과를 도출한 논문
    6) 논문이 본 연구소의 작성규정과 다르게 작성된 논문
    7) 논문의 내용과 [각주] [참고문헌]이 많은 부분 일치하지 안하거나 전혀 일치하지 않는 논문

제16조(수정기간)

제15조 2항의 경우 [투고 논문에 대한 수정 요구서]를 받은 후 15일 이내에 수정본 1부를 '흔글'로 작성된 논문 파일을 E-Mail로 제출해야 한다. 디스켓, CD로도 제출할 수 있다.

제17조(게재시기)

게재 판정을 받은 논문은 판정 후 3개월 이내 본 연구소 학술지에 게재된다.

제18조(반환)

투고된 논문은 반환되지 않는다.

제19조(저작권)

투고자는 논문게재가 확정된 날짜로부터 논문의 저작권, 사용권 및 복제·전송권 등을 서울신학대학교 평화통일 연구원에 위임하여야 한다.

부   칙

1. 이 규정에 명시되지 않는 사항은 관례에 따른다.
2. 이 규정은 연구원 운영위원회의 승인을 받으면서 효력이 발생한다.
3. 본 규정은 2016년 4월 15일로부터 시행된다.

별첨

[서울신학대학교 평화통일연구원 표준양식 ✝1]

논문 투고 의뢰 및 확인서

NO.CTRC001- 호

투고자 성명	한 글		전공분야	
	영 문			
논 문 명	한 글			
	영 문			
주 제 어			E-Mail	
소 속			연락처	

※ 공동저자일 경우 제1저자를 원칙으로 작성한다.

위 논문은 귀 학회의 학회지 『평화와 통일』 제   집에 투고의뢰하오며,
아래의 사항을 준수할 것을 확인합니다.
 1. 귀 학회의 투고논문작성규정에 의거하여 작성된 논문 임.
 2. 귀 학회의 연구윤리규정을 숙지하였고, 연구윤리규정에 위배되는 사항은 없음.

20   년   월   일

논문투고자(작성자)   (서명)

서울신학대학교 평화통일연구원 원장 귀하

평화통일연구원 『평화와 통일』 원고작성 요령

제1조(표지) 논문의 표지는 다음 각 항에 제시된 사항이 수록되어야 한다.

1. 전공분야
2. 국문 및 영문으로 된 논문제목
3. 국문 및 영문으로 된 필자의 성명
4. 투고자의 근무처 및 직위
5. 연락처 (주소, 전화번호, Fax, E-MAIL)

예)

> ### 핵무기시대의 세계질서와 한반도 핵문제
> The World Order of Nuclear Era and the Nuclear Issue
> of Korean Peninsular
>
> 강병오 Kang, Byung-Oh (서울신학대학교/기독교윤리학 교수)
> Seoul Theological University/ Professor. Christian Ethics
>
> 경기도 부천시 소사구 소사본2동 101번지 서울신학대학교 (032)340-9×××
>
> E-Mail :   / 휴대전화 번호 :

제2조(논문명)

1. 논문명은 반드시 제일 처음에 기술한다.
2. 논문명에 요약이나 약자를 기재하지 않는다.
3. 논문명은 목차정보의 논문명과 반드시 일치하게 기술한다.

제3조(저자명과 저자소속)

1. '저자명 (저자소속, 전공)' 형태로 게재한다.
2. 저자가 여러 명일 경우는 쉼표[,]로 구분한다.
   예) 홍길동(서울신학대학교, 신학부), 이순신(○○대학교, 교양학부)

제4조(저자의 익명성)

심사 시 저자의 익명성을 유지하기 위하여 본문과 각주 어디에서도 저자의 신원을 짐작할 수 있는 여하한 언급도 피한다.
   예) ...졸고 XXX... 혹은 ...졸저 YYY...

제5조(분량) 투고논문 분량은 표지를 제외하고 A4용지 15쪽 이하이어야 한다.

제6조(문서작성요령) 논문은 흔글 문서로 작성하되 그 형식은 다음과 같이 작성한다

  1. 편집용지

    1) 종류 : A4(국배판) 210 × 297mm

    2) 용지방향 : 좁게

    3) 여백 : 왼쪽 30mm, 오른쪽 30mm, 위쪽 20mm, 아래쪽 15mm, 머리말과 꼬리말 각 15mm

  2. 글자크기

    1) 제목 : 15pt

    2) 본문 : 10pt

    3) 각주 : 9pt

  3. 줄간격

    1) 본문 : 160%

    2) 각주 : 130%

  4. 글꼴 : 한컴바탕체

  5. 문단 시작 들어 쓰기 : 4SPACE

  6. 정렬

    1) 논문제목 : 가운데 정렬

    2) 장, 절, 관, 항, 목 제목 : 왼쪽 정렬

    3) 본문 : 양쪽정렬

제7조(기호의 사용)

  1. 괄호　　　　(　) : 외국어의 부연 표기, 내용의 부연 설명

  2. 쌍따옴표　" 　 " : 대화, 직접 인용

  3. 외따옴표　' 　 ' : 부분적인 강조, 직접 인용 속의 인용, 간접 인용

  4. 낫표　　　「 　 」 : 논문명

  5. 겹낫표　　『 　 』 : 논문집, 일반 단행본류 저서

  6. 삼각꺾쇠　〈 　 〉 : 작품명

  7. 겹삼각꺾쇠 《 　 》 : 작품집, 정기간행물(신문, 잡지명)

제8조(표제 부분의 처리)

  1. 제목

    1) 국한문 제목에서 부제는 행을 바꾸고, 앞에 대시 기호(-)를 넣는다.

     예) 친일파 인명사전 편찬 문제에 대한 대처 방안 연구

        - 한국성결교회의 두 지도자를 중심하여 -

2) 구문 제목에서 부제는 콜론(:)으로 넣어 표시한다.

　예) Mind-Fasting and Spirit-Feasting : A Method of Christotherapy

2. 필자 이름

1) 제목 아래 오른쪽에 한글 또는 한자로 표시한다.

2) 필자의 직명을 원고지 첫 장 또는 첫 면의 맨 아래에 표기한다.

3. 차례

1) 필자 이름 다음에 위치시킨다.

2) 章 또는 節의 제목까지 나열하는 것을 원칙으로 한다.

제9조(소제목 구분) 논문의 내용제목은 장(章), 절(節), 관(關), 항(項), 목(目) 순으로 하되 장은 'Ⅰ., Ⅱ., Ⅲ., Ⅳ.'로, 절은 '1., 2., 3.'으로, 관은 '1), 2). 3)'으로, 항은 '(1)(2)(3)'으로, 목은 '①,②,③'로 표기한다.

제10조(본문의 〈표〉, 〈그림〉의 처리)

1. 표 : 〈표 1〉, 〈표 2〉, 〈표 3〉, 제목, 주

2. 그림 : 〈그림1〉, 〈그림2〉, 〈그림3〉 제목, 주

제11조(인명크기) 인명(人名)은 다음 각 항과 같이 표기한다

1. 영자 표기가 필요 없는 동양인의 경우 직책 없이 ○○○로 표기한다.

　예) 홍길동...

2. 영자 표기가 필요한 서양인의 경우 논문에서 최초로 언급될 때 우리말음역을 표기 한 후 괄호 안에 영자 표기를 한다.

　예) [바빙크(J. H. Barvinck)는 ...]

　　또는 [요한 바빙크(Johan. H. Barvinck)는...]

3. 영자 표기가 필요한 서양인의 경우 논문에서 이미 언급 되었던바 우리말 음역만을 표기한다.

　예) [바빙크는...] 또는 [요한 바빙크는...]

제12조(성구표기) 성경구절은 다음과 같이 표기한다.

1. 논문의 본문에서는 약어 대신 풀어서 사용한다.

　예) [요한복음 20장 21절에 의하면]

2. 본문 안에서 인용을 지시 할 경우 괄호 안에 약어로 표기한다.

　예) [너희가 나를 사랑하면 나의 계명을 지키리라(요 14:15)]

3. 본문 안에서 여러 관련 구절을 지시 할 경우 괄호 안에 약어로 표기하고 각 성구사이에는 쌍반점(:)으로 구분한다.

　예) [임마누엘 사상(마 1:23; 28:20)은..]

4. 본문 안에서 관련 구절의 참조를 지시 할 경우 관련 성구 다음에 '참조'라고 표기한다.

　　예) [대위임령은 이방인 전도를 정당화 하셨다(마 28:19,20 참조)]

5. 성구사용의 복합적인 예는 다음과 같다

　　예) [사 18:5, 6, 8-10: 마 28:16-20: 눅 3:5, 17]

제13조(전문용어) 학술용어는 가능한 한 우리말로 하되 전문술어는 다음과 같이 표기한다.

1. 전문술어는 우리말로 옮긴 다음 괄호 안에 표기한다.

　　예) [상황화〈contextualization〉는...]

2. 전문술어가 아닌 경우 불필요하게 괄호 안에 영자로 표기하지 않는다.

　　예) [복음(Gospel)은...]

3. 한자어의 경우 구분이 필요할 때 괄호 안 한자로 표기한다.

　　예) [사소(私消)는...]

제14조(각주의 처리)

1. 각주 : 각주법에 따라 해당 면의 맨 아래에 주(인용 문헌의 각주 포함)를 넣는다.

2. 번호 : 각주의 번호는 논문 전체의 일련번호로 한다.

3. 도표 및 일러스트레이션 : 해당 도표나 일러스트레이션의 아래에 주를 넣는다.

4. 각주의 형태는 1), 2), 3)으로 표기하고 줄 간격 160. 글자크기 9로 한다.

5. 같은 논문이나 책을 바로 다음에 다시 인용할 경우:

　　위의 논문(또는 위의 책), 385.(ibid.는 안씀-한글로 논문을 쓰기 때문에)

6. 동일저자의 논문이나 저서를 각주 한 개 이상 건너 뛰어 다시 인용할 경우:

　　Marcus, 제목 표제어(1998), 242. (op. cit.(상게서 혹은 앞의 책)는 쓰지 않는다)

제15조(각주 작성) 각주의 작성은 다음과 같이 한다.

1. 도서의 첫 번째 각주 인용법

　1) 동서일 경우 : 저자명, 서명, 출판사항 순으로 표기하되 서명은 「 」로 묶는다.

　　예) 김희성, 『신약주석방법론』(서울 : 한들출판사, 2000), 184.

　2) 양서의 경우 : 저자명, 서명, 출판사항 순으로 표기하되 서명은 이탤릭체로 표기한다.

　　예) David J. Bosch, *Transforming Mission:Paradigm shifts in theology of mission*, (Maryknoll, NY: Orbis Books, 1991), 241.

　3) 역서의 경우 : 저자명, 서명, 역자명, 역서명, 출판사항의 순으로 표기한다.

예) Daniel B. Clendenin, *Eastern Orthodox Theology*, 주승민 역, 『동방 정교회 신학』 (서울 : 은성, 1997), 209.

2. 도서의 두 번째 이후 각주 인용법

1) 동서의 경우 : 저자명, 서명, 인용쪽수로 표기한다.

예) 김희성, 『신약주석방법론』, 222.

2) 양서의 경우 : 저자명, 서명, 인용쪽수로 표기하되 서명은 제목의 첫 번째 명사로서 표기한다.

예) David J. Bosch, 『*Transforming*』, 267.

3) 역서의 경우 : 저자명, 역서명, 역자명, 인용쪽수로 표기한다.

예) Daniel B. Clendenin, 『동방 정교회 신학』, 주승민 역, 244.

3. 소논문의 첫 번째 각주 인용법

1) 국문일 경우 : 필자명, 논문제목, 출판사항, 인용쪽수로 표기 한다.

예) 목창균, 「사도적 교부의 종말론」,《신학과선교》제33호, (부천 : 서울신학대학교출판부, 2007), 68.

2) 외국어의 경우 : 필자명, 논문제목. 출판사항, 인용쪽수로 표기한다.

예) Van Rheenen, "*Communicating Christ in Avimistic Contexts*", *NTS* 41(1994), 228.

3) 번역의 경우 : 필자명, 논문제목, 역자명, 번역제목, 역서명, 출판사항, 인용쪽수로 표기한다.

예) Charles Van Engen, "*The Essence of the Local Church in Historical Perspective*", 박영환 역, 『미래의 선교신학』, 「역사적 관점에서 본 선교적 교회」, (인천: 도서출판 바울, 2004), 164.

4. 소논문의 두 번째 이후 각주 인용법

1) 국문일 경우 : 필자명, 논문제목, 인용쪽수로 표기 한다.

예) 목창균, 「사도적 교부의 종말론」, 77.

2) 외국어의 경우 : 필자명, 논문제목의 첫 번째 명사. 인용쪽수로 표기한다.

예) Van Rheenen, "Communicating", 242.

3) 번역의 경우 : 필자명, 논문제목, 역자명, 인용쪽수로 표기한다.

예) Peter Stuhlmacher, 『미래의 선교신학』 박영환 역, 202.

제16조(참고문헌) 구분단어 : 참고문헌, References, Reference, Works cited, 인용문헌, 參考文獻, 인용자료

1. 참고문헌은 본문과 각주에서 언급된 모든 문헌의 자세한 문헌 정보를 논문 말

미의 [참고문헌]에서 밝힌다. 본문과 각주에서 언급되지 않은 문헌은 포함시키지 않는다.

2. 논문본문에 참고문헌을 기술할 때 참고문헌[또는 References]을 새로운 줄 처음에 기술하고, 다음 줄부터 내용을 기술한다.
3. 각주만 있는 경우 논문의 제일 뒤쪽에 참고문헌을 명기한다.
4. 순서 : 국내 문헌, 영어 문헌, 독어 문헌, 기타 동양권 문헌, 기타 서양권의 문헌의 순서로 나열한다.
5. 국내 문헌 : 저자의 성을 기준으로 가나다 순서로 나열한다. 쪽수를 뺀 후 각주의 방법으로 표기한다.
6. 역서 : 쪽수를 뺀 후 각주의 방법으로 표기한다.
7. 서양권 문헌 : 알파벳 순서로 배열한다. 쪽수를 뺀 후 각주의 방법으로 표기하고 각주에서 사용된 자료만을 중심으로 정리하여 작성한다.
8. 외국인 이름은 각주와 달리 성, 즉 가족명(family name/last name)을 앞에 쓰고 본 이름을 뒤에 쓰며 그 사이를 콤마로 구분한다.
9. 논문의 분량이 많을 경우(20쪽 이상) 한정된 학술지 지면을 감안하여 논문 뒤에 별도로 첨부하지 아니 하고, 필요 시 각주로 처리할 수도 있다.
10. 저자가 3-5명인 글은 처음 인용할 때는 이름을 모두 밝히고, 그 다음에 나올 때에는 첫째 저자 다음에 ○○○ 외, ○○○, et al.로 표기한다. 저자가 6인 이상일 때는 모두 ○○○ 외, ○○○, et al.로 표기한다.
11. 같은 저자의 문헌은 출판연도가 오래된 순서대로 배열하되, 같은 연도의 것이 두 편 이상일 때에는 연도 다음에 a, b, c, ⋯ 등을 넣어 구별한다.
    예) (1999a), (1999b)
12. 신문, 잡지의 경우 기사작성자(기고자), 제목, 신문(잡지)명, 날짜, 쪽수 순으로 표기한다.(각주도 동일함)
    1) 신문 인용법
      예) (1) 「국민일보」 2007. 9. 14, 9면
          (2) 「Christian Post, 11 July 2007, 12.
    2) 잡지기사 인용법
      예) (1) 빌 하이벨스, 불가능한 전도는 없다, 「목회와신학」, 2006. 12월호, 67쪽.
          (2) Valdir Steuernagel, *The Gospel and the power of the Spirit*, Ministry Today, July. 2007, 51-53.

13. 인터넷 자료 인용법, 해당 기관(개인) 홈페이지 사이트명만 쓰지 않고 실제로 참고한 자료의 이름과 주소를 모두 표기한다. 맨 끝에 미침표는 찍지 않는다. 저자가 없을 때는 문서명을 저자 위치에 둔다. 출판일은 사이트에 명기된 날짜를 기준으로 하되, 날짜가 나와 있지 않을 때에는 접속일자를 밝힌다.(각주도 동일함)

예) 1) apostolos campus ministry korea, 「윌리엄캐리 서평」, http://www. acmkorea.org/templates/news_view_new.htm?code=acm&id=2 0311, &dcode=acm_1, ACM STAFF, 2007.08.04.

2) 박동현 이야기 방, 구약학 안내 「8. 구약주석 방법론」, http://www.dhpark.net/study/otsurvey/otsurvey8.htm, 박동현 07.05.13.

3) 바울신학연구, 「마르틴루터의 종교개혁 3대 논문」, http://www.cyworld.com/jmy20232/2251576 디모데, 2008. 12.29.

14. 시청각 자료 (다큐멘터리, 영화 등)인용법 감독, 기획, 제작년도, 제목, 제작국가(도시), 제작사, 방영사, 상영시간까지 명기하고, 영화나 드라마 등일 경우 감독, 기획, 작가, 제작년도, 제목, 주연(최대 3인 이하), 제작국(도시), 제작사, 상영시간 순으로 표기한다. (각주도 동일함)

1) 다큐멘터리인 경우

예) Bram Roos(Executive)& Frank Kosa(Producer), Gary Edgrem. Robert Bell(Editer), (2000), 〈기독교2000년사〉, U.S.A, FILL ROOS, A&E Television Network, 국내(History Channel), 154mins.

2) 영화(드라마) 인용법

예) Franco Zeffirelli(Producer&Director), 프랑코 제페렐리, 안소니 버제스, 서소 체치 다미코(각본), (1977), 〈*JESUS OF NAZARETH*〉, Robert Powell(as Jesus), Olivia Hussey(마리아 역), Michael York (세례 요한 역), 미국, RAI/ITO Enterainment Ltd, 382mins.

15. 백과사전 인용법(각주도 동일함)

1) 필자가 없는 경우 : 항목, "이성봉", 『기독교백과사전』, 5권(1996)

2) 필자가 있는 경우 : 박명수, 항목, "이성봉", 5권 (1996)

3) 외국백과사전, Encyclopedia Britanica, 11th ed, s. v. "Abraham Lincoln."
〃　　　　　 〃　　　　　 〃　　　　　 〃 by S. H.

Moffett. [S. V = Sub Verbo (그 항목 하 또는 그 표제어 밑에 : under the word)의 약자임.)

16. 책명 다음에 오는 권수는 『밖으로 나간다.

　　예) 이응호, 『한국 성결교회사』 1 (서울: 성결문화사 1992), 56.
　　　　이응호, 『한국 성결문화사』 2 (서울: 성결문화사 1992), 432.

제17조(영문초록[abstract])

1. 구분단어 : 초록, 요약, Abstract, 요약(要約)중 Abstract로 한다.

2. 초록(요약)내용을 논문 본문에 기술할 때 반드시 구분단어[초록, 요약, Abstract 등]을 새로운 줄에 기술하고 다음 줄부터 초록내용을 기술한다

3. 초록의 내용이 끝나면 반드시 다음은 공백라인 처리[Enter]한다

4. 분량 : double-space로 A4용지로 1, 1/2쪽 이상 3쪽 이하의 분량으로 단락 구분 없이 작성한다.

5. 위치 : 논문의 맨 뒤에, 참고 문헌의 뒤에 놓는다.

6. 필자의 영문 성명은 제목 아래에 직책, 전공, 소속을 함께 표기한다.

　　예)　　　　　　　　　　　　[Abstract]

　　　　　The Eschatology of the Apostolic Fathers.

　　　　　　　　　　　　　　　　　　　　Mock, Chang-Kyun
　　　　　　　　　　　　　　　　　　　　　　　Professor
　　　　　　　　　　　　　　　Dept. of Systematic Theology
　　　　　　　　　　　　　　　　Seoul Theological Univ.

7. 제목 15pt, 연구자명 11pt, 본문 10pt, 장평 100%, 자간 0%, 줄 간격 160%, 으로 하고 정렬과 여백은 본문(제7조)과 같이 한다.

제18조(주제어[Keyword])

1. 구분단어 : 주제어:, 키워드:, Keywords:, Keyword:, 핵심어:, 주요어:, 중심 단어:, 중심용어:

2. 키워드의 표기형식은 원 자료에 기술되어 있는 그대로 기술한다.

3. 영문으로 표현된 경우에도 이를 있는 그대로 기술한다.

4. Keyword를 4~7개 정도로 선정해서 영문 초록 아래(뒤)에 제시한다.

　　예)　　　　　　　　　　[주제어(Key Word)]

> 평화통일, 한반도, 화해, 동아시아의 평화
> Peace Unification, Korean Peninsular, Reconciliation, Peace of East Asia

제19조(약자표기) 성경 및 신학에 관련된 도서의 약자 표기는 Siefgfried M. Schwertner, [International glossary of abbreviations for theology and related subjects (Berlin : de Gruyter, 1992)에 준한다.

부 칙

1. 이 규정에 명시되지 않는 사항은 관례에 따른다.
2. 이 규정은 연구소 운영위원회의 승인을 받으면서 효력이 발생한다.
3. 본 규정은 2016년 4월 15일로부터 시행된다.

『평화와 통일』 연구 윤리규정

제1장 총칙

제1조(목적)

이 규정은 연구윤리의 준수를 위한 절차와 그 업무수행을 위한 위원회의 설치 및 운영에 관한 사항을 규정하는 것을 목적으로 한다.

제2조(대상)

이 규정은 학회 회원과 연구 활동에 참여하는 이를 대상으로 한다.

제3조(범위)

연구 윤리 확립 및 진실성 검증에 관한 규정을 적용한다.

제4조(연구 부정행위 범위와 규정)

1. 연구부정행위는 연구의 제안과 수행, 연구 결과의 보고 및 발표 등에서 행해진 다음 내용에 해당한다.

1) 연구 결과나 데이터를 허위로 만들어 내는 경우

2) 연구 재료 장비, 과정을 인위적으로 조작하거나 데이터를 임의로 변경하는 경우

3) 타인의 창의적인 내용을 도용하는 표절의 경우

4) 인용방법의 원칙을 준수하여 저자는 출처표시와 참고문헌 목록의 작성에 정확성을 기해야 한다.

5) 기타 연구 부정행위에 해당된다고 판단되는 경우에 대하여는 위원회가 자체적인 조사를 할 수 있다.

6) 부정행위에 대한 판정을 위해 학회에 자체 연구윤리위원회를 둔다.

7) 위조나 변조행위, 표절행위, 부당한 논문저자의 표시행위, 중복게재 등의 연구 부정행위가 있는 경우는 게재하지 않으며, 본 학술지의 편집위원회와 규정이 정하는 바에 따라 처벌한다.

8) 다음과 같은 부적절한 집필행위도 연구 윤리규정에 위배된다.

(1) 참고문헌의 왜곡

(2) 부적절한 출처행위

(3) 하나의 출처에서 집중적으로 출처하면서도 부분적으로만 출처를 밝히는
행위

(4) 자기 표절의 금지(텍스트의 재활용)

(5) 하나의 논문을 여러 개로 부풀려 분할 게재하는 행위

제2장 위원회 설치와 운영

제5조(기능)

위원회는 다음 각 호의 사항을 심의, 의결한다.

1. 연구윤리의 진실성에 관한 제도 수립 및 운영
2. 연구윤리 강령 등 규정의 제정과 개정
3. 부정행위 제보와 접수 및 처리
4. 조사 착수와 결과 판정 및 승인 혹은 재심사
5. 제보자와 피조사자 보호에 관한 사항
6. 연구 진실성의 검증 처리
7. 기타 위원회 운영 관련 사항

제6조(편집위원회 윤리규약)

1. 편집위원은 투고된 논문의 게재여부를 결정하는 모든 책임을 지며, 저자(투고)
의 인격과 학자로서의 독립성을 존중해 주어야 한다.
2. 편집위원은 투고된 논문을 성별, 나이, 소속 기관은 물론 어떤 편견이 없이 오
직 논문의 질적 수준과 투고 규정에 따라 공평하게 취급하여야 한다.
3. 편집위원은 논문의 평가를 전문적 지식을 가진 자에게 평가를 의뢰해야 한다.
4. 편집위원은 논문의 게재가 결정 될 때까지 투고자에 대한 사항이나 논문 내용
을 공개해서는 안 된다.

제7조(심사위원 윤리규약)

1. 심사위원은 본 학술지의 편집위원회가 의뢰하는 논문을 심사규정이 정한 기간
내에 성실하게 평가하고 결과를 통보해 주어야 한다.
2. 심사위원은 논문을 개인적인 판단이 아닌 객관적인 기준에 의해 공정하게 평가
해야 한다.
3. 심사위원은 전문 지식인으로서의 투고자의 인격을 존중해야 한다.
4. 심사위원은 심사 대상 논문에 대한 비밀을 지켜야 한다.

제8조(윤리 위원회와 제재)
1. (윤리위원회의 권한) : 윤리 규정 위반으로 제보된 내용을 조사 실시하고 그 여부를 판정한다.
2. 위반 사실이 판정되면 적절한 제재를 의결한다.
3. 윤리규정 위반자에게 적절한 소명의 기회를 주어야 한다.
4. 최종 결정이 내려질 때까지 윤리위원은 투고자의 신원을 외부에 공개해서는 안 된다.
5. 윤리위원회가 제재를 결정한 경우, 다음과 같은 조치를 취한다. 즉, 해당 논문의 학술지 게재 불가. 논문이 학술지에 게재 되었을 경우는 학술지 게재의 소급적 무효화를 적용. 향후 5년간 본 학술지의 논문 투고 금지.
6. 연구윤리 규정 위반 내용은 공식적인 연구업적 관리기관에 통보하여 적절한 방법으로 대외적으로 공개한다.

부   칙

이 규정은 2016년 4월 15일부터 시행한다.

평화와 통일

Journal of Peace and Unification Studies

제1집 1호

발행처 _ 서울신학대학교 평화통일 연구원
　　　　(Institute for Peace and Unification)
발행인 _ 유석성
편집인 _ 강병오 외
발행일 _ 2016년 8월 31일
주　소 _ 경기도 부천시 소사구 호현호 468번길 52
　　　　서울신학대학교 우석기념관 100-1호
전　화 _ 032) 340-9175

ISBN 979-11-956364-1-9　93300

값　20,000원

펴낸곳 _ 열린서원
주　소 _ 서울특별시 종로구 창덕궁길 117, 102호
전　화 _ 070-7761-1215,
팩　스 _ (02) 6499-2363
E-mail _ imkkorea@hanmail.net